黑恶势力生成与防治机制研究

RESEARCH ON THE GENERATION AND PREVENTION MECHANISM OF

MAFIA-LIKE GANGS AND EVIL FORCES

张步文　陈小彪　著

人民出版社

目　录

导　　论

黑恶势力①的危害性极大,它集多种违法犯罪于一身,②以合法行为遮掩

---

① 本书将恶势力、黑社会(性质组织)统称为"黑恶势力",只在必要时对二者进行区分。本书不专门讨论"黑社会""恶势力""黑恶势力""犯罪组织""犯罪集团""犯罪团伙""有组织犯罪集团(团伙)""有组织犯罪""黑社会(性质)组织""黑社会(性质)组织犯罪",以及"混混""恶棍""烂仔(烂崽儿)""×匪×霸""游民"等类似概念的含义。本书中的这些概念,特别是"恶势力""黑社会""犯罪组织""有组织犯罪集团(团伙)""有组织犯罪"等,主要根据学界的通说来使用。本书也不刻意使用一两个固定概念,大多数时候会根据方便表达的需要,使用"黑恶势力""恶势力""黑社会""犯罪组织"等概念,只在必要时,才会依照法律、政策等文件或约定俗成使用特定概念(如"黑社会性质组织""黑社会性质组织犯罪"等)。尤其是,何秉松所著的《中国有组织犯罪研究(第一卷)·中国大陆黑社会(性质)犯罪研究》(群众出版社 2009 年版)已经对相关术语进行了澄清和界定;有关司法解释,特别是最高人民法院、最高人民检察院、公安部《办理黑社会性质组织犯罪案件座谈会纪要》(法〔2009〕382 号),最高人民法院《全国部分法院审理黑社会性质组织犯罪案件工作座谈会纪要》(法〔2015〕291 号),最高人民法院、最高人民检察院、公安部、司法部《关于办理黑恶势力犯罪案件若干问题的指导意见》(法发〔2018〕1 号),以及《关于办理恶势力刑事案件若干问题的意见》(法发〔2009〕10 号)等四个文件(2019 年 4 月 9 日印发),对"黑社会性质组织(犯罪)"和"恶势力(犯罪)"的认定,作了越来越清晰、具体的规定。简言之,按照法律规定和相关解释,"黑社会性质组织"就是同时具备以下四个特征的组织:形成较稳定的犯罪组织,人数较多,有明确的组织者、领导者,骨干成员基本固定;有组织地通过违法犯罪活动或者其他手段获取经济利益,具有一定的经济实力,以支持该组织的活动;以暴力、威胁或者其他手段,有组织地多次进行违法犯罪活动,为非作歹,欺压、残害群众;通过实施违法犯罪活动,或者利用国家工作人员的包庇或者纵容,称霸一方,在一定区域或者行业内,形成非法控制或者重大影响,严重破坏经济、社会生活秩序。恶势力,是指经常纠集在一起,以暴力、威胁或者其他手段,在一定区域或者行业内多次实施违法犯罪活动,为非作歹,欺压百姓,扰乱经济、社会生活秩序,造成较为恶劣的社会影响,但尚未形成黑社会性质组织的违法犯罪组织。笔者认同,无须再议。更重要的是,一些读者对这些概念很可能有源于其自身经验的印象和理解,笔者无意突出、强调"标准"定义或概念来束缚读者的思维与想象。

② 如涉及色情、毒品、赌博、走私、诈骗、洗钱、暗杀、恐吓、绑架勒索、伤害、强奸、盗抢、寻衅滋事以及拐卖妇女、儿童等各种违法犯罪。

违法犯罪,通黑白两道,跨政商两界,是公认的"社会毒瘤"。① 黑恶势力寄生于社会机体之中,与相关国家和地区的犯罪态势、跨国犯罪状况直接相关,与相应国家或地区乃至国际政治、经济和文化等因素密切相关。黑恶势力的强弱,黑恶违法犯罪的严重程度,扫除黑恶的实际力度和效果,甚至能够反映一个国家或地区的政治社会状态。因此,一般来说,无论哪个国家或地区,打击黑恶势力,都事关社会安全与稳定,事关政治稳定与政权稳固,不会等闲视之、待之。

2018年1月,中共中央、国务院印发《关于开展扫黑除恶专项斗争的通知》,以习近平同志为核心的党中央,为统筹推进"五位一体"总体布局、协调推进"四个全面"战略布局,部署开展为期三年的扫黑除恶专项斗争。

习近平总书记就扫黑除恶多次发表重要讲话。在2018年1月十九届中央纪委二次全会上,习近平总书记强调:"'老虎'要露头就打,'苍蝇'乱飞也要拍。"②要推动全面从严治党向基层延伸,严厉整治发生在群众身边的腐败问题。要把扫黑除恶同反腐败结合起来,既抓涉黑组织,也抓后面的"保护伞"。在2018年6月禁毒工作会议上,习近平总书记强调,要依法严厉打击毒

---

① 2001年4月26日《公安部关于依法严厉打击严重刑事犯罪活动的通告》称:近年来,一些地方黑社会性质组织和各种恶势力称霸一方,为非作歹,欺压群众,严重危害社会治安稳定,严重危害人民群众生命财产安全。有的黑恶势力采取暴力、恐怖手段,肆无忌惮地进行杀人、抢劫、绑架人质、敲诈勒索、强奸侮辱妇女、走私贩毒等各种犯罪活动;有的结伙滋事,聚众斗殴,搅得城乡不得安宁;有的耀武扬威,欺男霸女,强取豪夺,白吃白喝,强买强卖,欺行霸市;有的经营地下赌场、色情场所等非法行当,设赌抽头,组织、强迫、容留妇女卖淫;有的专门看护地下赌场、色情娱乐场所,充当打手、杀手;有的插手经济纠纷,使用暴力、胁迫手段替人催款讨债;有的干扰司法行政,包揽诉讼,替人摆平事端;有的企图篡夺基层政权,对抗党政司法机关;有的拉拢、腐蚀党政司法干部,建立关系网,寻求"防护伞",千方百计向政治、经济领域渗透。在2017年最高人民检察院发出《关于充分发挥检察职能依法惩治"村霸"和宗族恶势力犯罪积极维护农村和谐稳定的意见》后,许多地方对地痞、村霸和宗族恶势力犯罪进行了规定(归纳),包括:各乡村、边沿结合部、农村厂企单位周边的村霸、路霸、市霸、沙霸等的犯罪;乡村和农贸市场、学校、厂企周边的故意伤害、寻衅滋事、欺行霸市、强买强卖、聚众斗殴、敲诈勒索、故意毁坏公私财物、扰乱社会秩序等犯罪;扰乱破坏基层政权,恐吓、威胁、辱骂、殴打基层乡村干部等犯罪;扰乱破坏项目建设、阻挠企业项目占地施工、盗抢企业项目生产设施的犯罪;农村基层干部利用职权欺强凌弱、吃拿卡要、侵吞挪用国家资金等犯罪;放纵包庇村霸和宗族恶势力,致使其坐大成患或者收受贿赂、徇私舞弊,为其充当"保护伞"等犯罪。

② 《习近平谈治国理政》第三卷,外文出版社2020年版,第510页。

品违法犯罪,加大重点地区整治力度,坚决摧毁制贩毒团伙网络,深挖涉毒黑恶势力及其"保护伞",铲除毒品问题滋生蔓延的土壤。在 2019 年 1 月中央政法工作会议上,习近平总书记强调:"黑恶势力是社会毒瘤,严重破坏经济社会秩序,侵蚀党的执政根基。要咬定三年为期目标不放松,分阶段、分领域地完善策略方法、调整主攻方向,保持强大攻势。要紧盯涉黑涉恶重大案件、黑恶势力经济基础、背后'关系网''保护伞'不放,在打防并举、标本兼治上下真功夫、细功夫,确保取得实效、长效。"①2019 年 3 月,习近平总书记在参加十三届全国人大二次会议河南代表团审议时讲话指出,要夯实乡村治理这个根基。采取切实有效措施,强化农村基层党组织领导作用,选好配强农村党组织书记,整顿软弱涣散村党组织,深化村民自治实践,加强村级权力有效监督。完善城乡居民基本养老保险制度和基本医疗保险、大病保险制度,完善最低生活保障制度,完善农村留守儿童、妇女、老年人关爱服务体系。推进移风易俗,培育文明乡风、良好家风、淳朴民风,健全矛盾纠纷多元化解机制,深入开展扫黑除恶专项斗争。在 2019 年 5 月全国公安工作会议上,习近平总书记指出,对违纪违法问题,要始终保持"零容忍",不管是"老虎"还是"苍蝇",无论是黑恶势力等违法犯罪的"保护伞"还是群众身边的"微腐败",都要依纪依法严肃查处。时隔不到半个月,习近平总书记到江西考察,其间,他强调,要坚持以人民为中心的发展思想,从群众最关心的问题入手,坚持尽力而为、量力而行,落实各项惠民政策,做好普惠性、基础性、兜底性民生建设。要对就业困难人员及时提供就业指导和技能培训,确保他们就业有门路、生活有保障。要加强预防和化解社会矛盾机制建设,完善立体化社会治理防控体系,依法打击和惩治违法犯罪活动,深入推进扫黑除恶专项斗争。习近平总书记关于扫黑除恶的讲话,指出了黑恶势力的危害,提出了扫黑除恶的方针和办法,指明了从根本上打击、防范黑恶势力的社会治理体制建设方向。

诚如习近平总书记曾经引用的我国古代先贤的说法:"善治病者,必医其受病之处;善救弊者,必塞其起弊之原。"对于黑恶势力,我们不仅要坚决扫

---

① 《习近平谈治国理政》第三卷,外文出版社 2020 年版,第 353—354 页。

除,而且要认识其基本的生成机理、机制,构筑起从民生保障到现代社会治理体系的防范黑恶势力生成、生长的长效机制。

一、防治黑恶势力生成是常态化扫黑除恶的指针

2018 年初到 2020 年底,三年扫黑除恶,根本的经验是,对黑恶势力,不仅要扫除,更要使扫除常态化,要有常态化扫黑除恶的新思路、新举措、新机制,要建立"常态化机制"。2020 年 9 月,中央政法委的同志在地方调研扫黑除恶工作时指出,从 2021 年起,扫黑除恶转入机制化常态化。这是以习近平同志为核心的党中央的明确要求,是人民群众的热切期盼。各地各有关部门要全面总结专项斗争的成功经验和做法,并转化为制度规范,推动扫黑除恶机制化常态化,探索建立健全"常态化机制",其中明确包括"源头治理的防范机制"。即把源头治理作为扫黑除恶的治本之策,推动解决金融放贷、工程建设、交通运输、市场流通、自然环保、文化旅游、信息网络等行业领域突出问题,实现全链条打击整治;加强罪犯监管、改造和社区矫正工作,落实对刑满释放人员、无业人员的服务管理措施,防止被黑恶势力拉拢利用;深化平安乡村建设,持续防范整治"村霸"问题,让黑恶势力无处生根。

净化治安环境,去除黑恶势力生成土壤,让"黑恶势力无处生根",无疑是最有效、最好的"扫黑除恶"。

新中国成立以来至改革开放前,我国曾消灭许多丑恶社会现象,消灭包括黑恶势力在内的许多违法犯罪势力,"黑恶势力无处生根"。改革开放后,我国社会处在剧烈转型过程中,一方面不断取得伟大成就,另一方面,由于十分复杂的原因,丑恶、腐朽现象死灰复燃,一些违法犯罪势力重新滋生蔓延,其中突出的有,销声匿迹多年的黑恶势力重新出现和猖獗。党和国家高度重视黑恶势力及其犯罪问题,自 20 世纪 90 年代以来就持续开展各种形式的"打黑除恶"斗争,取得了不少成果。但是,在一些地方,特别是一些基层,黑恶势力不断坐大,从小到大的"保护伞"日增,严重危害社会安宁,侵害党和国家肌体,破坏党的群众基础,甚至危及基层政权。

2018年1月，党中央、国务院从"社会大局稳定""国家长治久安""人心向背""基层政权巩固"的高度，针对黑恶势力违法犯罪以及"保护伞"的新态势，为顺利推进社会主义实践伟大斗争、党的建设伟大工程、中国特色社会主义伟大事业和中华民族复兴伟大梦想，发出《关于开展扫黑除恶专项斗争的通知》，部署"扫黑除恶"专项斗争，①把打击、扫除黑恶势力及其"保护伞"的

---

①　《关于开展扫黑除恶专项斗争的通知》部署的"扫黑除恶"与过去长期进行的"打黑除恶"有重要区别：第一，这次"扫黑"，党中央、国务院的重视程度前所未有。第二，过去"打黑"更多是从社会治安角度出发，强调点对点打击黑恶势力犯罪。这次"扫黑"是从夯实党的执政根基、巩固执政基础、加强基层政权建设、维护国家长治久安的角度，在更大范围内，更全面、更深入地扫除黑恶势力，不但要打击犯罪，还要打击违法行为。第三，过去"打黑"打的多，防的少。这次"扫黑"更加重视综合治理、源头治理、齐抓共管。各行业的主管部门明确了扫黑责任，加大了防范力度（见杨维汉、刘奕湛：《从"打"黑除恶到"扫"黑除恶，一字之变有何深意？》，《决策探索》2018年第10期上。）。在2010年，我们开始研究防控黑恶势力生成、写作本书时，就已经明确并确定了本书的宗旨：专门集中讨论黑恶势力生成的根源和机制，从源头上根治黑恶势力，从而更加有效地打击黑恶势力及其违法犯罪活动。本书根据不同语境、规范文件、学术文献及历史状态而使用"扫黑除恶"或者"打黑除恶"。

根据前述部署，最高人民法院、最高人民检察院、公安部、司法部发布了《关于办理黑恶势力犯罪案件若干问题的指导意见》，要求打击行动聚焦于：黑恶势力犯罪突出的重点地区、重点行业和重点领域，重点打击威胁政治安全特别是政权安全、制度安全以及向政治领域渗透的黑恶势力；把持基层政权、操纵破坏基层换届选举、垄断农村资源、侵吞集体资产的黑恶势力；利用家族、宗族势力横行乡里、称霸一方、欺压残害百姓的"村霸"等黑恶势力；在征地、租地、拆迁、工程项目建设等过程中煽动闹事的黑恶势力；在建筑工程、交通运输、矿产资源、渔业捕捞等行业、领域，强揽工程、恶意竞标、非法占地、滥开滥采的黑恶势力；在商贸集市、批发市场、车站码头、旅游景区等场所欺行霸市、强买强卖、收"保护费"的市霸、行霸等黑恶势力；操纵、经营"黄赌毒"等违法犯罪活动的黑恶势力；非法高利放贷、暴力讨债的黑恶势力；插手民间纠纷，充当"地下执法队"的黑恶势力；组织或雇佣网络"水军"在网上威胁、恐吓、侮辱、诽谤、滋扰的黑恶势力；境外黑社会入境发展渗透以及跨国跨境的黑恶势力。同时，坚决深挖黑恶势力"保护伞"。"两高两部"这个"意见"基本概括了我国内地近三四十年黑恶势力及其犯罪的主要类型、分布的地域及行业、违法犯罪方式和社会危害状况。我们期待扫黑除恶能够更坚决、全面、彻底打击黑恶势力，取得比以前更好的打击和防治黑恶势力的效果。

2019年4月，最高人民法院、最高人民检察院、公安部、司法部联合发布《关于办理恶势力刑事案件若干问题的意见》，又专门对"恶势力"案件的办理，作出详细规定。该意见要求法院、检察院、公安机关和司法行政机关深刻认识恶势力违法犯罪的严重社会危害，坚定地坚持依法严惩方针，坚持贯彻落实宽严相济刑事政策，有效打击和预防恶势力违法犯罪，有力震慑恶势力；严格坚持依法办案，确保案件事实清楚，证据确实、充分；严格排除以下案件的"涉恶"性质：对于单纯为牟取不法经济利益而实施"黄、赌、毒、盗、抢、骗"等违法犯罪活动，或者因本人及其近亲属的婚恋纠纷、家庭纠纷、邻里纠纷、劳动纠纷、合法债务纠纷而引发以及其他确属事出有因的违法犯罪活动。

斗争推进到新的阶段。这是以习近平同志为核心的党中央作出的重大决策。

中国共产党的宗旨、初心和使命，党领导的人民政权的性质和任务，根本不容许黑恶势力及其"保护伞"存在和发展。党和国家坚持防止黑恶势力形成、坐大，坚持"打（扫）黑除恶"、打击保护伞，坚持全面加强、改进党的自身建设，克服党自身存在的问题和不足，坚持全面深化改革，消除在政治、经济和文化等方面的体制机制弊端，坚持改革和完善各种法律与政策，坚持强有力的、持久的铁腕反腐，加强执法和司法公正，提升社会正义，清除黑恶势力"保护伞"，从而遏制、铲除各种诱发、促生黑恶势力的消极因素，防治和消灭黑恶势力，这是党和国家明确、坚决、坚定的方针和战略。

对中国共产党来说，坚定、持久、深入地"扫黑除恶"，代表着我党对自己的政治思想理论和路线的坚守，代表着对"为人民服务"宗旨的坚守，代表着对长期革命、建设的"初心"和对人民群众的承诺的坚守，意味着对人民政权和社会制度的坚守，意味着和平条件下以具体行动保护人民群众安宁、建设清廉政治、巩固执政合法性和增强政权安全性。其实，对各国或地区来说，打击黑恶势力都没有"是否应该"的问题，在黑恶势力猖獗、违法犯罪形势严峻的情况下，都会予以打击，以保护民众安全，控制和维护社会秩序，稳定和巩固政治统治。不过，在历史上和现实中，一些政党和国家对黑恶势力所采取的态度、政策和手段，则有诸多差异，并不都像中国共产党及中国政府这样旗帜鲜明地进行防范和打击。

为顺利实现中华民族伟大复兴，全面贯彻落实新时代中国特色社会主义思想，保护、巩固和发展党和国家的群众基础，保证共产党长久、安全地领导和执政，党和国家须更加有效地从根本上防范黑恶势力产生、发展，更加有效地打击、扫除黑恶势力，祛除黑恶势力对党和国家肌体的侵蚀，对社会的危害，对人民群众生命财产的危害。为此，党和人民群众，特别是党和国家的领导干部，全体执法执纪工作人员，须认清历史和现实中的黑恶势力产生的方式、机制机理，认清导致黑恶势力产生、发展的各种主要因素，全面深化政治经济体制改革，深入改革和完善相关法律政策，全面铲除黑恶势力生成所依赖的政治、经济、社会及文化条件，全面彻底破除黑恶势力生成、发展的机制机理，从而把扫黑除恶推进到新阶段,使党和国家对黑恶势力的治理方略在思想观念、法律政策和策略措施各方面实现重要转变:由过去的"打防结合,以打为主;打早打小,除恶务尽"转变为"以防为主,防打结合;防于未萌,打于初生;源头治理,除根黑恶"。

二、常态化扫黑除恶必须破除黑恶势力生成机制

扫黑除恶常态化,意味着防范黑恶势力生成不仅常态化,而且是重心所在。建立常态化扫黑除恶机制的重心,就是建立防范黑恶势力生成的系统性、基础性机制,就是要在党的全面、坚强领导下,通过深入改革和建设,破解导致黑恶势力生成的那些具有某种长期性、社会性、体制机制性的问题,使黑恶势力无从产生,或者难以产生,更不可能坐大成势,危害群众,危害社会。

所谓"黑恶势力生成",是指黑恶势力的最初萌生、逐步成型,以及在后来演变过程中得以坐大成势。"黑恶势力生成机制",指黑恶势力萌生、成型和成势的机制、机理,或者说促使黑恶势力生成的各要素及其作用方式。本书的宗旨是,深入探究黑恶势力"生成"的机制、机理,并根据其生成机制、机理在宏观上讨论防控、治理黑恶势力生成的主要对策,以期从源头和根本上阻断、治理和消除黑恶势力及其违法犯罪,从而为党的长期稳定执政、国家的长治久安和人民大众的幸福安宁,也为国际社会有效防范和打击有组织犯罪(黑社会),加强打击跨国有组织犯罪的国际合作,提供我们的思考。

(一) 黑恶势力生成机制、机理须深入研究

本书将集中讨论什么人或团伙,在什么地域或行业,在什么时机(包括生活、工作等状况、处境、机会)、什么压力或动力条件下,经由何种机制,会涉恶、染黑,变恶、成黑,从接触恶势力、黑社会,直到成为其成员,甚至"晋升"为骨干、大小头目或者"老大""老板",社会中有哪些经济、文化和政策因素会诱

使或者"促成"恶势力、黑社会的形成、成型和成势,它们是如何显性或隐性地促成恶势力、黑社会的,等等。简言之,我们的研究任务和目标是,立足于恶势力、黑社会的复杂历史和现实,在理论上具体揭示恶势力、黑社会究竟如何出现、如何成型以及如何成势的大致规律,在实践上为人们更有效地"扫黑除恶",从根本上防范黑恶势力生成,进而实现社会"无黑无恶"的理想,①提供基础理论、思想观念和基本对策。②

其实,黑恶势力生成是犯罪预防理论的老问题,但又是新领域。言之为"老问题",是因为这个问题早就存在,早该专门系统地研究;称其为"新领域",是因为这个问题在我国传统犯罪预防理论中确实未曾受到特别留心和足够重视,未曾得到专门深入的研究,并且这个问题的研究恰好需要突破传统犯罪预防理论研究的视角、方法和范围。它是需要综合运用刑事法学、犯罪学、刑事政策学、社会学和政治学等多门学科知识和方法进行研究的领域。

(二) 黑恶势力生成防治别于一般犯罪预防

"黑恶势力生成"的防控、治理确实与一般犯罪预防有关,但不同于传统的一般犯罪预防。前者不仅需要以一般犯罪预防的基础理论、基本方法和手段为起始点,而且也属于广义犯罪预防中的独特问题、独特领域。就像本书后文充分展示的,黑恶势力及其违法犯罪的复杂性、综合性,是其他犯罪主体及犯罪行为所完全无法比拟的。特别是,黑恶势力的生成机理及过程,犯罪的团伙性、集团性或组织性,暴力特征及牟利目的,是一般犯罪预防理论所难以深入细致研究的。过往的"打黑除恶"之所以成效、功能有限,正在于我们对"黑恶势力生成"机制及防控认识不清,"常态化"防范和打击的机制、手段不足,不适应黑恶势力生成机理,没有完全

---

① 在应对黑恶势力违法犯罪方面,应当把重心前移,从注重对黑恶势力及其违法犯罪进行"事后打击",转变为既保持"扫黑除恶"力度和态势,又重视对黑恶势力生成的常态化防范和控制,以收"存量和增量双减"之效,逐步实现黑恶势力"零增量"并逐渐消除的目标。

② 本书不专门研究黑恶势力的违法犯罪及其预防、控制和打击问题,不专门研究恶势力和黑社会的组织形态问题,也不专门研究其成因问题,尽管对这些方面会有所涉及。

摸准其违法犯罪规律。比如，一个简单而重要的现象是，恶势力或黑社会中，大多数青少年成员的第一次犯罪就是他们的初次犯罪，并无前科和劣迹，对此，现有的解释是所谓"符合青少年犯罪特征"，[①]而没有涉及并解释他们在没有前科和劣迹的情况下，何以进入"黑恶圈子"的方式和机制。解决这些问题，就是本书的目的。

（三）　重在"原因"发生作用的机制、机理

"黑恶势力生成"的机制、机理，与黑恶势力形成及其违法犯罪的"原因"，两者直接相关，但是并不等同。本书将根据探讨黑恶势力生成机理的需要，而适度总结分析黑恶势力的产生、违法犯罪的原因或条件，并且主要是简要归纳学者们已有的分析和观点，而无需我们多言。[②]

本书的任务就是，对学界、实务界甚至大众所公认的、促使黑恶势力产生的主要原因或条件如何具体发生作用的过程、机制和机理，进行察究和解析。例如，作为广泛的共识，腐败是黑恶势力产生、成型和成势的非常重要的原因，可是，学界并没有细致剖析腐败以怎样的方式、过程，使得一些人或者团伙、组织等，从"白"变"灰"以至转"黑"的——这之中的具体机理没有得到清晰阐述。进一步说，我们都知道，司法中的腐败现象，包括司法人员中的"保护伞"，在推促一些人、一些企业"涉黑涉恶""染黑成黑"方面起着作用，可究竟是哪些司法腐败、在何种条件下，并通过何种方式，会推促哪些人、哪些企业"涉黑涉恶""染黑成黑"，个中巧处，其实许多人也不明白，学者们也多不具体分析其中深层、精细的"奥妙"。再如，一些"特殊（灰色、黑色）行业"（像色情、毒品、赌博），几乎与黑恶势力的产生、形成具有"天然联系"，可是这些行业成为黑恶势力生成、集聚的"温床"的机理何在？为什么这些行业与黑恶势力有非同寻常的联系，而其他行业并非如此？如何通过行

[①]　参见何秉松主编：《全球化时代有组织犯罪与对策》，中国民主法制出版社2010年版，第117页。绝大部分"涉黑恶"青少年并无前科。

[②]　关于黑恶势力（含犯罪团伙、恶势力团伙、黑社会性质组织、黑社会组织及跨国黑社会组织等）及其违法犯罪的原因，已经得到长期、广泛的讨论。详见后文对"黑恶势力生成防治"研究的简评和相关注释。

业治理来改造、消除这些"温床"？揭开这些谜团，提出方案，是本书讨论的焦点。

三、对"黑恶势力"偏重于"打""扫""除"存在局限

我国长期打黑除恶、扫黑除恶的经验，以及各国打击有组织犯罪的经验，都表明有个共同现象值得高度重视：不少国家、地区对黑恶势力不论是打还是防似乎都陷入了泥沼之境，掉进"防不住，打不灭；防不胜防，越打越多"的怪圈，更难"打早打小，除恶务尽"。我国过去三四十年的打黑除恶历史也呈现出类似态势，希望将来"常态化扫黑除恶"新机制建立后，我们会跳出其他国家和地区难以跳出的怪圈。

根据何秉松的研究，在过去几十年，我国经过多轮高强度、运动式打击之下，黑恶势力仍然不断产生，其违法犯罪依然猖獗，呈现出五个演变趋势：一是"由低向高逐级演化"，即恶势力、黑社会的组织形态不断地从"低级"向"高级"演变，大致呈现"犯罪团伙→恶势力违法犯罪组织→黑社会性质组织→黑社会组织→跨国黑社会组织"的演进形态；二是"由少趋多终成气候"，即尽管公安机关一直对恶势力（团伙/集团/违法犯罪组织）、黑社会（性质）组织保持严厉打击，但越往后公安部门打击的恶势力、黑社会性质组织的数量越多，而非日趋消失，虽说各地、各年度公安部门打掉的恶势力和黑社会性质组织数量有差异、有起伏，但总趋势是越来越多；三是"积少成多规模升级"，即恶势力、黑社会性质组织违法犯罪的数量越来越多，违法犯罪行为性质越来越重，后果越来越严重，违法犯罪侵害的地区更广泛，渗入的行业、部门越来越多；四是"里应外合互相勾结"，即境外黑恶势力向境内渗透，境内外黑恶势力里外勾连、合流，黑恶势力与"保护伞"内外勾结、相互利用；五是"从量到质日益成熟"，每过一定时期（大致几年、十来年），恶势力、黑社会性质组织就会从量变发生一次质变，其组织"更成熟"，形式更"合法化"，犯罪方式更国际化、新型化。我国恶势力、黑社会性质组织演化的"最危险的倾向"是"官匪勾结或官

匪一家",并且拉拢、攀扯的"官家"层次、官员级别和地位越来越高。①

　　"恶势力、黑社会越打越多、越打越大"的困境,需要在实践上突破,更需要在理论上突破。我们认为,突破点不在于继续"狠打"和一般性"预防",而在于弄清楚恶势力、黑社会的生成机制、机理,防其生成,打其于生成环节。因此,透彻研究黑恶势力生成机制和机理,②防治黑恶势力生成,具有无可置疑、不可替代的重要价值。我们认为,从社会治理的角度出发,对已经露头的黑恶势力,用"打早打小,除恶务尽"的政策、策略是正确的,但更要彻底"阻其于未生,防其于未成",破除、阻断其生成机制,让社会不(再)产生黑恶势力,这将能真正实现"除恶务尽"的法律、政策和政治目标。

　　我们看到:在防治、打击黑恶势力违法犯罪方面,许多国家和地区,以往是把"打击""除掉"黑恶势力作为中心、重心,对防范、控制、阻断黑恶势力生成着力甚少,某种意义上,可谓"打除中心",即把"打黑除恶"作为应对黑恶势力及其犯罪的中心,作为法律、政策的基本面,而对从根本上"防治黑恶势力生成"的前瞻性、系统性、综合性的经济、文化、法律和政策措施,关注不够,缺少相应思想理论和措施。与"打除中心"对应,本书主张"以防治黑恶势力生成为中心"("防治中心"),并且常态化地扫黑除恶,既从根本上、源头上铲除黑恶势力生成

---

　　①　参见何秉松:《中国有组织犯罪研究(第一卷)·中国大陆黑社会(性质)犯罪研究》,第五、六、七章,群众出版社 2009 年版,第 96—181 页。

　　②　本书针对黑恶势力的生成,使用了"机制"和"机理"两个概念,而且几乎都是同时并列使用的。因为,虽然"机制"和"机理"的含义很相近,它们之间存在交叉关系,但二者毕竟有区别,各自的侧重点不同,为了准确说明促使黑恶势力产生、扩张和成型、成气候(成势)的过程、方式和内在具体原理,笔者作了这样的处理。

　　"机制"有多种含义:一是用机器制造的;二是机器的构造和工作原理;三是有机体的构造、功能和相互关系;四是指复杂的工作系统和某些自然、社会现象的物理、化学、生物或社会规律(参见《辞海》)。现在,机制泛指任何有机系统,无论自然或社会的,单独或复合、复杂的系统,其内部各方面、各要素的结构(构造)、功能,它自身内部及与外部任何有机体(系统)相互协调、相互发生作用的方式、方法,以及所依赖或遵循的原理、规则或规律。机制的核心在于有机体内部的构造、运行及功能。社会科学中,"机制"指一定机构或组织的机能,以及这个机构或组织与其机能之间的相互作用关系。机制的层次、类型和显现形式繁多。

　　"机理"指为实现某种特定功能,有机体(系统)或事物中各要素的内在结构、工作方式以及诸要素在一定环境下相互联系、相互作用的运行规则和原理,以及有机体或事物变化的理由和道理。机理是有机体或事物的各种形成要素、各形成要素之间的关系,以及各要素、要素间的关系得以形成的动力、过程、形态和所依赖、遵循的自然或社会原理、理由、根据和道理等的有机集合。

的土壤,清除黑恶势力产生的温床,消除恶势力、黑社会的生成,又对出现的黑恶势力尽早尽快予以扫除,使之没有孕育、生长和坐大成势、长期为害的可能。

(一) 过去人们更偏重"打黑除恶"

过去几十年里,国际社会、有关国家和地区,以及在 2017 年之前的我国,对黑恶势力实际上都重在"打除"。

第一,国际社会应对黑恶势力违法犯罪的重心在"打除",不在"防治"。以联合国应对国际社会有组织犯罪为例,其重心显然放在了"打击"方面:一来联合国从来没有制定专门防范犯罪组织生成的文件和制度;二来联合国的所有努力,主要针对的是"已经存在"的有组织犯罪,是如何"打击"这些犯罪,而所谓"预防"或"防止",主要是对跨国有组织犯罪的预防和防止,是防止其进一步扩大,不是要连根拔除。虽然《联合国打击跨国有组织犯罪公约》第一条就声明,"本公约的宗旨是促进合作,以便更有效地预防和打击跨国有组织犯罪","预防"跨国有组织"犯罪"是该公约的宗旨之一,但是其含义和内容不涉及对(跨国)犯罪组织的形成条件、形成过程、形成方式的"预防",即不注重对"犯罪组织生成"的预防,并且对熟悉国际社会打击跨国有组织犯罪的学者和实务人士来说,这是一个共识和常识。这一点,可以从该公约第三十一条专门规定的"预防"内容中得到说明。①

① 《公约》第三十一条规定:
一、缔约国应努力开发和评估各种旨在预防跨国有组织犯罪的国家项目,并制订和促进这方面的最佳做法和政策。
二、缔约国应根据其本国法律基本原则,利用适当的立法、行政或其他措施努力减少有组织犯罪集团在利用犯罪所得参与合法市场方面的现有或未来机会。这些措施应着重于:
(一)加强执法机构或检察官同包括企业界在内的有关私人实体之间的合作;
(二)促进制定各种旨在维护公共和有关私人实体廉洁性的标准和程序,以及有关职业,特别是律师、公证人、税务顾问和会计师的行为准则;
(三)防止有组织犯罪集团对公共当局实行的招标程序以及公共当局为商业活动所提供的补贴和许可证作不正当利用;
(四)防止有组织犯罪集团对法人作不正当利用,这类措施可包括:
1.建立关于法人的设立、管理和筹资中所涉法人和自然人的公共记录;
2.宣布有可能通过法院命令或任何适宜手段,在一段合理的期间内剥夺被判定犯有本公约所涵盖的犯罪的人担任其管辖范围内成立的法人的主管的资格;

第二,有关国家或地区应对黑恶势力违法犯罪的重心在"打除",不在"防治"。我们还没有看到有其他国家或地区制定了专门、系统的防治黑恶势力生成的法律、政策,从源头上防阻黑恶势力,不让其孕育、"露头",甚至也没有"露头就打,打早打小",而是奔忙于对抗黑社会等有组织犯罪。何秉松在其《中国有组织犯罪研究》(2009 年版)第一、二卷中,在其主编的《全球化时代有组织犯罪与对策》中,很细致地介绍和讨论了国际社会及相关国家和地区预防和打击有组织犯罪的法律和政策措施等,但没有介绍和讨论哪个国家或地区在尽力消除恶势力、黑社会产生的土壤或温床方面的具体、明确的努力。刑法学家、犯罪学家们大都无意识地把自己的研究领地固锁在"犯罪预防"或"预防犯罪"方面,把研究围于如何打除"露头"以后的恶势力、黑社会,即如何让其早亡,而对如何避免或阻断恶势力、黑社会的"妊娠""孕育""娩出",则不大留意。

第三,在过去若干年,中国应对黑恶势力违法犯罪的重心同样在"打除",不在"防治"。我国在理论和宏观政策上,在"战略"层面,对恶势力和黑社会采取"加强社会治安综合治理,打防结合,预防为主"的方针,执行"惩办与宽大相结合""惩罚与教育相结合""宽严相济"的刑事政策,实践中长期执行

---

3. 建立关于被剥夺担任法人主管资格的人的国家记录;

4. 与其他缔约国主管当局交流本款(四)项 1 目和 3 目所述记录中所载的资料。

三、缔约国应努力促进被判犯有本公约所涵盖的犯罪的人重新融入社会。

四、缔约国应努力定期评价现有有关法律文书和行政管理办法,以发现其中易被有组织犯罪集团作不正当利用之处。

五、缔约国应努力提高公众对跨国有组织犯罪的存在、原因和严重性及其所构成的威胁的认识。可在适当情况下通过大众传播媒介传播信息,其中应包括促进公众参与预防和打击这类犯罪的措施。

六、各缔约国均应将可协助其他缔约国制订预防跨国有组织犯罪的措施的一个或多个当局的名称和地址通知联合国秘书长。

七、缔约国应酌情彼此合作和同有关国际和区域组织合作,以促进和制订本条所述措施,其办法包括参与各种旨在预防跨国有组织犯罪的国际项目,例如改善环境,以使处于社会边缘地位的群体不易受跨国有组织犯罪行动的影响。

读者若要更详细地了解和理解国际社会把"打击"(有组织犯罪)放在中心地位,可以参看何秉松所著的《中国有组织犯罪研究(第一卷)·中国大陆黑社会(性质)犯罪研究》"第八编全球化时代的国际合作",何秉松主编的《全球化时代有组织犯罪与对策》的相关部分,以及联合国反恐、反腐败等公约或其他有关有组织犯罪的文件。

"打击""严打"和"专项打击""专项斗争"等政策,"社会治安综合治理"主要围绕"治理违法犯罪"展开,也没有把重点和主要精力放在消除引起违法犯罪的社会条件方面,没有注重解决可能促使一些个人、团伙或组织走向违法犯罪、涉黑涉恶的经济、社会和法律问题,没有完全做到用心制定和持久执行防治黑恶势力生成的经济、社会和文化方面的综合性政策、法律。在特定时期,"社会治安综合治理"一度成为"维稳"的别名。对恶势力和黑社会主要采取"事后惩治",有时慢条斯理、有心无肠,懒得理睬,有时风驰电掣、雷霆骤雨般地进行打击,各地在打击黑恶势力方面的态度、力度、手段也不尽一致。何秉松说,我国一直采取的是"宜早不宜迟,宜小不宜大,宜攻不宜守,宜宽不宜严,露头就打"的方针,众多的"宜"都是在为一个"打"字。对黑恶势力"打不离手,骂不离口",这一直是个响亮的社会旋律。当然,在不同地方、不同时间,针对不同对象,"打早打小,露头就打"的方针执行得也各不相同。好在,在公安部过去组织的全国性打黑除恶中,尤其在 2018 年以来这三年全国统一"扫黑除恶"中,情况发生根本性变化,思想观念也有根本性转变,剪恶除黑效果显著,成就斐然。

第四,过去多年里的理论文献同样表明,更多学者把"打除/扫除"黑恶势力违法犯罪作为自己研究的重心,少有学者系统关注和研究黑恶势力的生成机制,以及从生成机理出发提出防治、打击黑恶势力违法犯罪的对策。

自 20 世纪 80 年代初至 2017 年前,讨论"打黑除恶"的文章、书籍可谓汗牛充栋,可是专门研究防范黑恶势力生成的学者和理论成果屈指可数。① 这

---

① 就我们所知,与"黑恶势力生成防控和治理"靠得上边的,主要是如下论文和著作:赵微、李雪媛:《职务越轨犯罪的生成机理与防控》,《社会科学辑刊》2016 年第 3 期;崔倩倩:《黑社会性质组织生成机制研究——以聂磊黑社会性质组织为研究样本》,《山东警察学院学报》2012 年第 5 期;张仁善:《论当代中国黑社会性质组织生成的社会机制》,《南京大学学报(哲学·人文科学·社会科学版)》2001 年第 4 期;王大中:《权力腐败是黑社会生成的社会结构性土壤》,《政法学刊》2002 年第 6 期;曾赟:《农村社会结构变迁与有组织犯罪生成》,《中国刑事法杂志》2003 年第 5 期;李良进、风笑天:《农村流氓恶势力形成的社会机制及其控制》,《番禺职业技术学院学报》2003 年第 1 期;李金亚、管雷:《街角青年群体形成阶段、类型及其特点探析》,《青年探索》2007 年第 1 期;薛操、胡鑫海:《乡村社会灰色化的形成路径探析》,《学理论》2012 年第 30 期;周长康:《黑社会性质组织概念及形成机制初探》,《山东警察学院学报》2014 年第 6 期;刘天森、李

之中,对黑恶势力"生成机制"有所研究的论文,有崔倩倩的《黑社会性质组织生成机制研究——以聂磊黑社会性质组织为研究样本》,张仁善的《论当代中国黑社会性质组织生成的社会机制》,以及陈世伟的《黑社会性质组织犯罪的新型生成及法律对策研究》中的部分内容等。崔倩倩的文章相对具体地、分阶段地描述、解析了(青岛)聂磊从未成年人到成年人,从青年时期犯罪累累,到后来自发选择走上黑道的过程(组织形成的基础阶段,组织初成、成熟和扩张壮大阶段),以及这个过程中,有关的社会主体及阻断一个人不断犯罪、阻断一个黑恶势力形成的各种机制全部失灵,而促成一个人不断犯罪、促成一个黑恶势力形成的各种机制环环见效:刑释解教人员安置帮教机制失能,聂磊没有稳定的工作而成为黑恶势力的"预备人选";市场混乱,监管缺位,聂磊能够轻易进入合法行业,国家对非法行业、地下经济打击不力,使聂磊获取巨大利益,为黑社会性质组织提供了经济基础和社会土壤;官员贪污,权力腐败,使聂磊轻易寻求到"保护伞",使得其组织和势力不断扩张;聂磊利用犯罪文化和心理,强化成员之间的关系,巩固、壮大其组织。不过,类似研究角度的文章确不多见。

值得一提的是,在社会(人类)学文献中,有些论著对黑恶势力生成机理进行了很好的研究,虽然他们的研究是无意识的,但他们触及了一个重大理论和实践问题。那些论著揭示了黑恶势力在底层社会逐步滋生、显形和渐成气候的社会、经济、文化和政治等原因和条件,以及黑恶势力"生成演变的机制、机遇"。例如,黄海的《灰地》,[①]怀特的《街角社会》[②]等。甚至一些纪实性作品,如派洛基的《盗亦有道》[③],陈言、亚斌的《黑枭》[④]等,也细致入微地揭示

吴、梁夏:《黑社会组织形成及其社会控制方式:基于成本、效益的"袍哥文化"分析》,《科技信息》2012年第7期;邓德艾:《在阳光的背后——新中国黑社会形成、发展的全息图景》,《湘潮》2002年第6期;郭子贤:《黑社会(性质)组织形成研究》,知识产权出版社2006年版;等等。此外,陈世伟所著的《黑社会性质组织犯罪的新型生成及法律对策研究》(法律出版社2016年版)对黑社会性质组织的生成机制有所触及。

①　参见黄海:《灰地:红镇"混混"研究(1981—2007)》,生活·读书·新知三联书店2010年版。

②　参见[美]威廉·富特·怀特:《街角社会:一个意大利人贫民区的社会结构》,黄育馥译,商务印书馆1994年版。

③　参见[美]尼古拉斯·派洛基:《盗亦有道:一个"精明仔"的黑帮生涯》,贾令仪、贾文渊译,法律出版社2012年版。

④　参见陈言、亚斌:《黑枭:铲除刘涌黑社会团伙采访手记》,中国言实出版社2002年版。

了这些原因和机制。

"打黑除恶"自有其巨大的功能和作用。"打除中心"自有其逻辑和功效。有恶有黑不打不除,那是政府自毁长城;无恶无黑就注意防范,那是政府未雨绸缪,功效无量。对黑恶当然不能"黑打",但不能不"打""扫"。打(扫)黑除恶须要事半功倍,就不能像其他许多国家和地区,以及先前的自己,注重"打除"、疏于"防治",长于"断流"、不善"竭源",以致"抽刀断水水更流"。我们需要学习和研究如何更好地"塞弊之源",防黑恶于未生,除黑恶于未成。

(二) 有恶必除,有黑必打,不容"商量"

对各国来说,没有恶势力黑社会的时候就需要严密防范,不让其生成;有恶有黑就必须打除,不能让其成型成势,一手遮天,独霸一方,"开山立堂",与政府分庭抗礼。任何国家,只要存在恶势力、黑社会(性质组织),都会"打",没有"商量"余地。"除"是目标,"尽除"是理想,能否实现目标和理想,取决于多种因素,但国家应当保证实现"压制黑恶"的基本目标,要保证普通民众的基本安全和自由,保障社会秩序基本稳定和安宁。不会有哪个国家、政府、执政党会公开否定、反对"扫黑除恶"或者"压制黑恶"。

不过,国外反黑手党等犯罪集团和打击有组织犯罪的历史反复表明,小黑小恶,甚至大黑大恶,往往不被一些国家或其地方政府重视,政府对他们不打不除,或者打而不力;待到其成为大黑大恶,往往已经在经济、政治、文化和社会各层面树大根深、盘根错节,演变成黑色经济帝国、黑色政治王国,对合法政权渗透得很深入、广泛,与高层政治勾连,成为能够操纵公权力、左右政府决策和执行的力量。那些能够遮天蔽日、呼风唤雨的大型黑社会(的上层人物),早就不屑与低层级政府官员交往,而多与高层政府官员建立起个人甚至"组织化"联系,即出现黑社会"披红"、合法政府及官员"黑化"、公权力异化的现象。

从其他国家或者地区过去的历史来看,"小黑小官一家",直接危害百姓,也可能危害当地政权,但很难危及国家政权;如果到处"小黑小官一家",那表明不仅地方政府及其治理出了问题,而且较为上层的政府及其治理也出了明显问题,就可能危害国家政权了。如果"大黑大官一家",那么,这个国家的"打黑"多半艰难,而且具有虚伪性,普通大众对这样的政府或国家不能指望得太多。在国外,甚至有黑社会坐拥"通天"能量,拥有"偷天换日"的能耐,而相应的政府多半已经腐败入骨,铲除黑社会的使命和任务往往只得由新政府或者新领导人来执行,并且多会伴随血雨腥风。纵容"小恶小黑小腐败",坐视"大恶大黑大腐败",默许黑恶势力与一些政府(部门)和官员串通一气,形成"你中有我,我中有你"局面,其恶果深重。确实,世界上还没有哪个国家或政府纯粹是被黑恶势力给推翻、弄下台的,再强大的黑恶势力也不会把默许甚至公开允许其存在的政府给推翻,相反,他们要"狡猾地"依存于这样的政府和官员。如果黑社会和腐败官员当道,社会矛盾必然加剧,除非通过"不设底,不封顶"的打黑、反腐等大方略扭转乾坤,政权危急的现象历史上也有。

不管从哪个角度来说,只要存在黑恶势力,就该打该除,不应当手软、迟疑,更不应该包庇、纵容。为了民众的安宁和福祉,为了社会的安全和发展,打黑除恶不容"商量"。

(三)"打除中心主义"的实践功效

尽管我国实务部门没有主动、持久、深入及全面地向社会披露全国及各地方打黑除恶的信息和案例,但毕竟有选择地、个别地向媒体透露过少量案例和信息,加之一些学者的调查研究,媒体的长期关注和跟进,使得我们能够大致掌握有关全国和地方"打黑除恶"的基本态势,能够在学术文献和媒体资料中查询到部分案例和基本数据。这些数据告诉我们两点:一是打黑除恶成效显著,功不可没,有目共睹,不容否定;二是打黑除恶存在短板,成果不可高估,政策、方法等需要改进。

"打除中心主义"的实践功效主要体现在五个方面。

第一,坚持重在打击,持久打黑除恶,全国打掉了数以万计的黑恶势力团伙或组织,打击的黑恶势力犯罪人员就更多,确实压制了黑恶势力的气焰,控制住了黑恶势力犯罪猖獗的势头。[①] 在黑恶势力迅猛膨胀、违法犯罪猖獗的情况下,以"打除"为中心具有现实合理性,富有实效。

第二,从打黑除恶之始就重视打击黑恶势力"保护伞"和"红后台",重视打黑除恶中发现的腐败问题,重视腐败案件中的涉黑涉恶问题,深挖包庇、纵容、参加恶势力和黑社会性质组织的腐败分子。[②] 这种策略收到了反黑反腐

[①] 例如:1983年开始的第一次全国"严打"三年期间,共查获犯罪团伙19.7万个,查出团伙成员87.6万人。1988年,全国打掉各类犯罪团伙10万余个,查获其成员36万余人(转引自王牧、张凌、赵国玲主编:《中国有组织犯罪实证研究》,中国检察出版社2011年版,第7页)。2006年2月到2009年9月,全国共侦办涉黑案件1267起,打掉恶势力13000多个,抓获犯罪嫌疑人8.9万多名,审结生效案件中重刑率为46.51%,对196名黑社会性质组织头目实行跨省异地服刑。全国公安机关平均每年打掉4000多个恶势力团伙,共破获各类刑事案件10.8万余起,缴获各类枪支2700多支;检察机关提起公诉涉黑案件1053起15135人;法院一审以黑社会性质组织罪名审结1171件12796人,已经审结生效案件共723件6739人,其中被判处5年以上有期徒刑、无期徒刑、死刑的共有3134人,重刑率为46.51%;全国监狱累计收押黑社会性质组织罪犯8444人,全国劳教所累计收容涉黑涉恶劳教人员1301人(袁韵、黄莹:《三年来我国平均每年打掉4000多个恶势力团伙》,http://news.xinhuanet.com/legal/2009-09/01/content_11978096.htm)。2010年1月至10月,全国各地共破获各类刑事案件51.5万余起,抓获犯罪嫌疑人45.7万余名,打掉黑恶势力团伙2394个(周英峰:《全国已打掉2394个黑恶势力团伙》,http://news.xinhuanet.com/politics/2010-11/09/c_12754876.htm)。2015年湖北警方打掉恶势力团伙923个,抓获黑恶人员4393人,破获各类案件2592起(马芙蓉:《湖北警方2015年打掉923个恶势力团伙》,http://www.chinanews.com/df/2016/03-23/7808605.shtml)。2015年忻州市公安机关打掉恶势力团伙33个,抓获恶势力团伙成员152名(温晓军、韩波:《忻州警方2015年打掉33个黑恶势力团伙》,http://jjsx.china.com.cn/lm344/2016/377844.htm)。2016年1月到4月,山西警方打掉恶势力犯罪集团31个,抓获犯罪嫌疑人168人,破获各类刑事案件162起,收缴枪支11支,子弹52发(左燕东:《山西警方持续保持"打黑除恶"高压态势,2016年又打掉恶势力犯罪集团31个》,http://mt.sohu.com/20160423/n445682861.shtml)。2013年至2017年,四川省检察机关批捕黑社会性质组织犯罪23人、起诉269人;山东省在2017年打掉黑社会性质组织18个、恶势力犯罪集团53个,铲除涉恶类犯罪团伙2260个,破获涉恶常见9类案件6081起(王珍:《坚决打掉黑恶势力"保护伞"》,http://fanfu.people.com.cn/n1/2018/0131/c64371-29797724.html)。陕西省2017年打掉黑恶犯罪组织650余个,抓获涉黑涉恶犯罪嫌疑人3700余名,移送司法判决涉黑涉恶犯罪人员3200余名(李小博:《2017年全省打掉黑恶犯罪组织650余个,抓获嫌疑人3700余名》,http://news.sina.com.cn/c/2018-01-26/doc-ifyqyesy2245336.shtml)。湖北2017年共打掉黑恶团伙884个,抓获黑恶犯罪人员8625人;在2018年1月24日至2月1日的集中收网行动中,共打掉黑恶势力团伙135个,抓获886人,破获案件393起(程远州:《湖北2017年打掉黑恶团伙884个抓获8625人》,http://leaders.people.com.cn/n1/2018/0207/c58278-29810070.html)。等等。访问日期:2018年7月29日。

[②] 根据学者在2008年4月到2011年3月进行的一项抽样调查,发现有366例国家工作人员(官员)成为"保护伞"。其中,公安人员115例,占31.9%,法院、检察院人员各1例,各占0.3%,其他公务人员28例,占7.8%,涉多类公务人员的6例,占1.7%,情况不详的210例,占58.2%;

加强廉政建设的多重效果。

第三,通过国际司法协助、区际司法协助,打击、遏制、切割了境内外黑社会(性质组织)的相互联系,打破了黑恶势力利用中国与外国、中国内地与港澳台之间的法律和司法体制差异,寻求黑恶势力之间的联系以及逃避打击的"天堂"的梦想。[①]

第四,打黑除恶稳定了社会,安定了民心,保护了发展环境,赢得了群众信任。面对黑恶势力,百姓深受其害,而且不只是"敢怒不敢言"的问题,而是"既不敢言,更不敢怒,还得俯首听命,屈辱而从","舍财免灾"算小事,身家性

涉黑地方官的层次,县处级及以下级别的官员 138 例,占 38.2%,厅局级官员 4 例,占 1.1%,省部级及以上级别官员 1 例,占 0.3%,情况不详的 218 例,占 60.4%(参见王牧、张凌、赵国玲主编:《中国有组织犯罪实证研究》,中国检察出版社 2011 年版,第 28 页)。媒体对打击黑恶势力"保护伞"的报道很频繁。例如,《检察日报》于 2004 年 1 月 16 日载文:自 2001 年开展"严打"以来,全国检察机关立案查办黑恶势力"保护伞"犯罪案件 523 件,查办涉嫌职务犯罪的国家工作人员557 人;《法制日报》于 2007 年 4 月 30 日报道,2006 年 3 月至 2007 年 3 月,全国检察机关共批捕黑恶势力犯罪嫌疑人 17614 人,起诉 10118 人,查办充当黑恶势力"保护伞"的职务犯罪案件 54件 62 人;《重庆日报》于 2010 年 1 月 6 日报道,2009 年,"落马"厅级干部 20 名,黑恶势力"保护伞" 78 个;《法制日报》于 2010 年 4 月 9 日报道,自 2006 年以来,四年全国打黑除恶专项斗争中,290 名"保护伞"被追究刑责,另全国公安机关已侦办涉黑组织案件 1449 起,打掉恶势力 16628个,等等。

① (记者叶前、张雅诗等人报道)2015 年 6 月 15 日至 9 月 18 日,粤港澳警方联合成功开展了"雷霆 15"打击有组织跨境犯罪专项行动。行动期间,公安机关破获跨境有组织案件 20 起,抓获各类刑事案件犯罪嫌疑人 11339 名,查获吸毒人员 3 万多名,查获各类枪支 102 支、子弹 2746发(气枪弹 2167 发)、各类毒品 2131 公斤、赃款 240 多万元。香港警方在香港各区搜查了 7500多个娱乐场所和处所,拘捕了 4343 人(包括 2539 名男子及 1804 名女子,年龄介于 10 岁至 85 岁,当中有 1177 人为内地人),当中包括三合会骨干成员。检获的物品和冻结资产总值超过 1.02 亿港元,当中包括总值约 6700 万港元的毒品。澳门警方将 3900 多人带返警局调查。自 2000 年以来,粤港澳三地警方每年进行一次以打击跨境有组织犯罪、港澳黑社会组织入境渗透犯罪活动为主要内容的联合统一行动("雷霆××")。2014 年"雷霆 14"行动:广东出动警力 22341 人次,打掉有组织跨境犯罪团伙 38 个,破获有组织跨境犯罪案件 1116 起,抓获有组织跨境犯罪嫌疑人 471 名(其中境外黑社会组织成员 16 名),清查涉及境外人员经营背景、有违法嫌疑的重点场所 863 处,缴获各类枪支 188 支、子弹 67525 发、车辆 130 辆、各类毒品 1253 公斤、扣押赃款 1000 多万元。16 名境外黑社会组织成员中,涉及香港、澳门等地多个黑帮,其中就有香港三大"三合会"组织中的"和胜和""14K"两大黑帮,以及澳门鼎鼎有名的"水房"帮成员。参见《香港最大黑帮 4343 人被抓,其中 1177人来自内地》,http://news.china.com.cn/live/2015-09/25/content_34353230.htm;《香港打击黑帮抓获 4300 人,其中 1100 人来自内地》,http://st.southcn.com/content/2015-09/24/content_133528715. htm;《广东打掉 38 个跨境犯罪团伙,港澳三大黑帮多名成员落网》,http://news.163.com/14/1203/06/ACH6PA5I00014AEE.html;等等。访问日期:2016 年 7 月 26 日。

命不保也常有。最常见的黑恶势力犯罪,就是杀人、伤害、抢劫、绑架、非法拘禁、盗窃、敲诈勒索、赌博、贩毒、非法持有枪支,这些犯罪不是侵害老百姓钱财,就是威胁、伤害老百姓自由、健康或生命,给百姓带去不安或恐惧,给社会制造混乱和恐慌,危害深重。有的黑社会性质组织犯罪案件中,仅命案就有多起。如刘汉、刘维黑社会性质组织罪案件里面,就有8人被杀或伤害致死;刘涌黑社会性质组织罪案件中,刘涌为抢夺市场,垄断部分商品的经营,其手下打死一人,打伤多人(包括执法警察),打砸他人经营场所多起,打砸砍杀成为家常便饭。打掉黑恶势力,老百姓就能够安身立命,社会就能够有序稳定,就能够发展。自古道"除暴安良",总是大得人心、大快人心的事。所以,一些地方的百姓听说黑老大被抓,奔走相告,给公安送锦旗、放鞭炮,可知民之苦于黑恶势力久矣!

第五,打黑除恶锻炼了队伍,提高了基层和地方领导及执法者的政治和业务素质与水平。打黑除恶是苦差事,领导要下得了决心,要拿出周密细致的打黑除恶方案,公安警察等各方面的执法工作人员要有克服困难和担当风险的意志,坚决执行任务,完成使命。打黑不只是拼人力、拼体力、拼知识技术、拼装备设施,更拼意志、拼智慧、拼良心、拼法律和道德水准。基层、地方领导和执法人员在打黑除恶过程中,面临的不仅有人身安全风险,还有被拉拢、腐蚀的风险。坚持长期打黑而绝不涉黑、染黑和护黑,就是高素质高品质。打黑除恶既是对领导和办案人员的全面考验、检验,又是锻炼、磨炼,是人生大修炼。如果领导者和办案人员都做到打黑稳、准、狠,依法、文明打黑,不错打、黑打,那就很了不起,就说明他们在政治、法律、业务技能和思想道德上都过硬。每一次打黑除恶行动,就是一次严格训练、考试。几十年走过来,绝大多数领导和办案人员通过了考试,只有少数人落马、被社会洪流卷走。

(四)"打除中心主义"的疏漏和风险

第一,以"打除"为中心反黑恶,属于典型的治标策略。以"防治黑恶势力生成"为中心的治本策略很重要,但被过度强大、刚性、能够在效果和业绩上立竿见影的"打除中心"策略轻易压抑,并且长期未见改观。防治黑恶势力生成,其在政治、经济、文化、社会和法律、政策上的复杂性,其需要的财力、智识、胆略、良心和耐力,比直接"打除"要高很多。况且治本如中医,虽然能够辨证施治,解决根本,但疗效慢,疗程长,在不科学的政绩观及用人、考核和社会治理等模式下,外科手术式的"打除中心主义"有"手到病除,立等见效"之功,自然长期成为首选,实际上成为不二选择;对黑恶势力的治本之策,其实无心顾及。

第二,"打除中心主义"的疏漏当然不只容易使人忽视防治黑恶,也让人们对黑恶的生成机制、机理难有深入的关注、研究和认识、理解,对刚出生的黑恶势力难以准确识别,所以,"打早打小""露头就打"也就没有理性判断基础。这就是实践中长期困扰领导、办案人员的几个重大问题的根由。

问题之一是,判断最初的恶势力和黑社会性质组织的标准缺失,"凭感觉和经验"认定恶势力、黑社会性质组织,凭"打击指标(办案件数、打击人数)"、为完成打击指标而圈划恶势力、黑社会性质组织,这使打黑除恶总带有随机性、随意性,对于被当作恶势力、黑社会性质组织的成员而受到打击的个别人员来说,就可能不准确、不公正。

这导致第二个问题,即打黑除恶统计数据可靠性不足,我们始终无法真正全面、客观、准确和科学地判断、评估我国这些年黑恶势力的情况。特别是公安部门提供的统计数据,存在某种"数据循环"情况,简单地说,就是"打出来的"黑恶势力本来就可能是有关方面下达或要求的(大致)打击任务数,而完成任务后又把这些数据上报,或对上报的数据稍作处理。倘若以这些数据来评价打黑除恶情况,评估有关地方黑恶势力情况,显然并不十分科学。

随之,第三个问题,如果这种情况循环下去,最终会使上层决策者对全国或有关地方的黑恶势力实际情况缺乏真实、全面、充分的掌握,即便对个别地方、个别领域或行业的黑恶势力,对个别黑恶人物或案件,有及时、准确的掌握,这样,难以排除基于偶然因素、个别情况而发起全国性或地方性的"打黑除恶"行动。尤其,如果出现某些特殊政治、社会因素,打黑除恶就会笼罩在特定政治和社会需要的强制之下。特定政治需要,很多时候就是某种特殊政绩需要,它所带来的政治冲动,会助推各种以专项打击为名的"运动型"打黑除恶,有可能这场运动正是时候,刚好对不可一世的黑恶势力"说不",也许恰好不是时候,因为压根儿没有多少黑恶势力可供雷霆之击。实践证明,"打除中心主义"与长期坚持不懈、严格依法的常态化、规范化防治黑恶势力的努力相排斥,也与常态化、规范化扫黑除恶这类理念和方式相排斥。"打除中心主义"离不开考核(体系),离不开不时进行的专项斗争,离不开周期性的但又无规律可循的雷霆行动,因为似乎离开这些就不可以、不可能打击黑恶势力。这在事实上养成了一种奇怪的惰性:上面没有布置打黑,就宁可眼睁睁看着黑恶势力为非作歹,也不愿去管理他们;就算还有黑恶势力存在并明显地活跃着,只要打击任务完成了,打黑除恶也"稍息"了,有关部门宁愿等待下一次打黑行动,下一批打击指标下来,否则不会出手,他们得"养鱼",以免上级来年命令"收网"时,却网中空空,考核不合格,更不能评先进;或者"拔高档次",把小混混等"不够格"的人员,当作恶势力或者黑社会成员,予以打击,以求达标。

第四个问题更加重大,即这样的打黑除恶,既会助长真正的黑恶势力的投机行为,"教育"、帮助他们按照某种打击周期或某些政治、社会气氛来安排他们的行动。此外,还让百姓无所适从,对法律和政府失去信赖,特别是那些在公安派出所等地方"挂了号"的人,即使没有明显违法行为,更没有犯罪,也可能因为不知底细而错跟了涉黑涉恶的老板,或者因为自己的恶习陋行,没准被纳入某次专项行动的打击范围,以致出现"错打",引起群众对打黑除恶严肃性、合法性和公正性产生疑虑。

第五个问题,由于不治本,"打除中心主义"就面临悖论,即打黑除恶如割韭剃发,会陷入"死循环",跳不出"打而不死,除而复生"的"周期律","打黑除恶"的目标难以抵达,"除恶务尽"的理想更遥不可及。除非社会发生整体性结构剧变,自然终结产生、滋养黑恶势力的土壤与温床,根本上消除"保护伞",否则,打黑除恶终将陷入疲劳状态,普通群众也会从最初的由衷支持、感谢,演变为漠不关心,甚而慢慢怀疑,打黑除恶是一场场"做秀",一次次"假打"，不然怎么打了几十年，即使一些旧的不复存在，但新的却不断滋生，黑恶势力不仅没有减弱，更没有消除，反倒越来越厉害了。这样一来，打黑除恶的法律效果、社会效果和政治效果都受到极大影响。

第六个问题，就是打黑除恶实践中，确实出现了一些"假打""慢打""迟打""选择性打击""不打""错打""打过头"等现象。假打就是做表面文章，或者阳奉阴违，打小不打大，打轻不打重，打暴露出来浮在面上的，不追查深究，不挖"老大"和后台，惩罚力度软弱，不痛不痒，等等。慢打、迟打，就是黑恶势力已经成灾，不顾百姓疾苦安危，只要黑恶势力不触犯公检法和政府等单位，不触犯有关官员或警察，就对黑恶势力听之任之，在迫不得已的时候才出手打击，节奏缓慢，坐失打击良机。选择性打击，就是有关领导或办案人员，主要把自己"看不惯的"，"有眼不识泰山的"，"不懂事的"，不在其保护圈内的，与己为敌的，以及其他触犯其单位或其本人利益的黑恶势力，纳入打击范围列为目标，对受到自己包庇、纵容的，或者对其"无兴趣"的黑恶势力，网开一面，等等。不打就是该作为不作为，该打而不打，玩忽职守，任由黑恶势力形成、成型或成势，不闻不问，甚至反倒"帮促"黑恶势力。错打，就是不该打而打，打错了对象，造成错案。打过头的情况比较复杂，但主要是降低黑恶势力认定标准，降低办案证据标准，扩大了打击面，把本来不足以认定为黑恶势力犯罪的进行拔高认定，把普通犯罪定为涉恶涉黑犯罪，不管是为了完成打击指标，还是为了立功受赏，这包括部分错打情况。简言之，打过头就是"人头"范围过宽，把一些不属于黑恶势力的人员当作黑恶团伙、组织的成员进行打击。我们知道，不少地方的检察院对公安部门移送的涉黑恶案件要"过滤"掉一部分，法院在判决时对检察院指控的涉黑恶犯罪人员也可能"滤除"一些，以及事后通过申诉机制，还发现和纠正了少量错案，这让我们明白，打黑除恶案件确有少量打过头的情况。

第七个问题，如果"打除中心主义"毫不改弦更张，长此下去，无论高层领导人，还是领导打黑除恶和执法办案的人员，以及普通百姓，都难以知道这样周而复始的打黑除恶尽头在何处，何时能了结，而不断膨胀的是——打黑除恶的队伍，打黑除恶的经费，被打击的黑恶势力团伙、组织及人头，涉恶涉黑案件数量,或许还有研究打黑除恶的研究人员。显然,任何正常人都不愿想象和目睹这样的局面。

第三,我们还注意到,已经出现这样的理论倾向:有市场经济就会有恶势力、黑社会,而无论哪种社会哪个国家的市场经济。市场经济条件下,黑恶势力的存在具有必然性,当然也就具有其合理性。因为,市场经济(逐利性、开放性和金钱至上等特征或者缺陷)最有利于黑恶势力追逐金钱等财富和利益。就像已经有不少人(错误地)论证过:有市场经济,就必然有腐败;搞市场经济,就必然要容许一定程度的腐败;市场经济条件下,腐败具有合理性,具有润滑效果;反腐"要适可而止"。因此,有人似乎认为,社会转型期,市场经济中,黑恶势力难以防甚至不可防,黑恶势力及其犯罪是正常现象,对恶势力、黑社会,有了就打,多了就狠打,更多了,就往深里打。"打"没有错,但不能忽视和否定"防"。

其实,无须从意识形态角度来评论这些倾向性看法,单就这些理论的逻辑基础来说,就很成问题。

其一,我们现在社会中的经济,完全是市场经济吗? 是规范的、发达的、文明的、讲法治的、讲信用的、开放的、公平的、平等的和透明的成熟市场经济吗? 是定型、成熟的"社会主义市场经济"吗? 其二,封建经济、野蛮资本主义经济、文明资本主义经济和社会主义经济,狩猎经济、游牧经济、渔业经济、小农经济、(小)商品经济、市场经济,等等,各自与黑恶势力之间存在什么样的关系? 市场经济就必然与黑恶势力联系,黑恶势力就必然与市场经济联系? 其三,即使我国现在的市场经济是不成熟、不规范、缺法治、缺信用、缺开放、缺平等、缺公平、缺透明、缺道德的市场经济,所谓"必然产生"黑恶势力,那么,成熟、发达、规范的社会主义市场经济仍然会产生黑恶势力吗? 其四,就算任何市场经济都必然产生黑恶势力,国家和政府对黑恶势力就只能"打除",而不能也不可能主动、有效地预防,从生成源头上尽量杜绝黑恶势力的产生吗? 这些重要理论问题,"打除中心主义"是不怎么关心的,它顶多会问:市场经济条件下,黑恶势力怎么防? 不过,我们观察的结果是,许多国家或地区对黑恶势力的防治,其实是"非不能也,而不为也",是他们的政治本质和经济本性使然。

四、常态高效扫黑除恶根基在防治黑恶势力生成

我们已经一再表明,决不否定打黑除恶的重要价值,充分认识扫黑除恶的重大意义。过往的打黑除恶,现在和今后的扫黑除恶,都是为了百姓安宁与幸福,为了社会稳定与和谐,为了国家的长治久安。我们感谢所有认真、真诚和真实扫黑除恶的人。

但是,我们并不会认为,人们可以满足于现有的扫黑除恶理论、政策和实践。现在的扫黑除恶理论、方针政策、制度和实践,存在多方面广阔的讨论空间。比如,增强扫黑除恶办案形式和程序合法性的呼声一直很高,党委、政府、公安机关和检法机关究竟如何作为,才能很好回应这样的呼声,就在持续讨论之中;关于涉黑恶案件的证据采信、认定问题,特别是在这类案件中如何认定和排除非法证据的问题,至今还争论不休,仍无定论;如前所说,既然要求对黑恶势力"打早打小,露头就打",可是,警察经常在问:"刚冒出来的混混,如何断定就是应当打击的黑恶势力(胚子)?"如果不放开视野,刨刨这些问题的根子,是无法争论清楚的。

借用别的科学术语,我们应当认识到,如今"打除中心主义"的漏洞和风险是系统性漏洞和风险,需要修复、更新或重装系统,需要在宏观层面建立相应政治、法律和政策系统,以创建"防治中心主义"的"黑恶防范+打击惩罚"系统,从"打防结合"巨变为"防惩结合"。这个革命性任务不是通过给"打除中心主义"安装几个"补丁"就做得到的。从理论上说,现在的"打除中心主义",最大缺陷就是没有一整套健全的预防支撑体系(系统),即没有"黑恶势力生成防治中心主义"体系(系统),我们应当把这套体系建立健全起来,作为"打除中心主义"这套打黑除恶理论、政策和实践系统的强大基础支持系统,并且根本性消减"打除中心主义"的负荷,而让"黑恶势力生成防治"为中心的系统,充分运转,发挥最大效用。理想目标和效果是,不再让黑恶势力牵着政府、公安部门的鼻子走,不再使公安围着黑恶势力团团转,而是使我们社会尽量不出或少出黑恶势力,始终把住防控、打击黑恶势力的主动性,政府依靠常态、规

范、综合的治本之策,始终牢固掌握防范黑恶的主动权,扫黑除恶只是防恶防黑的必要且重要的补充。

唯物辩证法告诉我们,事物都是运动和联系的,认识事物内部相互对立又统一的各方面,才能真正认识事物的运动和联系,才能真正认识一个事物。打黑除恶与防黑治恶是我们认识和对待黑恶势力的两个基本方面,并且"打除"与"防治"不可偏废,但这不意味着它们同等重要,没有主次之分,更不意味着"打除"比"防治"还重要,"打除"甚至可以替代"防治",有了"打除"就可以忽略、轻视或抹去"防治"。道理很浅显:如果做到了"防范于未然",黑恶势力根本难以生成和生存,那么,"扫黑除恶"就不仅轻松许多,而且会事半功倍。相反地,若不注重从源头防范黑恶势力的生成、生存、生长问题,让黑恶势力有狂生猛长的社会基础,"扫黑除恶"就会始终被动,始终吃力不讨好,始终不能取得决定性的突破和成功。德国著名刑法学家李斯特早就说过,最好的社会政策就是最好的刑事政策。对于应对黑恶势力的刑事政策来说,最好莫过于准确探明黑恶势力生成的社会条件,这些条件发生作用、孕育出黑恶人员的机制和机理,然后设置相应的阻断机制,把那些可能畸变为黑恶势力后备队的人们,把那些可能成为黑恶势力成员的人们,及时、有效地挽留在正常社会中。假如我们的社会能够做到这一点,那么,各级政府、各级公安机关及其负责人,广大办案人员,就会从既有的扫黑除恶模式下解放出来,社会将更加和谐美好。

特殊情况下,"扫黑除恶"要临时、短暂地成为应对黑恶势力及其犯罪的中心策略,过渡性地发挥主导作用,这在理论和实践上都没有问题。比如,由于某一时期对黑恶势力疏于治理,防范松懈,黑恶势力迅猛成长,其违法犯罪爆发性增长,这时当然可以或者应当立即把"扫黑除恶"作为一段时期的重心,直至取得扫黑除恶的决定性成功。而且,这种情况并不改变"防治黑恶势力生成"的理论、制度和实践所长期具有的中心地位。

"扫黑除恶"在任何社会都是必要的,但只有打黑除恶是远远不够的。强有力的、周全具体且可操作的"黑恶势力生成防治系统",不仅是扫黑除恶的需要,更是"除恶务尽"所必需的基础手段。凡事不可舍本逐末,"事预则立,不预则废"。面对黑恶势力,"早打早除"虽然也好,而且不止是"逐末"之计,但毕竟只能作为补充防治策略之不足,补救防治策略之失误的事后对策,"早防早治"始终是务本之策。

第一章 黑恶势力的"面相"与本色

黑恶势力不容易扫除干净。有人认为，黑恶势力不可能打得干净。尽管坚持不懈打黑除恶，成效显著，但是，循环往复的打击行动也让人生疑："为何年年打黑，却不能根除黑社会？"如果只重打击，黑恶势力不仅根本打不干净，而且只要"土壤"在，"气候"适宜，黑恶势力不断滋生或复燃，成型或坐大，就是意料之中的事情。同样可以预料的是，下一轮打击可能又要开始了。要完全走出这种怪圈，就得把防治黑恶势力生成这件大事办好。可是，这事也并不好办，除非我们对黑恶势力有更全面、更透彻的认知，并能够制定出系统性新策略。

一、黑恶势力是一种特殊的"社会"势力

有人把黑恶势力比作"社会毒瘤"或"社会的癌细胞"，这很恰当。黑恶势力与正常社会的关系，就如癌细胞(癌症)与人的身体和生命的关系一样。黑恶势力产生、扩张的机制和机理，非常类同于癌症的发病机制和原理。癌症是病人自身而非他人的疾病；癌细胞是由患者自己原来的正常细胞恶变而成，是患者自己体内原本存在的"原癌基因""抑癌基因"遇到病变条件、发生突变而产生的，不是外界强加的，尽管致癌因子中包含患者身体之外的因素(如摄入人体致癌物质)，更有患者自身体内的因素；癌细胞是变异细胞，它与正常细胞不同，有无限增殖、可转化和易转移的特点，并破坏正常的细胞组织，难以消灭，终致患者死亡。黑恶势力在社会中的生成，对社会发生作用的机制和方式，对社会产生的后果，或者说，黑恶势力与整个社会的关系，与癌症和患者自

己的关系几乎"雷同":黑恶势力是社会中的势力,产生于社会,存在于社会中,由社会本身的各种病因导致(虽然黑恶势力的产生、形成确有那些人员的个人因素),侵蚀、危害社会,严重的会导致一定区域的正常社会遭扭曲或"解体",形成"另类社会",即黑社会或恶势力成为那些区域的"控制"力量或者"重大影响"力量,构成社会空隙中的"社会",俨然是"有序的社会"。但是,我们对作为"另类社会"的黑恶势力社会,尚缺乏深入系统的认识,需要对此进行一定讨论。

(一) 两个社会:"我们社会"与黑社会

在公共宣传和大众舆论领域,"黑社会"、"黑社会组织"或"黑社会性质组织"、犯罪集团、犯罪组织等,他们在正常社会、合法社会或常态社会(即"我们社会")的视野里,都是"非我族类",是"他类""另类",是不为"我们社会"所容的"尔等势力"。通常,我们不大承认"黑社会(性质)组织"是一种社会,是"我们社会"中的一种独特、另类社会,是生成和存在于"我们社会",由"我们社会"所生所养,既为"我们社会"所痛所恨,不断打击,也不时为"我们社会"所容忍、驱遣和利用。大众媒体都是"我们社会"的,这些媒体上的"黑社会"不可能是"好样的",即便影视、小说等把黑社会演绎得"中性"一些,把黑老大和黑社会的正邪善恶等多面性展示得丰富一些,但黑社会、黑老大本身有不可改变的一些根本特征、致命缺陷。比如,他们终究是黑社会、黑老大,脱不掉一个"黑"字,他们总会在某种关键时刻显示出与"我们社会"的对抗,显示出违反"我们社会"法律的那一面,显示出"心黑手狠"的本性,他们总有不能见容于"我们社会"的根深蒂固的东西——即使在当今世界,黑社会逐步减少了传统非法暴力犯罪,越来越多地采用合法组织和活动形式作"掩护",许多黑老大已经"洗白"甚至"转红",但毕竟他们从不曾宣称放弃非法暴力犯罪等各种手段。黑社会犯罪,或者说有组织犯罪,始终是"我们社会"中的一个大患。

所以,长期以来,在公共舆论中,"黑社会"与"我们社会"是两个不搭界的社会,好像是"有你无我,有我无你,互不相干,互相对立,你死我活"的关系。

特别是在我国的媒体宣传中，几十年来都是"打黑除恶"主导媒体和舆论，黑社会与"我们社会"的关系几乎只有"水火不容，势不两立"的生死较量关系。这样的舆论之下，与黑社会相比，"我们社会"基本上是这样的：她是一个拥有法律、具有合法性的社会；是一个拥有道德、具有道义正当性的社会；是一个利用法律和道德等正当手段解决社会问题和纠纷的社会；是一个不应当也不大可能会产生黑恶势力的社会；是一个不会且不能容忍黑恶势力产生和存在的社会；是一个从来、长期与黑恶势力作坚决斗争、对其进行坚决、彻底打击的社会，黑恶势力一日不除，"我们社会"决不收兵。现在，公共舆论和官方尽管开始承认，黑社会、恶势力存在于"我们社会"，甚至产生于"我们社会"，但那只因为"我们社会"中有一部分"出了问题"，我们要"治好"那一部分"问题社会"，或者将他们从"我们社会"割去。"我们社会"是一个"纯洁的"、与黑社会恶势力保持远距离关系的社会，不能跟黑社会相提并论。

当然，公共舆论和媒体中的"黑社会"形象就很单一了，而且，媒体要这样描绘黑社会，也确实没有错，只是黑社会（和恶势力）的其他许多面孔被忽略了，不完整，不全面，也就欠准确。与"我们社会"相比较，黑社会的主要舆论形象是这样的：

他是一个违反、对抗、蔑视法律的非法社会；是一个丧尽天良、邪恶歹毒和泯灭人性的地下社会；是一个利用暴力等各种违法犯罪手段解决他们内部的问题和纠纷，以及对社会进行破坏的犯罪集团，实施杀人、抢劫、强奸、诈骗、偷盗、绑架、行贿、勒索、走私、贩毒、赌博、组织卖淫、拐卖人口等犯罪，是他们基本的生活形式和生存样态；经营合法企业等营生只是他们的掩护和外衣；通过犯罪和合法形式追逐最大利益是最高目标，强取豪夺、欺行霸市、强买强卖、收取"保护费"，打进高利行业，垄断市场，打击竞争对手，操纵招投标，收买内幕信息、操纵市场，等等，是其一般敛财手段，软的不行就硬上，暴力夺取市场、行业、企业或单位，非法敛财，以商养黑，以黑护商，商黑"共荣"；串通官员和普通执法人员，收买权力，寻求保护伞，或者让自身披红漂白，打入"我们社会"，甚而夺取一方权力，与"我们社会"周旋对抗。毫无疑问，这样的黑社会哪能融入"我们社会"，哪能是"我们社会"中的"社会"？"我们社会"哪能跟"黑社会"有联系？"得了,得了! 别把他们和我们扯在一起了!"

这就是大众媒体描绘的并差不多强制我们接受的有关黑社会及其与"我们社会"的相互关系的图景。但是,这个图景在社会科学的视角下,是需要大幅度修正、调整的,否则,我们既不能客观、正确认识我们自己所处的正常社会,也不能正确认识黑社会(和恶势力),当然也就难以正确应对黑恶势力。

(二) 黑恶势力是我们社会中的"另类社会"

张凯峰曾说:"黑社会也是一种'社会'。"他指出,黑社会会维持一种"地下秩序",这个秩序是某个地方失去社会秩序后,由黑社会填补、形成和维护的秩序。它在某些方面和某些情况下,比国家法律和官方维护的社会秩序更稳定可靠,更有力也更有效。黑社会及其秩序生成于政府权力的真空地带(和软弱之处——笔者注),是丧失社会功能后,黑恶势力自动从反面补充的结果。它结束了无序,成为当时当地的社会需要,成为替代或补充政府的秩序建造和维持力量。他在文章中说:"横行霸道的黑社会成了政府? 这听起来令人难以接受,然而黑社会在本质上的确是一种特殊社会秩序的维护者。'黑'是因为它的不见天日,良民们常常不知道它的存在,更因为它经营各种不法勾当,逼良为娼、走私贩毒、设局开赌。但是,'社会'二字却又说明了其等级森严、秩序井然,虽无视国家政府颁布的法令,却自有一套纪律规矩,自成一体"。他说,当政府权威和社会秩序缺乏时,黑社会就会出现,替代政府满足人们对秩序的需求。消灭黑社会的关键就在于,政府社会管理完善,黑社会主宰的秩序就会从民众的公共生活中退出。①

张凯峰正确叙述了黑社会、"地下秩序"与合法政府权力真空的关系,因此对黑社会与"我们社会"的真实关系,也部分地指出来了。不过,对黑社会与守法公民,与整个合法社会、国家及政府的全部真实复杂关系,并没有说全,更没有讲透。这需要我们在此继续深入讨论。

---

① 参见张凯峰:《黑社会也是一种"社会"》,《读者·原创版》2010 年第 2 期。

我们认为,黑社会就是"我们社会"中的"社会",是国家、政府所建立、维护的社会中存在的一种特殊"社会"。黑社会与正常社会的关系是"我们社会"内部两个相互对立又统一的双方的关系,正如癌症是癌症患者自己的癌症,癌症是患者自身体内的癌症一样。治疗癌症,不仅是希望杀死癌细胞,控制或治愈疾病,更需患者自己得"吃药",药物还得通过患者体内的动力来作用于癌细胞。当然,对黑社会与正常社会相互关系的这种比喻不完全准确,也不完全适用,但大致上是恰当的。因为,尤其从防治黑恶势力生成的角度来看,恶势力、黑社会都是从社会自身产生的,只能从"我们社会"自身找问题和症结,找有效的防治策略,不能从社会之外去努力,就像治疗癌症不可能在别人身上去开刀动手术,让别人替患者服药一样。

黑社会、恶势力,对一切守法的民众和组织来说,对合法政权和政府来说,对"正常社会"来说,他们确实是一种异己的、非法的和邪恶的存在与力量,可以说二者之间泾渭分明。这也正是国家、政府打黑除恶的法律和道义根据。但是,这并不表明,黑社会不是一种社会,不是"我们社会"中的特殊"社会"。

第一,从涉恶涉黑人员个体来说,所有违法犯罪者,包括黑恶人员,都是我们的家庭和社会的成员,是教育失败、经济贫困、救助缺失、救济无方、社会不公、治理失灵和权力腐败、金钱至上、物欲横流等各种社会病的产物。谁都知道,没有天生的违法犯罪人,更没有天生的黑恶分子,没有谁在出生前就是黑恶势力的胚胎,没有谁生下来就是黑恶势力的后备队,更没有天外降来的黑恶魔头。所有在未成年阶段或成年之后染上恶习、成为刺头和大小混混的人,到他们第一次违法、犯罪,社会病就转化为他们个人的反社会行为。这些人都有年幼懵懂的时期,在那些岁月,他们是清白无瑕的,他们都是父母的孩子,都被指望是社会的未来。他们至少曾经是"我们的人",属于"我们社会",他们在"我们社会"中成长、变坏,慢慢"炼成"了黑恶分子,反过来侵害"我们社会"。"我们社会"包括了他们各自的家庭,所在的村庄、乡镇,或者社区、街坊,他们曾经就读的学校,在那里工作、打工或混迹的单位、组织、团体,包括了他们的亲人、邻里、同学、同事、朋友、领导、部属、情人,以及各种正经或不正经的业务上的客户、伙伴、对手,被他们拉到手或主动投向他们的"保护伞"。

即便不管他们是年纪轻轻、人到中年还是暮年将至,违法犯罪了,成了恶势力或黑社会人员,即便他们被定罪处刑,受到应得的处罚,可是,对他们的家庭来说,对他们的父母、妻子或丈夫以及子女来说,他们还是"家庭成员",是"家"中的子女,是夫或妻,是父或母。在狱中服刑的"家庭成员"掰着指头算天数,渴望时光如飞,早日出狱;家里面的人们也许心情各异,做法不同,生活的境地和遭遇千差万别,有的离家出走,有的夫妻离异,有的可能因贫病灾变而亡故,但总有不少家庭、不少家人在等待亲人走出高墙,回家团聚,除非像一些囚犯没有可归之家,或者家中已无等待之人,或者被执行死刑,或者亡故在狱中;就算是无期徒刑,他们通过减刑,或者得到假释,也有一个大致的归期。所以,不仅那些尚未暴露或未被抓捕、判刑、囚禁的黑恶人员,就生活在我们社会中,除了违法犯罪勾当,还有大量合法行为和正常生活,而且,那些被关押、囚禁的涉黑涉恶罪犯,也与这个社会及他们的家庭紧密联系在一起。

再者,黑社会、恶势力的成员,个个都有"道上的"伙计或朋友,个个都有亲戚、朋友或同事、同学,一个人应该有的人际关系,黑恶成员都有,甚至比普通人的人际关系更丰富和复杂。他们比一般正常生活过日子的普通大众的"朋友圈子"更多,因为黑社会、恶势力的成员,他们必须具备在黑、红、灰、白多道都打得通、吃得开的"本领"。这些黑社会、恶势力人员违法犯罪了,他们以前的不少"朋友"离开了,但是,他们仍然有大量朋友,分布于黑、红、灰、白各道之中,并且保持着合法或非法的联系。而他们服刑完毕,走出监狱,尽管知道或发现一些旧友与他们保持距离或分道扬镳,但仍然有许多的故交、亲戚等,继续和他们联系。①

历来黑恶成员都是多面孔,人生和性格复杂,他们同时具有合法生活与灰黑色人生,他们有亲人、邻里、朋友,他们并不脱离社会,更不是生活在社会之

① 从对罪犯的教育和改造来说,和其他服刑的罪犯一样,涉黑恶的罪犯如果能够继续与他们的亲人、此前的朋友、邻居、同事或同学等保持一定联系,能够得到来自狱外的亲人、朋友的批评教育,鼓励他们积极对待、认真改造,对服刑期间的管理教育和罪犯的改过自新,出狱后顺利回归社会,具有莫大的个人价值和社会意义。如果出狱后,他们的亲人、朋友能够进行合法帮扶和教育,为他们在生活、就业方面提供帮助,也是阻断他们可能继续参加黑社会的重要条件。

外。他们的某些生活、时间属于某个社会角落和人群,属于社会中的某些不可见人的职业或行当。他们在"混社会"的时候,他们出狱回归社会以后,他们一刻也没有离开过社会。即便政府把他们关押、囚禁起来,也不可能把他们驱逐出社会,他们仍在社会中——看守所、监狱也是社会,是政府建立、监管和维护的社会。

第二,黑恶势力是一个相对独立、完整的社会体系,①是与"我们社会"紧密联系的特殊"社会",是"我们社会"中畸变、恶变的部分。他与"我们社会"的关系异常复杂,以至于无论我们在何时何地谈论"黑社会"或黑恶势力,其实谈论的大多是我们的社会和政府——社会出了问题,政府存在问题,百姓受到伤害。

我们这个世界看似可以分为两个社会,即合法、常态的社会和非法、畸变的黑恶势力社会。但本书后面的章节将充分说明,只要仔细观察分析,就知道这个看法和分类是勉强、牵强的,说直接些,就是不正确的。简单地说,黑社会是社会自身内的异物,他们生养于社会中,是社会有机体的一部分。这是因为:恶势力、黑社会形成的原因即生成的基础在社会,贫穷、腐败、不公是社会中的存在,由社会造成。黑恶势力占有的物理空间和社会空间,往往是合法公共权力鞭长莫及的,或者力量薄弱难以控制的,或者是主动放弃、拱手相让,留给黑恶势力去经营的;社会边缘地带是政府有意或无意、主动或被动地送给黑恶势力的,有时,某些地方的公共权力甚至刻意抑制自己,不去"打扰"那些地方,以免偶然打破那里的"秩序",而对当地百姓造成损害。影子经济、地下经

---

① 意大利西西里岛长期流传着一种说法:西西里有三个政府,西西里地方政府、意大利政府和黑手党。前两个政府都能够得罪,黑手党是得罪不起的。黑手党在他们的地盘上行使的就是政府职能:他们有自己的"立法""执法"和"司法",有自己的"道德"、"文化"和习俗。与政府相比:政府收税,黑手党收"保护费"。政府有刑法,黑手党打击对自己不利的人。政府的税收也许可以逃,"保护费"绝不可以不交;交了税政府不一定能够保护你,交了"保护费",黑手党可以保你无忧。违反国家法律犯了罪,政府要按照刑法、刑事诉讼法才能追究你的责任,还要保护人权,程序正当,遵守无罪推定和不强迫自证其罪等原则,罪犯可能轻易逃避打击;黑手党抓住了"犯规者",绝不手软,严格执行帮规,该杀就杀,毫不含糊。(参见张凯峰:《黑社会也是一种"社会"》,《读者·原创版》2010年第2期)。想一想,意大利和其他地方的黑手党,动辄是百年以上或者更久的"老店",至今还不散,也有一定的"道理"。

济、黑色灰色行业和经济,根本上还是国家政治和政府经济政策造成的。黑恶势力向"我们社会"提供了巨量"服务",特别是现代高级形态的黑社会,他们向社会提供的服务,多半是合法的,并且绝大多数是提供给普通大众的,只是平民百姓不知道而已,进而,黑社会的非法"服务"也有许多是提供给普通百姓的,比如向店主、商家、居民收取"保护费",为他们提供所谓的"保护"。①尤其是,国外有的政府不只压制、打击黑恶势力,搞"猫捉老鼠",还在一些时候和条件下,逼促、催生黑恶势力,培植、放养黑恶势力,纵容、保护黑恶势力,引诱、利用黑恶势力,特别是在一些国家和地区,或者在一国内部的某些地方,官黑(官匪)相互关系非同一般,他们经常面上"井水不犯河水",暗中"分工合作,相互配合",有的完全可以称为"一家"(如所谓"警匪一家")。更不为常人熟悉的是,黑恶势力(主要是黑社会)的"政治光谱"及其与合法社会和政府的关系,超出我们常人的任何想象,黑社会可以是某些政府(部门)及一些领导的政治上的敌人,可以是中立旁观者,可以是"手套""桥梁",还可以是盟友,甚至是"战友、兄弟和同志",同一个黑社会组织,他的政治光谱也完全可能随时间而变易,变化万千,非局外人所能道明。

正因上述种种,我们社会中的很大一部分政治、经济、文化和法律制度等就是在围绕着黑恶势力运转的,怎能说他们是"我们社会"之外的东西呢?

至此,我们表达的基本观点是:因为黑恶势力是内生于"我们社会"的,那么,扫黑除恶,尤其是防黑治恶,都要从社会自身入手,把导致黑恶势力生成、养大的各种社会病都根治了,黑恶势力难以生成,更难以长大成气候,那么,扫黑就是比较容易的事情,"除恶务尽"也就具有现实可能性。不过,要真正对社会病进行治疗,还得先把黑恶势力看个清楚明白。

---

① 恶势力、黑社会非法强迫他们"地盘上"的老百姓交纳"保护费",是一种敛财行为,在法律上,当属抢劫或敲诈勒索之类。当政府不(能)为某地百姓提供基本安全保障时,黑社会向当地百姓强行提供这种非法"服务",却具有一定合理性,那些守信的黑社会将真实地保护那些缴费的百姓,不让其他违法犯罪势力侵害这些民众,而老百姓确实需要这些"服务"。这种现象在历史和现实中,在国外和国内,都客观、广泛存在。当政府的公共服务到位,民众安全有保障,并且打击黑社会的此种暴力敛财行为,"保护费"问题就会消失。

二、黑恶势力具有多重复杂面相

如果有人问"该如何描述黑社会的形象?",这是个烫手的问题。

黑道人物的形象和黑社会组织、恶势力团伙的形象,不完全是一码事。黑道上神秘莫测、隐而不现的大佬,与街头巷尾惹是生非、打打杀杀的小混混,没办法对比形象。电影《教父》三部曲,第一代"教父"维托·柯里昂谦和礼貌,严谨细密,沉稳冷静,喜怒无形,忠于妻子和家庭,性格保守,一生拒绝毒品,并由此触犯索拉佐及巴茨尼、塔塔格里亚家族的利益而遭枪击;第二代"教父"维托幼子迈克尔·柯里昂,当初桀骜不驯,不愿继承父业,后来只得接手家族,改变性格,变得冷酷沉着,诛杀背叛家族的妹夫;第三代"教父"则是个脾气暴躁的浪荡公子……现实生活中,平常人难得一见黑社会的头面人物,知道的可能是某某企业家、董事长、老总,他们春风得意,形象光鲜,哪晓得他可能是幕后老大;身边的黑社会小人物也没有标签,除了他们执行"老大"的命令,平时跟普通百姓也差不多,既没有威风凛凛,也没有杀气腾腾,他们可能就是我们认识的某某人,或者说是谁的熟人、朋友,没什么神秘和稀罕,直到有一天,被揭穿真面目。

(一) 黑恶势力及其人物形象的复杂性

其实,是应该好好研究黑恶势力及其主要人物的形象了,无论是从组织、团伙的层面,还是从个人的角度。不能够总是让文艺中的黑道形象,让公共媒体宣传的黑恶势力形象,替代社会科学应当描述出的黑恶势力形象。准确认识黑社会各方面的"形象",对我们科学分析黑恶势力的生成,会有莫大裨益。

从相对稳定、静止的角度看,黑恶势力的形象或色调多种多样;从动态角度看,可谓变化多端,无穷无尽,让人眼花缭乱。恶势力的形象有些不同于黑社会,各地、各时代不同的恶势力、黑社会,他们的形象多不相同。至于恶势力和黑社会的人物,可以说有多少人物就有多少种形象。我们试图把黑恶势力的主要色调和基本形象尽量展示得简明而周全些,采取对比式方法,刻画那些彼此矛盾的色调和形象——在此,我们将不深入区分恶势力和黑社会的形象和色调。

　　黑恶势力人员情况复杂,真是三教九流的人都有,他们的家庭出身、文化教育、身体素质、年龄性别(女性总体偏少)、生活习俗、风土人情、职业状态、所在团伙或组织、活动地域和个人性格、适应能力等,以及"入伙(入道)"前的社会关系和社会地位,"入伙"时接受考验的表现(有的黑社会招收新成员,要求新"入伙"的人提交"投名状",以防错误接纳卧底、不忠人物等①),"入伙"后的业绩和机遇(包括合法行动中的业绩和违法犯罪的"业绩"),都能够塑造或影响他们的形象,涂装他们的色调。他们的个人形象具有某种稳定性,但随着他们年龄增长、见识增加、经验积累和阅历丰富,许多粗暴鲁莽之徒也会变得见多识广、沉稳内敛、老成世故和精明干练。总之,他们的形象和色调会变化。②

---

　　① "(纳)投名状",就是古代社会中的黑恶群体、江湖绿林,他们接收新成员时,要求前来投奔的人提交信物表示绝对忠心,永不背叛。那个信物就是"投名状",交投名状的行为就是"纳投名状"。作为"投名状"的信物,可以是"生死契约",或者其他代价高昂信物,比如他自己对抗官府、杀人放火的"凭证",所谓"提着人头来"。《水浒传》第十一回写到,林冲雪夜上梁山,王伦要林冲拿人头来作见面礼。林冲道:"小人一身犯了死罪,因此来投入伙,何故相疑?"王伦道:"既然如此,你若真心入伙,把一个'投名状'来。"林冲便道:"小人颇识几字,乞纸笔来便写。"朱贵笑道:"教头你错了。但凡好汉入伙,须要纳投名状,是教你下山去杀得一个人,将头献纳,他便无疑心,这个便谓之投名状。"林冲道:"这事也不难,林冲便下山去等,只怕没人过。"王伦道:"与你三日限。若三日内有投名状来,便容你入伙;若三日内没时,只得休怪。"林冲虽然应承了,但闷闷不已。

　　意大利学者狄亚哥·甘贝塔在其《解码黑社会》一书中指出,犯罪人之间的信息沟通极端重要,特别是在犯罪人彼此之间并不认识、了解的情况下,要准确判明对方的身份,是一件风险和成本很高的事情,而这在黑帮分子之间,更是不容分毫差错。于是,犯罪人之间,黑帮(分子)之间,发明了种种不为外人所知的符号系统,用于他们之间的身份认定、情报沟通和行动联系等。在他们彼此确认对方身份时,可能给出的"信息"或信物,就是他们各自曾经犯罪的可靠记录或其他凭证(如身体上目不忍睹的伤痕等)。参见狄亚哥·甘贝塔:《解码黑社会》,任羽中、匡国鑫译,华夏出版社2011年版,第一部分"昂贵的信号",特别是其中的第一章"犯罪凭证"。

　　② 笔者在此对他们林林总总的形象和色调进行简单梳理和归纳,并不逐一细致展开解说,必要处略举一二事例。因为细化他们形象的文献资料可以信手拈来,这方面的电影、电视剧和小说、纪录文献、传记,以及专门研究黑社会的著作,对各色黑道人物都有大量艺术性刻画或真实记载。比如,关于黑道的著名电影《教父》《纽约黑帮》《疤面煞星》《上海滩》《黑金》《江湖》等,每部电影都刻画了不同大佬的形象;可靠或者不大可靠的传记很多,如关于杜月笙的,就有《杜月笙传》《上海教父杜月笙》《杜月笙大传》《杜月笙野史》等,关于黄金荣的有《黄金荣大传》《黑帮大亨黄金荣》等;研究黑社会、描述黑道人物的著作也极多,如澳大利亚学者布赖恩·马丁的《上海青帮》(周育民等译,上海三联书店2002年版,其中记载、讨论了黄金荣、杜月笙与国民党和共产党的关系,描述了他们的个人形象),美国学者卡尔·西法基斯的《黑手党百科全书》(韩英鑫、沈俊译,文汇出版社2006年版,其中记录了众多黑手党人物,展示了他们的形象),刘

（二）黑恶势力及其人物的文化素质形象

黑恶势力及主要黑道人物的截然对立的文化与素质形象:文化低下、愚昧无知,五大三粗、蛮力千斤、鲁莽蛮横、不动脑子,他们多居黑社会的低下层;与此对应的是,当初文化不多(个别则在开始就是有文化者),但聪明机灵、身健体壮、果敢有力、肯动脑子、巧于心计,以至后来显得颇有"文化",他们多居黑社会中上层。

不说过去,就是现在,黑恶势力成员大都没有受过多少教育,文化低,[①]虽不一定都愚昧无知,但毕竟对大多数黑恶势力成员的眼界、能力等限制较大,对个人在正常社会中发展或在黑道上"混",都很不利,毕竟没有几个人能像黄金荣、杜月笙那样精明而"幸运"。

黑恶势力成员的文化状况主要由其出身决定。他们多数出身草根,很少生于地主、资本家庭,基本不会出自书香门第或者官宦富室之家,缺少文化是常态,并注定他们只能从事那些低级行业或低端产业,集中于劳动密集型行业

联珂的《中国帮会三百年革命史》(岳麓书社 2011 年版,这是一部民国时期的著作,2004 年曾以《中国帮会史》之名由团结出版社出版,该书以"革命者形象"描述了洪门等帮会和帮会人物),等等。

① 传统黑帮人物中,除了一些"老大"和中高层管理者可能有一定文化外,其余的成员基本上都缺少文化。"老大"也可能没什么文化,或者不如他手下的"军师"等有文化。像《街角社会》和《盗亦有道》,它们分别描述波士顿北区意大利人贫民区的街头青年、抢劫杀人的纽约黑帮成员,大多文化水平低。上海滩大亨黄金荣、杜月笙等人也没有受到多少文化教育,他们出人头地、独霸一方,靠的是脑子机灵、手脚利索。现代社会中的大型黑社会组织(如跨国犯罪组织),其成员的文化水平可能普遍相对高些。当代中国的黑恶势力成员文化程度普遍较低,以初中文化以下为主(80%左右),有少量文盲。在《灰地》一书中,"红镇"的"混混"都只有小学或初中文化的人员,其中"二流子"陈根生因恶习难改、劣迹斑斑,初二没念完就被镇中学开除。有学者通过实证研究,得出了我国黑恶势力成员文化程度的数据,如王牧等人主编的《中国有组织犯罪实证研究》提供的数据是:在 3877 个涉黑恶犯罪人中,文盲 59 名(1.5%),小学文化 754 名(19.4%),初中文化 2329 名(60.1%),高中文化 465 名(12%),大学文化 115 名(3%),初中以下文化占 81%(中国检察出版社 2011 年版,第 11—12 页);陈世伟的《黑社会性质组织犯罪的新型生成及法律对策研究》提供的数据(2006 年 1 月 1 日至 2011 年 1 月 1 日)是:四川省,自然人罪犯237 人,文盲 3 人,小学文化 78 人,初中文化 119 人,初中以下文化 84.4%;云南省,自然人罪犯101 人,初中以下文化 79.2%;贵州省,自然人罪犯 376 人,初中以下文化 85.9%;重庆市,自然人罪犯 766 人,初中以下文化 77.6%(法律出版社 2016 年版,第 47、93—94、139—140、191 页)。

或场所,如建筑、宾馆、娱乐、运输、采矿等行业、场所。这些行当需要大量体力,宾馆、娱乐场所的服务也不例外。这些行业要与其他很多方面打交道,与社会上各色人等交往,体格和气力几乎必不可少。而当他们作为黑道人员受命出面"摆平"场子的时候,他们的健壮、粗犷、野蛮、猛力和狠残就派上了用场。倘若有的人还身藏绝技,不得已时正好一显身手,恰如影视里的武功高强者,正是黑帮恶势力团伙求之不得的。

不过,对个人来说,不能一辈子就那个粗笨力猛的大灰熊、大猩猩的模样,对组织、团伙来说,不能只有腿脚特灵便、脑子不好使的人。你文化可以不高,但得有脑子,机敏,最好还有些仪态气质。奇怪的是,许多文化不高的江湖混混、黑道中人,不管是天生的还是后天逼迫、磨砺的,大多很快就入门悟道了,没多久就脱胎换骨似的,要机灵有机灵,要力气有力气,要手段有手段,眼明手巧。他们中有些人,特别能学、易懂、善模仿,不仅黑道手法,而且一些文化知识和技术,也能较快较好掌握。话说回来,长期一副粗暴莽撞的脸孔,在黑帮团伙里也混不出名堂来,改变的途径便是学文化。

(三) 黑恶势力及典型黑道人物的性格品质形象

黑恶势力,特别是主要黑道人物,往往具有矛盾的性格和品质形象,这不仅在文学艺术领域得到张扬,而且多少与生活中的黑恶势力、典型黑道人物形象相符合。

第一类是负面性格、品性、气质和形象。由于黑恶势力人物各式各样,他们在性格上也各有不同,每个人都有其独特的性格及相应的形象,而如果把那些人物的性格和形象作一粗略梳理,大致可以用以下词语来描绘:阴毒残忍、凶险狡诈。这是黑道人物尤其是大佬的首要的、最突出的形象。

其余种种形象,难以尽述,如:见利忘义、六亲不认,自以为是、古怪刁钻,谨小慎微、鼠目寸光,少言寡语、心神不宁,猜忌多疑、言而无信,患得患失、贪婪成性,世故圆滑、阳奉阴违,嫉妒成习、暗藏祸心,老谋深算、心狠手辣,有奶是娘、见风使舵,嗜血成性、草菅人命,贪得无厌、欲壑难填,斤斤计较、锱铢必争,逞强斗狠、有勇无谋,心胸狭窄、愚不可及,刻薄寡恩、鲜廉寡耻,作茧自缚、优柔寡断、飞扬跋扈、暴躁专横、喜怒无常、桀骜不驯、移花接木、嫁祸于人、轻浮浪荡、拈花惹草或者水性杨花、阔绰豪奢、挥金如土、故弄风雅、俗不可耐、心高气傲、得意忘形、刚愎自用、冥顽不化、玩世不恭、翻云覆雨、一世枭雄、唯我独尊,等等。

的确,不是每个黑恶人员都具有这些性格、品质,更不是所有这些品质、性格都为每个黑恶人员所具有,但生活中确实有一些黑恶人员,明显具有某些性格和形象。许多黑道人物,特别是刚开始"出道"的时候,往往暴力特征最为突出,残忍、暴戾、歹毒、凶狠、阴险的性格鲜明呈现。不过,"多疑"可能是黑恶人员中更普遍的性格。比如,河北石家庄张宝义、张宝林等黑社会性质组织犯罪一案中,张宝林凶狠、残忍是出了名的,张宝义的多疑让侦查人员充分领教。侦查人员介绍,张宝义很狡猾,反侦查意识强,重视隐匿行踪,他为成员定期更换电话号码,骨干成员绝大多数有两部手机,分别用于内、外联络。张宝义更是多疑,不断更换号码,不直接联系手下,居无定所,行动极其谨慎。① 甘肃西固涉黑犯罪团伙"老大"王佐良,也像张宝义一样,生性多疑,居无定所,长期频繁换租房屋,租期两三个月,以租住屋为团伙聚集、活动场所,只有亲信和团伙骨干可以前去商谈事宜,预谋、策划犯罪活动。王佐良从来枪不离身。② 二三十年前名震西安的"道北"黑老大魏振海,之所以难以擒获,多次从警方视野消失,就是因为他特别多疑而机敏。公安部后来还以魏振海案为题材拍摄纪实片《西安大追捕》,读者可以参看。

为什么黑道人物往往"生性多疑"?其实这跟他们的生活方式、违法犯罪行为直接相关。政府要打击他们,他们要东躲西藏;政府可能会安插卧底,他们要防止和识别;黑道内部成员会遵守规矩,但也不得不防,防背叛、泄密、内讧和分裂等,这些都不是小事,特别是黑老大还可能需要防备有人觊觎其位;

---

① 参见朱峰:《河北最大涉黑团伙覆灭,7犯被押赴刑场执行死刑》,http://news.sohu.com/20100108/n269460267.shtml,访问日期:2018年7月31日。

② 参见金振华:《兰州西固警方历时19个月,抓获王佐良"黑社会"犯罪团伙》,http://gs.people.com.cn/n/2015/0625/c183341-25357453.html;李升:《兰州市西固警方侦破一起涉黑犯罪团伙案,强取豪夺"黑帮"大起底》,http://lz.gansudaily.com.cn/system/2015/06/25/015585115.shtml,访问日期:2018年7月31日。

团伙或组织要扩充新成员,那就更得多长几个心眼,"多疑","谁都不信",能够察探往来于眼前的人的疑点,保持必要或高度的警觉,是一种看家本事,是逃避官方打击的必备技能。

第二类是看起来很"正面"的性格、气质和形象。不过,下面这些"正面"性格和形象,虽然并不都是虚构的,但有些其实是假象、外衣(比如"乐善好施"就被一些黑老大用来树立、骗取良好公共形象),只是人们看到的"见得人"的这一面(它正好掩盖相反的那面),并且主要是某些媒体和相关艺术作品塑造出来的一些黑帮大佬的性格和形象,一般成员的性格和形象可能并不这样鲜明、突出,比如:重情重义,耿介不屈,心口如一;坦荡磊落,豪气干云;手段高强,聪敏过人;利落明快,果敢坚毅;稳重审慎,低调不露;内敛含蓄,威而不怒;践诺守信,刚正严明;讷言敏行,抱负宏伟,足智多谋,目光深邃,审时度势,大势不违;不拘小节,宽容大度,重用人才;红黑白道,多方周全,隐忍不发,游刃有余;取财有"道"(盗亦有"道"),用财有度,散财有方,乐善好施;有难同当,有福同享,患难与共,不离不弃;和蔼可亲,心地善良,为人厚道;循规蹈矩,有能有德;机敏灵巧,善解人意,幽默风趣;坚持己见,轻不言弃,不达目的,誓不罢休;顾家爱子,尊老抚幼,家风典范;胆大心细,手段精明,运筹帷幄,大器老成;白刀红刃,冲锋陷阵,久经沙场,气定神闲,大将风度;振臂一呼,号令江湖,莫不遵命;毁誉长短,在所不问(生前亨通,逝后哀荣);等等。

不必讳言,从个人性格来说,黑道(大)人物都多少有些促使他们"成功"的性格,特别是那些大佬、大亨,在性格、品质和手段、意志方面,各有过人之处。这些成为黑恶势力亚文化、犯罪亚文化的组成部分,并且具有一定传递性。守法民众如果具有这些性格、品质和意志,那他们一定会做出不凡的事业。黑恶人员具有这其中的一些性格、品质和意志,就可能"打(闯)出一片江湖"。不过要指出,这些"正面"性格、品质,看似不同的人都可以具备或应当具备,但其实它在不同人群中的含义、规范性内容及价值,并不完全相同,甚至相去甚远。比如"重情重义",这是许多普通民众和黑道人物都具有的品格和信奉准则,但是,其中存在重大差别:普通人一般重的是亲情道义,离不开基本的法律、人情和道德约束;黑恶人员更侧重于不分善恶,不问是非曲直,注重的是江湖恩怨情仇和义气,正常社会的法律和道德通常不在他们心目中,甚至专门跟国家法律和主流道德作对。

黑道人物中,有少数人确实具有某种所谓"足智多谋,目光深邃,审时度势,大势不违"的性格、品质。比如,在上海滩叱咤风云多年的黄金荣,在其人生最后关头,大致明白了"大势所趋",遵守了对共产党做出的承诺,对解放初共产党顺利接管上海,维护上海社会秩序,起了一定积极作用;杜月笙"重情重义",在当时很有名气,他反共、支持蒋介石打内战,但他后来又坚决抗日,亦可谓顺应潮流,不违大势。

第三类则是混合型性格、气质和形象。这才是现实中的大大小小黑道人物的真实情况:充满矛盾的、多面的、相互混合或融合的复杂性格、品质和形象,并且随着他们的人生经历而不断变化。实际上,没有哪个黑恶人物只具有"正面"形象,或者只具有"负面"形象。不论黑道大人物还是中间层或小角儿,他们的真实、全面的性格、品质和形象特征,都是前述两类性格、品质、形象的稀奇古怪、五花八门的混合体,即便简单而言,黑恶人物的性格和形象也是"双面性"的。他们对一些人冷酷无情,也对一些人热情关爱;对一些人两面三刀,也对一些人死心塌地;对一些人痛下杀手,但也有人不愿滥杀无辜,对某些人还会拼命保护。比如,在许多黑社会组织中,包括"老大"在内的一些人员,对不守规矩的"家族成员",甚至自己家里的亲人,都冷血杀害,但又严格禁止组织成员对其他人滥开杀戒。像洪门"三十六誓"中就有这类"誓言":"第二十九誓兄弟发财,不得泄漏机关,或存心不良,如有违背,死在万刀之下";"第三十一誓不得以洪家兄弟众多,仗势欺人,更不得行凶称霸,须各安分守己,如有违背,死在万刀之下"。① 这对黑恶组织或团伙成员的矛盾性格的形成和变化,肯定会有相当影响。都说事物是复杂的,何况于人,而黑社会成员因他们特殊的生活与处境,性格、品质更加复杂也不奇怪。最忌的是把社

---

① 朱琳编:《洪门志》,中华书局1948年版,第29、30页。洪门"三十六誓"的许多内容以及它的文化和精神,迄今仍然是黑道或"江湖"主要思想和精神的来源及支柱,甚至可以说,它的某些思想和精神,还是我们社会中许多普通百姓所熟悉的。当然,我们应当深知它的局限性和糟粕。关于"三十六誓"的具体内容,有多种版本,且不尽一致。

会中的黑恶人员的性格、意志单一化,把他们的形象脸谱化,这会误导人们对黑恶势力的认识和判断,不利于人们识别、防治和打击黑恶人员。

(四) 黑恶势力及主要黑道人物的"职业"形象

黑恶人员,尤其是那些领导者、组织者和骨干成员,他们的"职业形象"(包括职业手段、领域)和色调,若用贬义嘲讽之语来说,黑恶人员几乎个个都有些鸡鸣狗盗之能事;用中性词语来说,他们差不多人人都有两手;用正面语言来描绘,他们大体上各自都有一些绝活、看家本领。

总体上看,黑道人物的"职业形象"和色调已被严重固化,或者说,现在人们对黑道人物"职业形象"的了解、认识,主要拘泥于传统的、文学艺术的形象,与现当代社会中黑道人物"生活化""群众化""专业化""职业化""复杂化""精英化"的形象比较,相去甚远。法律、执法和司法机关、黑道人物自己呈献给社会的直观视觉效果,[①]以及公共媒体和文艺作品,极大地"简化""单一化""平面化"了黑道人物职业形象。"暴力和非暴力违法犯罪",是法律对他们"职业"特征和形象的定位;深浅程度不等的"黑"(即心黑手狠)与"红"(即暴力血腥)是他们的主色调;"偷、抢、拐、骗、砍、砸、打、杀"八个字就是他们最主要的职业内容,如果要说得细点,就是杀人、伤害、抢劫、绑架、盗窃、组织赌博、组织和强迫卖淫、走私、贩毒、拐卖人口、非法持有枪支、买卖枪支弹药(包括军火)、洗钱、寻衅滋事、聚众扰乱社会秩序、毁坏公私财物、纵火、强奸、恐吓、敲诈,以及行贿、非法经营、欺行霸市,等等——简言之,"无恶不作";拳头、棍棒、刀具(砍刀等)、锤子、绳子、胶带、枪支(弹药)等,现在还常有车辆(摩托、小车、大车)、电脑和手机,是他们常用的职业工具;墨镜、黑色衣裤、皮鞋、白色袜子和手套,是他们的通常"职业"招牌和行头;烟(粗长的雪茄或者其他烟与毒)、酒(高档洋酒、烈酒等)、赌(各式传统和现代赌具及赌博方式)和女人(绝色风尘女子),是他们的"职业"内容或业余爱好(这些主要是影视

---

① 只看港台一些黑帮为其过世帮主举行的葬礼,就知道那不是虚拟和传说。四海帮陈永和与蔺磊洽的葬礼,许海清的葬礼,竹联帮陈启礼的葬礼,台湾"黑道仲裁者""憨面"李照雄的葬礼,各大帮派人物(和政界大佬)云集,着装都很有讲究,定型化、冲击性视觉效果特别突出。

作品中黑老大的招牌和行头,真实的黑老大、马仔并不都会沾染这些,有的还很忌讳,守住某些"底线")。

不过,应当说明的是:其一,靠拳棍刀棒当家、靠打杀起家的多是恶势力团伙,或是黑恶势力的初级形态,是街头混混、流氓的操法。黑社会(性质组织)往往早已迈过这个阶段,他们的成员的"职业"形象也早已大变。违法犯罪只是他们"职业"形象的一半,另一半或多半则是合法经营的店员、服务生、运输工、建筑工等,那些商店、企业也可能是黑社会自己依法开设和经营的。在这个范围内,他们从事的是合法营生(即使是掩护其不法行为的"外衣"),甚至显示出他们文明、诚信和优质的经营、服务。涉黑恶企业的员工,小部分是黑恶组织或团伙的成员,大部分往往没有参与黑恶团伙、组织,而是合法地工作。黑恶成员的非法活动并不是时时处处都在光天化日之下进行,特别是暴力违法犯罪,相对只是少数,主要用于建立、争夺、扩张势力范围的时候,包括对普通民众恐吓、施暴,与来抢"地盘"的黑恶势力对手较量,或者以暴力向其他对手的"地盘"扩张。这些情况下,暴力居多;其他时候,采取"软暴力"手段,①从心理、精神上麻痹和强制,迫使普通民众就范。

其二,黑老大或者黑社会开超市、商场,开宾馆、饭店、旅店,开修车厂、租

---

① 最高人民法院、最高人民检察院、公安部、司法部《关于办理黑恶势力犯罪案件若干问题的指导意见》(法发〔2018〕1号)对"软暴力"有如下规定:黑恶势力为谋取不法利益或形成非法影响,有组织地采用滋扰、纠缠、哄闹、聚众造势等手段扰乱正常的工作、生活秩序,使他人产生心理恐惧或者形成心理强制,分别属于《刑法》第二百九十三条第一款第(二)项规定的"恐吓"、《刑法》第二百二十六规定的"威胁";以非法占有为目的强行索取公私财物,有组织地采用前述手段扰乱正常的工作、生活秩序,同时符合《刑法》第二百七十四条规定的其他犯罪构成条件的,应当以敲诈勒索罪定罪处罚,同时由多人实施或者以统一着装、显露文身、特殊标识以及其他明示或者暗示方式,足以使对方知相关行为的有组织性的,应当认定为《关于办理敲诈勒索刑事案件适用法律若干问题的解释》第二条第(五)项规定的"以黑恶势力名义敲诈勒索"。雇佣、指使他人有组织地采用上述手段强迫交易、敲诈勒索,构成强迫交易罪、敲诈勒索罪的,对雇佣者、指使者,一般应当以共同犯罪中的主犯论处。为强索不受法律保护的债务或者因其他非法目的,雇佣、指使他人有组织地采用上述手段寻衅滋事,构成寻衅滋事罪的,对雇佣者、指使者,一般应当以共同犯罪中的主犯论处;为追讨合法债务或者因婚恋、家庭、邻里纠纷等民间矛盾而雇佣、指使,没有造成严重后果的,一般不作为犯罪处理,但经有关部门批评制止或者处理处罚后仍继续实施的除外。黑恶势力有组织地多次短时间非法拘禁他人的,应当认定为《刑法》第二百三十八条规定的"以其他方法非法剥夺他人人身自由"。非法拘禁他人三次以上、每次持续时间在四小时以上,或者非法拘禁他人累计时间在十二小时以上的,应以非法拘禁罪定罪处罚。

车行,开娱乐城、茶馆,甚至开更大、更高层次的公司、企业,如房地产、建筑、金融、投资、外贸、运输、电子、通信、互联网、新闻传媒和矿业等公司、企业,涉足农业、工业、商业和服务业,横跨一、二、三产业和一些新兴、高端行业,贯通生产、流通、交换、消费等各经济环节,分布在合法产业、行业和灰色行业、非法行业(开赌场、经营卖淫场所、提供贩毒吸毒场所、违禁买卖枪支弹药等、经营"私人侦探"、暴力讨债索债和违法"信息咨询"等)。他们的公司、企业的成立和经营都依法进行,绝大多数员工是公开招聘、合法工作的人员,少数关键成员才是控制公司、企业的黑恶组织或团伙的成员,或者是公司雇佣的幕后从事违法犯罪活动的"保安(打手、杀手)"。现在,一些涉黑恶公司、企业并不长期固定豢养打手、杀手,而是需要时通过特殊途径临时雇佣黑道上的打手、杀手。这样,黑社会组织进一步摆脱了传统的"职业"领域和职业形象,改变了"黑血"主色调。

其三,黑恶势力"老大"、主要成员的传统"职业形象"虽然并没有完全消退,但是"黑枭""毒枭""赌王""大亨"等形象渐渐淡化,马仔的"打手""杀手"或者"职业打手""职业杀手"的形象,以及街头顽劣青少年、流氓、混混、歹徒的形象也在降低其地位和影响力。黑老大依然是黑老大,马仔依然是马仔,只要他们仍然违法犯罪,包括使用暴力和非暴力手段,在谋划犯罪的密室里,在打砸抢烧杀的现场,他们不易为常人所见的"职业形象"和"黑血"色调,总会或暗或明地显现。可是,在阳光下,当今的黑恶势力人员会尽可能展示其阳光的一面,诸多黑老大的公开形象是富商巨贾、政坛要角、娱乐巨星、地方名人,他们是媒体报道中的成功人士,是风度翩翩的绅士,是众人偶像,没准儿还是励志榜样。① 小马

---

① 那些黑道人物在没有身陷牢狱之前,往往都是"成功人物"。大佬是荣华富贵,声名远扬,可以随时衣锦还乡,他们的事迹和形象以及影响力,不仅可能已经在商界、政界名声大噪,更在其家乡的十里八方传得神乎其神。家乡的老辈对当年小看了他可能含羞于胸,同辈、同龄对他只得刮目相看却望尘莫及。于是,他成了家乡的父老乡亲用来激励后辈的活教科书。即使是小发而已的马仔,也可能被家乡人津津乐道。即使家乡有人知道点他们发迹过程中不可告人的情况,家乡的亲友邻舍也会"选择性"地记忆和提到一些风光事情。没准,他们从监狱出来后比普通百姓更有模有样,人们即使不再像先前那样称许、巴结他们,但也不敢小看。
不要说那些真正大发了的黑社会老大、大亨,就是一个小小发迹的乡村混混,都能够改变左邻右舍看他的眼光,改变乡亲们对他曾经作恶多端的愤恨态度,至少可能是敢怒不敢言。《灰地》一书中,混混陈根生、曾好义在村里混出了头,尽管他们恶行累累,村民也不敢吭声,有的还只

仔也跟着正名翻身,成为公司要害部门的"总经理""经理""主管""助理""保安"等。他们的业绩很可能主要不是暗中明里违法犯罪的成就,而是他们在合法行当中的商业利润数量、人际关系拓展,尽管需要他们呈现黑道手段时,他们依然得心应手,"宝刀不老",不会因为当了"经理"就忘了黑道的老本行。所以,可以这样描述已经"漂白"的黑老大、骨干势力:他们始终具有并尽力隐藏其"邪恶、暴力"的旧式"职业形象"和"黑血"主色调,以合法的商界、政界等各界成功人士为招牌。马仔的形象也大为改观:他们是有合法工作、兢兢业业、奋发向上的有为青年。

对黑老大或骨干人员以及马仔来说,不管是旧的职业形象和色调,还是新的职业形象和色调,他们都有一些"为人称道"的"本事"和"诀窍",不管那些本事是大是小。那些就是黑恶人员的生活经历和生活技能,是他们"发起来"的看家本领,是文学艺术创造黑恶人物形象的生活素材,是有关传记、纪实作品千方百计搜罗、记录的资料,还是专家研究黑恶人物发迹、成长和黑恶势力生成过程与方式的资料。

黑恶势力的传统职业手段往往是不为人齿的手段,简单说来,就是违反法律和丧失道德的手段。这些手段不可胜数,包括了刑法、民法和行政法所禁止的各种行为,以及违反道德、公序良俗的种种手段,如:拉帮结伙,成群结队;棍棒刀枪,投毒爆炸,烧杀抢掠,打砸恐吓,绑架勒赎,奸淫盗扒;非法拘禁,跟踪骚扰,打家劫舍、强拿硬要;强揽工程、围标串标,强立债权、强占股权,假冒伪劣、缺斤短两,强买强卖,坑蒙拐骗,欺行霸市、独霸一方(行),空手套狼、无本万利;走私贩私,洗钱骗汇,偷税赖债,强迫卖淫,强制吸毒,"抽水"放贷,暴力收债;造谣诽谤、诬陷报复,妖言惑众、无事生非,煽风点火、唯恐不乱,嫁祸于人,邀功请赏,挑拨离间,借刀杀人;颠倒黑白、混淆是非,厚颜无耻,死磨烂缠;一手遮天、颐指气使,断你生路、逼你就范;虚张声势,假手于人、渔翁得利,笑里藏刀、阳奉阴违;趁火打劫,恃强凌弱,欺压百姓,残害无辜;威逼利诱,钱财绝色,腐蚀权力,黑官

好情愿或不情愿地靠着他们,有的人还认为他们是村里的"能人"。至于像国外那些跨国犯罪组织、黑手党家族的"教父"们,像中国旧上海的黄金荣、杜月笙们,他们已经超越了他们的家乡和他们生活的时代,成为"历史人物"。

勾结;等等。总之是不择手段,用尽各种伤天害理的阴谋诡计。

从我国刑法规定和相关立法、司法解释来看,黑恶势力"职业"形象的法律定位完全是负面的:有组织,有经济实力,有暴力、威胁或者其他手段,有组织地多次进行违法犯罪活动,为非作恶,欺压、残害群众,称霸一方,在一定区域或者行业内,形成非法控制或者重大影响,严重破坏经济、社会生活秩序。①

---

① 刑事立法和司法解释对黑社会性质组织"职业"形象(主要是"行为特征"和"非法控制特征")的规定,请参看:

1.《中华人民共和国刑法》第二百九十四条第五款:

黑社会性质的组织应当同时具备以下特征:

(三)以暴力、威胁或者其他手段,有组织地多次进行违法犯罪活动,为非作恶,欺压、残害群众;

(四)通过实施违法犯罪活动,或者利用国家工作人员的包庇或者纵容,称霸一方,在一定区域或者行业内,形成非法控制或者重大影响,严重破坏经济、社会生活秩序。

2.《最高人民法院关于审理黑社会性质组织犯罪的案件具体应用法律若干问题的解释》(法释〔2000〕42号)第一条:刑法第二百九十四条规定的"黑社会性质的组织",一般应具备以下特征:

(三)通过贿赂、威胁等手段,引诱、逼迫国家工作人员参加黑社会性质组织活动,或者为其提供非法保护;

(四)在一定区域或者行业范围内,以暴力、威胁、滋扰等手段,大肆进行敲诈勒索、欺行霸市、聚众斗殴、寻衅滋事、故意伤害等违法犯罪活动,严重破坏经济、社会生活秩序。

3.2002年4月28日,第九届全国人民代表大会常务委员会第27次会议对《刑法》第二百九十四条第一款规定的"黑社会性质的组织"的含义作了解释(简称《立法解释》):

"黑社会性质的组织"应当同时具备以下特征:

(三)以暴力、威胁或者其他手段,有组织地多次进行违法犯罪活动,为非作恶,欺压、残害群众;

(四)通过实施违法犯罪活动,或者利用国家工作人员的包庇或者纵容,称霸一方,在一定区域或者行业内,形成非法控制或者重大影响,严重破坏经济、社会生活秩序。

4.《最高人民法院、最高人民检察院、公安部办理黑社会性质组织犯罪案件座谈会纪要》(法〔2009〕382号):

其中指出:黑社会性质组织犯罪严重危害社会稳定,严重危害人民群众的生命、财产安全,严重危害党和国家的政权建设。这次"纪要"对如何认定"行为特征"和"危害性特征"的说明是:

关于行为特征。暴力性、胁迫性和有组织性是黑社会性质组织行为方式的主要特征,但有时也会采取一些"其他手段"。

《立法解释》规定的"其他手段"主要包括:以暴力、威胁为基础,在利用组织势力和影响已对他人形成心理强制或威慑的情况下,进行所谓的"谈判""协商""调解";滋扰、哄闹、聚众等其他干扰、破坏正常经济、社会生活秩序的非暴力手段。

"黑社会性质组织实施的违法犯罪活动"主要包括以下情形:由组织者、领导者直接组织、策划、指挥、参与实施的违法犯罪活动;由组织成员以组织名义实施,并得到组织者、领导者认可或者默许的违法犯罪活动;多名组织成员为逞强争霸、插手纠纷、报复他人、替人行凶、非法敛财而共同实施,并得到组织者、领导者认可或者默许的违法犯罪活动;组织成员为组织争夺势力范围、排除竞争对手、确立强势地位、谋取经济利益、维护非法权威或者按照组织的纪律、惯例、共同遵守的约定而实施的违法犯罪活动;由黑社会性质组织实施的其他违法犯罪活动。

关于危害性特征。称霸一方,在一定区域或者行业内,形成非法控制或者重大影响,从而严重破坏经济、社会生活秩序,是黑社会性质组织的本质特征,也是黑社会性质组织区别于一般犯罪集团的关键所在。对于"一定区域"的理解和把握。区域的大小具有相对性,且黑社会性质组织非法控制和影响的对象并不是区域本身,而是在一定区域中生活的人,以及该区域内的经济、社会生活秩序。因此,不能简单地要求"一定区域"必须达到某一特定的空间范围,而应当根据具体案情,并结合黑社会性质组织对经济、社会生活秩序的危害程度加以综合分析判断。对于"一定行业"的理解和把握。黑社会性质组织所控制和影响的行业,既包括合法行业,也包括黄、赌、毒等非法行业。这些行业一般涉及生产、流通、交换、消费等一个或多个市场环节。

通过实施违法犯罪活动,或者利用国家工作人员的包庇、纵容,称霸一方,并具有以下情形之一的,可认定为"在一定区域或者行业内,形成非法控制或者重大影响,严重破坏经济、社会生活秩序":对在一定区域内生活或者在一定行业内从事生产、经营的群众形成心理强制、威慑,致使合法利益受损的群众不敢举报、控告的;对一定行业的生产、经营形成垄断,或者对涉及一定行业的准入、经营、竞争等经济活动形成重要影响的;插手民间纠纷、经济纠纷,在相关区域或者行业内造成严重影响的;干扰、破坏他人正常生产、经营、生活,并在相关区域或者行业内造成严重影响的;干扰、破坏公司、企业、事业单位及社会团体的正常生产、经营、工作秩序,在相关区域、行业内造成严重影响,或者致使其不能正常生产、经营、工作的;多次干扰、破坏国家机关、行业管理部门以及村委会、居委会等基层群众自治组织的工作秩序,或者致使上述单位、组织的职能不能正常行使的;利用组织的势力、影响,使组织成员获取政治地位,或者在党政机关、基层群众自治组织中担任一定职务的;其他形成非法控制或者重大影响,严重破坏经济、社会生活秩序的情形。

5.《全国部分法院审理黑社会性质组织犯罪案件工作座谈会纪要》(法〔2015〕291号):

在上述2009年"纪要"基础上,此"纪要"全面总结了十多年法院审理黑社会性质组织犯罪案件的经验,第二次极为详细地说明了:正确把握"打早打小"与"打准打实"的关系,依法加大惩处"保护伞"的力度,组织特征、经济特征、行为特征和非法控制特征(危害性特征)的认定问题,刑事责任和刑罚适用,审判程序和证据审查,等等。

其中,关于行为特征和危害性特征,此次"纪要"指出:

(三)认定行为特征的问题

黑社会性质组织实施的违法犯罪活动包括非暴力性的违法犯罪活动,但暴力或以暴力相威胁始终是黑社会性质组织实施违法犯罪活动的基本手段,并随时可能付诸实施。因此,在黑社会性质组织所实施的违法犯罪活动中,一般应有一部分能够较明显地体现出暴力或以暴力相威胁的基本特征。否则,定性时应当特别慎重。

(四)认定非法控制特征(危害性特征)的问题

黑社会性质组织所控制和影响的"一定区域",应当具备一定空间范围,并承载一定的社会功能。既包括一定数量的自然人共同居住、生活的区域,如乡镇、街道、较大的村庄等,也包括承载一定生产、经营或社会公共服务功能的区域,如矿山、工地、市场、车站、码头等。对此,应当结合一定地域范围内的人口数量、流量、经济规模等因素综合评判。如果涉案犯罪组织的控制和影响仅存在于一座酒店、一处娱乐会所等空间范围有限的场所或者人口数量、流量、经济规模较小的其他区域,则一般不能视为是对"一定区域"的控制和影响。

不同于这些难以见人的职业手段和形象,一些黑恶人物可能显现(伪装)出敬业尽职、周到处事的形象,在公开职场上显现出暖色调,他们以精英人物、高雅姿态出现在人们面前,经常使人感到真诚、让人感动。这些形象和色调足以使很多普通百姓根本无法在平时生活、工作中认识、辨别黑社会,以至有些百姓对政府公布他们身边的名企名人为黑社会,感到惊诧,认为黑道人物并没有传说中的那样"黑""恶""狠""毒",形象并不丑陋,即黑社会的"黑血"底色完全被掩藏起来了。比如,在日常工作和交往活动中,黑社会人物可能主要呈现出如下某些面貌:

万事之首,信义当先;忠孝仁爱,礼师敬祖;豁达大方,重情轻利;豪侠气概,招贤纳士;身穷志坚,勤于奋斗;呕心沥血,兢兢业业;充满活力,想象丰富;足智多谋,深谋远虑;善于学习,开拓创新;业大业小,为人低调;戒急戒躁,稳扎稳打;胆大心细,能谋善断;广结善缘,广开财路;看准时机,抢占先手,加速发展;审时度势,举重若轻,未雨绸缪,临危不惧;在商言商,明白算账;有来有往,你敬我让;珍惜人才,关爱部属,厚待员工;奇招迭出,不跟后尘;生财有道,童叟不欺;质优价可,服务一流,爱护声誉;遵规守矩,管理有方;文化奠基,科技当先,瞄准世界;济困扶弱,热心慈善,回报社会;跻身名流,誉满各界……

黑社会性质组织所控制和影响的"一定行业",是指在一定区域内存在的同类生产、经营活动。黑社会性质组织通过多次有组织地实施违法犯罪活动,对黄、赌、毒等非法行业形成非法控制或重大影响的,同样符合非法控制特征(危害性特征)的要求。

2009年"纪要"中的"致使合法利益受损的群众不敢举报、控告的",是指致使多名合法利益遭受犯罪或者严重违法活动侵害的群众不敢通过正当途径维护权益;"形成垄断",是指可以操控、左右、决定与一定行业相关的准入、退出、经营、竞争等经济活动;"形成重要影响",是指对与一定行业相关的准入、退出、经营、竞争等经济活动具有较大的干预和影响能力,或者具有在该行业内占有较大市场份额、通过违法犯罪活动或以其他不正当手段在该行业内敛财数额巨大(最低数额标准由各高院根据本地情况在20万—50万元的幅度内自行划定)、给该行业内从事生产、经营活动的其他单位、组织、个人造成直接经济损失100万元以上等情节之一;"造成严重影响",是指具有致人重伤或致多人轻伤、通过违法犯罪活动或以其他不正当手段敛财数额巨大(数额标准同上)、造成直接经济损失100万元以上、多次引发群体性事件或引发大规模群体性事件等情节之一;"多次干扰、破坏国家机关、行业管理部门以及村委会、居委会等基层群众自治组织的工作秩序",包括以拉拢、收买、威胁等手段多次得到国家机关工作人员包庇或纵容,或者多次对前述单位、组织中正常履行职务的工作人员进行打击、报复的情形;"获取政治地位",是指当选各级人大代表、政协委员;"担任一定职务",是指在各级党政机关及其职能部门、基层群众自治组织中担任具有组织、领导、监督、管理职权的职务。

根据现在的资料,世界上一些由黑社会开办或者操控的大型企业,其实作为商业组织,他们尊重商业规律和规矩,尤其是,在竞争实力方面,非常注重企业的文化和科技,注重产品质量和产品创新,注重服务质量和品质保证。就拿刘涌黑社会性质组织犯罪一案来说,刘涌在被抓捕前,还请来日本专家给他的嘉阳集团一些员工进行培训。像刘涌的这些做法和手段,在不知内情的一般员工眼里,都是有水平的,但哪知刘涌涉黑犯罪底细。

确实,黑恶人员的性格、品质是复合体,不是单一的负面或正面性格、品质。因此,黑恶人物"操社会"、经商办企业,不会只用违法背德的手段,也不会只用符合法律和道德的手段,他们会根据不同情况,按照不同事情不同处理的原则,采取多种方法和手段,混合或交替使用合法与违法、道德与不道德、合情合理或者乖情悖理的手段。

(五) 黑社会及其大佬的政治形象

恶势力(团伙)很少有政治上的倾向,他们实施的主要是反社会的违法犯罪行为,较少有反政府的政治(性)行为和目的,并且他们势单力薄,形不成政治势力,所以,我们不专门讨论恶势力及其成员的政治形象和色调问题。

但是,黑社会及其大佬的政治形象和色调问题,如果仔细、深入观察国(境)外的黑社会历史与现实,仔细全面观察我国近现代历史上的黑社会,这就很重要也很复杂了。从国(境)外和我国历史上看,以下情况和特点是值得注意的。

第一,由恶势力演变为黑社会(性质)组织的,在演变过程中,随着黑社会(性质)组织的形成,组织经济实力增强,以及进一步扩张组织、聚敛财力的需要,并为避免打击,他需要来自官方的支持和庇护。满足这种需要的方式,最常见的是收买、拉拢、腐蚀有关官员,找到"保护伞",或者组织成员(特别是黑社会的"老大"、其他核心人物或骨干)合法进入政府,成为"红顶商人"或政客,或者把一些政府官员发展为黑社会重要成员,而不只是"保护伞",甚至地位仅次于"老大"。黑社会也经常主动效力官方,为一些政府所利用,其政治形象当然符合"主流"形象,色调跟政府一致,政府进步他就呈现"进步"颜色,政府反动他就跟着反动,带有很大不稳定性和投机性。这样的黑社会很少反对政府,但如果政府对其严重违法犯罪不得不打击时,他们也可能在有限范围内进行政治反抗,反政府的形象就会形成。至于"反政府形象"是"积极、进步的"还是"反动的",则要区分当时执政当局的评断和后来历史作出的基本评价两个角度,因为这两个角度的评价可能一致,也可能相反。

换个视角看,恶势力之所以没有被打掉,能够成长为黑社会,基本上都是在其成长过程中,找到了官场靠山,有来自腐败官员甚至政府本身的庇护。这是恶势力演变为黑社会的规律,也是黑社会成势、坐大的规律。除了特殊情况,恶势力、黑社会一般是不会在政治上跟那些扶植、包庇他们的官员唱政治对台戏,也很少会跟政府在政治上过不去。他们真正可能给政府造成政治上的麻烦的,是他们过度的暴力犯罪,形成大范围社会治安问题,逼得政府出手打击黑恶势力。所以,"聪明"的黑社会在犯罪问题上,也是很克制的。现代黑社会尽可能把自己伪装起来,尽可能经营合法企业,组建、渗透、控制合法企业,尽可能合法地进入商界、政界,成为"红色"成功人士,尽可能让政府和老百姓感觉不到黑社会的存在。这一点,从一些国家的黑社会历史来看,从地方到上层的那些腐败官员和黑社会人物都彼此心中明白。从这个意义上来分析"打黑都是被逼出来的",就别有深意。

第二,为反政府而组建的具有黑恶特征的秘密会社(秘密社会、会党、帮会等),包括最初并不涉恶涉黑的秘密会社组织后来演变为黑社会,其政治形象和色调在当时的官方看来,一定是"黑"的,除非他们顺从了"招安",或放弃政治反对立场。从历史上看,那些会社对民众以黑恶手段实施的侵害当然是"黑"的;而对当时的政府当局的反抗,是属于"落后"还是"进步"、是属于"反动"还是"革命",判断标准应当是,是否真正推动了社会进步,是否促使阻挡社会进步的力量衰退和瓦解。在这方面,涉黑涉恶的秘密社会的形象和色调,的确极其复杂而多变:一百多年来,中外历史上和现实中的许多黑恶组织随着大时代的变迁、生存环境的改变,他们自身目的和任务的变化,其政治性质,可以从十足的落后性、反动性,到一定程度的进步性或革命性,或者相反,从具有一定的革命、进步色彩,到坠落于落后、反动的深渊。

第三,通常情况下,黑社会成员,特别是一般的黑道大佬,表面上并不怎么关心政治,不表现出某种政治立场或偏向,他们关心的是"生意",无论是传统黑道上的绑架勒索、烧杀抢掠,还是新兴领域的"合法经营"。但实际上,除非有些黑社会组织的"老大"没有"抱负",否则,要扩张组织、增强势力和积累财产,并且要"长存"不倒,那么,就必然关心政治,察看政治风向,尽量紧跟当时当地的"主流政治"。即是说,他们会采取尽量不在政治上招惹政府和地方当局的策略,甚至精明的黑社会(大佬)还会严格控制反社会的限度,遵守某些有利于他们在社会中生存的"规则",降低黑社会违法犯罪的恶性程度,避免促使政府采取打击黑社会犯罪的政治和法律步骤。所以,总体上,黑社会(特别是现代的、高级形态的黑社会)为了给自己制造有利的生存环境,避免引起政府注意,在政治上大多采以下策略:与政府保持政治上的一致;尽力以法律允许的方式参与合法经营;尽力参与合法政治;尽力按照自己的利益,争取政治代理人或者自己直接进入政治体系内,影响或控制政治。这样的黑社会,他们的形象和色调其实分为两个层面,即外显形象、色调和隐蔽形象与底色。外显的形象、色调可能是"无形""无色"的,即没有不同于社会大众的形象和色彩,或者很"阳光""正红色";暗中的形象是犯罪者,基础色调总是"黑"的。

第四,历史上,黑社会极力反对政府,在政治上与当局对抗,同时反社会本性不减,这样的情况也有。但是,这有巨大的风险。后果可能是政府在政治和法律上持续、坚定地"打黑",除非政府当局,特别是上层政府,无心、无力彻底清除黑社会,或者说,权力腐败已经使得黑社会渗透到国家上层,成为影响、制约国家反黑的重大力量,反黑政策无法出台,反黑行动无法实施。不过,迄今为止,还没有哪个政府或国家被纯粹的黑社会给推翻,政府总有远远超越黑社会的政治、经济和军事力量,特别是强大的合法暴力,给黑社会以致命打击。至于反政府的黑社会形象是"正面"还是"负面",其色调是"黑"还是"红",或者是其他中间、过渡的形象和色调,取决于某个政权或政府的合法性、正当性和正义性。黑社会有时以"人民"的名义行动,少有真代表民众的,多是披着民众代表外衣的;历史上也有官方以"打黑""缉拿盗匪"的名义,镇压群众起义。

第五,在社会大变革、大动荡时期,不同黑社会组织,同一个黑社会组织在不同时期和条件下,其社会形象和政治色调,往往是可变、多变的。他们既可能与进步力量结成伙伴、同盟,或融入进步队伍,也可能与反动、落后、黑暗的势力为伍,成为他们的伙伴、盟友或队员,但难以真正袖手旁观。因为他们自己会分化,而且,在历史洪流中,几乎无法"中立",各种不同社会力量都会想方设法争取他们。这样的时代,黑社会可能更主动地选择和树立自己的形象,赋予自己某种政治色调,或者被迫接受某种政治形象。这就使得黑社会与国家及政府之间,与进步、革命力量或者反动势力之间,关系极为复杂,并使黑社会(大佬)的政治形象和色调,呈现出变动性、多样性和矛盾性。

在外国历史上,如意大利的黑手党就曾发挥过不同的政治作用。第二次世界大战中,意大利西西里的黑手党组织就曾经帮助盟军抗击法西斯。中国的洪门等帮会组织曾经几度支持和参加旧民主主义革命。青帮曾经长期支持蒋介石反共、打内战,但在抗日战争中,许多青帮组织和大佬坚持抗日,清除青帮中投靠日本的势力。从蒋介石那里得到极度荣恩的青帮大亨黄金荣,当解放军接管上海后,算得上"识时务",没有参与国民党在上海最后的大搜捕、大屠杀,掩护了一些地下党员,支持他们接管上海;将国民党的一些物资财产造表登记,交给地下党;命令门生搜集帮会头目的情报,最后将四百名帮会头目名单交出,便于共产党做这些人的工作;把黄家花园"四教厅"内蒋介石亲笔题写的"文行忠信"的匾额摘下砸毁,表示弃暗投明,改邪归正。黄金荣的这些行动在一定程度上配合了解放军军管会,对稳定当时的局势有益。实际上,在旧民主主义革命和新民主主义革命的漫长时期,黑社会组织与国民党和共产党,与革命和反革命,都有过复杂的关系,他们的政治色调不能简单、单一地描述。共产党的统一战线政策,对争取一些帮会靠近或走向进步、革命,起了很大作用。①

---

　　①　包括黑社会在内的旧中国秘密会社,历史悠久,许多秘密会社参加了历史上一系列重大活动,包括清代洪门等的反清复明、近代秘密会社支持孙中山的革命;以及后来,一些秘密帮会支持蒋介石反共、打内战,一些秘密会社支持共产党的革命;在民族危亡关头,许多黑社会组织坚定支持抗日,与国民党和共产党都有联系;共产党对秘密会社作了大量统战工作,争取和团结了一批走向进步的秘密社会力量。到现在,在港澳台的一些黑社会组织,在涉及民族大义的问题上,还是不含糊的,支持两岸统一。读者如果要了解百多年来甚至更久历史时期里,包括黑社会在内的秘密社会与中国革命的复杂关系,请参看邵雍著的《秘密社会与中国革命》(商务印书馆 2010 年版)和刘联珂著的《中国帮会三百年革命史》(岳麓书社 2011 年版)。

总的来看,在特殊历史时期,黑社会主动或被迫卷入政治,他们的重要成员也要采取某种政治立场。有些黑社会"老大"、大亨及其领导、控制下的黑社会,采取了符合历史潮流的、进步的甚至是革命的立场,与进步或革命力量结合,或者成为同盟者。当然也有黑老大及其组织跟随了反动势力,与进步或革命力量对立、斗争。还有些黑社会大佬及其黑社会组织,在不同时期,针对不同问题,采取了不同的政治立场,并非反动或进步到底,而是摇摆不定,带有投机性。

由此可以看出:其一,由于历史造成的特殊性和复杂性,对那些历史悠久的黑社会或秘密会社来说,现在的政府和国家在打击黑恶势力的时候,往往不能够完全摆脱某些历史因素的制约。对新生黑恶势力,政府相对更容易处理,决定予以扫除时不需要考虑复杂的历史因素。其二,历史上一些政党、政府与包括黑社会在内的秘密社会结成了复杂关系,这种关系应当随着时间推移而逐步消解,不让政党、政府长期受制于复杂的历史关系。特别是要逐步消除政党、政府与黑社会之间的黑金政治关系,为政府打除黑社会(恶势力)扫清障碍。其三,政府,特别是中高层政府,尤其不能与新生黑社会、恶势力搞上政治关系,这样才能防范黑恶势力从底层到上层的全面政治渗透、控制和操纵。特别要明确,除非社会状况极为特殊而有必要,即使黑恶势力持有与政府、国家一致的政治立场和态度,支持政府、国家某些决策、政策和重要举措,也不要轻易利用这种力量,否则遗患无穷。对人民政府而言,更是必须且只能依靠人民,要吸取其他一些政府在这个问题上的教训——政府与黑社会的关系纠缠不清。"人民"是何其伟大、深厚而广阔的力量啊,还有什么特殊情况和必要须得利用黑社会(恶势力)? 当然,在特殊社会条件下,政府可以欢迎黑社会坚持拥护国家政治的立场,不把他们推向政治对立面,但不能让他们进入国家政治体系内,清除他们在政府中的代理人,尽管这是个世界难题。

第六,那些跨国或超大型黑社会组织及其大亨、巨头,因为组织成员众多,分布的行业、地域极广,并往往以民间或官方组织、公司企业等形式存在,财力敌国,具有影响或左右地方、国家甚至国际社会的经济和政治力量,他们完全不是一般的黑社会、黑道人物可比拟的。这些巨头往往极其关心政治,而他们的政治立场和态度,也是各国政府和国际社会极为关注的。这些黑社会组织和人物,往往以自己或组织的利益为重,与政府保持一致,不会采取对抗政府、国家的政治策略,毕竟再大再厉害的黑社会还是黑社会,通常情况下肯定拗不过国家。所以,但凡有一定影响力的黑社会,他们的"老大"和"高参"们都会根据不同时代条件,黑社会的生存处境,做好政治上的判断和选择——与政府合作还是对抗。即使是规模不大的黑社会组织,一般黑道"老大",也要对所处环境的经济、社会和政治问题有所考虑,除非真是个草莽,也没有"高参"。

另一方面,黑社会,就其反社会、反法律的本性来说,就其通过暴力等违法犯罪手段敛聚财富的特征来说,黑社会始终是黑社会。不同时期、不同社会和不同国家的黑社会,都是黑社会。所以,国家、政府的政治立场和性质,跟特定黑社会(恶势力)没有必然的、不可分割的联系。黑社会组织、黑恶人员可以不考虑政治,只管发自己的财。不过,黑社会(和恶势力)注定要反社会,危害民众,在法律上跟政府或明或暗地对着干,违反社会公认的道德准则,因此常常给国家、政府造成麻烦,特别是长期严重的暴力犯罪,极易衍生为政治问题,导致国家和政府不得不在政治和法律等多个层面打击黑社会(恶势力)——不管这个国家和政府的政治性质和形式,只要他还希望有序地统治下去。所以,严格说来,国家、政府的政治性质、形式,其政治立场和政策,也与黑社会的政治形象和色调并无内在关联。简言之,在基本层面,黑社会的政治形象和色调具有随机性,是典型的机会主义的表现,迎合政府及其保护伞的政治需要,是黑社会自身利益提出的要求。当然,黑社会的政治机会主义也有少数例外,即历史上有些黑社会及其大佬确实真诚地信奉和坚持了某种政治立场,无论是顺应历史还是反时代潮流的,无论反对还是支持当时的国家和政府的政治。

第七,那些具有一定历史、组织实力和经济力量的黑社会及其成员,特别是大佬,(暗中)密切关注政治的根本目的,是为了充分利用政治、经济等形势、政策,充分利用各种体制漏洞、缺陷,抓住机会,发展壮大自己。这是普遍情况。在一定范围和程度上涉足政治,设法操弄经济和政治,利用某种形势、局势,对政府和国家"顺势而为",与政府、国家保持政治一致,支持国家、政府的某些立场和政策,或者按照自己的意愿使国家、政府的政治和政策向己方倾斜,尽力阻止违反其利益的政治和政策,使黑社会利益政治化、法律化(合法化)。当然,只要有能力、有力量和有意志,国家完全可以防范、控制和阻断黑社会从地方到上层的政治渗透、操控,除非黑社会力量大得足可动摇政府和国本。但这样的情况十分罕见,即使黑金政治当道的国家或地区,政府还是有足够力量解决这个问题的,这取决于最高层政府的政治意志。

第八,我国近三四十年,恶势力团伙往往势力不大,还处于主要通过违法犯罪聚敛钱财的阶段,谈政治对他们过于奢侈。而黑社会性质组织,迄今还不算强大,更没有演化到发达的犯罪组织的程度,但已经有他们的某种政治形象和色调:力图把他们自己正当化、合法化,即"染红"。根据多年打黑除恶获得的情况,黑恶势力主要是危害社会,危害群众,他们的违法犯罪以非法获得的财产为主要目的,而非政治上对抗政府。迄今,在我国的涉黑恶案件中,还没有出现直接危害国家安全的犯罪。

第九,历史实情是,黑社会势力很少直接反对当时的政府,甚至可能会支持政府,特别是支持他们在政府中的代理人,支持、掩护他们的"保护伞",并且得到"保护伞"乃至政府(部门)的支持和保护。这是双向的政治、经济支持和保护,以至于一些黑社会与政府及其主要领导、高级官员,包括现代社会中的警察、检察官和法官,都可能在政治和经济上结成利益共同体——这就完全不止是贿赂等一般性腐败问题。尤其在一些西方国家的选举政治中,包括地方的检察官等选举,黑社会控制了很大部分选举资源,影响着很多人的选票投向。一些黑社会长期成为某些政党的票仓,成为某些政党的政治动员力量,成为政治主张的支持者。他们的政治形象和色调,完全与政府相同,或者与其支持的政党相同。这就可以解释一个重要现象,即有的国家、地区及其政府,在打黑问题上显得含糊,打小不打大,打迟不打早,只打黑不打"保护伞",打打歇歇,不仅不断根,而且连面上的黑社会都只装模作样地打一下,当有明显证据和事实指向幕后大佬的时候,打黑突然夭折,甚至力主打黑的官员(包括政府首脑、警察、检察官和法官)一个个被政府临阵换掉,甚至被黑社会或"保护伞"暗杀。

总之,从政治上说,黑社会大致会采取与一个国家、一个时代的总的政治形势相应的政治立场和态度。他们既可能选择与政府、国家一致、合作的立场,也可以站在政府、国家的对立面;他们可能支持、参加革命,也可能支持反革命。黑社会在政治色调上,没有天然的革命(红色)或反革命(黑色),这要看黑社会头目对重大社会事件的是非曲直或者政治性质如何判断并作出抉择,也与政府或有关政党等力量对他们的教育、团结和争取,或者控制、分化和拉拢,直接相关。因此,与黑社会及其组织者的固定不变的违法犯罪、反社会形象和色调相比,其政治色调既非固定不变,也不单一,完全可能着上"红""黑""灰""白"等不同色调,并且不乏过渡色彩。

我们的基本结论是:黑社会(恶势力)的政治色彩,要么不明显,要么大多与政府和国家保持一致,并不刻意在政治上挑战政府和国家,但因为他们自身反社会的性质和后果,不仅给政府造成法律上的麻烦,还可能制造政治难题,招致政府从法律、经济和政治等各方面进行打击。但是,一些国家、地区的政府对打击黑社会是有保留的,正像政府对黑社会的利用也有限度和保留一样。

最后,我们不要忘记:黑恶势力再怎么装扮,不管他们具有怎样复杂、矛盾的形象和色调,他们都是黑恶势力,剥开他们合法、温情和仗义的面皮,露出的尽是赤裸裸的违法犯罪,暴力总是他们犯罪的最高、最后和最核心的手段。我们对黑恶势力形象多样性、复杂性和矛盾性的说明,是要告诉大家:为有效防治、打除黑恶势力,就要全面认识他们。我们不希望本书对人们认识、判断黑社会(恶势力)的本质有任何误导,更不会对黑恶势力的暴力犯罪组织或团伙的本质有丝毫美化、掩饰与隐藏。①

(六) 黑恶势力形象矛盾性及根源

我们已经看到:黑恶势力既是社会的肿瘤、脓疮,又是社会机体自身的一部分;黑恶势力既反社会,鱼肉百姓,又可能给一些处于无序状态的百姓提供和维护某种秩序、安宁;黑恶势力违反法律和道德,又维护某种道义和道德;黑恶人员的素质、性格、品质、职业和政治方面的形象和色调,都具有双面性或多

---

①　英国学者大卫·索斯韦尔在其《有组织犯罪的历史:黑帮的真实故事》(邱颖萍译,文汇出版社 2012 年版,第 1 页)中写道:"有组织犯罪的核心力量是暴力,这已不再需要有人告诉我,因为在写作本书的过程中,我受到过了几次恐吓。其中有两次是严重的生命威胁。还有一次是来自三合会的威胁,他们愤愤地说,如果我继续乱说话,将剁掉我的双手,因为他们十分清楚,'作家是离不开手的'。"

面性,并且,这些形象和色调既稳定又变幻不定,既清晰又模糊,总之矛盾重重。

黑恶势力形象和色调的矛盾性的根源,不在别处,恰恰在于正常社会("我们社会")与黑恶势力之间的矛盾,在于正常社会的一些内在矛盾。

黑恶势力是一些人为适应这个社会而生存下去的需要才产生的,也必须适应这个社会才能产生和生存。这就有矛盾。

当有些人没有正常生活手段和条件,而社会并不向他们提供时,他们可能要以社会所不容许的手段、方式求得生存。这样,一方面,他们采取那样的生存手段和方式是不得已的,是社会造成的;另一方面,又不为社会所容,多半还反为社会所禁止、打击。他们只得在夹缝和边缘处生存,他们得既游离又依赖于那些夹缝和边缘,他们希望把夹缝扩大,希望相对稳定地站在边缘的某一处,以求有真正立足的地方。但他们又不能死守某个边缘,以免情势突变,他们将彻底失去生存条件。他们的适应力必须很强,能够周旋于各种环境中,能够逢迎各种场合和人物,这就注定他们的性格的多样性、多变性及矛盾性。

同样的理由,决定了黑恶人员行为方式的多样性、复杂性和矛盾性。他们要生存,最好是形成一定的组织、团伙,个体的生存能力、手段毕竟极其有限,何况他们大多数本身就是走投无路的人,是难以独自谋取正常生活的人,团伙、组织不仅提供归属感,提供属于他们的一种"社会",还提供相对宽广、有效的生活手段(哪怕是违法或犯罪手段)。但是,这样的团伙或组织面临合法组织常常不会面临也不可想象的困境:他们是由一群缺乏正常生计的人组成的,他们内部对生存资料的取得和分配必须依靠某种强制规则,以求内部成员间的利益平衡和继续维持团伙、组织的存在;他们以非法或不道德的手段取得财产,但不能过滥地使用这种手段和方式,以免社会完全无法承受和容忍,给自身招来灭顶之灾,或者把自己取财的对象全部驱离了自己控制的地盘,从而自断财路;他们要防止内部兄弟出卖,要防止政府方面的人员进入团伙或组织,避免被官方发现和打击。由此,他们设法使团伙内部和对外都具有某种规则,以约束内部成员,应对外部的挑战,或者尽力与外部保持必要的联系。这样,"帮规"必不可少,并且还要具有某些"合理性",要赋予本团伙或组织以

"神圣性""正当性",有真实的约束力,同时为适应特殊的生存状况和条件,还要保持一定的神秘性、秘密性,让团伙、组织产生和保持凝聚力量。这就使那些具有反社会性的团伙、组织具有特殊的"社会性""规范性""秩序性",这使那些不为社会所容的人,在社会中无法生存的人,被组织成一个"社会",成为夹缝中的社会,社会中的社会,反社会的社会。他们时时处处脱离不了社会,既脱离不了正常社会(他们要从正常社会非法取财,还要让正常社会不打击、挤压他们的灰色社会),又不能脱离自己的"地下社会",要靠这个社会而生活。这样的生活过程时时处处事事都充满不确定性和矛盾性,他们必须以不同的、矛盾的手段和方式应对。脑子不能僵化,手段必须灵活,不管手段之间是否矛盾。

毫无疑问,这样的条件塑造出的人物性格、品质,这些人的行为方式和手段,充满复杂性、矛盾性,实在是情理之中。黑恶人员的"职业"和政治之形象与色调,不复杂,不矛盾,反而不可思议,让人奇怪。即使当恶势力变成了黑社会,黑社会取得了合法外衣(恶势力到不了这个程度),黑恶人员的性格、品质、职业形象仍然会保持某种复杂性和矛盾性(其实,正常公民的性格、品质也有复杂性和矛盾性)。因为黑社会成员仍然会在"正""黑"两道上生活,两种生活的原则、规则相互冲突,各自所需的行为方式和手段不同。

这就可以理解,在我国,除了新中国成立后的二十五年,面对品性、行为、"职业"形象甚至政治形象极其复杂的黑恶势力,国家和政府对他们的防治,一直困难重重,效果不彰。

第二章 黑恶势力生成的
基本样态

惩治黑恶势力应当"对症下药",对不同黑恶势力要采用不同的惩治政策,其基础在于准确掌握黑恶势力的生成样态。忽视对黑恶势力生成样态的研究,其后果很可能是"药不投方,疗效甚微"。黑恶势力的生成是一个动态过程,不同黑恶势力的生成过程呈现不同样态。根据生成样态的差异,黑恶势力可以分为"民间自生型""'官方因素'促生型"和"外界输入型"三类。生成样态的不同使得黑恶势力在萌生因素、形成和发展形式、组织程度、活动方式、犯罪目标与手段上都存在较大差异,并使不同样态的黑恶势力的社会危害也有所差异。

一、"民间自生型"黑恶势力

"民间自生型"黑恶势力是较为常见的一种生成样态,意指黑恶势力的形成与发展主要依赖于民间社会的资源,黑恶势力的生成完全是基于民间社会的土壤,是一种自发的,不借助"官方"和"涉外"因素而生成。尽管在其发展过程中,有民间社会以外的因素助推黑恶势力壮大,但就生成而言,这类黑恶势力不是在其他因素的作用下生成,而是基于民间社会资源和主动选择的结果。在"民间自生型"黑恶势力中,以两类人员最为普遍,一类是"灰色青少年"群体,另一类是"劣迹、前科人员"群体。

(一)"灰色青少年"与黑恶势力生成

关于"灰色青少年"的含义,国内存在着诸多不同意见。有学者认为"灰色青少年"是一个典型的城市边缘青年群落。① 有学者认为"灰色青少年"既包括无固定工作、无固定收入的"街角青年",还包括有临时工作、有一定经济收入的社会青年,他们大多生活在县城社区,年龄在 14 岁—35 岁之间,与家庭和社会上的成年人保持一定的联系,偶尔有违法犯罪行为的一类青(少)年群体。② 在我们看来,"灰色青少年"之所以谓之"灰色",乃是因为他们的主要日常生活并不符合社会主流价值观,即"选择不符合自己年纪与身份的生活方式与行为",学习或是工作并非他们日常生活的主要内容。"灰色青少年"虽偶有违法行为,甚至受过刑事处罚,但仍未达到"黑色"性质。概言之,"灰色青少年"是处在主流社会与刑事犯罪之间的"灰色"地带,他们的生活方式与行为并不为主流价值观所认可,但也尚未完全达到严重犯罪的程度。

因此,主流社会往往给"灰色青少年"贴上"不务正业""游手好闲"等负面标签,缺乏社会认同感的"灰色青少年"会寻求改变自身。其中一部分"灰色青少年"放弃先前的生活方式与行为,慢慢回归主流社会,"浪子回头";另一些"灰色青少年"则回归主流社会受挫,或者从不回归,彻底走上背离主流社会的道路。加之,青少年具有心智不成熟等特点,"灰色青少年"为黑恶势力所青睐,是黑恶势力积极争夺和发展的对象。如广州的"黑龙会"采取威胁、恐吓、引诱等手段,积极发展了 60 多名中学生加入组织,将势力渗透到了广州市白云区竹料地区的中学。③

"灰色青少年"不仅是黑恶势力积极发展的对象,更有甚者,可能自发形成新的黑恶势力,江苏涟水"龙人帮"黑恶案就是这类情况的典型。④

---

① 参见黄海:《解密"街角青年"——一种越轨社会学和亚文化理论的研究》,《青年研究》2005 年第 2 期。

② 参见郭云超:《灰色青年社会关系网络建构问题探析——以河南 T 县为考察对象》,《北京社会科学》2015 年第 9 期。

③ 参见赖雨晨:《广州涉黑组织骨干被判死刑》,http://china.huanqiu.com/roll/2008-09/222997.html,访问日期:2021 年 6 月 12 日。

④ 参见(2012)淮中刑终字第 68 号刑事裁定书。2010 年 8 月前后,冯某恩结识其他社会闲散人员后成立龙人帮。该组织成立后,在被告人冯某恩的组织、领导下,通过寻衅滋事、聚众斗殴、抢劫等暴力方式获取经济利益。冯某恩要求成员在从事打架、抢劫等违法犯罪活动时打出龙人帮旗号,以壮大组织实力。该组织通过不断发展,逐步形成以冯某恩为组织者、领导者,冯某

　　"龙人帮"是由一群青少年组成的黑恶势力。从年龄来看,11 位被告人中最大的 19 岁,最小的 16 岁,平均年龄 18.5 岁。这些成员有以下共同特点:一是受教育程度低,大多仅接受过九年义务教育,其中部分成员甚至尚未完成初中学业就离开校园。二是他们在校期间就大多属于老师眼中的"问题学生",打架、学习成绩差等,如"龙人帮"的组织者冯某恩,其学习成绩一向不好,时常打架,是老师眼中不折不扣的"坏孩子"。2009 年 6 月,正在上初三的冯某恩因打架离开了校园。辍学后,冯某恩在浴室里干起了服务员的工作,月薪800 元。但刚干了十几天就受不了苦辞职了。已经习惯县城生活的他不愿回家务农,与几个经历类似的"好友"整日流连于网吧和游戏机室,很快花光了在浴室打工挣的钱。[①]从新闻报道来看,冯某恩无论是在学校还是在社会,始终是游离在主流环境之外。在校期间爱打架、不学习,进入社会后好逸恶劳、不务正业,始终选择不符合自身年纪与身份的生活方式与行为。这种不适宜的生活方式与行为虽未达到"黑"的程度,但又不被主流社会所认可,因此,冯某恩属于典型的"灰色青少年"。

　　结群性是人类的特性之一,结群性在"灰色青少年"身上体现为"灰色青少年"所结交的人员大多也是与自身相似的"灰色青少年",这就使"灰色青少年"小团体得以逐步形成。在"龙人帮"案中,冯某恩与几个经历类似的好友商量后,决定效仿古惑仔,成立"公司"赚钱,纠结其他"灰色青少年",在熟悉的网吧敲诈同龄人。冯某恩等人的小团体虽与成为黑恶势力有距离,但"灰色青少年"群体的集结已经完成,群里成员已然开始出现有组织的违法行为,

---

伦、于某某、何某某等人为骨干成员,喻某某、张某某、朱某某、薛某、尹某某、马某某、张某年等人为一般参加者,结构较为稳定、成员基本固定的黑社会性质组织。冯某恩要求成员须严格遵守帮规,做到服从安排、听从指挥。冯某恩带领组织成员大肆进行聚众斗殴、寻衅滋事、抢劫等犯罪活动,并时常组织、带领组织成员非法讨债、替他人造势助威,为非作恶,欺压群众。该组织的行为已在涟水县一定区域内,特别是在涟水县军民中心村一带,产生重大影响,严重破坏了该区域内正常社会生活秩序。一审判决认定龙人帮属于黑社会性质组织,冯某恩等人构成组织、领导、参加黑社会性质组织罪等罪名。

　　① 参见杜晓、于飞、汪彦:《涟水打掉"90 后"少年抢劫勒索犯罪团伙,辍学少年走上恶性犯罪道路令人深思》,http://www.legaldaily.com.cn/bm/content/2012-05/30/content_3605517.htm?node=20736,访问日期:2021 年 6 月 15 日。

已有向黑恶势力发展的趋势。

但是依靠敲诈同龄人显然不足以维持这个"灰色青少年"团体的存续,最初的群体在存在一段时间后就宣告解散。群体虽然解散,但冯某恩仍然不务正业,游离在主流社会之外。后在另一"灰色青少年"的建议下,冯某恩成立"龙人帮"。经过一段时间的发展后,"龙人帮"由"灰色青少年"集合体演变成了黑社会性质组织,即黑恶势力。从组织结构来看,"龙人帮"形成了帮主—堂主—成员这样的稳定组织。从行为来看,组织活动由最初的敲诈同龄人变成了"暴力讨债""摆平事端",称霸一方,冯某恩等人的行为也由一般违法演变为犯罪行为。

纵观"龙人帮"的形成,大体经历了"灰色青少年"个体—"灰色青少年"团体—黑恶势力的演进过程。在"灰色青少年"团体向黑恶势力转化的过程中,起决定性作用的并非外来的强力介入因素,而通常是团体成员的自我选择。群体认同是一个人自我概念的重要组成部分。[1] 因生活方式与行为不被主流价值观所认可,"灰色青少年"始终游离于主流社会之外,缺乏来自主流社会的群体认同。在此情况下,"灰色青少年"要么选择改变生活方式与行为,回归主流社会,被主流社会认可和接纳,要么选择"物以类聚",被"灰色青少年"团队认可和吸收。这就是"灰色青少年"由个体发展到团体的一般心理及社会过程和机制。人力、文化、经济和社会等资源的相对缺乏,使得"灰色青少年"在主流社会的融入上充满挑战。[2] 身处向主流社会回归困境中的"灰色青少年"个体或团体就容易走向另一个极端,转变为黑恶势力。

(二) 劣迹、前科人员与黑恶势力生成

劣迹、前科人员一般是指有过违法犯罪经历,受到过刑事或行政处罚的人员。笔者以某地近 5 年涉黑案件裁判文书为样本,对黑社会性质组织者的前

---

① 参见殷融、张菲菲:《群体认同在集群行为中的作用机制》,《心理科学进展》2015 年第 9 期。

② 参见郭云超:《灰色青年社会关系网络建构问题探析——以河南 T 县为考察对象》,《北京社会科学》2015 年第 9 期。

科情况进行统计,结果是:组织、领导、参加黑社会的81人中,受到过刑事或行政处罚(以裁判文书中是否记载为准)的人数为39人,占比为48%。在黑恶势力的生成过程中,劣迹、前科人员所起的作用可以分为两类;一类是促进了黑恶势力的产生,黑恶势力从无到有;另一类是促进黑恶势力的发展,黑恶势力由小到大。

就前者而言,劣迹、前科人员通常是黑恶势力的组织者、领导者或骨干成员,黑恶势力就是在他们的积极组织下产生的。在此类案件中,黑恶势力的生成过程通常为劣迹、前科人员主动纠集其他人员,或以劣迹、前科人员为中心被动形成较为固定的群体,群体成员由起初的单独实施违法、犯罪行为变为无组织地共同实施违法、犯罪行为,最终演变为有组织地实施违法、犯罪行为。

对于后者而言,劣迹、前科人员在黑恶势力中的身份不再限于组织者,还包含领导者、积极参加者。相比于黑恶势力的产生,劣迹、前科人员对促进黑恶势力由小到大起着更加重要的作用。在大多数黑恶势力中,劣迹、前科人员占有相当比例,是黑恶势力的骨干力量,对黑恶势力的"发展"起着巨大的作用。根据对某市25个典型案例的调查,骨干成员来源于相对稳定的人群,以刑释解教人员和受过打击处理的惯犯为主。典型的如龚某某黑社会性质组织、冉某某黑社会性质组织,均是纠集刑释解教人员和社会闲散人员而组成的。[1]

无论是作为组织者还是参与者,劣迹、前科人员在黑恶势力成员中始终占有一定的比例。但在不同阶段,劣迹、前科人员在黑恶势力中所扮演的角色和起的作用是不同的。黑恶势力在其生成的初期还处于相对低级别阶段,所涉及的违法、犯罪行为仍以侵犯财产和公民人身安全为主,劣迹、前科人员普遍为黑恶势力的骨干力量,除组织者外,其他成员之间地位相差并未过于悬殊,身份界限并不十分明确。所招募的劣迹、前科人员通常能够快速成为黑恶势力的核心力量,劣迹、前科人员在黑恶势力中一般具有较高地位和身份。随着

---

① 参见靳高风:《当前中国有组织犯罪的现状、特点、类型和发展趋势》,《中国人民公安大学学报(社会科学版)》2011年第5期。

黑恶势力的壮大,传统的自然犯罪(如盗窃、敲诈勒索、抢劫等)显然再也不能满足黑恶势力发展的需要,其犯罪内容通常会由有组织的暴力犯罪转向以经济犯罪为主、暴力犯罪保障经济犯罪的模式,变成更高级别的黑恶势力。在这些变化过程中,黑恶势力内部的劣迹、前科人员开始进行分化,一部分变为黑恶势力的"智囊",不再亲自实施犯罪行为,而是领导、策划、指挥一般成员从事犯罪行为,另一部分则未能适应发展变化,仍从事黑恶势力所组织的暴力犯罪。当组织成型后,劣迹、前科人员虽仍是黑恶势力的主要招募对象,但此时招募的劣迹、前科人员大多定位为一般参加者。

(三) 民间社会何以促生黑恶势力

自古以来,民间社会就是大多数黑恶势力生成的天然有机土壤,从清末的"小刀会""白莲教"到民国的"上海青帮",莫不如此,尽管他们发展到后期,官僚政客跻身黑恶势力领导层,组织内部出现了明显的分层。但不可否认的是,民间社会始终在这类黑恶势力中扮演着重要的角色。从成员来看,"帮会是由破产农民、手工业者、游民等江湖流浪者组成的集团"[1],民间游民始终是这类黑恶势力生成之初的最基本成员。时至今日,"上海青帮"等黑恶势力早已不复存在,但"民间自生型"黑恶势力仍然是黑恶势力生成中最基本、普遍的样态。

民间社会何以促生黑恶势力?关于黑恶势力产生的原因,已有大量的研究成果。例如,何秉松认为:社会不平等是黑社会的社会根源,市场经济条件下社会对金钱的追求是黑社会组织的驱动力,犯罪亚文化是黑社会组织的精神支柱,政治腐败是黑社会组织滋生和发展壮大的"温床",以及境外黑社会组织的渗透和影响。[2] 在黑恶势力生成原因上,现有研究遵循的主要思路是从政治、经济、文化方面入手,对各类黑恶势力生成的基本原因及共同原因作出论述。这些原因分析当然适用于"民间自生型"黑恶势力,但是,民间之所

---

[1] 秦宝琦:《江湖三百年——从帮会到黑社会》,中国社会科学出版社 2011 年版,第 81 页。
[2] 参见贾凌、杨超:《黑社会性质犯罪专题整理》,中国人民公安大学出版社 2011 年版,第 163—223 页。

以促生黑恶势力,关键在于"民间社会"中的特殊情况。因此,笔者以现有研究成果为基础,结合民间社会的特点,作补充分析。

1. 民间社会存在边缘群体

民间社会的边缘人员始终是"民间自生型"黑恶势力中的最重要群体,无论是"灰色青少年"还是"劣迹、前科人员",他们都属于民间社会的边缘群体。需要特别声明的是,此处的"社会边缘群体"与其一般含义有所不同,这里的社会边缘群体并不是指因经济条件、地位而处于弱势地位的低收入群体,而是指因违反民间社会规范而被民间主流社会所孤立的群体。

民间社会存在着无形的民间社会规范,即在民间社会中自然形成并长期得到遵从的原则和规则。民间社会规范就是各种共同体和社区内在的、据以自治的规则,包括传统习惯、道德和宗教,也包括商业惯例和不断形成的新规则;它们既是特定社会成员的行为准则,也是其解决纠纷的依据。[1] 这种民间社会规范不同于法律,它并非统治阶级意志的体现,更不可能具有国家强制力。相比于法律,民间社会规范极其宽泛,也更加具有无形的束缚力。比如法律不会惩罚"游手好闲"之徒,但民间社会规范则会以无形的方式对其进行"惩罚",将其孤立、边缘化。如果有人违反这种规范,那么他通常会受到民间社会规范惩罚,严重者会被民间社会孤立、排斥,最终边缘化。

正如前文所述,"灰色青少年"与"劣迹、前科人员"是其行为方式不被民间社会认可的两类群体,而民间社会认可行为方式的标准则是抽象的民间社会规范。在民间社会,"灰色青少年"与"劣迹、前科人员"的罪过不仅在于违反法律,还在于违反民间社会的行为准则,冲击民间社会传统的价值体系。对这两类人员,民间社会规范当然要予以惩罚。只不过民间社会规范的惩罚是无形的,是民间社会成员在价值观念的驱动下所自发进行的。这种惩罚没有特定形式,惩罚的实质内容就是孤立、排斥犯规者,并且惩罚期限不特定。受罚者不再为民间主流社会所容忍、接受,民间大众对其"敬而远之",与其划清

---

[1] 参见范愉:《民间社会规范在基层司法中的应用》,《山东大学学报(哲学社会科学版)》2008年第1期。

界限,被民间社会孤立、排斥,就业、人际交往和社会地位等都受到无形限制,于是成为民间社会的边缘群体。尽管上述两类人员在国家的政治、经济层面上可能还处于平等地位,但在民间规范体系中,他们已不再处于平等地位,被边缘化,部分权利已经受到事实上的限制。

在此情况下,这些边缘群体可以选择改变行为方式,重获民间规范认可,逐渐回归民间主流社会,或者继续违反民间社会规范,与民间社会相距更远。然而,民间社会对犯规者回归往往并不持友好态度,边缘群体回归主流社会困难重重,再加上边缘群体中部分人员的性格缺陷,所以,仍有不少边缘人员选择后者,偏离和远离民间社会,而他们又根本不可能进入"官方社会",只得处于边缘社会。由此,这些边缘群体对民间主流社会产生仇视,进而可能仇视整个社会。反社会的边缘群体的存在及其与主流社会的矛盾成为黑恶势力产生的重要原因。

2.民间社会对金钱的狂热

民间社会对金钱的狂热表现为,民间社会大多成员以追求金钱为首要目标。"对财富的贪欲是人类有史以来的一般性观念。获利的欲望、对金钱的追求,存在于并且一直存在于所有的人身上,尘世中一切国家、一切时代的所有的人,不管其实现这种欲望的客观可能性如何,全都具有这种欲望。"①在新的社会条件下,民间社会对金钱表现出了前所未有的狂热,甚至将金钱置于民间社会评价体系的核心位置,除了权力,人们地位的高低往往是由金钱多少决定的。尽管民间社会在为此辩解,但"传统道德规范的瓦解和新的道德规范空乏使拜金主义乘虚而入。传统义利观的合理成分和应用范围相应缩小的事实,是不可否认的"②,民间社会边缘群体对金钱的追求更加狂热,金钱不仅能满足他们的生活需要,也能使他们在民间社会的地位发生事实上的转变。在司法实践中,出现过不少案例:曾经的小混混,一朝成为黑恶势力头目,当积累一定金钱后就摇身一变,成为基层政权领导人员、人大代表、政协委员以及慈

---

① [德]马克斯·韦伯:《新教伦理与资本主义精神》,于晓、陈维纲等译,生活·读书·新知三联书店 1987 年版,第 7—8 页。
② 范荣祥:《拜金主义及其在中国的泛滥》,《理论探讨》1996 年第 6 期。

善家等,在民间社会中享有一定身份与地位,由民间社会中的边缘人员变成民间社会中的体面人物,可见金钱起到不可估量的作用。民间社会这种"金钱评价体系",更加促使这些边缘人群狂热追求金钱,以期能够摆脱边缘人员的身份,结束在民间社会中的事实上不平等的地位,换种方式融入("杀回")主流社会。

正如前文所述,边缘群体的行为方式不符合民间社会规范,他们身上贴着"好吃懒做"等负面标签,而事实也通常如此。在民间社会的孤立、排斥下,缺乏专门知识和技能的民间社会边缘人员,更难通过正常途径与手段获取所需要的金钱,甚至一般违法行为也难以实现金钱的快速积累。在金钱的吸引下,"这些社会地位和处境相类似的人们,很容易在追求财富和金钱的共同目的下联合起来"①,气息相同的边缘人员就聚集成为边缘群体,并以自己掌握的或所认可的方式追逐金钱,通过有组织的违法犯罪活动或者其他手段获取经济利益。为了维持与保护获利方式,群体必须不断扩大与发展,从松散的标签化群体演变为具有层级结构的固定组织,最终生成黑恶势力。

二、"'官方因素'促生型"黑恶势力

除了民间自发生成的黑恶势力,有些黑恶势力是"官方因素"促生的。所谓"官方因素"主要是有些官员(干部)对待黑恶势力的违背法律、道德及正当情理的各种态度和行为。这些态度和行为包括:出于"为我所用"等不可告人的目的,为谋取个人、他人或者组织、单位等的利益,或者因收受好处徇私枉法,积极支持、帮促、培植或者放纵黑恶势力,个别"官员"甚至把自己与黑恶势力人员在身份和心态上混同,等等。单就助黑促恶的心态而言,分为"某些官方人员"的共同心意和某个官员的个人心意。在历史和现实中,作为可能促成黑恶势力生成的"官方因素",主要包括:过往历史中的一些落后、腐朽的

---

① 贾凌、杨超:《黑社会性质犯罪专题整理》,中国人民公安大学出版社 2011 年版,第183 页。

政府、政党及在其中掌握、行使一定权力的组织、机构、个人;历史和现实中的腐败、无能或者欺压民众的少数官员;古今中外黑恶势力的所有"保护伞";古今那些不利于人民的法律和政策(恶法弊政);古今皆有的执法司法不公现象;等等。

要特别指出,自新中国成立以来,党和国家长期坚持反对和打击一切丑恶势力和违法犯罪活动,扫除黄赌毒,打击敌匪特,铲除黑恶乱。今天的中国,更是旗帜鲜明地提出"长期坚持扫黑除恶",坚持"有黑扫黑,无黑除恶,无恶治乱"。我们的党、国家及人民政府在根本上与黑恶势力对立,不存在政党、国家、政府及社会制度促生黑恶势力生成的问题,但是,我们的党和国家中,确实存在某些官员在社会管理过程中促生或者"保护"过黑恶势力,社会中的腐败现象确实促生了一些黑恶势力,我们的某些政策和法律不完善,执法司法不公,社会公平正义没有全面得到保障和实现,这些因素也确有可能促生黑恶势力。

(一)"个别官员逼迫型"黑恶势力

"个别官员逼迫型"(以下简称"官员逼迫型")黑恶势力是由于个别官员采取不合理措施处理社会问题造成的,典型的如我国历史上曾经存在的帮会组织。帮会可谓我国黑恶势力的历史渊源。纵观我国历史上的帮会,大多具有较稳定的组织结构、一定的经济基础等。除部分以推翻当时的政权为使命的政治性帮会外,大多数帮会不以推翻政权为使命,仅是意图追求经济利益,并不与当时的政府直接彻底对抗。

从产生原因来看,帮会组织通常是当时"官方"所采取的经济、政治制度等所造成的,官方社会对帮会产生始终扮演着至关重要的角色。"在封建地主土地所有制下,小农经济的不稳定性,必然导致封建社会的基本矛盾——农民与地主间的矛盾尖锐化;加之社会人口的增长率,成倍超出土地数量及农业生产率的提高,使社会诸矛盾亦随之尖锐化;再者,清王朝的主要依靠力量,仍然是汉族封建官僚集团,在其长期形成的思想意识上不可能产生更新与变化。所以,从康熙末年始,由吏治松弛而引发起王朝统治机体的败坏,虽经雍正一朝的全面整治,但到乾隆时期并未得以遏制。秘密社会组织即在这种经济的、政治的状况下迅速发展起来。"①大量的失地农民、失业手工业者,被迫成为流民,在社会中游荡讨取生计。为保证安全,游民开始聚集,并逐渐形成帮会。然而,并非所有帮会组织在诞生之初都以谋求势力范围为目标,更多的是底层人民的互助组织,底层人民通过帮会的纽带共同面对来自不同方面的压迫。但是,为什么从这些底层互助组织中产生出大量黑恶势力? 在我们看来,帮会成员最初聚集的原因通常是正当的,表达的诉求通常也是正当的。可官方社会无视他们的正当诉求,没有正视帮会这个社会存在,并未针对游民聚集成帮会的真正原因,采取妥善的应对措施,而是继续压榨。缺乏生产资料的游民,选择正常的生活方式困难重重,生活状况低下,他们维持生存的更好方式就是继续依赖帮会组织。从这个角度来看,帮会组织的形成和游民对帮会的选择,就是当时官方政策和行动的结果,甚至可以说是官方社会逼迫他们选择帮会组织。"脱离了传统社会血缘和地缘脐带的人们,在艰苦异常的求生挣扎中,必然会结成一些社会群体,由于早已失去生产资料,游民群体的主要求生手段必然是寄生性和非法性的,从而也决定其组织的反现存秩序性或反政府性,这就构成以游民为主体的会党组织的社会生态环境。"②这就不难解释,为何大量的帮会发展到一定的阶段,会从底层人民的互助组织转变为黑恶势力。

在当今社会,帮会组织早已不复存在,"官员逼迫型"黑恶势力也几近绝迹。然而,受"个别官员"逼迫影响的群体却仍然存在,群体性维权事件的发生就是明证。尽管维权群体与黑恶势力群体根本不同,但从帮会组织的生成样态中,官方社会不能不对此有所警惕。两者的相似点在于:首先,他们的成员通常是某些官员(包括一些主要地方领导)作用下的弱势群体。如前文所述,帮会最初的成员是失地农民、失业手工业者,其本质是失去生存资料的社会群体;而如今的维权群体同样是权利受到侵害的乡村和城市弱势群体,在

① 张莉:《论帮会产生的社会条件》,《历史档案》1999 年第 4 期。
② 汪润元:《试论晚清江湖帮会的组织特征及演进轨迹》,《河南师范大学学报(哲学社会科学版)》1997 年第 4 期。

经济、文化、教育与社会生活状况方面都处于乡村或城市社会底层。其次,他们的聚集原因具有相似性。最初形成的帮会主要是底层人民的互助组织,最初加入帮会的成员,他们通常只是简单地"抱团取暖",尚未怀抱有"黑恶目的"。维权群体形成的原因,通常也是权利受到侵犯的某类人员,为更好维护权利而聚集在一起,一般都没有"黑恶目的"。最后,当一些地方个别官员不予以正视时,无论是过去的帮会,还是现在的维权群体,都容易走上极端道路。当一些官员不能正视帮会现象,未能认清游民聚集而成帮会的真正原因,一味打压尚不属于黑恶势力的帮会,忽视游民生产资料缺失、生活状况低下的现实,这必然导致游民对帮会组织的依赖,并促使着帮会走向社会和官方的对立面,成为黑恶势力。当今,一些弱势群体选择极端维权方式,这通常都包含着某些地方政府(或部门)个别干部不作为、乱作为的因素。诚然,维权群体无论如何也不属于黑恶势力,但当某些地方的政府或部门,当个别领导干部或执法司法人员漠视他们的请求,采取不合理的应对方式、措施时,无疑可能把维权群体推向对立面,甚至推向黑恶势力。

(二)"个别官员利用型"黑恶势力

"个别官员利用型"(以下简称"官员利用型")黑恶势力是指少数官员或者干部出于"为我所用"的目的,积极扶植、培养代理人组织黑恶势力,或是将现存的黑恶势力进行收编,黑恶势力通常为该类官员的"黑手套",作为"个别或者少数官员"意志的执行者,以特殊手段代该官员处理"部分难题"等。"官员利用型"黑恶势力的一种特殊情形,就是"官诱型"黑恶势力,即个别/少数官员出于一定目的,积极诱使某人组织群体,形成黑恶势力,或使某类群体"染黑",向黑恶势力发展。

这类黑恶势力的生成,是个别官员积极诱使、推动所致,是这些少数官员、干部的意志造成的结果,甚至会被普通群众误以为是"官方"意图[1]的表现。

---

① 因为这些官员的身份,该类黑恶势力行事极易被不明真相的民众误认为他们的行为代表着官方意志,但显然,该意志仅仅是有着特殊需求的个别/少数官员的个人(非法)意志,绝非真正的官方意志。

黑恶势力不同于反政府组织,大部分黑恶势力没有明确的政治立场,没有反政府的倾向,不以颠覆现有政权为宗旨。在客观行为上,黑恶势力一般不积极参加政治对抗活动,主要是妨害社会管理秩序,从事经济犯罪、暴力性犯罪等。因此,正如前文所述,对国家而言,黑恶势力造成的困扰基本上不在于政治冲突,而在于社会管理,但在某些管理难题上,黑恶势力反倒能成为一些"官员"的"助手"。

黑恶势力往往意图至少获得"官员"的默许、纵容,以获取自身存在、发展的空间,为此,黑恶势力几乎必然会选择讨好"所有官员"、愿意成为每个官员的"黑手套",所以,黑恶势力拉拢腐蚀的对象并不是个别官员,而是一切可能为其所用的对象官员。当黑恶势力发展到一定程度,其必然要谋求转型,不再单纯以从事严重暴力犯罪为主,而向"合法化"演进。自进入21世纪以来,我国的一些黑社会性质组织在经济上通过公司化规模经营,壮大了经济势力,积极寻求"保护伞",迅速完成从低级形态向高级形态的转化,[1]追求披上"合法外衣",以各种"好处"作为条件,寻求"官员"甚至"官方"的政治、法律承认和更大保护。这个过程中,黑恶势力更主动谋求与某些官员及其代表的"官方"的"合作",争取为"官方"所用,在"官方"羽翼下滋生、成长和壮大。

对一些官员而言,黑恶势力在披上"合法"外衣后就不再轻易实施严重违法犯罪活动,他给政府造成的社会管理压力和困扰就会减轻,这似乎为某些官员所乐见,而有意或无意轻视、忽视黑恶势力的本质。尤其是,无论黑恶势力披上何种"合法外衣",其"黑色"本质不会改变,其暴力特点始终存在,而暴力手段恰好是某些官员在处理某些"社会管理难题"上需要但又不能轻易实施的,如强制征地拆迁等。这样,一方面是黑恶势力寻找"保护伞",另一方面是一些政治上糊涂的官员寻求所需的管理暴力,二者便一拍即合。这种情况的存在决定了黑恶势力与"某些官员"若即若离的微妙关系,在某些地方、某些

---

[1] 参见于天敏:《黑社会性质组织犯罪理论与实务问题研究》,中国检察出版社2010年版,第23页。

事情、某些问题上,"有些官员"在其控制的范围内纵容、助长黑恶势力,在各自的范围内利用黑恶势力;黑恶势力则成为其"黑手套",替这些官方人员甚至一些部门、机构"解难分忧",以获取生存机会、发展空间。

"官员利用型"黑恶势力早已有之,民国时期的"青帮"可谓典型。在"四一二"事件中,国民党极力利用"青帮","青帮"甘愿充当国民党的刽子手,与国民党通力合作,在上海屠杀大量共产党员。究其根由,"青帮"希望通过讨好国民党势力,获得官方默许,继续在上海及全国各地生存、发展。"四一二"事件后,"青帮"显然达到了目的,确实获得了官方默许,双方在一定时间内保持着某种默契,"青帮"替国民党政府处理罢工等"难题",国民党默许"青帮"从事违法犯罪活动,保留"青帮"的生存空间,"青帮"也利用这样的默许实现了快速的发展。当今社会没有"青帮"这样规模的"官用型"黑恶势力,但为个别领导干部所利用的黑恶势力仍然存在。在某些事情上,让黑恶势力去"解决"问题成为某些干部的一种选择。比如有些地方就利用黑恶势力开展强制征地拆迁等工作。

"官员利用型"黑恶势力是官方在社会治理中某一阶段的特殊产物。随着黑恶势力的壮大,官方对其控制愈发困难,黑恶势力就最终难逃官方制裁。并且,作为唯一的合法政权,任何官方势力都不能允许黑恶势力长期、大规模存在,更不会容许其与官方分庭抗礼,只可能是拿他们当工具,允许其在某一阶段、范围并在官方控制下生产、存在。总体上看,随着社会治理水平的提高,"官员利用型"黑恶势力存在的空间会越来越小。

(三)"个别官员纵容型"黑恶势力

"个别官员纵容型"(以下简称"官员纵容型")黑恶势力是指由个别或者少数官员纵容而生成和发展起来的黑恶势力。

"官员纵容型"黑恶势力不同于"官员利用型"黑恶势力,主要存在以下差异。第一,其在生成和发展过程中并未得到"官员"的积极支持,只是利用少数官员的纵容态度实现生成与发展。第二,某些官员对"官员利用型"黑恶势力的态度是积极加以利用,而对"官员纵容型"黑恶势力一般没有"为我所用"

的目的,仅是纵容其生成与发展。第三,"官员利用型"黑恶势力能帮助某些官员甚至某些部门"解决"部分管理、执法等"难题",某些官员或者部门、机构出于管理、执法的需要,有选择地利用黑恶势力,允许黑恶势力在可控制的程度和范围内生成与发展,这给人的印象是,仿佛当地"官方"放纵黑恶势力,似乎二者难分。就"官员纵容型"黑恶势力而言,一些官员对其纵容,通常是因为他们受到了黑恶势力的腐化,以及迫于腐化官员的压力,一些人而(不得不)予以纵容,因此,"纵容"往往不是当地官方的总体态度。第四,"官员利用型"黑恶势力的利益输送是"面对面"模式,是黑恶势力与某些地方或部门的几乎整个"官方"进行的近乎公开的大规模的利益互换,在相应范围内,众多官员、干部、职员能够从其中获得好处,不仅有金钱利益,甚至还包括地方社会经济发展、政绩等非金钱利益。"官员纵容型"黑恶势力的利益输送是"面对点"模式,是黑恶势力与某些官员个人完成的一次又一次的暗中利益互换,黑恶势力以金钱等物质与精神利益换得该人员的权力保护,该人员以手中的权力获取源于黑恶势力的利益。

在黑恶势力中,"官员纵容型"黑恶势力是最为常见的样态。在当前社会,随着社会经济的发展,因不良法律、不当政策造成的"官促型"黑恶势力已不多见,"官用型"黑恶势力则具备相当大的风险,只可能在某些特殊时期和地域内存在,相较而言,"官纵型"黑恶势力则较为普遍。任何缺乏"保护伞"的黑恶势力极容易在官方的打击活动中被摧毁,黑恶势力要想获得生存发展的空间,则必须积极寻求"保护伞"的保护与纵容。离开官方人员的"纵容",黑恶势力不可能生存。

黑社会性质组织完成资本原始积累后,就会通过公司化规模经营,进一步壮大经济实力,开始向政权组织渗透,寻求后台和"保护伞",以政护黑。① 当黑恶势力有所抬头或发展到一定程度时,其活动必然引起"官方"注意。如果黑恶势力能够和某些官员一拍即合完成一次相互的利益输送,那么此时的黑

---

① 参见于天敏:《黑社会性质组织犯罪理论与实务问题研究》,中国检察出版社2010年版,第23页。

恶势力就可能转变为"官用型"黑恶势力。如果黑恶势力无法与某些官员达成前述的相互利益输送，无法转变为"官用型"，那么黑恶势力必然面临官方的围剿。黑恶势力为了生存、发展，必然谋求官方内部个别人员的庇护，寻找某位官员成为自己的"保护伞"，于是有组织、有针对性的腐化活动就此开始。当某位领导或公务人员成为黑恶势力"保护伞"后，其通常会直接或者间接改变、抵制、对抗、扭曲国家打(扫)黑除恶的意志和行动，以此保护黑恶势力，保证自己能从中获取利益。已有的司法案件表明，黑恶势力几乎普遍采用行贿等手段，有组织、有针对性地腐蚀领导干部等国家工作人员，以获得"官方"对黑恶势力的纵容。如刘汉、刘维组织领导的黑恶势力，通过行贿腐化了大批国家工作人员，并获取了一些官员纵容。仅刘汉、刘维案，就牵扯出多起国家机关工作人员受贿案，包庇、纵容黑社会性质组织案。

(四)"个别官员与黑恶混同型"黑恶势力

"个别官员与黑恶混同型"(以下简称"官黑混同型")黑恶势力，是指黑恶势力中的部分成员不仅暗中是黑恶势力的组织者、领导者或者参加者，同时也公开具备一定官方身份，甚至代表着某一区域的党和政府的形象。那些黑恶势力"领导者""组织者""参加者"既可能是"由黑染红"的，也可能是"由红变黑"的，但他们都是"亦官亦黑"。这种样态的黑恶势力较多地存在于农村社会，涉案人员不仅是黑恶势力的组织者、领导者，同时更掌握着农村基层的政治权力，如担任村委会主任、村长等职务。当然，这类黑恶势力也存在于城市。

随着我国农村财政补贴力度的增大以及农村市场的开放，"农村黑恶势力随之滋生、发展，涉黑涉恶村干部违法犯罪现象也变得尖锐和突出起来。这些涉黑涉恶村干部多数采取贿选、霸选等非法手段夺取农村基层政权"①。基层社会的黑恶势力，其组织者、领导者通常还是农村基层政权人员，黑恶势力

---

① 刘朝捷、李琪玮:《关于"黑恶"经济向村级基层政权渗透的思考——以吉林省农村为例》,《北京人民警察学院学报》2012 年第 2 期。

与某种公职身份混同。这类黑恶势力通常遵循两种发展路径:一种是黑恶势力人员在把持农村经济后,需要获得公职身份以保证对农村经济的控制,于是通过各种手段强迫、诱使村民选择自己为村干部;另一种是村干部受到金钱诱惑,利用权力把持农村经济,进而以村干部为首形成了黑恶势力,为害一方,荼毒百姓。无论何种路径,在"官黑混同型"黑恶势力中,公职身份与黑恶势力身份始终是把持农村经济、获取利益的重要身份,二者交替或者融合利用,缺一不可——依靠黑恶势力身份带来的暴力,依靠官方身份赋予的权力,实现对农村经济的把持,以黑恶势力支持官方身份,以官方身份维护黑恶势力。

以王文光为首的黑社会性质组织可以作为这类黑恶势力的典型。"从2005 年开始,以王文光为首的黑社会性质组织,在山东省莒南县汀水镇周边地区打砸抢,成为破坏当地生产、生活秩序的一颗'毒瘤'。王文光犯罪组织从发展到壮大,恣意横行 7 个年头。王文光的另一个身份是村委会主任。"①王文光团伙通过收"保护费"、垄断市场等方式获得经济来源,形成了以王文光为首的黑恶势力组织。2007 年,王文光通过贿选的方式成功当选村主任。当选村主任后,王文光利用村主任的身份,使用暴力威胁承包人、竞争者等手段,强揽工程,霸占市场,侵吞村委会财产,等等。"至案发时,王文光已积累了相当的资产:在 206 国道边上拥有一座二层楼及占地两亩多的大院,在河东区汤头镇购置了楼房一套,在汀水镇买下价值 200 余万元的一座大院,一辆本田奥德赛商务车,一辆福特嘉年华轿车,与王开磊、王文奇合伙拥有两辆客车(校车)。其手下成员也具备一定的经济实力。"②

在王文光一案中,能够明显看到,王文光利用黑恶势力组织者的身份与村主任的身份共同为个人敛财服务。在王当选村主任以前,其黑恶势力团伙从事的多是相对低级的犯罪,更多的是以"流氓"的形象呈现。而在其当选村主任后,王不仅利用黑恶势力大佬的身份,也利用村主任的身份,暴力结合权力,

---

① 张慧、王洪松:《村主任领导下的"黑社会"》,《检察日报》2012 年 3 月 21 日,第 5 版。
② 张慧、王洪松:《村主任领导下的"黑社会"》,《检察日报》2012 年 3 月 21 日,第 5 版。

驱逐对手,实施犯罪行为,称霸一方。

"官黑混同型"黑恶势力的社会危害性极大,一方面,人民群众惧怕其黑恶势力的暴力;另一方面,又恐惧其公职身份所具有的权力。长此以往的结果,不仅是二者身份混同,而且是黑恶势力与基层政权混同。

三、"外界输入型"黑恶势力

无论是"民间自生型"黑恶势力还是"官方促生型"黑恶势力,其促生因素都没有超过国(境)界范围,皆是本国内部因素导致了黑恶势力的生成,可以统称为"内生型"黑恶势力。与之相对的是"外界输入型"黑恶势力。所谓"外界输入型"黑恶势力,就是指本土(境内)黑恶势力主要是在国(境)外黑恶势力作用下生成的。

(一) 开放社会与世界各地黑恶势力

黑社会组织犯罪是危害极其严重的一种犯罪形态,与贩毒、恐怖主义活动一起被联合国宣布为当今人类的三大灾难性犯罪。[1] 黑社会组织犯罪是世界各国普遍存在的大规模犯罪,它像瘟疫一样吞噬着整个社会,影响着千千万万个人的正常生活。[2] 不同于我国,在其他国家或地区,存在发展程度极高的黑恶势力,有的已有上百年的历史。在世界范围内,有名的黑恶势力当数日本的山口组与西方社会中的黑手党等。

山口组是日本最大的黑社会组织,其总部设在兵库县神户市滩区筱原本町,山口组组员背景可分为三大类系,分别为"博徒系"(赌博组织)、"的屋系"(祭典周边的露天摊商组织)以及"愚连队"(不良少年组织)。山口组由山口春吉于1915年在神户市内,与另外约50名码头装卸工创立,到2009年底登记在册的成员超过5.5万人,约占日本黑社会组织成员总数的45%,各种

---

① 参见叶高峰、刘德法:《集团犯罪对策研究》,中国检察出版社2001年版,第432页。

② 参见郭自力:《有组织犯罪之比较研究》,《政法论坛》1998年第4期。

分支机构多达 850 个,遍布日本各地。21 世纪以来,第六代山口组成为日本的指定暴力团中规模最大的黑社会组织。① 西方社会中的黑手党同样有着悠久的历史,在社会中有着重要的影响。

随着社会和时代变迁,黑恶势力希望获得越来越大的生存空间,他们除了不断发展与完善自身,继续在国内实施有组织的犯罪以获取经济利益,更将目光聚焦于海外,意图将其他国家或地区纳入其势力范围或是成为市场。典型的如走私毒品、贩卖武器等。许多高级黑社会组织不仅看重其他国家和地区能够提供的更多经济利益,并且充分重视和利用国与国之间的主权界限、国家间法律制度、政策等差异,甚至国际社会中的矛盾,以保护自身的生存与发展,扩张其利益,不断向外输出其势力。但是,当黑恶势力向外输出时,它不仅面临着来自相关国家或地区的官方的反对,还受到该国或者该地区民间社会的抵制。由此,大多数黑恶势力向外输出势力时,选择的方式是在该国家或地区积极扶植代理人,帮助建立黑恶势力,或与当地黑恶势力展开合作,再进行一定形式的包装,从事非法活动获利。不过,无论以什么方式进行,都必须以输入地(国家或地区)具备一定社会基础为前提,而开放社会则为黑恶势力的"输出"或"入侵"提供了这种社会基础。在卡尔·波普尔看来,"开放社会应该是一个能为每一个社会成员提供最大可能的自由、民主、宽容的社会"②。开放社会中社会的自由、政治的民主、民众的宽容等特点,都使得外界黑恶势力能够更为容易进入该国(地区),进而在该国(地区)开拓市场,甚至发展其分支。例如,作为"开放社会"代表的美国,被视为外来黑恶势力活动的重灾区。黑手党势力自不用多说,此外还活跃着其他黑恶势力,如日本的山口组。"美国财政部负责反恐和金融情报事务的副部长大卫·科恩指出,由筱田建市和高山清司主导的山口组年收益达数十亿美元,在日本和其他国家从事着广泛的犯罪活动,包括贩毒、偷运军火、贩卖人口、卖淫和洗黑钱等。美国相关

① 参见管彦杰、彭泗淇:《东西方黑社会组织演变的比较研究——以本世纪初以降的日本山口组和意大利黑手党为例》,《山东警察学院学报》2013 年第 1 期。
② 陈海平、刘保春:《"开放社会"的偏见——卡尔·波普〈开放社会及其敌人〉评析》,《河北师范大学学报(哲学社会科学版)》2002 年第 5 期。

部门通过长期调查,认为山口组已渗透至美国金融及商业体系,干扰了美国金融市场的运作秩序,因而决定对该组织进行严厉制裁。"①

我国同样如此。随着经济改革发展和对外开放,我国社会的民主、开放、宽容程度都有显著的提高,世界各地黑恶势力早已紧盯中国,意图从中国获得更多的经济利益。20 世纪 90 年代后,境外黑社会势力、黑社会组织及其成员对我国的渗透破坏活动日益突出,境外黑社会组织有日本的"山口组"、韩国的"高圣丽洁"、英国的"中国龙",以及美国的"福州飞龙帮"等。无论是犯罪规模还是组织类型都呈现出发展的态势。② 将进入我国发展的黑社会组织入刑,实际上就是我国为遏制如此态势而采取的刑事立法步骤。

(二) 黑恶势力生成的地方性与跨国性

任何黑恶势力的生成都是该区域政治、经济、文化等因素共同作用的结果。在此意义上,黑恶势力的生成具有地方性,是地方多种因素综合作用的结果。然而,随着全球化浪潮,黑恶势力也开始其全球化,某些"老牌"黑恶势力不满足于在其本国或本地区发展,开始穿越国界,有计划地对外输送黑恶势力。如此一来,某些地区黑恶势力的生成带有深刻的"跨国(地区)性"烙印,即这些黑恶势力的生成,不仅是当地社会因素的作用结果,还是在国外黑恶势力的促进下生成的。

对于"老牌"黑恶势力而言,他们为保障和维护自身的生存与发展,积极寻机进入他国境内,以期从中获取经济等利益。其手段通常有两种,一是派黑社会成员入境,在其他国家或地区组织、建立该黑恶势力的分支(新设堂口);二是在其他国家或地区物色合适的人员或组织,扶植、帮助其建立新的或者发展壮大已有的黑恶势力。对于他国境内特定的群体或人员而言,黑恶势力的建立和发展存在一定困难,外界黑恶势力的介入能够帮助他们迅速建立或发展黑恶势力,以此实现经济获利。在利益的驱动下,外界黑恶势力与本土势力

---

① 吴海:《日本黑帮山口组的黑白双面》,《新民周刊》2012 年第 8 期。
② 参见贾凌、杨超:《黑社会性质犯罪专题整理》,中国人民公安大学出版社 2011 年版,第 30 页。

达成一致,相互协作,最终生成新的黑恶势力。无论是何种形式,黑恶势力都是在特定的区域产生,尽管有外界黑恶势力的介入,但在生成上,该地区政治、经济、文化仍起重要作用。因而,此类黑恶势力的生成具有地方性和跨国性。

(三) 输入型黑恶势力的本地化生存

作为外来型黑恶势力,输入型黑恶势力的生成与发展,必须尽力适应侵入地的社会情况,而为适应侵入地社会情况所作出的各种变化,就是本土化。本土化通常表现为:成员本土化,规则本土化。

成员本土化是输入型黑恶势力本土化的首要表现。黑恶势力的生存以较为稳定的人员为前提,黑恶势力由众多成员所构成,黑恶人员是集合体的最基本要素。作为输入型黑恶势力,其成员无法全面输入,靠输入成员也难以满足组织发展需要,所以,输入的通常只能是组织者、领导者等骨干成员,其他多数成员只能以本土人员为主,发展本土成员就成为其在侵入地不断发展的最好选择。就我国而言,我国是非移民国家,中华民族成员占据绝对多数。输入型黑恶势力要想在我国发展,就不得不大量使用本土人员,单是依靠外来人员,通常不可能实现黑恶势力的生存与发展;并且,相比于外来人员,使用本土人员有着天然的优势:

第一,本土人员数量众多,招募相对容易。众所周知,我国幅员辽阔,人口众多。处在民间社会边缘的"灰色青少年"与"劣迹、前科人员"自然不在少数,而这两类人员又恰是黑恶势力积极招募的主要对象,大量的民间社会边缘人员为黑恶势力提供了不少的可招募对象。

第二,招募成本相对较低。无论是正规移民还是偷渡,外来人员进入我国从事黑恶活动的成本相对较高,并且由于我国对境外黑恶势力严阵以待的态度,大规模地输入外来人员,以在我国组成黑恶势力,其可能性微乎其微。然而,我国存在大量的社会边缘人员,这些人员的经济收入相对较低,对金钱的渴望更加强烈,更加容易接受招募。因此,相比于输入外来人员,招募本土边缘人员的成本则相对低廉。

第三,本土人员更有利于开展活动。诚如费孝通所言,中国是一个乡土社会。在中国乡土社会中,如果没有官方许可,外来人员的合法活动都容易受到官方及民间社会的抵制,更何况是黑恶活动。相比之下,本土人员更加熟悉本土环境,明白中国社会中存在的各种有形无形的社会规范,更加清楚如何开展活动,即使这些人已是被民间社会孤立、排斥的边缘人员,但相比外来人员,则还是更容易被人接受,由他们组成的黑恶组织所受到的抵制就相对轻些。

规则本土化是输入型黑恶势力本土化的另一重要表现。规则本土化不仅是黑恶势力的内部规则为适应本土环境而改变,并且在对外活动规则上也会作出一定的调整。马克斯·韦伯认为:"在研究任何一个组织体系的时候,最不应该忽视的前提之一就是内部组织结构和内部组织关系的构建模式,而这一切的核心就是确立权力分配与权力实现的制度。"①黑恶势力同样如此,为了维持黑恶势力的组织结构以及成员团结,黑恶势力内部往往存在着一套严格的管理规则。在完成成员本土化以后,在对内问题上,输入型黑恶势力更要解决组织稳定与成员团结问题。然而,不同国家或地区的人们在思想上一定存在差异,尤其是在文化冲突较大的国家或地区,当本土成员达到一定数量后,同一黑恶势力仍然不分国家或地区,采用完全统一的管理规则,就极有可能影响组织稳定与成员团结。比如,组织内部可能会形成相对立的"本土派"与"外来派"。为了维持组织稳定与成员团结,外来型黑恶势力不得不在管理规则上作出调整,以适应本土的文化状况,调和"外来"与"本土"之间的矛盾。

规则本土化的另一个层面是,输入型黑恶势力要想长期在侵入地生存和发展,还会在最大限度上遵守所在地国或地区的管理规则,并在违法犯罪与遵守当地官方规则及民间规范之间找到平衡点。这就促使外来黑恶势力在对外活动的规则上作出相应调整,尽可能适应侵入地国或地区的情况,实现长期的生存与发展。

---

① 〔德〕马克斯·韦伯:《经济行动与社会团体》,康乐、简惠美译,广西师范大学出版社2004年版,第79页。

第三章　黑恶势力生成的行业机制

我们已经指明,黑恶势力必须"扫除",但"打除中心主义"的局限性明显,应对黑恶势力的治理方略应当逐步转向"防治中心主义",从治标转为治本。我们已经清楚看到,黑恶势力的形象、色调纷繁复杂,相互矛盾,他们在文化素质、性格品质、"职业"、政治立场等方面,形象和色调既清晰又模糊,既稳定又变化多端,以让他们自己更好地适应其身份、生存环境和条件,更好地适应社会的多样化要求。我们业已明确,黑恶势力是"我们社会"中的社会,是"我们社会"的产物,其生成方式复杂多样,有"民间自生"的,有"官方促生"的,还有"境外输入"的。这为我们在日常生活中辨识、防范和打击黑恶势力带来了困难,也为我们充分认识、科学认识黑恶势力的生成增加了难度。但是,要有效防范、打除黑恶势力,必须客观、准确掌握和解释它的生成机制和机理。

一、黑恶势力的生成与行业紧密关联

法治尚未完全彰显,腐败现象依然突出,社会管理存在疏漏,经济运行还不规范,社会尚有不公,弱势群体生存困难等,是黑恶势力生成和犯罪的一般条件;政治建设相对薄弱的农村,管理比较混乱的城乡结合部,管理不善的行业,容易滋生黑恶势力;刑释、无业、涉黄赌毒等人员,失学、流落乡村和街头、浸淫网吧游戏、成天寻衅滋事、染有恶习的青少年,一些不良企业家,一些腐败分子,一些好逸恶劳、好吃懒做、指望一夜成名、一夜暴富的人,一些逞强斗狠、打打杀杀、无法无天的人,等等,是容易涉黑涉恶的主要人群;色情、毒品、赌博、走私、诈骗、拐卖妇女儿童、买卖枪支和放高利贷、洗钱等,是黑恶势力长期寄生并操控的非法或灰色行业;对有利可图的各种合法行业渗入极深,甚至垄断有关行业或者独霸一方;一些黑恶势力组织者、领导者早已是亿万富翁、知名企业家甚至政府大员,拥有"会长""委员""代表""董事(长)""(总)经理""慈善家"等各种公职或者"红帽子",长期以商养黑、以黑富商、以"官"护黑、以黑富"官"、"官"商黑一体;黑恶势力发迹和"壮大"的过程,与所在行业的治理不善、不足而形成的行业调控权力真空、错位等存在深厚、多重关联。

加强行业治理,规范行业行为,为业内人员和企业提供公平、有序、高效的生存和发展环境,避免无序、恶性竞争,是防治黑恶势力在行业内生成和活动的基础。如果合法行业长期失序,会使合法经营者及其企业逐步"染黑""变黑""使黑",会使黑恶势力轻易染指、控制和操纵合法行业,并且,合法经营者会极力寻求或红或黑的靠山,黑恶势力会极力寻求"保护伞"。这些会加剧行业无序,加剧行业腐败,出现"劣币逐良币",守法经营的往往输给非法经营或者依靠黑恶手段经营的,黑恶势力就会主导、控制行业"秩序"。我们希望,通过深入研究行业治理缺陷与黑恶人物及其企业"染黑""变黑""使黑"的内在关系,揭示黑恶势力在行业内生成的客观过程和机制、机理,为在行业领域防控黑恶势力生成、蔓延和坐大,提供基础性理论解析。

恶势力和黑社会两相比较,他们都与经济利益有关联,都与经济行业相关联,但他们各自与经济行业的关联度却大不相同:恶势力与行业的关联度相对低而窄,黑社会和经济行业的关联度是广而深。不过,由于恶势力与黑社会之间存在过渡形态,"黑恶势力"的习惯说法表明恶势力和黑社会之间存在着混合、交织、融合、过渡、演变的状态。所以,恶势力和黑社会与行业关系的差异,具有一定相对性,不可简单化和固化。对恶势力或黑社会与行业的关联状态和程度有了充分认识,我们就可以相对精准细致地讨论黑恶势力在灰色行业及合法行业中的生成机制和机理。

我们在此强调:黑恶势力不仅与行业有着广泛复杂的关联,而且,许多黑恶势力是从非法行业和合法行业中生成的。几乎所有黑恶势力的生存都依赖相关行业,他们或直接在有关行业进行经营,或参与经营,或盘踞在经营有关行业的公司、企业周围,进行敲诈勒索、收取"保护费"等,寄生于那些行业。通过行业而生成,是很多黑恶势力的生成路径;依赖行业而生存和成型、成势,是几乎所有黑恶势力的发展路径。但是,即使现代社会,仍然有一些黑恶势力是在"社会上"生成的,在"社会上"成型和成势的,即他们没在有关行业中建立稳定的经营实体,开展稳定的经营活动,获取稳定的经济利益。他们主要靠盘剥、敲诈、勒索、抢掠其"地盘"上的各行各业经营者和普通百姓来聚敛钱财,即他们主要是依靠"地域(地盘)"而非行业(经济实体、经营活动)而产生和生存的。因此,非法行业与合法行业生成、滋养黑恶势力,只是黑恶势力生成和成势的重要途径之一。有关黑恶势力在"社会上"生成和成型、成势的问题,将在后面相关章节讨论。

二、非法行业与黑恶势力的生成

当今中国,非法行业广泛存在,而在新中国成立之初的一段时期,这些行业是被"扫清"了的。从新中国成立到改革开放之前,新政权雷厉风行,横扫一切丑恶现象。通过政治变革,摧毁一切反动、腐朽势力,黑恶组织和成员无处藏身;通过计划经济,国家掌握了所有经济资源、经济活动,控制了所有经济利益,从根本上断绝了黑恶势力可能生成的经济条件;通过消灭色情、赌博和毒品等行业,改造从事色情、赌博、制毒贩毒和吸毒人员,消灭了腐朽的生活方式和思想文化观念,铲除了黑恶势力的生存基础;通过严格的户口、人口流动管理,对旅店、废旧物品回收、刀具等器械、爆炸物、有毒物等,作为特种行业进行管理,不给黑恶势力的产生留下丝毫社会空隙。但是,反复的政治运动,扩大的阶级斗争,高度集中的计划经济,终究不可延续下去,被改革开放的大方针所取代,这是历史的必然。随着改革开放的启动和深入,经济体制、经济运行机制发生巨变,人们取得利益的手段、方式和路径多样化了,可是在此过程中,市场经济并不成熟,计划经济体制的深层积弊难消,法律制度不能完全跟进,政府对经济主体、经营行为的管理,对经济区域或行业的管理,虽然有积极作为的一面,但也有不作为、乱作为的一面,出现管理疏漏、真空,人们的正当和不正当的欲望都充分显现,合法途径不能完全满足一些人的正当或不正当的需要,非法路子就会被人们摸出来,各种非法行当便死灰复燃,或者从国(境)外"引进"。

在我国,非法行业众多,但不是每个非法行业都是滋生黑恶势力的温床。能够作为黑恶势力滋生、聚集之依托的非法行业,往往是具有一定产业形态、较大规模、稳定经营的经济行业。它们吸纳了一定的经营组织、企业管理者、从业人员,从事生产、经营和服务,是具有相对明确的经营规范的经济体系。这些行业包括但不限于走私,制毒运毒贩毒,卖淫及其他色情业,赌博,生产、运输、销售假冒伪劣产品,拐卖人口,组织偷渡、非法移民,诈骗,敲诈勒索,绑架勒赎,暴力讨债,贩卖军火、枪械等。

黑恶势力的生成,一般来说,其实主要是恶势力的滋生、成长,以及逐渐成势的恶势力转变为黑社会(不考虑其自动消散或被除灭),直至黑社会生长成型(成形)、坐大成势,核心环节是恶势力滋生和黑社会成型。因此,我们关注和讨论的重心在于恶势力滋生和黑社会初步成型的机制、机理,对恶势力成长和黑社会成势的条件和机制也作分析。我们尽力揭示,恶势力、黑社会究竟何以及如何在非法及合法行业中生成和成长,把其中的因素(要素)、条件和作用机制、机理系统地展示出来,帮助人们理解恶势力、黑社会的形成过程及本质。

(一) 非法行业中黑恶势力的滋生与成长

一颗种子在田间地头或温室大棚落土或入水、生根发芽,以及抽苗等,是需要一系列的因素和条件的,起码得有土壤、水分(湿度)、肥料、合格种子、光照、适宜的温度,要精心培植养护,并且还要排除各种危害性、破坏性因素,如种子不能给鸟啄了,老鼠吃了,不能在地里、水中烂了;抽苗以后,不能被风吹倒,遭人铲了、砍了;等等。人世间的好事坏事,好人歹徒,倘若暂且不论善恶,以中性、客观的眼光观察,大多如此,需要具备很多因素和条件,经历类似的过程,才能得到一个"结果",无论善果或恶果。非法行业中黑恶势力的滋生和成长,基本也是这个道理。

1. 非法行业中黑恶势力生成、成长的要素

黑恶势力要在非法行业中生出来,长成形,当然需要具备多种要素。通过反复观察恶势力与非法行业之间的关系,评价二者之间的关联状态,我们认为,以下七个要素是黑恶势力从非法行业中生成,或者植入非法行业中并得以生存的基本条件。这些要素,既催生、养大恶势力,又促使黑社会形成、成型和成势。

第一,非法利益的稳定存在及其对违法犯罪势力的磁吸力。

非法行业有硕大无比的"蛋糕"。数据能够说明基本情况。我们在此提供一些看似不系统、有的还不很准确的数据,供读者去想象、评估这"一角"背后的"冰山"(当然,非法行业的钱并不都是黑恶势力的收入,但其中肯定有不少是他们的份额)。

卖淫行业(不是整个色情行业,没有包括如黄色影音视频、黄色演出、淫秽直播、出版及印刷物、性游戏,以及性用品等行业)。卖淫行业是全球最赚钱的行业之一。据媒体的最新报道:世界卫生组织提供的数据表明,近年来,全球每年性交易收入达 14 万亿美元,年收益高达 1860 亿美元,全球每年有超过 400 万人成为卖淫者,卖淫者总数可能高达数千万人,并且这些数字还在不断增长。[①] 卖淫行业还与交通、住宿、化妆、人口拐骗、贩卖等行业相关。卖淫及相关行业是产生黑恶势力的重要温床,而黑恶势力往往是卖淫和相关行业最大的操控者、利益吞噬者。在中国,卖淫非法行业也存在,卖淫及相关行业与黑恶势力的关系,也大抵如此。

---

① 参见 2023 年 4 月 18 日、19 日网络文章:《暴利产业?! 卖淫行业竟成全球排名前列,背后的风险又有谁知?》,https://www.163.com/dy/article/I2JJF0VK055615S8.html;《每年"性交易"14 万亿,卖淫行业竟成暴利行业,全球排名名列前茅》,https://www.163.com/dy/article/I2MO0UV1055615S8.html。更甚者,据 2009 年《环球时报》朱稳坦的文章《联合国调查儿童性交易 称全球有 2 亿多童妓》,称联合国儿童基金会 2009 年度报告显示,全球有 2 亿多童妓,世界上每年都有数百万儿童被拐卖到妓院去,从事儿童色情业的犯罪组织则获利丰厚。联合国儿童基金会德国分部的负责人雷吉娜·施塔赫豪斯评论认为:"世界上每年都有 1.5 亿女孩和 7300 万男孩被迫从事性交易。这个数字远远超出我们的想象。这些儿童和青少年的数量竟是德国人口近 3 倍左右。性侵害和性交易之间不存在固定的界限,性侵害很容易就发展成为性交易。"https://m.huanqiu.com/article/9CaKrnJm2EB,访问日期:2023 年 4 月 30 日。

诈骗产业。2015 年 1—9 月,猎网平台①共接到全国网民举报网络诈骗案件 20086 起,涉案金额高达 8901 万元,人均损失 4431 元。据初步统计,网络诈骗产业的从业人数至少有 160 万人,"年产值"超过 1100 亿元。② 中国所谓"十大诈骗行业",每年诈骗数额 3000 亿元以上,包括马路骗子年获利 50 亿元,外贸骗子年获利 100 亿元,官场骗子年获利 150 亿元,短信骗子年获利 200 亿元,婚恋骗子年获利 250 亿元,贩人骗子年获利 300 亿元,连锁加盟骗子年获利 350 亿元,造假骗子年获利 400 亿元,炒黄金骗子年获利 450 亿元,传销骗子年获利 500 亿元。③ 2016 年 4 月 13 日国台办发言人安峰山说,每年有上100 亿元的电信诈骗犯罪赃款被骗子从大陆卷到台湾。④ 2017 年,全国公安机关共破获电信网络诈骗案件 7.8 万起,查处违法犯罪人员 4.7 万名,共收缴赃款、赃物价值 13.6 亿元,止付、冻结涉案资金 103.8 亿元,阻截、清理涉案银行账户 28.5 万个,关停涉案电话号码 37.1 万个;共立电信网络诈骗案件 53.7万起,造成群众经济损失 120.1 亿元。⑤ 诈骗绝非只在中国发生,它是全球性犯罪,而每年全球诈骗犯罪的金钱数额,则难以估量。电信诈骗、网络诈骗是最主要手段,金融领域是重灾区。⑥

赌博业。全球赌博产业总额,2015 年的全年产业总额下降 2.6%,达到4880 亿美元(这意味着,2014 年全球赌博业总额为 5010.3 亿美元)。输钱总

---

① 北京市公安局网络安全保卫总队与 360 互联网安全中心联合发起成立的网络诈骗全民举报平台。

② 参见钱瑜、姜红:《网络诈骗产业链规模超千亿元》,http://news. xinhuanet. com/tech/2015-11-06/c_128399554.htm,访问日期:2021 年 8 月 15 日。

③ 参见《中国十大骗子产业　每年狂赚中国人 3000 亿元》,http://business. sohu. com/20130731/n383035404.shtml,访问日期:2021 年 8 月 15 日。

④ 参见《每年上百亿电信诈骗赃款被卷到台湾　仅追回 20 万》,http://finance. sina. com.cn/consume/xiaofei/2016-04-14/doc-ifxrcuyk2905616.shtml,访问日期:2021 年 8 月 15 日。

⑤ 参见王涵:《打击电信诈骗　守护好老百姓的钱袋子》,https://www.chinacourt.org/article/detail/2018/01/id/3154429.shtml,访问日期:2021 年 8 月 7 日。

⑥ 兹举一例:2016 年,一家内地媒体援引港媒报道称,据美国联邦调查局调查,2013 年 10月至 2015 年 8 月间,"CEO 诈骗"案数字急升,不法之徒假扮公司总裁发电邮,要求下属汇款至海外银行账户,估计涉及全球 108 个国家逾 1.2 万间公司,骗取款项达 20 亿美元。参见《这一骗术骗遍全球 108 个国家　两年骗了 130 亿元》,http://n.cztv.com/news/11932489.html,访问日期:2021 年 8 月 7 日。

额,2014年,美国1426亿美元,中国954亿美元。2013年,我国澳门特别行政区的博彩收益达到450亿美元,较上年增长18.6%。2014年第一季度,我国澳门特别行政区在博彩业上的收入为130亿美元,然而2015年第一季度下降到了80亿美元。① 另有统计说,2016年全球赌博收入达到2780亿美元,并称过去五年赌博业以每年2%的速度增长②——即使按照这个小得多的数额,也是巨大的。

毒品行业。联合国毒品与犯罪问题办公室《2016年世界毒品报告》中提到,美国当局估计,大量的钱花在了毒品上,2010年,每月至少使用4次毒品的美国人,每年人均花在可卡因上的钱是10600美元,海洛因17500美元,甲基苯丙胺(冰毒)7860美元;全国年度花费280亿美元购买可卡因,270亿美元购买海洛因,130亿美元购买冰毒。③ 据联合国《2012年世界毒品报告》,按2009年定值美元表示,2003年所有非法类药物零售总额估计为3200亿美元,全世界2009年的毒品收入占全球犯罪所得的1/5。时任中国公安部禁毒局侦查处官员在2009年引用联合国毒品与犯罪问题办公室早前的统计,说全球有130多个国家和地区存在毒品消费,有170多个国家、地区存在毒品贩运。毒品每年的交易额高达8000亿美元以上,占全球贸易总额的13%(是仅次于军火的第二大贸易)。④ 2013年,俄罗斯官员维克托·伊万诺夫说,全球毒品市场交易额高达5000亿至8000亿美元。⑤ 就算是5000亿美元,这也非常惊人。联合国毒品与犯罪问题办公室自1997年以来,每年公布《世界毒品报告》(*World Drug Report*),全球世界毒品问题最新情况,可以参考该报告。

---

① 参见《全球输钱排行中国列第二:去年赌掉近千亿美元》,http://news.xinhuanet.com/fortune/2015-09/15/c_128230584.htm,访问日期:2021年8月15日。

② 参见《盘点全球最赚钱的5大"邪恶产业"》,刘进龙、汪皓译,http://money.163.com/16/0330/12/BJDFH0H700253G87.html,访问日期:2021年8月15日。

③ 联合国毒品与犯罪问题办公室:《2016年世界毒品报告》(United Nations Office on Drugs and Crime, *World Drug Report* 2016),网址:http://www.unodc.org/wdr2016/。

④ 参见《公安部:全球毒品恶化　每年交易额达8000亿美元》,http://www.china.com.cn/news/law/2009-06/26/content_18019670.htm,访问日期:2021年8月15日。

⑤ 参见《俄罗斯官员:全球毒品交易额达5000至8000亿美元》,http://roll.sohu.com/20130606/n378185152.shtml,访问日期:2021年8月15日。

最后,看看全球有组织犯罪的年产值(不是纯收益)。2014 年 5 月,联合国毒品与犯罪问题办公室称,全球有组织犯罪每年产值有 8700 亿美元,是全球发展援助资金总额的 6 倍,全球贸易额的 7%,全球国内生产总值的 1.5%,与荷兰的年国内生产总值相当。最赚钱的非法生意依次是贩毒、假冒商品、贩卖人口、走私武器、走私象牙和珍贵木材等。每年贩毒的产值为 3200 亿美元,可卡因和鸦片产值最高,可卡因产值主要来自美国和西欧。假冒商品产值为 2500 亿美元,假冒商品大多是服装和零配件等,但也有损害人体的假冒药品。贩卖人口产值为 320 亿美元,受害者通常会遭到性剥削、强迫劳动、奴役、乞讨,甚至被摘取器官。有组织犯罪衍生出洗钱、支持暴力、贪污腐败,甚至极端主义等犯罪活动。①

不需再列举非法行业的交易金额和犯罪的产值了,因为这些数据基本能够说明一个不争的事实:灰色产业或者说非法行业的利益无比巨大。它的诱惑力、吸引力自不待言。而且要强调,这些行业,守法公民不会进入,普通罪犯一般不会涉足其中,它们几乎就是专门为恶势力和黑社会而存在的,它们受黑恶势力控制或者垄断。在这个意义上,电信诈骗、网络诈骗等诈骗集团(团伙),应算是新型、高智商犯罪组织,是一种新型黑社会或恶势力。

第二,具有脆弱性和承袭性的行业自生秩序。

法律不会为江湖和非法行业制定行为规范,社会主流道德(价值观)也难为黑恶势力和非法行业提供行为规范。对于江湖和非法行业而言,法律只做两件事,即"前禁"和"后打",不管中间过程。"前禁",禁止、堵塞人们进入恶势力和黑社会的圈子,禁止人们从事非法行业;"后打",对于已经成为黑恶势力的人员,对所经营的非法行业,进行追究、打击。法律不对黑恶势力的全部行为过程进行规范,也不对非法行业如何经营进行规范,因为它们都"非法",正因如此才"非法"——如果法律都为黑恶势力如何建立、展开活动,对非法行业如何经营制定了规范,那它就不再是非法的了。在黑恶势力的江湖和非

---

① 参见《报告称全球有组织犯罪年产值达 8700 亿美元》,http://mil.news.sina.com.cn/2014-05-19/1012780045.html,访问日期:2021 年 8 月 15 日。

法行业的形成、存续的全过程中,法律秩序天然缺失,道德秩序也只有得到黑恶势力认可才成为秩序。①

恶势力、黑社会的江湖需要秩序,也有他们的秩序,他们所从事的非法行业也有行业规矩。虽然是黑恶势力、非法行业,但秩序是必须的。"丛林法则"也是法则,动物世界都有秩序,何况是由人组成的黑恶势力江湖,由黑恶势力和其他违法犯罪人员经营的非法行业。绝对没有秩序的社会并不存在,黑恶势力的社会也如此,即使是"弱肉强食",也是法则和秩序,否则黑恶势力也不能生存。但是,这种秩序和规矩毕竟很特殊,是没有(国家)法律秩序条件下的自生秩序。所谓"自生秩序",即是千百年来由黑恶势力、其他江湖人士摸索、创造、积累和延续下来的江湖秩序、非法行业的老规矩,并且借用、参照、改换正常社会、合法行业的部分规范和秩序结构,加上各时代、各地方的黑恶势力凭自己的江湖实力地位,建立或改变的秩序与规矩。当一拨拨新黑恶势力当道,老旧势力被驱逐、打垮,黑恶势力的"新贵"就会按照自己的观念和利益,为江湖和非法行业建立自己的秩序和规矩,或者"接管"既有的规矩和秩序,甚至接管人家的队伍和财产,由自己来主宰。这是江湖秩序和非法行业规矩的天然脆弱性,是"自生秩序"的致命弱点。

可是另一方面,事实上很奇怪,黑恶势力的江湖秩序和他们在非法行业中的秩序,也存在"跳不出的周期律"现象。虽说一些黑社会也注意甚至重视学习新技术、新文化,创新规矩,建新秩序,但这极类似于中国古代历史"周期律",王朝换了无数遍,后朝比前朝有"革故鼎新"之处,但总体上不过是"城头变幻大王旗",黑恶势力那套观念、文化和规矩,团伙联系或黑社会组织结构、运作方式、行为模式等,那套旧秩序、老规矩的基因、内核部分,依旧代代相传。所以,黑恶势力始终是黑恶势力,江湖依然是江湖,非法行业可以数千年存在

---

① 似乎有某些例外。如日本的山口组几乎被世人公认为黑社会,但他在日本是合法组织,法律为其提供了规范和秩序。国内许多人(包括一些学者)据此认为,日本是承认黑社会组织合法化的国家,但这个看法欠准确。日本并非承认黑社会合法,并非在法律上承认黑社会,而是承认一切依法登记的组织。山口组在日本依法登记,按照日本法律就不是"黑社会"(有人说山口组钻了日本法律的空子)。但当山口组成员有"暴力团"的行为,违反日本有关"暴力团"的法律,被指定为"暴力团"时,就会受到限制或者打击。

且几乎不变。这或许是黑恶势力最强大的基因——他不拒绝任何人向他靠近，不论文化程度高低、年龄大小、阅历浅薄与否，不管你性格、脾气、品性，只要你往团伙、组织里面沉浸，受他感染，很容易懂得和学会他的规矩，遵守他的秩序。不出多久，一个黑恶势力新伙计、新成员就"诞生"了。

第三，狠角色和边缘人群的出现和存在。

非法行业所需要的狠角色和边缘人群，历来不是问题。这个要素是"常备的"，而且大多数是由正常社会为之准备的。

狠角色，边缘人群，有些几乎是天生的，有不少是在从小到大的生活、成长过程中沾染恶习、自暴自弃，逐步"变坏"堕落而成的，有些是由偶然因素或突然事件而剧烈改变人生造成的，还有被人步步诱惑或强逼而成的。社会上的"混混"，无业、闲散人员，刑满释放人员，社区矫正人员，乃至个别体制内的工作人员，极个别儿童（男童），不管出于什么原因，从小就顽劣不堪，似乎是天生的罪犯胚子。我们对这样的恶少并不陌生。他们往往具有一些共同特点：不好学，成绩差，厌学逃学，但往往智力不差，脑子、手脚颇灵；顽劣调皮，出手狠，不计后果，不仅是同龄人中的刺头，而且对类似人员，哪怕年龄更大的人员，有号召、组织和指挥力，是"恶少之王"；对正事之外的各种邪门歪道好奇、模仿，而且能力强，似乎生来就对违法犯罪具有敏锐性和领悟力；"仰慕"有恶习、江湖气和黑道"风度"的人物，容易和有违法犯罪前科的人接近；对父母、祖辈等亲属和老师具有很强的逆反、排斥心理，很难接受这些人的批评教育、苦口劝说；惹是生非，打架斗殴，偷鸡摸狗，作恶乡邻，为害同学，甚至伤害长亲、老师，搞得鸡犬不宁。随着年龄增长，他们变得目无法纪，不知廉耻，为非作歹，不可收拾，他们是"当之无愧的狠角色"或预备队，遇到某种机会，很容易成为黑恶势力的成员或头目，除非有强大的偶然因素干预，他们幡然悔悟，悬崖勒马，彻改前非，否则难以救药。

其他林林总总、形形色色的人，在人生旅途中跌入黑恶势力圈子，则难以尽言。唯三类人需要专门提及。一是刑满释放人员中的一部分人。他们出狱后往往因生活无着落，或者看不起正常人的生活，或者嫌弃通过正常方式谋生（他们多半认为正常工作挣不了多少钱，他们游手好闲，想不劳而获，而且花天酒地,因此要寻找又快又多的挣钱把戏),重回违法犯罪老路,并且容易成为黑恶势力的成员或骨干,甚至自己直接领一帮人,恢复或新建山头,结成恶势力团伙或黑社会(性质)组织。二是无业闲散的社会人员。他们中有部分人也可能在条件合适、机会适当的情况下,进入黑恶势力圈子。三是现有黑恶势力人员和某些"黑恶化"的体制内人员。他们为那些可能进入黑恶势力的人员引路,或者强拉硬逼他人入伙,或者自己新立山头,发展成员,扩张队伍,强化组织。这类人员中,有些并非属于边缘人群,甚至是拥有某种权力的体制中人;有些人其实连违法犯罪的经历都没有,但遇到"适宜"气候和条件,也可能或快或慢变身为黑恶势力的"老大"(比如,农村一些村干部就是这样堕落为黑恶势力头目的)。

这些所谓狠角色、边缘人群,除了一部分在社会游荡,相当多的人都进入了非法行业,或者正在进入、等待进入非法行业,或者脚踏两只船,合法非法营生一起上。

第四,进入黑恶势力圈子与非法行业的触发因素和时机。

进入黑恶势力圈子和进入非法行业,其触发因素和时机往往相同,但并不完全等同。一则,不少黑恶势力已经接触或进入非法行业;二则,即使尚未进入非法行业的黑恶势力,他们一旦形成团伙、组织,也会即刻设法入业,因为他们需要财力支持,等不起。一个哪怕从来没有与黑恶势力打过交道的人,只要进了"圈子",他会很快被带进他所在的团伙或组织涉足非法行业。

首先,几类不同人员变成黑恶成员的常见触发因素和时机。

许多正常、平常的人,哪怕有些小毛小病,有些不良习气,做了些坏事,包括违法犯罪的事,并没有成为黑恶势力人员,没有进入恶势力团伙、黑社会组织,而是照样在正常社会过正常生活。但一些平常看起来很正常、平常和普通的人,以及那些似乎与黑恶势力无缘、不会有关联的人,却不知哪一天成了黑恶人员,被拘留、逮捕,被通缉、追逃,被判刑。那些长年累月跟他们打交道的平常人,对这种情况往往感到惊讶,觉得不可思议——他们竟然是黑恶人员,可平时一点都不张牙舞爪,打打杀杀,逞强斗狠。出现这种现象,乃因每个黑恶人员"入道"的缘由和时机不同。

　　不同的人之所以成为黑恶人员,有着不同的原因,存在不同的机会,以及不同的促成时机。这里面没有多少是"命定"的,都是各人对人生转折处的把握和选择。对于身为边缘人群的人来说,他们从平常人、正常人转为黑恶势力人员,其中的触发因素和时机,完全不同于身在体制中甚至有一官半职的人。

　　对弱势平民和边缘人来说,人生"重大窘况"①出现,较大诱惑显现,生活或生命到了拐点,理智失灵,(新的)依靠出现,几乎没有其他选择,自己主动依靠或被动屈从,或抱着试一试、走走看的心态,进入团伙或组织,终被套住、拴牢,出不来。从初次接触黑恶人员,从初次狠心(尝试)使用黑恶手段"摆平事情"或主动"搞事",到自己最初(且最终)变成黑恶人员,再到江湖老手(甚至骨干、老大),从对非法行业懵懂无知,到熟练经营,成为行家,这些就是普通平民和边缘人群转为黑恶势力的触发机制和时机。

　　如果遭遇"重大窘况","人穷"又"志短",特别容易走错路。正当此际,倘若出现或大或小的不法利益诱惑,有"朋友""兄弟"介绍门路,有人拉有人劝,甚至可能还有半哄半骗半强迫,许以厚利,不仅似乎唾手可得,而且有时候真就有人送钱上门,帮助摆脱困难,貌似机遇降临,人生出现"转机"或拐点,最能迷惑人性。当要不要"听人劝"、跟着"兄弟"和"老大"走成为关键问题的时候,有的稍有犹豫,有的毫不迟疑,但为解燃眉之急,在少有或根本没有路子可供选择的情况下,即使明知有些"老板"不正经,但还有些"本事",手下"兄弟"成群,似乎也很风光,或迫于无奈、不由自主,或托人介绍、主动上门,好似找到(新的)靠山一般,找个事干,找口饭吃,找个栖身之地,没准还有"回家"的感觉,有事情可以靠兄弟、老板"扎起"②。但有些人不明白,或者想不到、没有深入去想——黑恶势力圈子既不好进,进了更不好出,或者根本不可能出

---

　　①　重大窘况,主要指因天灾、人祸或自身性格、品质及能力等因素引起的失业、无业、生活无着、家庭极度困难、走投无路、面临生死关头等严重情形,并且那样的人在这样的时候,真有可能祸不单行。

　　②　"扎起"(zǎ qǐ):原为四川袍哥暗语,本义是为朋友两肋插刀、拔刀相助。如今,"扎起"表示尽心尽力帮忙、撑腰、打气、支持,没有丝毫"假打",深具江湖味道。在四川,这承诺那表态,不如喊声"扎起"深得人心。参看《四川话百科:有一种撑腰叫"扎起"》,http://www.sc.xinhuanet.com/content/2018-02/17/c_1120704536.htm,访问日期:2021 年 8 月 7 日。

来。就算在加入恶势力团伙或黑社会前,知道他们规矩重,有些心理准备,但真正进入了,特别是进入黑社会了,那就出不来了,要出来,就是躺着一具尸体被扔出来。

"自成团伙,自立山头"型黑恶势力,他们的形成因素和时机就是:某时某地,"一群人","一股气","一个头"和"一句话"、几条规矩,就算数。只要有三五个、七八个或十几个臭味相投、想法一致的人,凑合起来,凭着一股蛮横霸道之气,由推选或某人自命的"大哥"、"老大"、老板①的一句话,立几条口头或成文的规矩,共同以违法犯罪方式捞钱、逞强斗狠施暴,一个恶势力团伙或黑社会(性质组织)就形成了。至于时间、地点,可以是精心选择的,也可以是偶然确定的,甚至根本没有明确的形成地点、时间。如有地点,一般以长期活动、方便聚散、易于躲避的地点为主;如有时间,往往就是某次打劫成功或失败,或者酒足饭饱后一时兴起,或者遇到新的重大"发财机遇"需要大家共同作出重大决定,或者需要平时领头的那个人拿出大主意,或者大伙认为需要加强成员的联系,甚至需要组织起来的时候,或者找高人择定"良辰吉日"。特别是,那些长期领头的人物,面对一帮小兄弟,往往会产生管理、控制的需要,也容易形成控制的心理和欲望,不管是松散的还是严密的。如果人手少,管理、联系相对松散,即是恶势力;如果人多势众,管理、控制比较严密,组织结构明确,成员又比较稳定,多半已经演化为黑社会(性质)组织。

一些刑满释放人员、地痞流氓、无业、闲杂人员、混混,一些一时遭遇巨大不幸、无计可施的平常百姓,正是基于上述原因和时机而进入黑恶势力之中。

当然也有些混混、地痞、流氓、刑释人员、无业、闲杂人员,包括一些颇有心术、非同一般的"平民百姓"(其实可能是大混混、大流氓的胚子),并非遭遇窘况,只是恶习不改、以"操社会"、打江湖为主业或兼职的人,他们进入黑恶势力圈子的触发因素和机制则是另外一套。他们面对不良社会环境,感到自身前途渺茫,为了转变人生,谋求"新机遇""大发展",寻找黑恶势力作为靠山,

① 这种人可能是"正道"上稍有名气、地位的人,如企业老板,甚至公务人员,也可能是在街头、乡村混出名气的人,可能有违法犯罪前科,也可能"清白",但匪霸之气必不可少,不管表面上是否看得出。

甚至瞄准的位置就是黑道(大)老板。他们精心设计,把自己变成某帮派的"门生""徒弟",一来有帮主和兄弟相互帮衬、照顾、保护,开了人缘;二来自己行为会更大方、大胆,方便行事,开了财源;三来可能自己也混出个模样,遇到时机,一声断喝,成为或小或大的老板,乃至大亨。这些人步入黑恶势力圈子,根本不缺触发因素,他们的内心早已渴求"上山入堂",需要的只是合适的路子和时机,而既然有了心计,打定主意,路子和时机就迟早会出现。所以,这类人进入黑恶势力,机制要诀就是:时运不济,心比天高;早有所谋,蓄势待发;或托人开路,或偶然相遇,或主动登门,幸得不弃或赏识,寄人门下;显露身手,获得重用;功高盖主,另立门户。

再有一类人,他们本是正道中人,人生一路,本无污迹和不轨,但可能在某件事情后,人们突然发现不对劲,完全变成了另一个人,一个不曾认识的恶人、恶霸,成了披着"国家工作人员"、"干部"、"警察"、"委员"、"代表"、"村长"、某党委、某支部"书记"等外衣的黑恶势力人员。引发这些人进入黑恶势力圈子或成为头目、组织者的因素,是"诱惑存在,欲望膨胀,贪恋权财",其触发机制是"权力到手,权威树立,地盘形成,上无人管,下无人抗,被拉下水或主动'跳水'",其进入圈子或自立圈子的地点多是"五种场所"——自己(单独)的办公场所,平时生活或聚会的场所,兄弟偶然聚齐的某个场所,精心选定的场所,某个有特殊含义的场所。所有这些场所必须满足安全和保密要求。其时间节点,或是一个会议,处理一件特殊事情,或者一拨人刚好凑在一起闲扯,或某天兄弟中有人犯事要设法帮忙,或某天兄弟中突然那个有威望的人提出"建议",或者"老大"要求兄弟执行一项特殊任务,或某个灾难突然降临得有团伙、组织撑腰。当然,也有郑重其事的,事先有人提议、有人筹备、有会议、有规矩,记录在案,不管会议规模、参会人员的地域范围、行业界别,等等,这没有固定的规律。没有特定产生的时间和地点,在不知不觉中逐步形成,这类黑恶势力也很多。根据多年来涉黑恶刑事案件呈现出的情况,公安、司法机关很少掌握黑恶势力产生和成型的确切地点和时间。

其次,黑恶势力进入非法行业的触发因素和时机。

黑恶势力进入非法行业的触发因素不外乎三条:经济短缺,需要钱财,或者扩敛资财,贪婪无度;早已知道、由人介绍或意外接触,非法行业有利可图;听说或目睹他人在非法行业发财的事实、门道,按捺不住,必得亲手去试。

黑恶势力进入非法行业的时机,一般是:准备好人员、资金(不论多少),摸好行情、决定了经营内容和范围之时;找好上家、下家,准备进货、出货之时;找到"保护伞"之时;自己跟随他人干了一单,并且成功之后;从其他经营者那里分离,单独开张,接单、做单之时;或者利用此前在某行业的经历、经验、门路,操持旧业、重新开张之时;等等。

第五,联结方式的存在或创造。

所谓联结方式,是指黑恶势力内部各方面或其与外部社会的联系、联络、连接和结合。联结方式包括两方面,一是黑恶势力团伙或组织及其成员间的联结方式,二是黑恶势力与非法行业的联结方式。没有联结方式,非法行业便与某特定黑恶势力无关。

黑恶势力内部的联结方式,主要包括成员间的相互联系、联络和结合方式,团伙或组织的结构、层次,权力的形成、授予(分配)及运行规则,成员义务及履行的方式和规则,各成员与团伙、组织的关系,各一般成员与团伙头目或组织中骨干、"老大"之间的关系。无论在"平等团伙"还是"等级化组织"中,这些方面都普遍存在。

黑恶势力内部的联结分为心理、精神和文化层面的联结(主要是心理依靠或依赖,精神上的寄托或归属,内心的文化认知、认同和外化于行),制度、规范、规则或规矩方面的联结(比如,黑社会内部有"执法者",按照组织的决定有权对"犯规"成员执法,这就是基于制度的成员之间的联结),组织性联结(在团伙或黑社会中的层次、地位、职权、义务),以及行为联结(按照规矩一致行动或分头行动,相互支援或制约等)。

不同的黑恶势力之间的联结方式,主要有三方面。一是"地盘"分割、占据规则,确保相互间平安无事,自我克制,互不侵犯,"相互礼让"。二是平常的相互交往方式和规则,保证避免误解、误判和误伤,各行其是,各谋其利,必要时,基于平等和实力原则,以及比较可靠但不绝对可靠的"江湖规矩"、信用,相互帮助,摆平事端——不过在利益上毫不含糊,要"价格合理",明白算账,不能赖账。三是冲突解决规则,即如果"实力相当,打成平手",为避免两败俱伤,找中间人或双方直接私了,结束冲突,各让一步,恢复秩序;但如果实力不相当,则成王败寇,败阵的一方要么让出地盘,要么接受胜者提出的其他苛刻条件,甚至整个团伙或组织溃败失散。不过,为了尽量避免引起政府注意,不让警察找上门,黑恶势力之间会尽力避免武力火拼,免得造成公开的、一定规模的治安混乱。特别是,制造命案,伤及无辜,多半会给黑恶势力带来麻烦,遭到警方打击。所以,黑恶势力采取武力手段也是小心翼翼,往往采取暗杀、毁尸灭迹的方式。

黑恶势力与行业的关联(度)在本章第一部分详细讨论过,并让我们得以了解,黑恶势力在多方面、多层次与各行业存在程度不同的关联。这意味着,二者之间当然存在多种联结,有各种联结方式。我们在此专门讨论黑恶势力与非法行业的主要联结方式,并从不同层次和侧面来展开。

一是从宏观层面看,黑恶势力与非法行业是"前者依存于后者"的关系。因此可以说,其联结几乎是"一体双面",有黑社会就很难消除非法行业,无非法行业就难有黑社会的生存。虽然,离开黑社会,非法行业也能维持,但完全离开或没有非法行业,黑社会就存活不了。即使现代黑社会经营着庞大的合法产业,但看不出现代和未来的黑社会将远离非法行业——非法行业意味着暴利,意味着惊人的巨大财富。这就是黑社会对非法行业的"扭结(纽结)或纠缠"式联结。

这种联结恰好可以从新中国成立后的前二十五年黑恶势力"空白期"来反向说明。何秉松认为,1953 年到 1978 年间,是我国无黑社会犯罪时期。那么,这种局面是怎么形成的呢? 首先,在 1953 年前,新中国已经采取了几项断然打击措施,使得黑社会势力覆灭,包括清匪反霸、镇压反革命、查禁烟赌和取缔娼妓等;其次,这些措施是新政权摧毁旧政权和旧社会斗争的组成部分,是军事扫荡、暴力镇压和群众革命相结合的风暴,涤荡了黑社会,没有任何黑社会能够幸存;再次,土改运动和其他民主改革运动彻底铲除了黑社会产生的土壤,在农村消灭了黑社会产生的社会基础,在工厂、企业等工人中消除了封建帮会,在社会中取缔了卖淫嫖娼、贩毒吸毒和聚众赌博等丑恶现象;最后,随后建立起无比严格的计划经济体制,这个体制以高度集中统一、严厉的价格管制、行政计划和命令为特征,遏制了以攫取非法利益为目的的黑社会犯罪,"在普遍贫困的基础上的平均主义,缩小了人们之间财富和社会地位的差距,从而也在很大程度上又弱化和消除了处在底层的人们结成犯罪帮派谋取非法利益的动因。由于在总体上否定商品经济,因而在失去了商品经济一切益处的同时,也泯除了商品经济条件下导致犯罪的各种弊端"①。尽管,新中国成立后很长一段时间,政府是以政治、军事和经济等方式,把非法行业和黑社会一起扫除的,理论上还不能以此肯定黑社会确实"依存于"非法行业,但至少提示我们,政府是把卖淫嫖娼、贩毒吸毒和聚众赌博等与封建行帮、黑社会一起看待和消灭的,他们之间有联系,这是肯定的。

如果我们把目光转至 20 世纪 70 年代末以后,问题似乎就更明朗了:黑恶势力又逐步出现、恢复了,非法行业也死灰复燃了。二者是谁先"复燃"的,根本无关紧要,关键是,黑恶势力社会依靠非法行业获得了一个必要的生存条件,黑恶势力(及"保护伞")是非法行业(实际或表面上)的主要经营者,非法行业在黑恶势力(及"保护伞")的保护和经营下,迅速扩张、强大起来。②

我们可以在宏观层面把黑恶势力与非法行业的联结(方式)归纳为:黑恶势力是非法行业的主要经营者和保护者,非法行业是黑恶势力的生存依靠和(经济)基础;特殊之处在于,黑恶势力经营非法行业,很可能是"代理行为",黑恶势力只是其"保护伞"的"手套",但这不改变黑恶势力与非法行业间的

---

① 参见何秉松:《中国有组织犯罪研究(第一卷)·中国大陆黑社会(性质)犯罪研究》,群众出版社 2009 年版,第 76—95 页。

② 2018 年 1 月至 8 月,中央纪委国家监委网站点名通报了多件党员干部涉黄赌毒和充当"保护伞"的典型案例,如:广州市增城区中新镇联安村党支部原党员古锡新以营利为目的,伙同他人开设赌场并组织多人参与赌博;广州市公安局番禺区分局石楼派出所治安组便衣打击组原组长石伙胜接受开设赌场的犯罪分子的请托,向其通风报信,帮助逃避公安机关查处;福建省福州市长乐区公安局潭头派出所原综合室主任余永锋多次收受辖区内赌场经营者王某、施某等人钱款;贵州省荔波县公安局禁毒大队原副大队长蒙亮宁为赌博、涉黄组织者充当"保护伞";贵州省凤冈县公安局 110 指挥中心工作人员张力受邀入股赌场,提供关照庇护。8 月 7 日,中央纪委国家监委网站发布《河南通报 6 起涉黑涉恶腐败和"保护伞"案例》:郑州市公安局洁云路分局原局长成健收受贿赂,为涉黄赌毒场所充当"保护伞";郑州市公安局马寨分局原副局长张国华、新密市公安局原民警樊留发收受贿赂和介绍贿赂,充当涉赌场所"保护伞";郑州市公安局商城路分局西大街接警队原大队长蒲刚徇私枉法,充当涉赌场所"保护伞";等等。

关系。

二是从具体层面来看,行业不是一堆物,一堆财产,一个厂子、店铺、仓库,不是来往穿梭的汽车、船舶、火车、飞机,等等,而是有人摆弄这些物,在"经营",形成链条和网络,有人开着厂子、店铺,有人开着车在仓库进进出出,然后挣来的是钱财。不管是非法行业还是合法行业,专门的人经营着专门的行当,交易特定商品或服务,获得利益,这才是本质。因此,黑恶势力与非法行业的联结方式,也就是黑恶势力的人员、团伙或组织经营有关行业的方式,黑恶势力怎么经营那个行业,就有什么样的联结方式。

黑恶势力和有关行业建立其初始联系的方式,理论上有三种:主动进入一个现成的行业(条件是还有竞争和利润空间);自己新创一个行业(这个有点难,我们没有发现这样的事例,如今的非法行业都有古老的历史,只是"经营"对象、方式和手段不断翻新罢了);被人拉进相关行业。

黑恶势力成员或者团伙、组织与非法行业的联结,体现在这些人员、团伙或组织决定经营何种行业,限制或禁止经营什么行业,[①]如何安排其公司、企业的组织架构,确定怎样的经营地域范围、人群对象(客户包括其商品或服务的上游供应商,下游的销售或消费客户,横向关联的技术、金融等保障性客户)、产品或服务种类,按照什么理念打造企业、公司及其产品或服务的品牌,准备让客户和公众对其企业、公司、员工及所经营的行业产生何种认识和体验,以及投资规模、方式和利润等,从而塑造他们自己的行业特色和形象,实现行业塑造(直至控制、垄断行业)和利润最大化等目标,甚至要让人毫无疑义地认识到,他们就代表这个行业。比如,人们说起毒品买卖,就不能不想起"金三角"、"麦德林集团"、坤沙集团等;说到澳门赌场,就不由自主地联想到"14K"、和安乐、和胜和、和胜义、新义安等。换个角度,如当年在沈阳,说起刘涌,就会想起当时的"嘉阳集团";再如在某市说起"亮点茶楼",自然就和卖淫

---

① 黑社会经营非法行业也有某些"规矩"。不是所有黑社会组织都经营任何非法行业。特别是在一个地方存在多个黑社会组织时,为避免冲突,黑社会之间经营地盘、行业都有约定或默契,不能轻易打破。另外,有些黑社会"老大"为组织及"家族成员"长远利益考虑,禁止接触、经营一些对个人和社会危害太大的非法行业(如贩卖毒品)。

行业及茶楼老板谢某萍联结在一起。

黑恶势力在非法行业生成和成长,意味着黑恶势力必须具体"经营"相关行业,没有具体经营方式,黑恶势力不可能与非法行业产生真实、丰富的关系,也就说不上非法行业滋生黑恶势力。

第六,非法行业与黑恶势力的需求。

这包含三方面的需求。一是黑恶势力和非法行业之间的双向需求;二是非法行业的"社会需求";三是黑恶势力的"社会需求"或利用价值。

首先,黑恶势力和非法行业互相需要。黑恶势力需要非法行业:非法行业是黑恶势力的财源,是极大且相对稳定的财源;非法行业是黑恶势力的"核心事业"或者事业的重要组成部分,黑恶势力需要以它安身立命。非法行业是黑恶势力聚集、联结的重要方式和场所,黑恶势力在非法行业中找到适合的生存、联系和活动方式;非法行业为黑恶势力提供了与社会大众和官方建立、保持联系的平台和渠道,使得黑恶势力能够通过"经营""营业"的和平方式获取一部分社会公众的财产,获得部分公权力的保护。非法行业需要黑恶势力:黑恶势力是非法行业的主要经营主体,他组织、规划了市场,使市场有序运作,促使市场发展,没有黑恶势力在其中经营,非法行业虽不至于消失,但必定萎缩。黑恶势力是非法行业秩序的建立者或重塑者、维护者,是非法行业的直接保护者,尽管政府对非法行业的态度最关键,但在政府对非法行业的态度和政策保持某种稳定性的条件下,非法行业的经营活动、秩序保障,就有赖于黑恶势力,一些黑恶势力虽然有可能在一时一地破坏、改变某个非法行业的现存秩序,但他们随后肯定会恢复或重新建立秩序。黑恶势力以某种系统性、组织性方式,使非法行业相对有序、和平地向部分社会公众"开放市场",为他们提供产品、技术和服务。

其次,非法行业有"社会需求",这是不争的事实。

非法行业能够满足许多人的不正当、不合法的需求,能够使不少人的正当、合法需求在不能通过正当、合法途径和方式满足时,予以一定程度的满足,还有可能满足少数人特殊、畸形、变态、扭曲的需求。各种贪欲往往为法律和道德所不许、禁止,非法行业却能够提供满足包括"贪权之欲""贪色之欲""贪图金钱财富之欲"等各种欲望的机会和条件,这是合法行业和正常社会所不能完全满足的。① 还有不少人,他们的正当和正常需求,包括就业的需要、生活必需品的需要、治病(对财力)的需要,即基本的养家糊口的需要,以及正常的生理需要,等等,无法通过合法和符合道德的途径、方式得到实现和满足,就可能到非法行业中去寻找满足的机会,并总是带有一定的被迫或无奈的成分。比如,给赌场老板看场子,为赌场迎送赌客,到黑企业卖苦力,或者有些文化或其他本事被黑老大看中,帮助他经营打理的,以及像部分为生计所迫的"小姐"不得不卖身、卖色相,如此等等。一些人的畸形、变态、扭曲的需求通常以他直接实施违法犯罪而得到满足,但也有通过非法行业提供特殊服务而满足的,或者以非法行业为中介获得满足的机会。

当然,那些从非法行业获得满足的某些人员(如嫖客、吸毒者)给社会或者其本人、家庭带来危害,非法行业还给合法行业、正当经营带来冲击,给社会治安造成危害,等等。但在客观事实层面,非法行业以非法及不道德的方式解决了很多人的"就业",在无业人员、闲杂人员众多的社会背景下,某些非法行业反倒吸纳了他们,一方面增加了从事非法行业的违法人员的数量,另一方面却减少了街面上的无业、游荡人员数量。非法行业有时候还打破正当行业、合法经营中的某些垄断,给社会公众带来更方便、低廉的商品、技术和服务(如盗版、盗印软件、书籍等)。加之,在一些国家或地区属于非法行业的,在另外一些国家或地区有可能合法,因此,对特定国家或地区来说,把某些行业确定为合法或非法,是国家的公共政策选择,是基于传统文化、道德、习俗和社会管理等因素,把公共政策转变为法律制度的结果。特别是,把某些具有正当性、合理性的行业非法化,并予以禁止,使得那些行业反倒失去法律规制,失去了法律本来可以设定的秩序,但又往往禁而不止,反而导致行业整体性无序,导致黑恶势力进入、控制该行业。因此,有些行业的非法性不直接等于该非法行业对社会和他人具有人身、财产和社会管理的危害性,而在于其违反国家意

---

① 我们的意思的确是,合法行业和正常社会不仅能够满足正常的、合情合理合法的欲望,也能够满足一些人的不正常的贪欲,比如,有人在正常的体制之内实现了贪权、贪钱、贪色的欲望。没有哪个正常社会和合法行业只满足了人们的正常欲望。许多不法分子正是通过合法行业和正常社会体制完成了违法犯罪或违反道德的行为,满足了贪欲。

志、社会传统和风俗,为社会主流意识形态、价值观念或伦理道德所不容,由此将其非法化,而非法化一个行业并不等于能够就此消灭这个行业,消灭一些人对这个行业的需要。

再者,黑恶势力也有其"社会需要"。这不是人所共知的常识,但却是数百年来一直存在的事实。

善良的大众既不知道也不大会相信,其实这个世界中有些组织和个人,他们需要黑恶势力,甚至在某些时候、个别地方,在各种"万不得已"的情形之下,当地群众、警方以至政府等要与黑恶势力妥协,要利用黑恶势力,有的还会"依赖"黑恶势力。比如,在外国,有些地方出现无政府状态,地方秩序就是靠黑社会建立和维护的;在许多国家,由于司法腐败等因素,一些合法债权人被逼寻求黑道人物帮助收债,这是司空见惯的现象;等等。

对一些政府或政府部门而言,他们可能有时候会暂不考虑黑恶势力违法犯罪问题,而从政治需要和政治策略出发,灵活处理与黑恶势力(主要是黑社会)的复杂关系。在一些敏感、特殊的场合,政府不好出面,便转而由黑恶势力出面,成为这些政府的黑手套。前文说过,黑恶势力给政府造成的麻烦,主要不是直接的政治冲突,而是他们严重违法犯罪、严重危害社会,给政府造成社会治安、安全方面的政治和法律压力。如果没有或者减轻这方面的压力,加上现代高级黑社会几乎总是披着合法外衣,其生存有赖于政府和民众的宽容,所以,不会轻易实施严重(暴力)犯罪,还会在很多方面投政府(和相应官员)所好,放低姿态,尽量守法经营,政府就会在与黑恶势力保持距离的前提下,在可控的范围内利用黑恶势力。这一点得到几百年历史的充分证明。黑恶势力(黑社会)主要成员,一些政府官员,包括某些高级官员和警方人员,都知悉此中原委。新中国成立前,国民党无数次利用黑恶势力打击共产党人。1927年"四一二"反革命政变,屠杀共产党人的主力就是上海黑帮。当下,我国也有地方政府部门和少数领导默许甚至唆使黑恶势力插手强制征地和强拆房屋。① 对某些

---

① "黑恶势力插手征地拆迁,既来自某些部门、开发商和个人的唆使,也来自恶势力团伙的谋利驱使。"参见张红霞:《征地拆迁领域黑恶势力的生长逻辑及社会危害研究》,华中科技大学出版社2015年版,第26页。

警方和社会人士来说,黑恶势力(尤其是黑社会)还有另一种"用途",即"以黑制黑,以恶制恶",这几乎不是什么秘密。当然,这方法危险,而且存在合法性和道德上的严重问题。黑恶势力与某些政府(部门)之间的微妙关系在于:黑帮依赖于政治,需要政治上的保护,因此他不仅需要个别官员作为"保护伞",更需要并且最好是整个"政府"在政治、政策和法律层面容忍和保护他,没有"政府"层面的支持、保护,即使有几个"保护伞",黑社会也难以为继——特别是,中外历史经验反复表明,如果高层政府痛下决心打击黑恶势力,黑恶势力必有灭顶之灾;而一些政府往往只是偶然、临时需要黑社会,并且条件是,黑社会不能惹出大麻烦,要始终向政府俯首。即使在特殊时期可能较长时间内需要黑社会作为一股政治、经济力量,这样的时期也终会结束。① 因此可以说,没有任何政府会长期与黑恶势力保持稳定的联系,打击黑恶势力都是政府的最终选择。这样一来,黑社会(恶势力往往没有这个力量)就会超过寻求"保护伞"层面,谋求向政府(部门)渗透,谋求"黑化政府",使"政府黑化",而"腐化政府"和"使政府腐化"只是黑社会的手段。这就是黑社会与政治腐败现象的联系无比紧密的根源,也是扫除黑恶必须坚决反腐的根据。

对某些地方政府或者官员而言,黑恶势力的经济价值比政治价值更大,对其更有吸引力。黑恶势力的"老大"们经营、控制着众多公司、企业、商行等,涉及多种合法或非法行业,能够直接为当地经济发展服务,增加就业、税收,带动相关行业,提升 GDP,特别是那些投资量大、产值高、劳动力或技术密集的产业,对一些地方政府那就太重要了。当地领导自然是"高度重视"他们,一些负责人也不敢轻慢他们,甚至主要领导也要对他们另眼相待,把他们奉为座上宾,自然也不会计较他们的黑恶背景和某些行为。在我国,大约从 20 世纪80 年代中期开始,就有黑恶人员很快明白了个中奥妙,至今都还是"道上"的一条"金科玉律":不怕黑,只要"黑出了头",办了公司、企业,做到"官商一家"的程度,就可以与×局长、×区(县)长,或者与×书记光明正大坐在一

---

① 黑恶势力和一些地方的政府(部门)及官员的这种关系,已经超出单纯的"保护伞"范畴,除非有非常重大和极其正当的事由,否则,这应当算是另类且隐蔽的权力腐败。可是,这种腐败仍然存在于现实世界,黑恶势力依旧还被一些政府或部门所利用。

起——原来是要被抓捕的人,现在则是名副其实的企业家,还有一大堆耀眼的光环。在其他国家或地区,这种"经验"已经有不下百年历史。这种历史演变的结果,就是黑恶势力与各行各业的经济联系日益深入紧密。当黑恶势力与最关国计民生的社会经济形成深厚联系后,他就不再是只知从社会攫取金钱等利益的吸血器,而是也可以为社会提供服务、创造财富的一种怪异力量。这种社会经济条件,使某些政府或者领导在切割和打击黑恶势力时投鼠忌器。这正是黑恶势力所期待的局面。

第七,保护力量与保护机制的存在。

这一点很好理解,只简单说明一下。非法行业滋生黑恶势力也好,黑恶势力闯入非法行业也罢,必须有保护力量这个要素。保护力量来自三个方面:政府内对非法行业和黑恶势力的保护力量;黑恶势力自身保护非法行业的力量,包括各黑恶势力基于共同利益而相互保护;其他保护力量,如从非法行业"受益"的一些人员(含违法违纪者)。

保护体制与保护力量有关,但主要是各保护力量如何协调保护非法行业的问题。黑恶势力对非法行业的自我保护是主要的。黑恶势力安排专门的保护力量、设置保护规则,具体实施保护措施(如凡是"高档"赌场,都有一整套严密的客户安全保护制度和措施)。但关键还在于有些地方政府及黑恶势力"保护伞"对非法行业的暗中保护或关照,任其存在和蔓延(发展),压制举报,不查处,不打击,帮助逃避查处和打击,阻止查处、打击,为其发展出谋划策,等等。有时候,个别地方政府(部门)暗中需要非法行业,并进行整体性政策保护,消极执法,阻拦执法。甚至,我国一些地方,尽管党中央、国务院已经三令五申要求整治非法行业或者非法经营活动,但有的地方党政干部在扭曲的政绩观、GDP指标之下,消极对待,阳奉阴违,无底线地宽容或助长非法行业。从非法行业获益的其他人士、组织对非法行业的保护,包括不支持警察等人员执法活动的消极保护,为非法行业经营者通风报信,包庇、窝藏经营者,窝藏赃款赃物,等等。比如,嫖妓的人,除非被宰得厉害,以至于报警求助,否则不会做有损娼妓、卖淫场所和组织者的事情,甚至会保护它。这个现象在既是"保护伞"又是嫖客的警察、官员身上最为突出,即使他们查黄扫黄任务在身,但只要自己也有那些见不得人的事,他们就会以双重身份保护卖淫场所和经营者。

还需指出,社会公众对非法行业的态度、认识,以及道德判断(容忍度),对非法行业和黑恶势力来说,都是重要的。社会公众对某非法行业的容忍度越小,意味着非法行业和黑恶势力存在的社会空间越小,进而影响政府、警方对非法行业和黑恶势力的态度。这方面,政府、警方受到公众的压力越大,宽松对待非法行业和黑恶势力的可能性就越小,反之,有可能放宽打击、压制。不要招惹公众,避免引起公愤众怒,是美国黑手党家族和意大利黑手党用鲜血、自由和巨大产业利益换来的教训。据说,中国的黑恶团伙也有两条"底线",也是通过教训换来的:一是不要犯命案,二是不要影响地方政府的中心工作。只要发生了命案,地方政府很可能将之从普通刑事案件上升为政治案件来处理,只要没有命案,就很难有这个可能性。黑社会团伙如果不犯严重的刑事案件,安全性就会大增。老道的黑社会团伙,一般都会尽力避免采用非法手段。即便不得已采用暴力,也会有效规制暴力程度,尽量不发生刑事案件。他们都知道,一旦出了人命,事情就会搞大,后果难以预测。[1] 这是黑恶势力和非法行业"自我保护"的最佳方式。

2. 非法行业滋生、养长黑恶势力的机制

我们已经考察非法行业与黑恶势力的相互关联,非法行业生成、滋养黑恶势力的各种要素。现在,我们具体考察非法行业如何滋生、"养育"黑恶势力,具体分析非法行业生成黑恶势力的多重机制、机理,揭示其何以成为黑恶势力产生的"重要原因"。

需说明的是,我们认为,下述各项机制、机理之间,不是单线、单向和递进的关系,而是扁平的,相互交织、互相影响的,有些机制看起来还相互矛盾(比如,非法行业的开放性和自我保护性)。并且,不是每个机制都必定在某个黑恶势力的滋生和发展中存在,都起作用。比如,黑恶势力的滋生,很可能没有"丛林法则"的作用。在各项机制和机理中,确有相对重要、基础性的机制和

---

① 参见吕德文:《县域黑社会的"生存之道"》,《南风窗》2015 年第 2 期。

机理,这并不因为各机制、机理之间的扁平化结构而改变。比如,理论上的非法行业普遍开放性,非法行业本身的机制优势,非法行业的"强吸引力",以及非法行业的自我淘汰机制("顺淘汰"而非逆淘汰),都是重要的机制。

第一,非法行业对违法犯罪者"机会普遍开放",注定是违法犯罪者麇集之所。

非法行业是"机会普遍开放"的行业,不存在法定门槛和准入程序,这使其得以吸引大量无业、闲散人员,走投无路者,梦求一夜暴富、铤而走险者,混混、恶棍、地痞无赖,有违法犯罪记录而不思悔改者。这些人员可以"自由"进出此类行业,这为黑恶势力从行业中产生,或者吸引黑恶势力入行,提供了广泛的"人力资源"。

非法行业的"机会普遍开放"与许多正当行业没有准入限制,二者间存在重大差别。无准入限制的正当行业,是真正的机会普遍开放,违法犯罪人员、无业人员、闲散人员等,都可以和守法公民一样,进入这些行业,正当、正常经营。但非法行业则不然,它的"普遍机会"实质上是开放给违法犯罪人员,或者准备违法犯罪、敢于违法犯罪的人员,以及其他能被非法行业吸收的人员。

所以,非法行业向违法犯罪者"机会普遍开放",不过是"违法犯罪者在违法犯罪机会面前,人人平等"。违法犯罪机会平等,源于法律规范的缺失,政府对非法行业管理的真空,以及法秩序天然空缺,只能由违法犯罪者在行业内建立"自生秩序",并对未来的违法犯罪者开放行业。所以,非法行业的规则,也是自生秩序的依托,总是禁止、防范"外人"的,它不禁止和防范"自己人"入行,而是不是"自己人",却须过滤和防范;至于"自己人",也不是想入行就入得了,还须有实力去博得那所谓的普遍、平等、开放的机会。即使现有的行业或地盘的占据者想垄断某地某行,不允许新来的"同道"入门,那也只是他的个体想法,这是个先到者与后来者的"实力"比拼问题(即老主子能否守住地盘,新庄家能否"打"开局面),不是行业的一般规矩。简言之,有本事且有意愿的违法犯罪者一定会按照机会开放、平等准入的规则,自由自在地进入某个地盘的非法行业。

第二,非法行业自生秩序中的"丛林法则"注定"黑恶者生"。

在非法行业中生存,可以使用从非暴力到极端暴力的手段,可以采取任何策略,从真正意义上的遵规守矩、忠信仁义到最不可测的尔虞我诈、奇谋诡计、阴毒狠辣。只要想得到,就会做得出。

非法行业的自生秩序,是一种基于传统的既有秩序,又随着入行、从业者实力改变而变化的秩序,是立于弱肉强食"丛林法则"上的秩序。因此,业界之内的生存规则是恶者生存、黑者发展的秩序,更恶、更黑者即是更强者,就更有生存的力量和发展的机会。

法律不会帮助非法行业入行、从业者建立、维护秩序,主持公道,政府除了禁止人们从事非法行业、打击非法行业及其经营者外,不会为入行和从业的团伙、组织及个人裁决纠纷。请政府出面解决非法行业的任何冲突,是给政府找麻烦、留口实,给自己掘陷阱、挖坟墓,只会给业内竞争者和行业带来损害,甚至是毁灭性打击。非法行业的大佬们必须在其地盘上、行业内,在他们自己的团伙、组织内,确立一些基本规则,在虎狼盘踞的丛林中形成法则,保障地盘上和行业内的秩序。我们根据各种材料,包括我国涉黑恶案件的裁判文书,[①]学者著述中偶有所及的看法,粗略归纳出非法行业的以下"规则"。这些规则保证了无序中的有序,也使得"有序"显得脆弱,极不稳定。

规则一:必须懂规矩,遵守规矩,违规者受罚,除非有把握成功挑战规矩。

规则二:老大(团伙、组织)至高无上,一尊定鼎,胜过任何亲人、朋友、同道和政府。必须绝对尊重、忠诚和服从于老大。对内和对外一切事务,由老大最后说了算。违犯者受罚,除非有实力成为新老大(挑战老大面临实力不济和道德谴责的危险,违反"忠诚"法则,挑战失败,几乎必死无疑。所以江湖如宫廷,既有政变,也有尽忠;政变必有血腥,败者必亡,除非胜者开恩)。

规则三:无条件服从、执行老大(团伙、组织)的命令,违令者受罚。

规则四:保守团伙、组织和业务秘密,出卖老大、兄弟,出卖团伙、组织和业

---

① 如某中级人民法院的一份一审刑事判决书中载有:"为加强对组织成员的管理和控制,该组织形成了一套兄弟伙要'义'字当头、大家的'面子'要争,对'大哥'要尊重、要听从'大哥'的召唤、遇事须请示报告、遇到'打打杀杀'的事情大家要齐心、当兄弟伙亲戚朋友有事相求时也要帮忙,出了事由'老大'或'大哥'出面协调解决等帮规习俗。"

务秘密的,必须惩罚,直至最高惩罚("死刑")。

规则五:内部兄弟,忠义当先,团结齐心,互不相欺,互相周济,敬重兄弟的亲属。违者受罚。

规则六:在业务经营中,兄弟之间相互支持和合作,受到外人欺负、伤害,应当为他报仇雪耻。违者受罚。

规则七:遵守业务规程,提高业务水平,提供优质商品、技术和服务,让客户满意。违者,或受到客户投诉者,给予处罚。

规则八:鼓励、支持和保护为团伙、组织和"企业"违法犯罪者,保护和救助受到政府执法部门追究的成员,以及他们的近亲属。

规则九:公平公正对待每个成员,优劳优得,奖勤罚懒,奖优罚劣,直至开除,或者给予其他惩罚。

规则十:对违反规矩的人,老大或者团伙、组织(包括受权的部门负责人)决定应当给予具体的惩罚(但高额罚款、禁闭、开除、身体伤害、处死这类惩罚,只有老大或团伙、组织的高层会议才能决定)。

规则十一:业内纠纷由纠纷各方自行解决,可以找可靠的中间人调解。

规则十二:不招惹政府,不给政府添麻烦,不让政府知道业内情况、插手业内事务。

规则十三:与纠纷无关方,不插手解决纠纷,除非收到请求。

规则十四:纠纷各方采用自己的手段确立的最终结果,纠纷外各方应当承认;不承认的,视为挑战纠纷解决结果,原纠纷中的胜方需要与不承认该结果的一方解决这一新纠纷,直到所有纠纷最终解决,取得业内包括胜者、败方在内各方共同认可的结果。

规则十五:纠纷外的任何方参与到纠纷中某一方,视为纠纷中的一方,该参与方必须承受纠纷解决的最终结果。

规则十六:业内或纠纷(冲突)中的强者(赢者)有权改变规则,败者、弱者必须接受。

规则十七:可以挑战强者,改变规则;挑战成功,即成为新的强者。

规则十八:赢者、强者惩罚失败者、弱者,天经地义。

规则十九:可靠的官方"友人"可以视为自己人,可以邀请参与业内部分事务,包括邀请参与业务咨询和解决纠纷。

规则二十:亦礼亦兵,亦文亦武。先文还是先武,全凭老大或者强者、赢者决断。动武必须要赢,否则可能全盘皆输,不只可能钱财输光,还可能累及老大及众兄弟身家性命。尽量少用暴力,尽量不杀人,最好不死人,尽量不杀伤无辜群众,不招惹、伤杀警察等公务人员。

规则二十一:组织(团伙)利益是最高目标。钱财是最高权力和手段,暴力是终极手段,规则是无力挑战时的临时行为准则,人情不是可靠的手段。

…………

规则×××:没有必须遵守的最后规则,只有曾经的和新晋的赢者与强者,他们随时决定和改变规则。

"规则×××"大概是最后一项规则。

前十项规则,主要是行业内那些"公司"、"企业"及黑恶势力团伙、组织的内部规则,也可以说是在各种黑恶势力中通行的规则,它们展现出大量的黑恶文化。后面各项规则,主要是非法行业内的各黑恶势力之间,以及他们的"公司"、"企业"或其他经营者之间,处理相互关系的准则,但这些规则也适用于黑恶势力团伙、组织内部。不过,恶势力头目、黑老大,他们对这些规则都用于或可能用于团伙、组织内部,还是有担心。弄不好,把"强人通吃"法则贯彻到底的话,物极必反,很容易伤害自己、团伙或组织,严重损害成员之间、成员与团伙、组织之间的关系,所以还是要内外有别,体现为内外"规则"各有不同。

这些规则,非法行业内的所有从业者都知道,所有准备从事非法行业的人都应当知道,与非法行业从业人员有过交往的政府执法人员和司法人员,也多少知道。

所以,进入非法行业的人,至少必须是强者之一,不能是弱者和败者,特别是在冲突发生之后,你不能成为这场冲突的最后败者,"打成平手"只是勉强可以接受的。

须知,非法行业聚集的经营性人物(不包括那些来购买产品、技术和服务的消费者、逛商店的游人),没有一个是惹得起的,相安无事、一起发财就是好事。

但非法行业从来就是风云变幻之地。很多时候由不得自己如何想,怎么做,经营这些行当的人,随时要提防政府查究,也要随时防备不懂规矩、不守规矩,想"黑一把"的人砸场子、打劫。

非法行业是无法无天之地,也是有规有矩的地方——在入行的大牌坊上写着四个大字:"黑恶者生"。

要么你进门之前就以"黑恶"威显一方,要么进门后得让行内同道见识你既黑且恶的"本事",如果你不曾黑、不曾恶,那就必须尽快学恶染黑,做到真黑真恶,否则趁早溜出。这是"道中人"和"行业素质与技能"决定的。不能适应,就趁早改行。

通过这些团伙或组织内部规则和行业规则,我们清晰看到,吸引黑恶势力的非法行业,多是容易产生黑恶势力的行业,其基本的机理在于:

黑恶者方能"入行"。以个体行动为主的违法犯罪者,一般性犯罪团伙成员,虽然可以偶然入行看看,不可能长久逗留,更难长期在业内经营,因为这些人在行内没有现成的地盘,也往往不能打地盘。倘若他们不甘于此,就得把自己变得更狠、更恶,须得"变黑",需要逐步找人结伙,最好是建立组织,按照"黑道"法则而非一般犯罪方式,打入行内,并且扛住已在行内的其他黑恶势力的抵制,才能稳定入行经营。所以,不恶不黑会被淘汰,既黑又恶反倒过得顺畅。

更黑更恶者才有"前途"。入行之后,业内竞争激烈,要把生意做大、做长且更稳,行内经营"规则"会逼使黑恶势力继续提升团伙、组织的层次,健全组织体系,扩大人员队伍,物色更多更强的黑恶人物加盟,扩大货源、增加客户,提高业务水平、质量和经营效果,提升获取经济利益的能力,增加收益,让行业和"企业"呈"良性滚动发展",不怕黑吃黑,也不怕"红吃黑"(遭到政府打击)。

第三,非法行业具有"纯化"从业人员的自我保护机制,有促使非黑恶人员尽快转变成黑恶势力并快速生长的机制。它使行业成为仅由违法犯罪人员经营的行业,黑恶势力是违法犯罪者中的主力。

从来没有违法犯罪经历,也没有进行违法犯罪活动的胆量和手段,完全不准备从事任何违法犯罪活动,这样的人根本没有"资格"也不可能进入非法行业。非法行业是违法的,行为人如果压根儿拒绝接近和涉入违法活动(即"拒绝违法者"),他自然不可能"入行"。如果"拒绝违法者"连委托其他人帮助、代理他从事非法行业都不愿意,予以拒绝,那他就彻底自我阻绝了通向非法行业的可能和路子。非法行业不可能吸引这些人入行,也不可能把他们训化为违法犯罪分子,更不可能训化(驯化)为黑恶势力成员。

那些愿意找代理人进入非法行业的"拒绝违法者",能否如愿以偿,则是未知数。至于那些愿意从事违法犯罪活动、希望进入非法行业、尚无人生污迹的普通人,那些在街头乡村横冲直闯、恶行累累但还没有受到法律惩罚的人,那些本身有违法犯罪经历的人,或者已经是黑恶势力成员的人,他们能够顺利通关过卡进入非法行业吗? 那要看实力和运气。

非法行业不同于合法产业、行业,它对经营者有入门起点①要求:非法行业往往历史悠久,地盘和业务早被各种黑恶势力瓜分、控制、严守,非恶非黑者根本不能入内;如有非恶非黑者入内,必须即刻黑恶化,所谓"适者生存";无意者、刺探者、骚扰者和破坏者禁止入内。倘若只是希望在非法行业谋个差事,帮老大打工,倒无须必定是黑恶势力成员,但若是其成员,也自有好处。

某个有高额利润的非法行业,即便只有一般违法犯罪者在那里经营,但它离黑恶势力一定很近,因为黑恶势力专门寻找暴利、高利行业而入,所以,一定会很快有黑恶势力进入。同时,既然是非法行业,还有高利或暴利,加上它是没有法律秩序的行业,其行业秩序是自生的,在其中经营的违法犯罪者,哪会都那么和和气气,共荣共享,其中心狠手辣者,能够欺压他人者,必定很快占据上风。违法犯罪者中的领头之人以及他亲近的人,就会快速组成团团伙伙,拼拼杀杀,并且随着势力消长,形成恶势力或黑社会(性质组织),抢占和强占更多地盘、码头。这就是非法行业激发恶势力和黑社会的基因。

所以,能够吸引黑恶势力的非法行业,其自身就是很容易滋生黑恶势力的

---

① 即准备居于业内上层或中层,领导、管理业内"公司""企业",不包括受雇于黑恶势力公司、企业的大量一般从业者。应当明确的是,非法行业的一般受雇从业的人员,可能是违法犯罪者,但不一定是恶势力团伙或黑社会(性质组织)的成员。

行业。一旦有黑恶势力盘踞在这样的行业中,那么,新进的势力就很难是孤立的个体违法犯罪者,而是已经有些气候的黑恶势力,除非真有独孤求败似的独行侠独自打出一片地盘——而他一旦打出一片地盘时,也早已不是独自一人了,他有了自己的团伙或组织,否则,他迟早会逃之夭夭,或者被葬身水底或渠沟。

新到某地新入某行的黑恶势力,则必须与先到此地的黑恶势力"接洽",规则很简单:新来者打得赢,赢到什么程度,就可以和"老住户"讨论分多大地盘,或者除掉旧主子和他的兄弟;打输了,不是滚开就是被除脱。这是打码头的规矩。

非法行业这一套机制,具有很强的自我保护性。它总是筛选出那些真正的黑恶势力,并且留在此地此业内。那些不敢和无力动真格的一般违法犯罪者进不来,那些动了真格但败下阵的进不来,那些完全无心这一行的守法人士不会进来,那些只想来闹场子、刺探情况、搞破坏的人进不来,即使进来了,也不会久留。

尤其,非法行业对政府秘探、卧底、线人来说,是很大考验。多年来,随着一些司法程序的进行,一些司法文件的公开,黑恶势力也掌握了不少应对秘侦人员、卧底和线人的方法,非法行业也不成文地遵守着许多共同约定,各黑恶势力之间为此还加强了协调、沟通和合作,发明了不少新的检验入行人员真伪的办法。因为政府的卧底受制于法律和指挥者,线人总要和官方联系,他们针对可以发现疑点的环节进行考察和检验,包括逼迫疑似的卧底(或者任何需要接受检验的新来者)作出极其严重的违法犯罪行为,等等。

由此可知,这些非法行业具有很强的"纯化"从业人员的能力,加快促使非黑恶人员黑恶化的能力,促使黑恶势力快速发展的能力,以及拦截无意或恶意的入侵者的能力。这样,"拒绝违法者"能否如愿以偿进入非法行业的问题,就有了答案:他本人当然进不了行业;他可以委托具备资格条件的代理人(包括已经入行的老板和尚未入行的道上人物)进入行业(但他不再是名副其实的"拒绝违法者"),具体形式多样,如入股、控股或全额出资,甚至出"干股"。前台老板的安排须在出资前约定,他在幕后指挥、分享利益。这样,非法行业为以下几类人留足了机会和空间：有经济实力的"守法公民"、大企业家、黑恶势力的"保护伞"，以及一身双任的人员（暗中变为黑恶势力人员甚至老板的公务人员，特别是一些执法者、官员），等等。所以，如果"拒绝违法"是虚，想非法获利是实，并且还具有某种官方半官方身份，或者其他方面的实力，他多半能够顺利入行，甚至会被人拉进行内，不论是否有代理人站台，是否为"无名股东"或"隐名合伙人"，不论真有入股还是"占干股"。

"丛林法则"和非法行业的自我保护机制，会很快使特定地域范围内的特定非法行业被内部产生或外部进入的黑恶势力控制，而且大多遵循"一山不容二虎"的法则，并在这个黑恶势力控制下，形成从"公司""企业"的领导者、组织者到经营管理者、普通职员和外围辅助人员的体系，形成以某个（些）产品、技术和服务为经营内容的行业活动，并逐步拥有稳定的货源、客户，以及关联行业的公司、企业（关联公司、企业可能是合法经营者）。

第四，特定区域内的非法行业，同业竞争采取"实力优势规则"，不同行业采取"互不相犯"、和平共处甚至相互依存的规则，保障了非法行业内的优胜劣汰，以及多种行业的共同"兴旺"，并且为各行业内黑恶势力的"改朝换代"提供了机会。至于某个黑恶势力是专营一行还是跨行业经营，则完全取决于其经济、人手乃至"政治"实力。

在某个相对固定的区域，市场容量和利益空间相对稳定，但可以"做大蛋糕""互利共赢"。一个非法行业能够容纳的黑恶势力及被其操控的公司、企业的数量，首先取决于这些黑恶势力的市场发展战略，以及他们之间的战略合作与协调（拉斯维加斯，这座世界著名赌城，最早就是由美国黑手党缔造的。这就是"战略"）；其次才取决于能够雇佣到的人员数量，能够销售出去的产品、技术和服务，客户的实际消费能力。但市场总是有限度的，供需法则决定了有限地域、特定行业中的公司、企业数量是有限的，其背后的黑恶势力数量当然也有限。即使考虑到违法犯罪人口和消费者群体的流动性，产品、技术和服务的开放性，以及特定地域的区位优势，那么，只能说在一些具有特别区位优势的区域，同一非法行业的市场容量可能成倍增长，这一地域之上能够容纳的黑恶势力数量，以及他们支配的公司、企业数量，的确可能增加不少，但仍然有限度。并且,"一山不容二虎"的基本规则不会改变,改变的是区域划分单位和边界,是把特定区域的空间再划小,不同黑恶势力各占一块;当空间区域实在无法再细划、划小的时候,如果相关黑恶势力之间达成了协议或默契,那么就会在某个地盘、某个楼栋甚至某个楼层、房间的使用时间上,相互错开,保证各自在约定的时间有相应的场所、空间可用。① 当然,会出现这种情况的区域,一定是寸土寸金的区域,是客户盈门、生意极为旺盛的地方,是可以供养一定数量的黑恶势力及其公司、企业的地方,并且这些黑恶势力一定势均力敌,或者各自都有强大"保护伞"。很可能的是,由于在同一地盘上,没准他们的"保护伞"是相同的,为了避免互害俱伤,他们直接协商谈判,或通过中间人协调、斡旋,愿意在很狭小的区域内合作,互利共赢。总之,一定不会出现不同黑恶势力及他们各自的公司、企业完全同时共用一块地盘的情况。

在市场容量小的区域,就只能严格按照"一山一虎"的规矩办。新生或新来的老虎要成为此山之王,就得把旧的黑恶势力和他的企业撵走,或者吞并掉,即使他们之间打成平手,也很难解决问题,除非他们都大大降低对利益的期望。但这终究不是长久解决办法,各自都会准备新的战斗,直到决出胜负,除非其中一方退出,另外寻找地盘。

但是在特定区域、不同行业之间,一般不存在相互竞争,比如,做色情业,做赌博业,做毒品交易,等等,他们相互间很少冲突,甚至还可以相互抬高行情和人气。这如生态环境一样,生物多样性是良好生态的基础,多种行业汇聚,就会形成行业互补,形成地下产业群(行业群),方便那些从事多种违法犯罪活动的客户。这也是犯罪经济学的一个视角。所以,一个区域内,非法行业多样性,有助于各行业的经营发展,可谓"百业兴旺"。因此,如果不同黑恶势力在同一地盘经营不同行业,大多不会冲突,各自尊重,相安无事。一旦有哪个势力准备跨行经营,问题立即发生,那就要按照"同业竞争"的规矩办。

所以我们看到,"地盘""码头"为什么是黑恶势力的命根子,江湖为什么

---

① 在公安、司法机关所办黑社会性质组织犯罪案件中,就有这种情况:在某城市超级繁华区域同一大厦里面,生存着多个黑社会性质组织,他们都经营着组织卖淫、贩毒等非法行业,他们的"保护伞"都多,并且相互交叉,而他们有共同的最大"保护伞"。

总有那么多抢地盘、打码头的腥风血雨,为什么大多数地方只能是"一山一虎",为什么有些小小地域,可以容纳多个黑恶势力并在那里经营同一行业,为什么在一个地盘上可以同时存在那么多的非法行业,为什么有些地方上百年都是江湖混战之地——黑恶势力的利益基因和非法行业的黑恶基因,交织盘旋成"双螺旋"组合,这个组合塑造了数百年江湖的基本形态。

第五,非法行业的依附性、隐蔽性、灵活性,有"借壳上市""瞒天过海""暗度陈仓"的机制,正好契合黑恶势力的生成需要和生存方式。

非法行业,除非政府让它合法化(那就不是非法行业了),方能大规模、公开、集中经营,否则,它要混杂于常人生活、工作、休闲的地方,要跟合法的店铺、门面、商场、工厂企业、公司、商行、酒店、宾馆、饭店、发廊、洗浴店和娱乐场所等混杂在一起,要混入居民区,租用居民住宅,寻找地下室,或者在偏僻农村、山野找到合适地点,要不露痕迹地存在于这些地方、行业和经营活动中,特别是像开赌场、妓院、贩卖毒品等,越是有合法场地和合法经营作掩护,越是不易被发现、查禁和打击。非法行业的许多经营环节与合法经营行为混杂,许多非法物品与合法商品混杂,包括黑恶势力人员在内的许多违法犯罪人员跟合法工作的人员混杂,或者违法犯罪者本身就有双重身份两副面孔。这样,既方便从事违法犯罪活动的经营者,也方便"客户"(毕竟他们是在购买非法产品、技术或服务,至少违背公序良俗和道德,甚至涉嫌违法或参与犯罪)。而黑恶势力在这些地方开展经营更容易、更安全,如果出现暴力犯罪等严重情况,更容易躲避警方视线,降低案件被发现的概率,即使被发现也会比较晚,犯罪者早就逃匿,证据可能早已消失。

非法行业,既可以为黑恶势力带来稳定利益,还便于黑恶势力以比较完美的方式隐匿其中,借合法行业、合法经营的躯壳,进行多方面伪装,达到"瞒天过海""暗度陈仓"的效果。

第六,一些非法行业以其"严格、规范、科学的管理和服务",为行业挣"口碑",为黑恶势力挣地位和信誉,为黑老大挣金钱、地位和面子,误导、扭曲社会公众对非法行业和黑恶势力的非法性、危害性的认识。

在这方面,那些不法行业的经营者和黑恶人员,确实费了不少心思,取得了某种"成功"。例如,在一些黑社会性质组织犯罪案件裁判文书中,被告人、证人对所涉行业的"服务要求(标准)"作了比较详细的描述,足见他们也具有"敬业精神",有严格、规范的管理,目标很明确,就是赢得"客户"满意。

有些黑恶势力在经营场所打出的口号是"诚实守信,童叟无欺",雇员对客户尽心尽力,毕恭毕敬,这些都对社会大众关于非法行业、黑恶势力的认识产生了影响。所以,社会上有不少人在没有深入认识黑恶势力的本质的情况下,误以为"黑社会也不坏",甚至对长期生活在一起的黑恶人员根本不相信他们会是黑恶人员。当然,这不会改变非法行业和黑恶人员的法律属性,不能否定他们应当受到的法律制裁。

第七,非法行业的流动性、开放性更增强了黑恶势力的流动性和跨国性,增加了各国打击非法行业和黑恶势力的难度,更有利于非法行业和黑恶势力一同扩张。

非法行业具有地域上的稳定性与流动性、封闭性与开放性。随着全球化时代的到来,各国间相互开放,跨国的人员、资金、信息、物资诸基本要素的流动更开放、便捷和快速,本就不接受法律约束的非法行业也更加开放。这带动了经营非法行业、在非法行业中就业的违法犯罪者、黑恶势力成员的跨国、跨地区流动,造成非法行业和黑恶势力的全球化、一体化趋势。

就像中国早先的会、道、门成员,那些不知明日将在何方的游民,他们可以到处流动,"江湖"是他们的"家",而他们走到哪里,哪里就是他们的江湖、他们的家。现在,黑恶势力会把非法行业延伸到任何可能有"客户"的地方,只要政府没能阻挡他们,他们就一定会这么做,并且做成功。黑恶势力走到哪里,非法行业就会被带到哪里,只要行业立住脚,黑恶势力就会在那里扎下根。

这一点,非法行业及其经营者——黑恶势力和其他违法犯罪者,"享受着"无法律制约给了的充分"自由",这比合法行业、守法经营者在国内或跨国开展经营,实在方便太多。任何官方的"自由贸易""零关税"体系所带给各国企业、经营者的自由,也不能达到非法行业、违法犯罪者在全球"自由转移"的水平。

第八,非法行业(经营者)系统性"购买、租用公权力",购买民心和公共形象。

现代超级跨国黑社会最为成功的"经验"是:系统性、整体性地公开和暗中购买政府和官员的服务,软化或消除政府对非法行业"前禁后打"的政策、法律及执法、司法活动,保障非法行业对违法犯罪者,特别是对黑恶势力,能够保持"机会普遍开放",行业经营持久,使恶势力有机会转变为初级形态的黑社会,初级形态的黑社会有机会坐大成势,演变成经济实力强大、政治上深入政权体系的黑社会"帝国"。黑恶势力的资本最有利的投资方向或领域是:购买或租用公权力,经营各种适合自己的合法和非法行业,购买民心和公共形象(尽管不排除有真心"惠民""慈善"的,但本质上是黑恶势力自我包装和美化的手段)。

非法行业本不应该存在,但它们不仅存在,而且长期、稳定和"公开"地存在,原因即是,作为非法行业经营者、获利者的黑恶势力,他们有意识、有目的、有计划地"购买"或"租用"国家权力(简称"寻租权力",这不同于"权力寻租")。他们知道:只有来源于政府的不公开或半公开保护,非法行业才能在政府(警察)眼皮下存在和延续;只有寻找到政府中的具体代理人,寻租权力才能落实,并随时得到执行;只有精细地策划、实施寻租权力的方案,租用权力的战略策略才会逐步奏效;要遵循按位论价的官阶法则,深谙"无利不起早"的古训,租用权力的租金要到位、充足和持续,隐秘性强,"无影无痕";权力租用要期限长,要租用对非法行业的生死存亡具有关键性、决定性意义的权力,因此,不仅要"放长线钓大鱼",而且"钓到大鱼还要继续放长线",只要"大鱼"还存活于"官场"就不能收竿,"大鱼"在官场里面活得越久、长得越大、跃得更高,租金就付得越值。最糟糕的是官场自行收网,把"鱼"给捕了,黑恶势力也搭了进去。

从我国和其他国家、地区的整体情况看,非法行业持续、广泛地存在着,而且,说起来是秘密、地下形态的存在,其实差不多都是"公开的秘密",这个情况,各国、各地区的警察最清楚。如果说黑恶势力为了保存和增加他们在非法行业中的利益,要租用权力的话,历史经验和现实状况都一再证明:警察权力是居于首位的被租用的权力;检察官和法官的权力也多有被租用的时候。在我国,由于体制等原因,一些领导干部的权力是被租用的重点对象,甚至比租用警察权力更重要。

被租用的公权力为非法行业和黑恶势力起码提供了五项服务,或者说提供了五种机会:其一,实质性地把非法行业转变为政府不闻不问的"灰色行业",淡化或去除非法性,因而顺带把黑恶势力在某种程度上"漂白"了;其二,在制定法律、政策时,回避有关非法行业的问题,或者使禁止、打击非法行业的规定抽象化,或者避免对要害的问题作出规定,使执法部门难以操作,让相关规定成为具文,让行业经营者和其他从业人员安心、放心开展业务;其三,降低关联领域的执法力度,为非法行业提供更多资源(如减弱打拐力度,会增加黑劳动力市场人口,增加卖淫者数量),帮助或默许扩大经营范围、地盘,增大其财源,增强其实力;其四,执法、司法过程中走过场、装样子、一阵风,内外勾结,通风报信,避重就轻,隐瞒真相,选择性执法,徇私枉法;其五,美化黑恶势力,为黑恶势力主要人物披红挂彩、戴红顶子,为其企业提供法外优待,对他们及其公司、企业平时的违法犯罪进行掩盖、包庇或纵容,助长气焰和声势,扩大其影响。

有时候,左邻右舍的人会亲眼看着某人从小混混变成大人物,从偷鸡摸狗变成杀人不眨眼,从一个小坏蛋变成指使一群人喝五吆六、舞枪弄棍、砍砍杀杀的人,弄不明白怎么这个人竟然发迹了,发财了,成了企业家、老总,成了一大堆什么长,再过一阵,还"当选"了"×长"或者"代表""委员"等,广播中有其声、电视上有其影,风光得很。黑恶势力人物在官方和社会中的正面形象高大地树起来了。而为了得到这些形象,那些"发了的"黑恶势力要角,不再暴力(但软暴力和暗中硬暴力少不了),不再粗鲁,不再莽撞,还每发善心,关心民生,热衷慈善,这捐款那赠予,再参加几场"文化盛宴",购买收藏些文物古董、名人字画(是否赝品则无关紧要),提高文化品位,就更加美轮美奂了。这就是黑恶势力寻租公权力、购买民心及公共形象的戏剧化效果。

一些官员长期以来对非法行业和黑恶势力的那点小算盘其实路人皆知。

看看世界,有几个国家和地区真正对赌博、色情和毒品等非法行业下决心、出重手彻底打击过。在20世纪90年代,东莞"性服务"就已经名声在外。虽然央视多次报道过东莞的卖淫等色情业泛滥成灾,但当地政府不仅没有认真管束、治理,还继续放任,央视报道反倒成为影响全国和世界的免费广告。2000年后多次掀起所谓"最强的扫黄台风季",但次次扫黄之后,都是卖淫嫖娼等色情业卷土重来,更加"兴旺发达"。当地一些人士,包括官员,把问题推给现代网络、媒体、手机,说"都是招嫖短信惹的祸",可真实原因恐怕是媒体所报道的这几个:约400亿元或500亿元的产值(媒体报道数据不一致,也有人批评这些数据,说不真实);关联合法行业酒店、旅馆以至化妆品等的经营;错综复杂的官商关系,经营老板"违法不畏法""举报不出警""公车送接官员去色情场所"(央视报道用语),监管执法部门既不监管更不执法;黑社会和派出所都参与色情业;"保护伞"众多;虽然十年多次打击,每次打击之后都是"野火烧不尽,春风吹又生"(央视报道用语)。2014年2月开展大规模打击后,东莞色情业确实遭重创,仅存的少量从业者转入地下,但2015年后又有死灰复燃的迹象。意大利政府曾经长期含糊于黑手党是否真实存在,更说不上打击,意大利及罗马市的政府和各级部门中,众多要员涉入黑手党。当意大利著名法官法尔科内完成对黑手党的大审判,惨遭黑手党暗害之后,人们,包括意大利政府,才不得不正式面对黑手党。但黑手党仍然气焰嚣张,在加害法尔科内后不到两个月,另一位意大利著名法官保罗·博尔塞利诺和5名警卫人员,又被黑手党炸死在巴勒莫市中心,举国震惊,民众大怒。此后,意大利政府才开展长期的打击黑手党的行动,但是,黑手党依然在意大利政府内有盘根错节的关系。①

黑恶势力借非法行业获取的财力而租用公共权力,低层次是租到"保护伞",高层次是购买到"政府服务",甚至买到通向政治权力之路。这是"非法

---

① 参见积木:《惊心动魄——法尔科内法官与黑手党:一场望不到尽头的战争》,《世界知识》1993年第3期;李斯:《意大利著名法官法尔科内遭黑手党暗害》,http://www.todayonhistory.com/5/23/YiDaLiZhuMingFaGuanFaErKeNeiZaoHeiShouDangAnHai.html;张瑾:《黑手党势力渗透罗马 多名政府要员被调查》,http://www.chinanews.com/gj/2014/12-10/6863296.shtml.访问日期:2021年8月16日。

行业+黑社会组织"能够做到的,没有非法行业的利益支撑,靠小打小闹的侵财犯罪,是无论如何都做不到的。那些极其庞大强壮的黑社会帝国,就是这么养出来的。

第九,非法行业的巨大产值、利益及其与合法行业的多方面联系,转化为黑恶势力主动为政府服务,并使政府不得不在一定程度上成为为非法行业和黑恶势力服务的资本。

黑恶势力"最了不起的智慧"是,他们主动利用非法行业的巨大"商机"和产业利益,以及非法行业能够牵动的相关合法行业,或者直接利用其团伙、组织的力量,主动"为政府着想""帮政府排忧解难"。这远不是几个"保护伞"的效果所能比拟的,这甚至会让一些政府和某些主要官员主动扶植、依托黑恶势力,让他们"漂白""转红",涤除"资本积累中的罪恶"。

一些地方政府在政绩冲动之下,或者在各种巨大困难和严重问题之下,病急乱投医,或者追求经济、社会发展"更上一层楼",起用黑道"能人",不仅让他们把合法产业做起来,做大做强,而且暗中支持或默许他们把"经济效益高"的非法行业搞起来,以解决当地"就业"难题之类很多问题,带动交通、旅游、餐饮、住宿、商业零售等关联产业。这不仅增强了黑色经济,为权力寻租找到了门道,而且可以牵一发动全身,增加正规产业产值,发展地方经济,创造可观的 GDP,提高地方政府的财政能力。黑恶势力,尤其是黑社会,做到这个地步,就是政府、官员的座上宾了。"官商(黑)"关系整体性转变为"政商(黑)"关系,这自然不是一般的"官商勾结"问题,也大大超出黑恶势力与"保护伞"的关系范围。这时候,关闭非法产业,取缔非法行业,扫黑除恶,就是一个复杂、棘手的政治问题。

这种情况很常见。上面提到的东莞就是一个典型,不再重复。在此给读者提一下多年来闹得沸沸扬扬的"乡匪村霸"问题。在我国,20 世纪 90 年代的一段时间农村黑恶势力爆发式产生和显现。到 2018 年 1 月,党中央、国务院要求在全国"扫黑除恶",把扫除农村黑恶势力作为重中之重,作为事关人心向背、基层政权巩固、社会大局稳定、党的执政基础、国家长治久安的大事;要把扫黑除恶与加强基层组织建设结合起来。近三十年来,乡匪村霸问题一直不断,愈演愈烈,他们"乱政、抗法、霸财、行凶"。①"村霸"多以宗族势力和权钱为基础,组成黑恶团伙,横行乡里,鱼肉百姓,无恶不作,盘踞一方,作恶长达数年乃至数十年,难以铲除。这与基层组织和政府的建设不力并遭遇多方面困难有关。

20 世纪 90 年代初以来,基层政治和管理出现一定程度的萎缩,有的地方,乡村秩序几近崩溃,一些基层政府只得采取"强人治村"的办法。结果,当地一些混混、恶人纷纷成为乡镇政权倚重的人,被乡镇领导安排成为村支部书记、村委会主任候选人(当然会"当选"),一些旧式大宗族纷纷推出自家人"当村官",排斥、打击异姓村民,在农村出现不少以村支书、村主任为组织者、领导者的黑恶势力。他们心黑手狠、打砸砍杀、欺男霸女,养打手、设私刑,贪污少则几万元多则上百万元或更多,丝毫不逊于城里那些黑恶头目。他们几乎毁尽了当地基层组织和政府的形象,搞垮了农村群众与村级自治组织和基层党委、政府的关系,一度成为很大的政治问题。二十多年了,"村霸乡霸"问题至今还没有得到很好解决,各地还在不停地打击,其中有些是历史旧账。面对土地征收、房屋拆迁中的"钉子户",有些地方政府部门默许或纵容黑恶势力参与强征强拆,帮助政府"排忧解难",黑恶势力在这个过程中产生、坐大。

黑恶势力(头目)以"合理方式"充分利用积累的财产等多种资源,让自己亦政亦商、显红隐黑,并且随时摸准当地某些党政领导或"保护伞"的心理和难处,"急政府之所急","引导"政府行为,获取政府特许,成就其个人和企业的"合法"垄断地位,尽量把"保护伞"乃至政府绑在自己的利益链和战车上。这往往是他们最得意的创作。当年东北赫赫有名的"乔四(宋永佳)"黑社会,

---

① 2017 年 1 月,中央纪委七次全会强调,加大对"村霸"和宗族恶势力的整治,决不允许其横行乡里、欺压百姓,侵蚀基层政权。随即,最高人民检察院印发《关于充分发挥检察职能,依法惩治"村霸"和宗族恶势力犯罪,积极维护农村和谐稳定的意见》,要求各级检察机关坚决依法惩治"村霸"和宗族恶势力刑事犯罪,突出打击为"村霸"和宗族恶势力充当"保护伞"的职务犯罪。当时,最高人民检察院反贪总局三局的负责人把"村霸"典型特征概括为"乱政、抗法、霸财、行凶"。"乱政"即倚财仗势、干乱国法、操纵选举,"抗法"即暴力抗法、对抗政府、煽动滋事,"霸财"就是强拿强要、欺行霸市、坐地纳贡,"行凶"就是横行乡里、违法犯罪、残害无辜。参见杰文津、赖星、闫祥岭、陈菲:《"村霸"四宗罪:乱政　抗法　霸财　行凶》,http://cunguan.youth.cn/jjsn/201702/t20170213_9111329_1.htm,访问日期:2021 年 8 月 9 日。

就是乔四在带领他的兄弟们参与强制征地拆迁中生成、长大的。他们以强有力的手段硬逼软磨，迫使所有他们经手的征地拆迁项目中的民众乖乖就范，帮助当地政府拔掉过许多"钉子户"，一度为政府器重。而他自己一步步沦为或者说成长为黑老大，终究把自己和兄弟们送上不归路。在我国，改革开放以来全国范围的城市化，全国的交通、水利等基础设施建设大飞跃，使"强制拆迁"成为一个经久不衰、产值巨大的行业，这个行业吸引和滋生了不少的黑恶势力。

第十，非法行业具有很强的蔓生、再生能力和机制，这使得黑恶势力也获得蔓生和再生的条件与机会。

非法行业具有"广泛的社会需要"。正常社会不能完全满足人们的正常需要，更不能满足或者消除一些人的贪欲。确有一些人通过违法犯罪、非法行业满足最基本的生存、生活需要，还有一些人则通过违法犯罪、非法行业去填充欲壑，这样，总会有人去寻求非法行业，总会有人建立和扩展非法行业。制毒、贩毒就是典型例证。有些地方的毒品市场，就是毒贩通过诱人吸毒、培养吸毒群体所建立，或者吸毒人员为了"以贩养吸"而培育出本地和外地市场。无论政府怎么打击，无论执法者如何认真执法，制毒、贩毒行业始终在扩大，产业规模在扩大，毒品侵蚀的地域越广，越会出现典型的"打而难死，死而复生，生而越壮"的恶性循环现象。

非法行业的蔓生力极强。普通违法犯罪者，特别是逐利性违法犯罪者，以及黑恶势力，他们会把各种非法行业散播到一切可能的地方，哪里有人，哪里可能有"客户"和利润，就在哪里建立市场、稳定市场和扩大市场。他们为了建立、扩大市场，没有"客户"，就培养客户；没有市场，就引进、培育市场，甚至不惜他人的健康、生命和家庭，也要把一些人拉下水，或者强逼一些人涉足非法行当。比如，为了贩毒而引诱、强迫、容留他人吸毒，逐步引诱他人参与运输、储存和贩卖毒品，特别令人发指的是，他们以这些手段危害青少年。而卖淫这样的非法行业很容易蔓延：一则，没有钱色交换的不正当性关系本来就多，通奸在哪里都有，历朝历代都有；二则，钱色交易风险小（艾滋病、性病等疾病风险除外），时间和地点比较灵活，实施方便、容易；三则，卖淫嫖娼作为一个行业,古已有之,行业规则和操作方式都有成例,只是随时代不同,形式花样、交易场所、价格自然有所不同;四则,在某种程度上,这是性开放度高的社会,卖淫者和嫖娼者双方愿意,黑恶势力或其他经营者得到极高的金钱回报。赌博更不用说,哪里都可以成为赌场,哪里都可以聚赌,"五加二,白加黑"都可以是赌博时间,哪里都不缺有赌意赌趣的人。除了零星的性交易、赌博是当事者之间私下的行为,场所灵活外,具有一定规模的卖淫、赌博,就需要相对稳定、适宜的场所,需要有人出面组织、协调和管理。这就出现了真正的非法行业。而这些组织者、管理者天然是违法犯罪者,其中不少是黑恶势力人员。由于地点的隐蔽性,组织者、管理者可能具有违法犯罪经验和逃避打击的能力,加之有"保护伞"或者其他"内线"提供执法信息,所以,非法行业的抗打击能力相当强,善于隐匿、伪装,或者快速转移,等等。即使他在某地被"扫除",即使某些组织者、管理者和普通从业者被打击,他们也能够很快找到新的立足地点,还可能更隐蔽、防范打击的措施更细致有效。

非法行业的经营据点转移了,那些没有受到打击的违法犯罪者、黑恶势力成员也会转移到新地点。当地原有的违法犯罪者、黑恶势力也会很快发现和盯上这些新来人员和新开的经营场所,摸清他们的老板及后台,会去争地盘或者收"保护费",或者参与乃至控制经营。实际上,懂行、识趣的黑色行业老板到新地方,也会提前打听清楚行道,摸清"地头蛇"底细,即便不主动"拜会"当地黑恶势力,也会在当地原有势力光顾之前做好应对准备,不至于像《红楼梦》中的贾雨村,上任后才由门子告诉他须知"护官符"。所以,无论本地人还是外地人,要在某地经营非法行业,除了财力、物力和人力外,就是要有当地的"保护伞",以及当地的黑道兄弟。

当今社会,非法行业和黑恶势力总是如影随形,难以分离,非法行业的蔓生、再生为黑恶势力的产生、蔓延提供了肥沃土壤和无穷机会。

(二) 非法行业滋生黑恶势力的主要机理

至此,非法行业生成、养育黑恶势力的主要机制、机理,可以总结为:

1. 非法行业为黑恶势力生成、发展提供了外在条件

这些条件包括:行业经营场所作为黑恶势力的违法犯罪场所;行业获取的丰厚利益作为黑恶势力违法犯罪的经济支撑;行业经营行为掩饰、掩盖违法犯罪行为;行业的开放性、稳定性、灵活性及蔓生、再生能力,支撑和影响黑恶势力的扩张性、相对稳定性、防变抗打击及蔓延、再生的能力;为黑恶势力租用公共权力,寻找"保护伞",甚至建立"政商黑"合作机制,提供源源不断的财力或服务;非法行业与合法行业及社会存在紧密的联系,使政府打击非法行业成为剪不断、理还乱的难题,从而保持其在社会中生存的活力和机会,成为社会的一个难以割去的组成部分。

2. 非法行业为黑恶势力生成、发展提供了内在要素

主要的要素包括:行业的稳定经营所需的企业、公司,为黑恶势力(主要是黑社会)提供了公司化、企业化的组织形式外衣和组织结构内核;为黑恶势力提供了现成的公司化决策、执行、监督、惩罚等运作机制;为黑恶势力获取稳定、丰厚的利益提供了载体和平台;非法行业活动成为黑恶势力最重要的活动,成为黑恶势力违法犯罪活动的主体和核心,黑恶势力借这些活动而生存和展现。

3. 非法行业为黑恶势力内部运行和外部联系提供机制和机会

非法行业使黑恶势力得以借用行业机制和机会,在一定程度上稳定地建立起内部的"经济—人身"关系,并与社会保持着很深的联系,使得黑恶势力与社会经济、政治和文化紧密交织,这使得一些政府在打黑时会考虑"杀敌中的自损"问题,这样的黑恶势力往往让政府"爱恨交加",打黑除恶时会"瞻前顾后",不仅担心"拔出萝卜带出泥",而且顾忌打黑所可能牵动的社会利益格局、政经布局和政策(大)调整。

4. 非法行业为黑恶势力不断提供文化支持和精神支撑

非法行业需要文化和精神,非法行业也制造自己的文化和精神,各种非法行业往往各具某种精神文化特质。正因如此,非法行业才能够源源不断地为黑恶势力提供不断变化的文化和精神内容。随着非法行业的"现代化"、信息化和全球化,黑恶势力的文化和精神也得到更新发展,尽管黑恶势力的旧传统、旧文化等延续至今,但整体来说,黑恶势力还是在产业经营、组织与活动、技术手段、思想观念诸方面,有了"革命性变化",高科技化、全球视野、长远目光,甚至"人文精神",都已经成为某些高级黑社会对成员的文化标准和素质要求。

我们大体上可以说:非法行业是黑恶势力的(半条)命,黑恶势力是非法行业的(半个)身。之所以说是"半条"和"半个",因为,现在许多黑恶势力还大量经营着合法行业,也不放弃通常侵财手段(包括诈骗、盗抢)以获得钱财。

(三) 非法行业中黑恶势力生成的模式

我们详尽讨论了非法行业滋生、养长黑恶势力的机制和机理,现在说明一下黑恶势力在非法行业中生成的三种基本模式。

1.行业内生型

即某地某非法行业开始是由普通违法犯罪者建立起来的,由于行业经营需要,并为对抗外来违法犯罪势力骚扰、破坏、吞并、驱赶等威胁,他们不得不结合得更紧密,逐步形成恶势力团伙,直至演化为黑社会(性质组织)。这样的黑恶势力往往能够稳定地占据其地盘上的一个或几个行业,只要他们实力足够的话。其他违法犯罪者只能在这个地盘上来"受雇",找口饭吃,不能打"鸠占鹊巢"的主意;要想在此地盘上成为某行业之主,就得另外开辟一个行业,并且要把自己早日炼成黑恶势力,取得江湖名气和地位。即使如此,都还可能要向地盘上早已存在的其他黑恶势力交费纳贡,除非新来的违法犯罪人员或黑恶势力把旧的势力给"整平"了。这方面,各新旧势力会按照"丛林法则"行事,直到得出最终结果。

2.植入行业型

当某地某非法行业已经存在和经营着,无论业内是否已经有黑恶势力控制,外来的一般违法犯罪者或黑恶势力进入该地该行业,从事经营活动或者对行业实施"保护",并且无论外来者与当地原有种种势力是通过协商还是"打"的方式取得入行权力。这就是典型的"植入型"。外来一般违法犯罪者往往会在这个过程中迅速演变成恶势力或黑社会(性质组织),外来黑恶势力则会加快发展,变得更强大。这一过程中的协商或者"打",都按照"丛林法则"和江湖规矩办:互相成为平手,就平起平坐;一方打赢了,就"赢者通吃"。

3.非法行业与黑恶势力共生、共存型

一般违法犯罪者在接触、进入和从事非法行业的过程中,逐步地、不由自主并大致同步地转变为黑恶势力。他们在此过程中并没有遭到外来普通违法犯罪人员和黑恶势力的骚扰、干涉、强迫、威胁等,而是随着经营发展,使得普通违法犯罪者感到有必要增加人手、增强势力,防范在生意成长后,遭人暗算,于是逐步形成团伙,甚至借着经营实体或企业,慢慢组建成黑社会(性质组织)。简言之,一般违法犯罪者演变为黑恶势力,与其兴办、经营的非法产业的扩张、成长,大致上是在同一过程中进行和完成的。非法行业与黑恶势力互动共生,一起成长和壮大。

不过,这种模式划分主要是理论上的,是便于我们在理论上把握非法行业与黑恶势力生成、成型和成势的基本方式。现实中,非法行业与黑恶势力的生成、成型和坐大成势的关系模型极为复杂,没有这么明确、固定的模式,而是随机、混合模式。

三、合法行业中的问题与黑恶势力的生成

我们已经说明,黑社会或恶势力多与特定行业相联系。黑恶势力基于一定的经济原因逐步形成,追逐经济利益是其生存和壮大的保证。他们一方面不务正业、不择手段强夺经济利益,经营非法行业;另一方面又以合法、半合法手段,寄生于"正业"之内。过去,盐茶、旅店、餐饮、矿业、金银珠宝业等,往往受到黑恶势力侵扰、操控,而今,几乎所有合法行业,特别是高利润行业或产业,如同高利的非法行业一样,黑恶势力都趋之若鹜。

黑恶势力在合法行业的生成和壮大,有与在非法行业生成和壮大相似的一些方面,比如要按照行业规矩经营等。非法行业中那些生成黑恶势力的要素、机制,有许多也在合法行业生成黑恶势力的过程中发生作用,如利益的磁吸力、租用公共权力等。但更为重要的是差别,即合法行业与非法行业中的黑

恶势力生成机制、机理各有很大不同。

（一）合法行业中也有黑恶势力的生成机会

黑恶势力不仅经营着世界上所有的非法行业，还经营着世界上绝大部分合法行业，或者说在绝大部分合法行业中有他们的经营活动，在有些地方，甚至垄断了某些合法行业。多年来，我国的黑恶势力也越来越广泛、深入地进入合法行业，公安机关、司法部门和政府发现很多合法行业中存在黑恶势力。黑恶势力与合法行业相互关联起来，这是值得认真研究的综合性现象。

在合法行业中生成黑恶势力，主要有以下五种不同情形：

一是多数情况下，合法行业中合法经营的企业、经营者，由于种种原因，主动或被迫"染黑"，但企业和经营者不"变黑"，不"使黑"，只是偶尔借助社会上的黑恶势力临时性地解决一下困难、问题和纠纷。这其实滋养了社会上的黑恶势力，间接提供了黑恶势力生成的社会土壤，因为，这为黑恶势力提供了"买方市场"，形成了社会需求。所以，这要算合法行业生成黑恶势力的一种情形。

二是黑恶势力在合法行业内生成、蔓延。这又分为三种情况：

第一种情况，合法行业经营者自己逐步"变黑"和"使黑"，在合法行业、合法企业和合法经营的掩护之下，企业的经营理念、目的和行为"黑化"，并且往往暗地里改变经营范围和内容，涉足非法行业。这是合法行业滋生黑恶势力的常见情形。

第二种情况，合法行业的公司、企业经营者稳定地与社会上的某些黑恶势力结成各种形式的利益联盟，黑恶人物成为公司、企业的主要成员，参与企业、公司的一些决策，保护企业、公司的安全生产和经营，对付社会上的其他违法犯罪者或黑恶势力。

第三种情况，不管是经高人指点还是自己悟出了道道，黑恶势力转变活动或经营的内容、方式，改变敛财途径，转向正规行业，从事"正规经营"，表面上一切按照法律条件和程序，开公司、办厂、建企业，搞合法经营，将此前的企业或钱财"洗白"，甚至"染红"，但经营组织的核心人物、理念和手段，特别在关键时刻,依然是黑恶势力那一套,本色不改。

三是黑恶势力直接或间接侵入、控制或接管合法行业的公司、企业,依托对合法行业的非法操控而生长、蔓延。包括黑恶势力在合法行业内建立合法经营的关联公司、企业,在合法公司、企业入股、控股,进入管理、经营决策层,委托其信任的经营管理者等,暗中把合法经营的利润转至黑恶势力经营的合法或者非法公司、企业,把后者的成本转入前者。这些合法的关联公司、企业成为隐蔽的促成黑恶势力生成和坐大的力量。

四是合法行业的公司、企业主动或被动接受黑恶势力的"保护",定期、如数缴纳"保护费",从而长期滋养特定区域的特定黑恶势力。这种形式会"启发"那些尚无黑恶势力的地方的违法犯罪者。他们会仿效这种犯罪行为,在他们自己的地盘上向合法经营者"提供保护",强制收取"保护费"。这是合法行业促使黑恶势力产生的一种重要形式,是黑恶势力生成的一种重要动因。

五是有人或者单位出资(或"干股"),委托、雇佣或安排黑恶势力在合法行业进行经营。这些出资人或者单位自身是否属于黑恶势力,并不完全肯定,但总是"有来头"。这些人或者单位"看中(重)的"就是黑恶势力在黑白两道都"吃得开",为人做事有某些"特色",加之,往往对其雇佣、委托或安排的黑恶势力有一番深入打探,可靠性有保障。这是合法行业生成、滋养黑恶势力的一种极不寻常又非罕见的方式。

在合法行业内生成黑恶势力,原因很多,这里主要讨论行业治理(非法行业不存在"治理"问题)与黑恶势力生成的关系。

合法行业之所以成为生成、滋养黑恶势力的重要领域,基本原因在于,改革开放条件下,我国的行业经营发展出现许多新情况,行业治理远远跟不上。如:新旧行业不断转换;行业治理的法律和政策根据不断变化又不够健全;行业治理新旧体制不断转化,治理模式、手段的创新和适应性跟不上行业本身的变化,行政垄断与监督空白同时存在;监管者以监管自肥,利益输送,致使监管不到位,行业经营混乱;监管执法中"庙少和尚多""小鬼难缠""揩油勒索"等现象突出;行业治理的影响因素、制约要素剧增;国际市场、国际资源、国际竞争、国际规则,一些国家对我国经济、技术的制裁、封锁、打压,技术、贸易壁垒等的客观存在,不断冲击国内有关行业;国际社会一些负面东西,越来越深入地影响国内的行业治理;等等。行业治理难度大,漏洞多,易失控,资源的市场配置无序,市场行为失范,经济体制改革还没突破深水区,处于攻坚克难的阶段;在各有利可图的行业,行政方式配置资源、干预市场仍然突出,政府的"有形之手"有时还是过长、过深、太强,直接操纵市场,长官意志盛行,政府职能转变还没有到位;在利益不大、政府并不怎么关注的领域,则又放任不管,根本看不到政府那只"有形的手",导致混乱。加之,政治体制改革尚待全面深入,对公权力制约力度不足,法治不健全,腐败加剧,执法、司法存在既不严又不公的情况,等等。这些情况都给一些不法牟利者造成巨大空间,有力地诱使黑恶势力产生和蔓延。

合法行业缺乏有效治理,主要有以下四种情况。

一是有些行业缺乏治理。治理权力缺失,行业活动主要由"看不见的手"调整,于是一些有力而非法的"看得见的手"就强占行业活动控制权,形成黑恶势力。这在一些所谓"创新行业"尤为突出,"创新金融"直接成为金融诈骗、网络诈骗、电信诈骗、另类传销的代名词;"网约车"、黑出租,问题成堆,安全难保。这些行业不乏黑恶势力插手其间。

二是一些行业治理不力。唯 GDP 主义①下粗放的行业治理,监管环节有疏漏,监管方式、手段有时候跟不上违法犯罪者的手段变化,各地、各行业监管的协调、配合和信息共享缺乏,行业监管者放任不管,监管流于形式,合法行业内的不法经营者有恃无恐,黑恶势力趁机兴起。

---

① GDP,即"国内生产总值"(Gross Domestic Product),是指国内所有常驻单位在一定时期内(年)生产的所有最终产品和劳务的市场价值,是核算国民经济和衡量一个国家或地区总体经济状况的重要指标。但是,不管它是多重要的指标,它与普通民众的生活水平、质量和幸福指数没有直接关系。李义平指出:单纯 GDP 数量不能反映一国经济的强弱;GDP 不等于国民生活水平;有些行为可以增加 GDP,但没有创造财富,甚至有害于大众福祉;有些损害大众福祉的行为却能大量增加 GDP;GDP 增加,但如果消费品价格提高、社会财富分配不公,就会造成社会福祉总体下降,弱势群体更受其害。"唯 GDP 主义"的负面影响有:忽视经济发展是为了满足广大人民群众日益增长的物质文化需要,不是为了增长而增长,把增长、追求 GDP 当成目的,忽视很多有利于人民身体健康的公共事业;不择手段增加 GDP,比如把大楼建了再炸,炸了再建,就会增加 GDP,很多地方就会过度建设,就会污染环境,就会使资源不堪重负;创新能力可能不足,即 GDP

三是一些政府部门或者监管单位以至监管者,以无暇顾及等事由,"委托"从业者中的"能人"代行监管职责,甚而"出租"监管权,监管名存实亡,那些"受托人"往往独霸市场,并以黑恶手段巩固独霸地位,黑恶势力趁机而起。

四是一些行业的治理错位。监管者和违法者合谋,沆瀣一气,成为保护行业非法行为的人物,管理者与被管理者形成利益链,依赖被管理者而发财,其中一些不法之徒利用这样的政商关系,逐步演变为黑恶势力,或者黑恶势力轻而易举地侵入了合法行业,形成"以黑利红,以红护黑"的格局。在这种社会氛围下,先是一些私营业主、民营企业,然后包括一些国企,逐步"染黑",有的干脆"变黑"或者"使黑",不管是出于恶意还是无奈,依靠暴力、腐蚀等手段,通过排挤或联营,扩大市场份额,逐步操控大到能源、交通、建筑、地产、金融等事关国计民生的重点项目,小到粮油菜肉等事关百姓日常生活的商贸活动,攫取巨额利润。

政府和有关部门要通过改善行业治理来防控黑恶势力的生成和坐大,必定"道阻且长",全球打击有组织犯罪的历史早就证明了这点。不过,"路虽远,行则将至;事虽难,做则必成"。

(二) 一些合法行业经营者无奈"染黑"

"染黑"是一些合法经营者的遭遇,是至今仍然存在的现象,是那些合法企业、公司及其领导者后来"变黑""成黑"的第一步、第一阶段,虽然不少"变黑""成黑"的企业及其领导不一定都经历过这个步骤和阶段。

"染黑"是指这样的情况:有些合法企业及守法的企业、公司或其他经济实体的领导人、其他管理者和员工(以下统称"合法经营者"),为企业经营等事情已经采取了所有合法、合理的途径和手段,但都不能维护自己的合法、正当权益,终于在某个时候不得不请黑恶势力出面"帮忙",并按照约定或"情面"支付黑恶势力报酬。

很大,但是大而不强。(参见赵健:《李义平:单纯追求 GDP 带来三个方面的负面效应》,http://theory.people.com.cn/GB/11331036.html,访问日期:2021 年 8 月 11 日)党中央、国务院这些年一直要求破除"唯 GDP 论英雄"。

造成那些合法经营者"染黑"的具体情形非常多,主要而常见的就是要账难(讨债难)。欠账者简直明火执仗跟抢似的,一套又一套欠账有理的哲学,宁愿当铁杆老赖,也不还钱(当然宏观经济形势差,"三角债"混乱、难解,长期的地方保护主义,确实是重要因素),要债的比乞讨的还不如。除了要账难,社会上出现闹离婚的双方中有一方悄悄转移、隐匿了财产,夫妻中有一方在外面另置房产、养情人,无过错方面临着既破家又伤财的痛苦,等等。于是,社会上出现许多合法之债难讨、财产遭不法侵犯更难追讨的情况。归纳起来就是,"正当讨债(维权)无门"成为相当普遍的现象。正路走不通,一些人无奈走黑道。在涉黑案件里面,有些公司、企业及其领导者、管理者最初涉黑,就是这么开始的;一些黑恶势力最初就是看到这些"巨大商机"而出现的。有一段时间,我国暴力讨债(包括大量软暴力)、"信息咨询"(家庭财产、公司、企业财产和信用、婚外情等调查,即受委托调查、跟踪老赖、有婚外情的可疑者)类的团伙、公司,大量产生,恶性膨胀,其中涉黑恶者不在少数。

其实,在很多年里,那些合法经营者遭遇侵权后,立即想到的是通过正常、合法途径解决问题,依法维权。但是,他们往往发现:亲自跟对方交涉不仅无济于事,而且还可能受到新的威胁,欠账的比收债的厉害,害人者比受害者"牛",自己收债、讨公道的路越来越走不通。仲裁是很多人不熟悉的,而且仲裁有时候管用,有时候没有用,对方要是不执行裁决,自己不能也无力去执行,得申请法院执行,这可不是小问题,法院会不会执行仲裁裁决,怎么执行,效果如何,都有不确定性。请熟人出面、好友撮合,找个当官的出面调解,也不一定见效,开始可能见得到人,接电话,后来干脆躲起来了,不能见人,手机关闭,家门紧锁,找单位他没有上班,找他的公司,公司关门、放狼狗,没准还放话"不要把我逼急了"!找政府或者政府部门,有时候找书记和什么"长",也许接待,但他们说无权管这事,"还是你们自己协商吧,你可以起诉啊"。在这过程中,有些在公安部门有熟人的,就找公安机关,这一招当然很奏效,公安机关的手段无须怀疑,"法律根据"一清二楚(不是软绵绵的"欠债当还",而是以对方涉嫌经济犯罪为名,插手经济纠纷,刑事立案,拘留、逮捕,威胁判刑、坐牢,要走出公安局大门也不难,把欠的账还了),但这种做法后来被公安部多次严令禁止(但至今仍有插手的)。① 还是有很多人去法院起诉,认为那里可以主持公道和正义,可几番折腾才明白,有些法院、有些法官有些时候也"黑",存在"吃了被告吃原告"的现象。剩下的就是去人大机关、信访部门,可是对合

---

① 合法债权人用这招讨债,赖账的人倒打钉耙,不法分子、黑道人物"黑吃",也借公安机关的执法权"摆平"合法债权人或者其他人,公安人员在这方面的腐败也多有暴露。加之一些地方政府或部门基于地方保护主义,也要求或授意公安机关插手经济纠纷,经济秩序几乎大乱。从20世纪80年代后期直到现在,公安部多次明令禁止公安机关和公安人员插手经济纠纷,取得一定效果,但仍然有公安部门和公安人员有禁不止。针对公安机关插手经济纠纷,公安部曾经发出《公安部关于公安机关不得非法越权干预经济纠纷案件处理的通知》(〔89〕公治字30号)、《公安部关于严禁公安机关插手经济纠纷违法抓人的通知》(公通字〔1992〕50号)和《公安部关于严禁越权干预经济纠纷的通知》(公通字〔1995〕13号)予以禁止。最后这份文件指出:公安部已经三令五申,要求各地公安机关不得干预经济纠纷,防止公安机关和民警越权干预经济纠纷,切实纠正办理经济案件中的各种违法行为和不正之风,但仍有一些地方公安机关和少数民警有令不行、有禁不止,我行我素,为了本地方或某部门的经济利益而置国家法律和党纪政纪于不顾,越权办案,把不属公安机关管辖的经济纠纷、债务纠纷立为诈骗案件,为一方当事人追款讨债,有的故意混淆经济纠纷与诈骗案件的界限,谋取私利;有的采取违法收审、扣押人质、非法拘禁等手段强行抓人,长期关押,"还款放人";个别地方竟以已经检察机关批捕来转嫁责任,应付上级公安机关追查,严重侵犯了公民人身权利和合法权益,造成严重后果和极坏的社会影响。对这种严重的违法办案、越权办案的事件,各级公安机关负责同志必须高度重视,坚决查处,要做到对法律负责,坚决维护国家法律的统一和尊严。对于继续把经济纠纷当成诈骗案件办理的,上级公安机关应予警告纠正;对不予改正者,要追究主管领导的责任,并通过新闻媒体予以曝光。对因越权干预经济纠纷造成行政或刑事赔偿的,按《国家赔偿法》的规定,应当责令有故意或者重大过失的民警承担部分或者全部赔偿费用。对未经批准,擅自抓人、扣人或以种种借口拒不执行有关法律和规定,拒不执行上级公安机关依法纠正的指令,严重违法违纪的民警,特别是有关领导,要坚决处理,直至撤销职务;情节特别严重、构成犯罪的,要依法追究刑事责任。

公安部门越权插手经济纠纷的主要方式有:1.插手合同、债务等经济纠纷案件;2.乱用收审手段拘禁企业法人代表和有关经办人作"人质",强行索还款物;3.到外地抓人追赃不办法律手续,也不通过当地公安机关,搞"绑架式"行动,非法搜查住宅、侵犯公民人身权利;4.对当事人拷打虐待、逼迫"退赃"和承认"诈骗";5.有的公安机关祖护本地犯罪分子,对外地来人正常办案不予配合,以种种借口设置障碍,横加阻挠,不让依法拘留逮捕本地的犯罪分子,不让追赃;6.对明显的诈骗、投机倒把案件,不认真侦查调查,只追赃罚款,甚至与犯罪分子谈判"私了"、"退款放人";7.向受害单位和当事人索取"办案费",要款要物;等等。看来,也许黑恶势力从这些手段中模仿了不少。

2017年11月24日,最高人民检察院、公安部联合发布《关于公安机关办理经济犯罪案件的若干规定》(2018年1月1日起实施),这个规定废止了公安部的《公安机关办理经济犯罪案件的若干规定》(公通字〔2005〕101号),并且明确要求公安机关办理经济犯罪案件应当"严格区分经济犯罪与经济纠纷的界限,不得滥用职权、玩忽职守","坚持平等保护公有制经济与非公有制经济,坚持各类市场主体的诉讼地位平等、法律适用平等、法律责任平等,加强对各种所有制经济产权与合法利益的保护"。

法经营者而言,哪能老被这些事儿耗着,在各种合法救济渠道中打圈圈。

于是,一些愿意忍受损失的债主(合法债权人)就自认倒霉,忍了,以后小心为是;那些忍不了的,就自己伤心。但也有些人想不开(多少年辛苦积累的钱财说没就没了,甚至要家破人亡)就去拼命,找对方的家人、单位的麻烦,想方设法"自我救济"。都还不成,可能有人提醒了一句,"找某老大去试试吧",第一次请了"道上的人",也真怪,在绝望之际,居然"老大"就把欠账要回来了,事办成了! 时间少,见效快,程序简便,成本虽然高,总比血本无归好(何况不一定比"打点"办案人员、请律师的费用高),他办事,我给钱,他的手段我不管,事了钱清,各归其道。

当有某些合法经营者第一次吃了这"螃蟹",就不怕有第二、第三次了。当其他合法经营者遇到类似情况也做类似处理,发现其中奥妙之后,就会传播出去。社会上便很快知道"讨债公司"、讨债大王之类的东西,而"讨债公司"、讨债大王等则应运而生,如"雨后春笋"。在 20 世纪 80 年代至今的这四十余年里,不知道有多少企业、公司和个人就是这样"染黑"的。

这种"染黑",有六个"溢出效应",这些效应的社会影响很大、很恶劣。

一是经历了这些事的企业、个人会在将来倾向于采取同样的手段解决同样或类似的问题,甚至对那些完全可以不用"染黑"手段就能够解决的问题,也会倾向于使用"染黑"手段,对合法途径不信任,有意识地将其搁置虚化,对黑恶手段产生依赖。

二是群起仿效。社会中遇到这种情况的合法经营者不是个别,既然正当之门不为我们打开,也就尽量不去求他为我们打开,而直接走"染黑"的路子,简单、干脆和利索。

三是就算正当之门为我们打开,但如果发现其中奥妙太多,水太深,灰黑色成本太高,结果也不一定真的公正,还得在一些领导或者执法办案人员面前低声下气,看人家脸色眼色,一场官司打下来却垂头丧气,那又何苦,还不如直接"染黑"划算。这个效应特别坏,也特别重要,因为"染黑"手段启示众人:这条道儿不仅简便易行,而且成本可能较低,利益可能更大,还少折腾,少烦心,何乐不为。

四是合法经营者既然可以用"染黑"手段办正事,当然可以用它办歪事、邪事;既然可以用来对付无赖,也就可能用来对付并非无赖的人。至此,"染黑"手段就会泛化、滥用。一些合法经营者一旦"染黑",就可能汲取黑恶毒素,慢慢红了眼,失去理智,刹不住车,不问青红皂白,不分是非曲直,动辄以"染黑"手段相威胁或使用"染黑"手段,处理各种正常或非正常的业务,他们自己也就向"黑"变,"变黑"。

五是合法经营者、有正当权益者可以用"染黑"手段解决问题,那么,非法经营者、无赖之徒自然也会使用这招。须知,黑恶势力只看钱不看人,谁给钱就给谁办事,给钱多就狠办事、办狠事。于是开始"天下大乱"了,不管善人恶人,不管贫贱富贵,都可能使用他人的"黑手";越来越多的个人、公司、企业和其他组织"染黑",当然就有更多的人在这过程中"变黑"。

六是"黑恶手段"不再是黑恶势力的独有发明和垄断对象,在腐败现象持续加重的情况下,一些执法办案的部门和人员就会借用、仿效黑恶手段,或者创造出法外手段(会以法律之名,借法律程序),把国家公器私化和黑化。这是"染黑"手段溢出效应的最严重状况,会给党、国家和社会造成重大危险。

"染黑"至少从三个方面催促了黑恶势力的生成和坐大:黑恶势力获得了(越来越大的)需方市场,催生了更多的黑恶势力;一些曾经的"染黑"者,自己慢慢"变黑"了,加速了黑恶势力的产生和蔓延;"染黑"的合法企业"变黑"之后,更容易向成型、成势的黑社会(性质组织)转变,也更隐蔽,因为他能够轻易借用现成的企业组织形式和体系,也往往更有经济实力支持其黑恶行动。

值得指出的是,一些大大小小的公司、企业及其老板,长期坚持奉行"染黑"("用黑")但不"变黑"的原则,至少表面上是做到了这一点。有的大型、特大型企业、公司,它们的子公司、分公司,也可能在个别情况下"用黑",但总的来说,与黑恶势力保持距离,尽力避免自己"变黑"。

"染黑"有重大风险。首先,黑恶势力"办事"的手段和方式,以及可能造成的后果,委托人(授意人)难以控制。所以,一旦造成违法犯罪严重后果,"染黑"的公司、企业及其负责人就脱不了干系,授意人很可能会直接涉嫌共同违法犯罪,要承担民事刑事等法律责任。其次,"请神容易送神难",就怕遇到"不耿直"的势力,接触一次就脱不了身,"鬼魂附体"。这也是许多合法经营者、守法民众遇到再大困难,也不敢轻易找黑道摆平的原因。从黑恶势力的整体看,尽管他们会极力避免给社会造成"沾上就甩不脱"的印象,以保护他们的"客户市场",但总会有不守江湖规矩的"黑恶势力",给一些人带去"请来就送不走"的教训。这也是博弈中的平衡。

总之,正当合法的经营者被迫"染黑",许多老百姓被逼"染黑",实在是家国之大不幸。

(三) 有些合法行业经营者逐渐"变黑"

某些合法经营的公司、企业及其负责人"变黑"的原因和过程,与"染黑"的原因和过程,有相同及类似之处。一般来说,合法行业里面合法经营的公司、企业,不会无缘无故地"染黑""变黑"。不过,"染黑"和"变黑"二者间确有差异。

"变黑"就是"变成黑恶势力",不是仅指变成狭义的"黑社会(性质组织)",而是可能变为恶势力团伙,或者黑社会性质组织,或者更高形态的黑社会。这里的"变黑"不包括早已是黑恶势力的团伙、组织和人员在合法行业开设合法公司、企业,进行合法经营(无论是否掩盖非法行业和非法经营),也不包括黑恶势力进入已经设立的合法公司、企业,"鸠占鹊巢",把合法企业、守法经营者"变黑",而是指"白道"和"红道"人物及其经营或负责的合法公司、企业,自己主动或被动"变成了黑恶势力"。

"染黑"不一定"变黑",也不是"变黑"的必经阶段。有些合法经营者"变黑",可能是从自己或他人的"染黑"中得到启发,有些则是在看到他人"要债难"、守法经营难、维护合法权益难等"难解难分"困难之后,或者他们亲历各种困难之后,就开始打主意,把自己变得狠一些、恶一些、黑一些,属于"主动向黑变化"。

"变黑"方式多样,包括自己学会黑道手法,像黑恶势力的头头脑脑那样,有几下拳脚,会舞棍弄枪,再把跟踪、盯梢、偷拍、绑架的功夫练一练,把江湖规矩学一学,出口便有江湖气,举手就是黑老大。也可以不必把自己从内在气质到外在形象都炼成黑恶老大的模样,直接以老大之名,招兵买马,把一些看得起、有几下真功夫的社会人员,雇聘到自己的公司、企业中,或当保安,或做私人保镖(也可以兼司机,有文化的还可以兼秘书),作为固定或不固定的员工,给他发工资、奖金,给予各项福利,由他为公司、企业或老板摆平老赖、敲诈勒索者及其他黑恶势力;人手不够,往往也由这样的保安或秘书到社会上临时召集人员,按出场次数和行动风险付费。公司、企业或老板招聘这类人员的数量,各不一样,而且随着公司、企业的经营状况变化而改变,家大业大、财产雄厚、名声在外的公司、企业,就更需要功夫高的保安和保镖,人数也可能增加。逐渐地,围绕着老板或公司、企业高层,就形成一种势力,无论他们是否参与社会上的违法犯罪行为,是否参与道上的活动,只要他们动辄以暴力(包括软暴力)等手段,处理公司、企业与外界的业务纠纷,帮助老板、高层管理者或员工处理私人纠纷,包括受指使对付普通员工,那么,恶势力或黑社会(性质组织)就初现端倪了;倘若这种状况比较稳定、长期地存在,恶势力或黑社会就基本成型了。

有些公司、企业及其投资人(主要是自然人)、领导者或中层管理者等主要人员"变黑",并不是遇到什么麻烦,凭自己的力量不能处理,而是差不多一开始就准备在各种合法招牌之下,发点大财、横财,做放高利贷、设赌场、开妓院、"讨债"、"私人侦探"等"生意",为自己"打地盘",暴力扩张、垄断本行业的业务,为本公司、企业及老板讨债,帮外来的委托人(客户)收债、跟踪、调查资讯,在举办合法企业的过程,就聚集了一批人员,按照黑恶势力的规矩和行事方式,从事正常经营之外的活动,"保护"本公司、企业的经营。有些公司、企业的领导人、管理者和员工中的骨干成员,在开办公司、企业前,可能已经有违法犯罪经历,个别的还曾经是某个黑恶势力团伙、组织的成员,知晓黑恶势力的行情和操法,随着公司、企业的起步,他们的黑恶势力也就形成了。

那些合法经营的企业、公司等"变黑",主要与其领导人直接相关。以下十类人,不仅可能让公司、企业"变黑"、涉黑,而且容易把自己和手下"变黑"。

一是守法经营意识淡薄的人,尤其是这样的"能人""强人"。他们往往打擦边球,走在合法经营和不法经营之间,利用法律、政策漏洞,或者破坏法律和政策,直接从事非法行业和非法经营。这类经营公司、企业的人,对不法手段的使用、哪些人能够使用不法手段,都比较留意,很容易在遇到事情时,突破法律底线,按照黑道方式处理事情。

二是不信任法律、执法和司法的企业领导人,尤其是曾经跟执法、司法人员等打过交道受过"教训"的企业、公司领导人。他们会在重大问题上,在处理经营难题上,特别是像催债要钱、对抗黑恶势力骚扰等事情上,虽然不会完全放弃寻求政府、公安机关、工商管理(现在为市场监督,后文不再说明)等部门和法院的支持、帮助,但常常寻求其他社会知名人士帮忙,再不济,就采用江湖规矩、黑道手段。

三是对合法经营的难处深有体验,并且招聘了特殊"保安"等人员的公司、企业及其老板。他们几乎迟早要涉黑、"变黑",除非他们一直严格限制这些保安人员的行动,只为企业、公司和老板、员工的安全负责,采取法律允许的手段,否则,企业、公司,尤其老板,迟早会让他们越过法律界限,并把老板、公司、企业带下水。

四是有过违法犯罪经历,或者有街头、乡村混混历史、习性的人。他们一旦有机会成为企业、公司的负责人,或者中层管理者,哪怕是个小班头、生产组长,都容易把江湖习气带到企业、公司或班组中。倘若企业主要领导是这样的人物,除非他涅槃重生,自觉重塑形象(而且不能是表面的),否则,很容易带出一个常常违法经营的企业、公司,带出一帮黑恶势力。

五是能够接触甚而大量接触有劣迹、前科及刑释、劳教等社会边缘人员,甚至还跟他们是"(铁杆)兄弟"、"(好)朋友"(打小时候以来的)、"伙伴"、"跟班"、"街邻"、"老乡"和"相好"等等,以及可能或者曾经"染黑"的公司、企业的负责人。如果这类人不仅从"染黑"中学到了"黑恶势力有用,黑恶势力不可怕,黑恶势力没啥不好"之类的所谓"经验",而且一次次"尝到甜头",并且将来可能还有不少要靠黑恶手段才能"摆平"的事,这些老板以及他的手下"变黑"的可能性就大增。

六是不管此前个人经历如何,开公司、办企业一开始就打定主意要"借壳"发大财、梦想一夜暴富、不择手段坑蒙拐骗的人。他们不在乎方式和手段,只要能够赚(搞)到钱财,任何手段都是好手段。这样的合法经营者,只是外表光鲜,他的企业、公司及手下会很快"变黑"。这样的公司老总、企业经理,多半心猿意马,合法行业的经营可有可无,可赚可赔,但一定要经营那些暴利的非法行业,一定要采取各种最有效的合法与不法敛财手法,如"讨债"、"婚姻调查"、"信息服务"、"放水"、"收水"、开赌场、拐卖妇女、设妓院、贩毒、走私、开地下钱庄、"洗码"以及收取"地盘上"的公司、企业和企业经营者的"保护费",从事诈骗、非法集资,等等。

七是在经营过程中发现经营环境变坏,社会环境变坏,法律环境变坏,不得不准备以非常手段和非常方式应对日益恶劣的环境,并且其内心往往不惧怕挑战,遇强则强,逢恶更恶的人。这类公司、企业老板,在环境持久不能改善的情况下,迟早会"变黑"。他为公司、企业和自己准备黑道手段的过程,就是"变黑"的过程;当他把能够使用黑恶手段的兄弟们组织起来的时候,就是恶势力或黑社会性质组织形成的时候;当这些人员第一次按照黑道方式非法执行任务的时候,就是他们的黑恶势力开张、出道的时候。

八是一些跟黑恶势力多有交道的执法、司法人员,尤其是具备这种经历的警察。他们入股、控股或开办企业、公司,往往聚集着黑恶势力。知情、懂行的黑恶人员,特别是那些"熟悉"这位警方人士的黑恶人员,不管是为了将来行方便,还是出于"朋友真心",都会帮这些公司、企业搞好生意。这样的公司、企业,几乎自从成立之日起,就涉黑、"变黑"。那些警察也知道自己"变黑"了。

九是某些代行政府管理、监督权力的公司、企业及其负责人。作为暂时性现象,在我国,曾经有不少行业,政府管理困难,执法力量不足,委托或者变相委托行业内个别有规模、有资质和有较好生产、管理基础及信誉的公司、企业,代为行使或变相代行行业管理职权,履行行业管理职责。他们对一定范围内的同业公司、企业及关系紧密的关联行业的企业、公司,进行管理、监督(有"委托行政"意味),但是政府并不给予报酬,而是在政策上对这些代行管理、监督职责的公司、企业(称为"受权企业")给予照顾、支持,使这些"受权企业"在行业内具有某种市场优势地位。如果"受权企业"严格尊法守纪,公正对待业内所有企业,认真代行监督管理职责,把行业内的生产、产品、技术、服务都搞好,促使行业良性发展,也是好事。但是,一些"受权企业"利用自己的行业优势地位和在政府眼中的特殊地位,在追逐更大利益的诱惑下,慢慢地变成所管区域内同业企业的"太上皇",甚至渐渐把政府也不放在眼里,既使用政府授予的某些权力,又利用政策优惠,还使用违法犯罪手段,干起欺行霸市、假冒伪劣等各种勾当,挤垮同行企业,坑害消费者,甚至勾结黑恶势力,或者自己豢养打手,从而彻头彻尾"变黑"或"成恶"。

十是有心脚踏"黑白"或者"红黑"两只船,不问正道邪道,只想赚钱的胆大之人。只要赚钱,他们可以开设合法公司、企业,经营合法业务,也可以进军非法行业。他们招聘员工,往往有以下特点:"英雄"不问来路;红黑白道都混得开;注重有无"特殊"技能(不论是现代高新技术还是旧式全武行);注重有无特殊经历(为官,为商,违法犯罪,混黑道);等等。这种人不论自打开始还是后来遇到机会,都要"变黑",而且一定会把员工"变黑",或者使曾经的黑恶人员更黑。

合法行业"掺黑",合法企业、公司"变黑",从是否守住"本行"来看,就是两种情形:一种是守住本行而"变黑"的(但可能扩大经营范围,跨行开设公司、企业),把合法行业、公司、企业,按照黑社会的做法来经营,都干老本行,不变,变的是经营者。即原来的守法经营者被赶跑了,行业被黑恶势力控制了;或者经营者也没有变,变的是那些已经财大气粗的老板的脑袋,他们满脑子的发大财梦,使出的是从前没有的黑手段,请的是不三不四的恶势力、黑帮人物。另一种是放弃本行,另外搞一行或几行,都有合法经营,但也是按照黑恶势力的规矩来实际运作。这些"变黑"的公司、企业和他们的老板,不一定都涉足非法行业,但如果经济实力雄厚,他们往往会放高利贷、"放水"、搞地下钱庄或入股——当然社会中的实际情况总是复杂的。

(四)某些合法行业经营者已然"成黑"

这里的"成黑",指的是在某些原本合法的行业、公司、企业内,恶势力形成了,黑社会(性质组织)成型了,有的已经坐大了,这些公司、企业的领导者确实已经成为恶势力头目或黑社会(性质组织)老大,在事实上和法律上,团伙是明显的,黑社会(性质组织)也没有什么疑问,认定没有困难。

"成黑"和"变黑"有几个差别。"变黑"是守法的经营者及合法公司、企业从不是黑恶势力变成了黑恶势力,从守法经营变成既守法又违法经营,既经营合法行业、产业,又可能经营非法行业、产业,"合法身份"始终存在,但逐步转向使用黑恶手段进行经营。"成黑"是指"黑恶势力"形成了、成型了,黑社会(性质组织)坐大了;"合法身份"只具有"外壳"意义和"掩护"功能,是欺世盗名的招牌,即使在"合法身份"之下,合法经营的规模、产值、水平等都在增长或提高,但企业、公司性质完全变了,成为恶势力团伙,或者成为"有组织犯罪"的"犯罪组织"。

"成黑"的成员来源大致有两部分:一是"变黑"的那些单位的人员。二是社会上的黑恶势力侵入合法行业,侵入合法公司、企业,并在一定程度上控制了公司、企业;这些公司、企业的实际领导、负责人可能更换了,也可能没有更换,但在公司、企业里面有最终决定权的人,是黑恶势力的主要人员,或是黑恶势力承认的其他人。

合法行业里面"成黑"的那些公司、企业,在黑恶势力的领导或控制之下,经营方面也具有一些特点。其一,他们往往会更加小心翼翼地经营合法行业,尤其是当他们稳定控制住公司、企业之后,经营走上常轨,利润平稳或增长的时候,他们是不会打坏金蛋的。其二,成型的黑社会不仅会真正经营合法行业、合法企业、公司,也往往具有一定经济乃至政治法律意识、避招风险的意识和经验。他们只想做低调的、不让人怀疑的、没有人能够看出来的黑道人物。这些黑道人物及其经营、控制的企业,也都要树立新形象。这就像杜月笙当年那样,跻身社会上层成为社会名流之后,对自己黑帮大佬的身份也不满意。他重新包装自己和门徒,改名字,改服装等行头,弄风雅,不能让人一看到就害怕,把人吓着。他搞教育、文化,搞赈灾等慈善活动,他积极参加抗日,等等。他要完成从黑到白、从恶到善的蝶变。① 其三,"成黑"的黑道势力往往更隐

---

① 参见《[大揭秘]青帮系列之杜月笙从流氓到名流 改变形象 从恶到善的第一步》,央视网,http://tv.cntv.cn/video/C33859/c76934248ff03dde6e9a4c200a4e5c44,访问日期:2021 年 8 月 10 日。

蔽,更不容易被发现和识别,他们在阳光下的一举一动,反倒比很多常人甚至官员的行为更符合社会的需要。这些是处于"变黑"过程中的黑恶势力那种打打杀杀、穷凶极恶的形象不可比拟的。其四,合法行业、合法公司、企业中"成黑"的负责人,大约有三种来源:一是原先那些合法的经营者"变黑"而成的。二是企业、公司自己从外面"引进"的,有的是政府或有关部门、相关领导向合法企业、公司"引荐"的,有的还是相关政府部门"任命"的。他们多以"改革创新领军人物""能人""强人"和"新型企业家""专家型企业经营管理人才"等面貌出现和被重用。三是社会上(江湖上)的黑恶势力自己想方设法闯入行业、闯入公司或企业的。他们的招数很多,参股控股、讹诈恐吓、威逼利诱、骚扰客户和关联企业、利用产业结构调整、企业改制改组,等等。

当黑恶势力在合法行业稳定经营后,特别是当政府多次打击黑恶势力之后,那些已经"成黑"的黑恶势力(成型的黑社会),更在意或者更愿意在合法行业里面合法经营。这不仅能够非常好地掩饰自己的身份,而且也不愁经济来源,并且还能更好更多地与左邻右舍接触、交往(当然他们会谨言慎行,以免暴露背后身份),赚取好名声,真是一举几得。

从来都有一些黑恶势力靠收取其地盘上的各行各业、各家各户的"保护费"敛财。这些黑恶势力,与合法行业和非法行业都有关。他们可能有自己经营的合法或非法企业,但从他们收"保护费"的举动看,要么他们的经济来源有限、经济实力不强,要么他们太贪得无厌。那些真正成型、坐大的黑恶势力(黑社会),多半财源广厚,实力强大,特别是稳定经营着公司、企业的,不会再到街上、市面上去收"保护费"。毕竟,收"保护费"是一种人们容易识别、很招摇、惹众怒的黑恶势力行为。当然,在一些黑恶势力把持了很久的地方,如果政府管理薄弱,各种黑恶势力都可能光顾、违法犯罪太猖獗,基本治安秩序都无法保障的时候,一些人宁愿当地最强的黑恶势力收"保护费",否则他们觉得不安全、不安心。这种情况在意大利西西里的一些地方就存在。

"成黑"的黑恶势力的特征是:合法身份,合法行为,合法收益,三重"合法"外衣掩护下从事黑恶势力的各种非法勾当并获取非法利益。

（五）合法行业内黑恶势力生成的机理

合法行业内之所以也会生成黑恶势力,在于合法行业也有某些黑恶势力生成的相应机制机理。

1.绝大多数合法行业准入的开放性或者低标准

市场经济下的合法行业具有多样性,而且,绝大多数行业准入具有开放性,或者准入门槛低,需要严格准入条件的行业毕竟较少。于是,在没有严格准入条件的各合法行业,黑恶势力是可以轻易入行的;在有严格准入条件的行业,黑恶势力也有可能取得和满足相应条件,至少对大多数行业而言,黑恶势力能够相对轻松地进入。何况,行业准入标准不是对人的标准,尤其不是对公司、企业领导人、管理者的标准,而是对公司、企业的技术等资质要求,公司、企业只要有资质,只要有相应的专业技术、工艺、设备设施,有这些专门人才,能够从事相关的生产、服务和管理就行。所以,这一项大多难不住黑恶势力。再者,合法行业多的是,容易进入的行业多的是,那些黑恶势力不会专门为难自己,此行不通转他行。即使法律法规中有相关"职业禁止"规定,但对真正的黑恶势力人员来说,规避这类规定完全不是难事。所以,合法行业对黑恶势力是开放的,行业准入并不是有效阻拦黑恶势力入行的机制。

2.经营合法行业所需的证照既不能拦住也不能排除黑恶势力

工商登记注册、营业执照以及其他行政许可文件(甚至特许证)这些证照和许可,当然难不了、拦不住想要进入合法行业的黑恶势力。[①] 对黑恶势力来

---

① 我国工商管理机关对经济行业(市场经济)与黑恶势力生成发展之间的关系,早有深刻认识,并且力图通过工商管理活动为打黑除恶尽力。但实践证明,工商部门的相关努力并没有收到预期成效。2006年3月17日,国家工商行政管理总局发出《关于深入开展打黑除恶专项斗争的通知》(工商公字〔2006〕51号),指出:各级工商行政管理机关要充分认识到当前黑恶势力问题的严重性和社会危害性,充分认识到打黑除恶不仅是维护社会治安的问题,也是重要的政治问题,是维护社会主义市场经济秩序、创造良好发展环境的迫切需要。黑恶势力不仅影响社会治安,而且破坏社会主义市场经济秩序,直接影响经济发展。黑恶势力以商养黑,以黑护商,进行非法经营活动,甚至用暴力手段垄断市场、行业乃至局部地区的经济活动,严重破坏公平竞争的市场秩序。各级工商行政管理机关要充分发挥企业登记监管职能,严格审查各类企业登记资格和餐饮、娱乐等特殊服务场所的主体资格;要坚持依法前置审批制度,充分利用企业年检制度,

说,取得相关证照或者许可,基本上不是难事。登记注册需要什么材料,他们都可以制作出来,实在难以制作的,就设法打通关节,请有关领导和工作人员"通融"。再就是,工商登记注册、领取营业执照,与行业准入不一样,除了特殊行业、特殊企业、特种经营等有特殊要求之外,开公司、办企业的工商登记注册和领取执照,本身并不难。特别在政府进一步完善市场机制、严格控制和大力减少行政许可、审批事项的情况下,黑恶势力要进入合法行业,就更加容易。从实践上看,工商登记、营业执照、许可审批等制度,完全不能起到拦截、过滤黑恶势力入行的作用,更不能排除入行的黑恶势力,而且,市场越开放越是如此。

3.黑恶势力拥有多种手段突破准入或许可限制

即便行业准入、工商登记注册对黑恶势力进入合法行业有隔离、过滤和控制作用,黑恶势力仍然有多种途径突破有关限制、控制,或者绕开这些限制和控制。最典型的是,设法直接进入有关行业现存的合法公司、企业,"借船过海"。合法行业内的既有公司、企业,往往可能成为黑恶势力顺利入行经营的现成平台。他们有太多方法和手段打开通往现成合法公司、企业的道路。

4.已入行的合法企业或经营者可能"变黑""成黑"

合法行业内的现成公司、企业等经济体的负责人、主要经营者,有不少因素或者困难,引诱、促使他们"染黑""变黑",以致最终"成黑"。关键是,存在一些"逼良为黑"的因素。那些因素对面临困境的公司、企业具有强大压力或

严格审查相关企业的主体资格;要充分利用工商行政管理企业信用分类监管制度,建立和完善黑牌企业数据库;要加大市场巡查力度,加强对本辖区内交通运输、建筑、批发市场、集市贸易、餐饮、娱乐场所、二手车交易市场等易发生黑恶势力活动的行业和场所的监督检查,发现有黑恶势力迹象的,要及时向公安机关报告情况;要对上述场所开展专项检查,探索建立长效工作机制,使这项工作经常化、规范化;日常工作中要注意搜集有关的信息,将打黑除恶列入基层工商所市场巡查监管的主要任务;要加强对黑恶势力违法经济活动的查处和打击,确保辖区内涉嫌黑恶势力的非法经营活动得以彻底清除;要严肃工作纪律,对公安等有关部门已确认为黑恶势力操纵的各类经济组织,要坚决依法严厉打击;对工商行政管理系统个别参与、庇护黑恶势力的公务人员,要一查到底,绝不姑息,依法从重从严处理;对那些不是"保护伞",但与黑恶势力有牵连,给黑恶势力活动提供便利的公务人员,要严肃处理。

者诱惑力,特别是存在"社会不公"和"别无选择"的某种气氛之下,陷入困境的公司、企业一旦选择"染黑",进而尝到"黑道甜头",就可能"参悟"出"自己变黑才是硬道理"。这种感觉和认识像通过空气传染的恶性病毒,会感染很多合法经营的企业人士,同时传给普通百姓和黑恶势力一个错误但明确的信息,即似乎将来就是"黑道"的社会,尽管将来必定不会如此。于是,许多的合法经营者为防范黑道捣蛋,也就需要用黑道来对付,合法秩序渐渐退让给由黑道建立的秩序。这当然是病态循环。打破这种循环的契机在于政府掀起打黑除恶风暴,慢慢恢复合法秩序。但是,这种"打破循环"的即时效果可能不错,而长远效果则不可盲目乐观,除非清除"逼良为黑"的各种因素。

5. 黑恶势力在合法行业从事合法经营具有某种积极意义,如果"弃黑恶从良善"就更值得肯定

很重要的一点是,黑恶势力已经取得了"世界性和历史性成功经验":不跟政府(强行)作对,尽量利用一切合法场合、合法行业、合法职业及合法经营等"合法标志",祛除黑恶势力的江湖匪气、犯罪形象。他们尽力不直接、不亲自采取街头行动,"洗脱"暴力血腥气味,重塑合法、守法形象,甚至树立雅致、仁慈等形象。他们为此而改变自己,包括知识、技术、观念、行为举止、仪态装束。他们生活在民众当中,跟员工在一个企业,跟居民在一个社区,跟老百姓在同一个餐馆吃饭,在一条街上闲逛,都一样嬉笑怒骂、悲苦情愁。他们不一定再深居简出。总之,他们让黑恶势力变得似乎与普通社会没差别。这一点,为他们成功进入合法行业和合法企业,作了很好的铺垫——让守法员工根本不觉得自己是与危险的黑恶人员在一起,而是和真正的同事、朋友相处,黑恶人员的秘密身份及其所作所为,他们想都不会想到。

6. 公职人员和其他社会管理者的不当管理方式促生合法行业中的黑恶势力

一些地方的政府部门及其工作人员,特别是一些警察、司法人员、城管和"临聘保安"等,为合法行业及其经营者、管理者"染黑""变黑""成黑",产生过无形有形、或大或小的推促作用。他们把合法经营者面临的许多困难和问题推给黑恶势力去解决,这既帮了黑恶势力,也促使一些合法公司、企业靠近、接触、利用黑恶势力,促使公司企业的负责人、管理者"认识""相信""接受""依靠"黑恶势力,直至自己也变成黑恶势力,不论在江湖上合作还是对抗。这大体上是一些"染黑""变黑"的合法经营者与黑恶势力之关系的历程,也是人生转变的过程。有些人始终拒绝涉黑,不与黑恶势力为伍;有些人选择了有限利用黑恶势力、自己远离其团伙、组织;有些人却从"染黑"转变为货真价实的黑恶人员,成为恶势力、黑社会(性质组织)的组织者、参加者或积极分子(骨干),他们的公司、企业,也成为犯罪组织。

7. 合法行业的合法经营者有可能与"黑恶势力"发生联系

社会上早已存在的黑恶势力是这些合法行业里面的公司、企业、经营者"染黑""变黑"的重要外在因素。黑恶势力利用其"优势""弥补"了政府和社会的薄弱处,利用了法律中的许多空白、漏洞和不合理规定。由于政府执法和服务不到位,公平正义的司法保障有时没有及时跟上,黑恶势力反而为一些合法企业、公司解危济困,仅这一条就诱惑、迷惑了不少的企业领导或其他经营者,以为"靠政府靠司法不如靠黑老大"。这就是黑恶势力的"诡道"之处。其实,想明白了,也不怎么"诡"——现实中,如果当地政府不帮你,当地法院不理你,甚而有法官歪着判你的案子,黑道替你出面又出气,让你"满意",这样的情形不是虚构,而是时有发生的。要不然,黑恶势力怎么那么有"能耐",数百年、数十年地生存下来,在全球都生存下来,这不是没有原因的。为了真正有效地扫黑除恶,特别是防控黑恶势力生存,首先需要实事求是地承认、看清这些客观现象。

黑恶势力通过合法和非法行业而生成、生存和成型、成势,乃在于各行业与黑恶势力之间有太多的交错和依存关系。这些关系都是活生生的每日都在发生和运行的关系,是动态、灵活的关系。从全球来看,参与这些关系的主体(人物)要有尽有,不论出身、肤色、种族、民族、性别、信仰、宗教、贫富、职位、地域。我们每天都在与许多行业的产品、技术和服务打交道,在分享这些时代赐予我们的财富,可我们却不知道,这里面是否也有与黑道牵连的东西。对于普通民众来说,不会也不必去想这个问题,但要知道,当今世界,黑恶势力和太多合法及非法的行业、企业有关联,甚至有生与死那样的关联。

四、黑恶势力主要特征的行业关联性

按照学界的看法,恶势力是黑社会(性质)组织的"同盟军"和"后备军","黑恶势力"是指"黑社会+恶势力",①黑社会(性质组织)是恶势力成长起来以后的状态。司法部门的观点是,"'恶势力'是黑社会性质组织的雏形,有的最终发展成为黑社会性质组织"。总之,恶势力和黑社会之间有一定联系和明显区别,这也是"黑恶"并称或者"恶""黑"分指的原因。黑恶势力之间的区别和联系,与恶势力和黑社会各自的经济特征直接相关,与恶势力和黑社会对合法和灰色经济行业的依存度相关,当然,也就与他们各自的生成机制和生存方式相关。

我们参照认定黑社会(性质组织)、恶势力的法律和学理标准,以及司法实践掌握的尺度,深入细致分析恶势力、黑社会各自的基本特征及其与(经济)行业的主要联系。

恶势力与黑社会具有某些相同特征,如暴力性违法犯罪,还具有某些相似特征,如恶势力会追求经济利益,黑社会以获得经济利益为中心。但恶势力和黑社会确实具有许多重大差异,这些差异决定或影响了他们各自与各种经济行业的关联状态。

按照最高人民法院、最高人民检察院、公安部和司法部《关于办理恶势力刑事案件若干问题的意见》,恶势力是"经常纠集"的违法犯罪组织,使用"暴力、威胁"手段,其经常的违法犯罪活动与"一定区域或者行业"联系,违法犯罪的主要表现是"为非作恶,欺压百姓,扰乱经济、社会生活秩序,造成较为恶劣的社会影响"。恶势力与经济行业的联系主要是:强迫交易,可能伴随实施开设赌场、组织卖淫、强迫卖淫、贩卖毒品、运输毒品、制造毒品等违法犯罪活动。

---

① 参见何秉松:《中国有组织犯罪研究(第一卷)·中国大陆黑社会(性质)犯罪》,群众出版社2009年版,第248、254页。

（一）恶势力的特征及其与行业的关联

学界和实务界对恶势力的认识、把握，不如对黑社会（性质）组织那么重视。这可能跟四个因素有关：一是，恶势力不是法律（刑法）明确规制的对象，而是刑事政策和司法解释中涉及的对象，是司法实践中打击的对象，而有关法律文书（公安机关的起诉意见书，检察院的起诉书，法院的判决、裁定文书）对被追究的"恶势力团伙"可能明确指出（用语是"具有一定组织性的恶势力违法犯罪团伙"等），也可能根本不指明，而是间接地使人知道哪些嫌疑人、被告人是一伙的，他们是"恶势力团伙"。二是，在外国和国际社会，黑社会（或有组织）犯罪是被公认的需要严厉打击的犯罪，而少有对所谓"恶势力"的关注，缺少相关法律。三是，黑社会通常由恶势力演变、生长而成，打黑必然除恶，而且黑社会的初期形态与恶势力不易区分，所以，从法律制度上、理论上和司法实践来看，把黑社会界定清楚、准确了，似乎对"恶势力"就比较容易把握了。这就导致人们把对恶势力的研究作为黑社会（性质组织）研究的一部分，恶势力研究的独立性弱。四是，恶势力的特征不稳定，恶势力的生成初期时间点很不明确，团伙成员的相互关系不稳定，其纠集快，散伙也快，壮大为黑社会的也有，这使人不易找准研究恶势力的支点。但是，仍然有不少学者对恶势力有所研究和认识，对恶势力的特征有一定分析。

我们将在这里相对集中、细致地讨论恶势力的特征，并从各项特征来观察分析恶势力与经济利益的关联性，与各种经济行业的基本关联状况。我们认为，恶势力与经济行业的关联情况，可以从六个方面把握。

1.恶势力的"组织特征"及与行业的关联

"经常纠集，有团伙或者组织，纠集者相对固定，但组织化水平低，成员稳定（固定）性不等"，这是恶势力的典型组织特征。

恶势力是纠合型暴力违法犯罪团伙（组织），他们在一段时期、相对稳定、比较松散地纠合起来共同实施犯罪。他们通常没有组织纪律、活动规则约束，组织性弱，不过纠集者、骨干人员相对明确、稳定，已成一种"势力"。他们既不同于临时纠合、短暂聚集、散漫联系、拼凑的犯罪团伙，又不属于黑社会组织,是介于二者间的违法犯罪组织。公安、司法部门认定恶势力,要求人数一般在三人以上,"纠集者、骨干成员相对固定",但认为恶势力的组织化程度低。①

恶势力的这种"弱组织"特征,表明其不需要以强大经济实力维护组织的存在、运作和扩张,不存在复杂组织结构,也不存在以组织名义、为组织的目的而进行的活动,不会因"组织"而产生各项花销,违法犯罪就是团伙成员自己去干,出了事就由团伙成员相互帮衬或者各自顶着。除了团伙成员的生活、消费,以及实施违法犯罪行为所必需的经费,恶势力对经济实力的依赖度,相比黑社会要低许多。所以我们经常见到的情形是,恶势力违法犯罪,有时并没有明确的经济利益目标,有时与追求金钱、财物有关;有时候纯粹无事生非,寻衅滋事(寻求刺激),有时候就是专门打家劫舍、欺行霸市、强占勒索、偷盗扒窃,有时候还介入赌博、贩毒,都为"搞点钱"。但是,恶势力虽与经济行业有关,但没有直接深入全面的关联。他们可能经常骚扰、强迫一些经营者,影响、干扰或破坏一些行业,但没有控制、垄断某些地方的某一行业。

2. 恶势力的"经济特征"及与行业的关联

恶势力"有利益需求,有以违法犯罪获取利益的手段,没有较强且稳定的经济实力"。这完全不可与有较强或强大且稳定的经济实力的黑社会相比。

恶势力有追求经济利益的目的,但经济利益不一定是恶势力的中心目标,因此没有稳定的经济特征。违法犯罪的经济目标不确定,有的没有直接明确的经济利益追求,主要出于寻衅滋事、报复等,有的具有临时性图财目的,有的具有相对明确的经济等利益追求。而且,恶势力往往在违法犯罪中获利较少、规模不大,所以经济实力较弱,也没有将获利用于组织的生存、壮大,而主要用于团伙成员个人开销。恶势力没有属于团伙的经营性、营利性机构,不具备"以商养恶、以恶护商"的经济性特征。

所以,恶势力对经济利益的要求是,有足够他们花销的钱就成,没有了再

---

① 参见《最高人民法院、最高人民检察院、公安部办理黑社会性质组织犯罪案件座谈会纪要》(法〔2009〕382号)。

去抢劫、偷扒、诈骗、勒索、强占等。他们也有欺行霸市,也有贩毒、组织或强迫卖淫,涉足一些行业,但他们很少稳定经营某个企业,从事某个行业。如果恶势力有明确的经济规模追求,有长远的从业计划,有一定数量的稳定成员,稳定地通过违法犯罪获取经济利益,那么其很可能正在向黑社会(性质组织)转变,或者已经是初步的黑社会性质组织,而非一般恶势力了。由此,我们认为,恶势力与一些行业相关,但没有深度关联。

3. 恶势力的"行为特征"及与行业的关联

"结伙暴力违法犯罪",是恶势力的典型行为特征。

恶势力的行为几乎都是"结伙暴力违法犯罪"。虽然并非每次违法犯罪都出动全体团伙成员,有时候可能就一两个成员执行团伙犯罪意图,但是,恶势力在整体上、在连续的时期中,呈现出明显的"结伙+暴力"违法犯罪的特点,并且"硬暴力"突出,兼有"软暴力",几乎没有"合法手段"和合法外衣。恶势力通常长期、多次在一定地域或流窜实施违法犯罪,其暴力针对的往往是(聚众)斗殴对象、欠债人、"仇家",或其物色的抢劫、敲诈、勒索、奸淫等对象。与黑社会相比,恶势力或者初步形态的黑社会性质组织还针对普通无辜群众,欺压、残害百姓,而真正的黑社会,很可能是其地盘上普通百姓的"保护者",其犯罪主要是有组织地定向清除对手、犯规者、失信者、"叛徒"或者相互"火拼",以及大量的经济犯罪等非暴力犯罪。

公安、司法部门认为,恶势力通常以暴力、威胁或其他手段,敲诈勒索、强迫交易、欺行霸市、聚众斗殴、寻衅滋事、非法拘禁、故意伤害、抢劫、抢夺或者黄、赌、毒等,在一定区域或者行业内多次实施违法犯罪活动,为非作恶,扰乱经济、社会生活秩序,造成较为恶劣的社会影响。[1]

恶势力团伙尽管在实施具体犯罪时可能很隐蔽,反侦查、抗打击意识强,但总的来说,其犯罪的隐蔽性程度低,甚至很张扬,他们甚至要以显赫的"暴力犯罪成就"名震江湖,打出他们的天下和"品牌"。恶势力暴力犯罪成本较

---

① 参见《最高人民法院、最高人民检察院、公安部办理黑社会性质组织犯罪案件座谈会纪要》(法〔2009〕382 号)。

低,几乎没有额外的人力成本。违法犯罪实施者一般就是恶势力团伙成员,工具多为普通的刀棍棒锤、火药等爆炸物,没有聘请打手、杀手和相应的额外支付,恶势力团伙持有枪支弹药的情况不多见,也就没有购买枪支弹药的高额成本问题。团伙成员受伤、被抓捕、拘留、逮捕和审判、服刑,"团伙"或团伙其他成员很少会给他经济上的"补贴""慰问",对其家人进行经济"安顿"、照顾;当然,不排除有个别其他成员利用其个人经济力量,对受伤或被追究的成员或其家人进行经济上的帮助或照顾。即是说,恶势力团伙成员之间的经济关系也比较疏松。

司法实践和社会实际状况告诉我们,恶势力与"行业"的联系主要是"在一定区域或者行业内多次实施违法犯罪活动",这与黑社会深度经营很多行业,甚至开拓新行业,不可同日而语。

4. 恶势力的"非法控制"特征及与行业的关联

恶势力为害一定区域或者行业,但还不能称霸、控制一方,不能控制、垄断某个行业;有势力范围,但没有确立绝对控制、排他的势力范围,即"有所影响"但"无法控制",这就是恶势力在非法控制或社会危害性方面的特征。

恶势力实施的暴力违法犯罪相对零散、孤立,随意性、随机性较突出,虽然对经济、社会影响恶劣,影响、骚扰、破坏相关地域、行业,也可能"浅度经营"有关行业以从中获利,但不是长期、有计划、有组织的违法犯罪,没有在非法或合法行业内形成控制、垄断和强制威慑,没有达到严重破坏社会秩序、群众生活秩序的程度,不具备黑社会性质组织的"称霸一方"或"控制行业"的控制性特征。

5. 无需"保护伞"的保护和影响

恶势力一般没有"保护伞",尚未寻求(到)"保护伞";恶势力的形成具有自发性,不需要在"保护伞"卵翼下生成。恶势力当然可以有"保护伞",但即使有,也往往是"低级别"的。对刚露出的恶势力,政府打击不力,或者警察消极对待,放任或轻责,都能够使恶势力生成和发展。这个角度上,恶势力不需要也不存在通过"保护伞"影响一方或一个行业的问题。恶势力缺乏或无需"保护伞",或者只有低层级公职人员作为"保护伞",这个特点使得其更容易被识别和遭打击。

6."犯罪文化和心理"及与行业的关联

恶势力犯罪文化和心理很复杂,其与"灰色行业"(的文化和心理)有一定关联,与合法产业或行业(的文化和心理)关联不明显。

恶势力团伙成员的基本文化和心理状态是:文化程度普遍偏低,大多数仅有初中以下文化,具有高中以上文化的人员较少;排斥、拒绝以至扭曲、对抗社会主流文化和心理,身染社会恶习,重江湖习气和规矩,恶势力成员之间也可以自立成文或不成文规矩,但他们可能不守江湖规矩;目无法纪,道德观念淡薄,往往不辨真假,不分善恶、是非、曲直,承袭劣质游民意识,视流氓、土匪、乞丐("丐帮帮主")、江湖术士以及兵痞、"豪侠"为"英雄"和"榜样",不顾他人,鲜廉寡耻,不事文饰,不顾或鄙视社会舆论、道德、法律,心理阴暗,反对现存社会秩序,但对某些特定的人或事,可能会遵守某些法纪、道德要求;恶势力成员之间存在一定的文化和心理依赖,重视相互间的身份和心理认同,具有不同程度的"团伙"意识,"老大""兄弟"意识,"平等""等级"意识;"硬暴力"是恶势力的文化基因,崇尚暴力是恶势力人员的基本心理,好强冲动,称王称霸,心黑手狠,残忍成性,不择手段,不计后果和长远,但大多恶势力人员"服打"(惧怕确实强于自己、狠于自己的人物、团伙、黑社会等);具备一定的"地盘"意识,有明确的"混社会"观念和"江湖名声"意识,尊重或反对其他恶势力、黑社会的"老大""兄弟",承认或觊觎其他恶势力或黑社会的"地盘"、财路;崇拜金钱、权力,以为"金钱万能""权力万能",游手好闲,吃喝、嫖赌、吸毒,不务正业,对违法犯罪产生"依赖",恶习难改;除少数胆大妄为、无所顾忌、顽抗到底、冥顽不化、至死不悔的人外,大多数恶势力成员在违法犯罪后,惧怕政府打击,法律制裁,色厉内荏,所以,他们往往在违法犯罪后会逃跑、藏匿、躲避,等等。

显然,恶势力的这些文化和心理,与社会中的不良文化(犯罪文化、游民文化等庞杂的"江湖文化"和心理中的某些内容)有关,与社会中某些边缘群体的文化和心理相关,与特定地域的文化关系不明显,与灰色行业的文化和心理有密切联系,与合法行业的文化和心理没有明显联系。比如,恶势力人员的文化和心理,极类似于社会中的一些游民,他们不能安居,无法乐业,漂移游离,苦于生计,既向往又蔑视富贵之家,既需要又鄙弃金钱财物,既要面子又厚颜无耻,既装正人君子又搞偷鸡摸狗,既要好吃好喝又要游手好闲、不劳而获。于是,一方面,不得不自己练就一些"本事"以闯荡江湖;另一方面,不得不"遇到哪山便唱哪山的歌",使出各种正当和不正当的法子,以求勉强了得一生。这些文化和心理特征,一直是塑造流氓、恶势力的催化剂。

恶势力的文化和心理与诸如赌博等灰色行业的文化和心理有说不清的干系。传统上,恶势力人员几乎个个都既赌又嫖;在流行鸦片的年月,有些恶势力人员还好大烟,抽鸦片,这些年头,有的染上毒瘾。暂不说别的,先看看赌博文化和赌徒心理,这可是一种"大众文化"和"大众心理",恶势力人员少有不知道这些玩意儿的,除非是年龄还小、"道上"经历很浅的团伙成员。

"赌博文化"一词,对"赌博"似有溢美之虞,对"文化"似有亵渎之嫌(与此相类似的还有"色情文化"等)。赌博文化和心理,奥秘全在一个"赌"字,它契合了许多世人的文化、精神和心理。"人生难得几回搏","就搏一回吧",这么积极的精神和心理,其实稍微倒转一下,不就是"赌一把"吗。人生拼搏,还会遇到很多不公,而赌博场上,除耍老千外,规则和结果都很"公平",也很公开,大家都平等,都知道和服从一条"铁律":"愿赌服输"。这是所有赌场、一切赌博的最高原则和规矩。严格的赌场规矩,严密的赌场保护,让你不得不感到"输得服气,赢得安心,走得放心"。无论是在豪奢赌城,还是在穷乡僻壤,一旦开起场子,聚了人群,有人坐庄,有人下注,有人买码,一切都按部就班。无论是在赌城的轮盘前,还是在乡间的八仙桌旁,一局刚完,一局又开,人来人往,输赢悲喜,见惯不惊。赢了走人,输了离场,纯粹"小娱"一下,无赌瘾,不恋战不贪婪,本也没有大不了的事。可问题就在于,场中的人哪有那么容易"知足"和"服输"的,小赢的赌客还要捞大的,输的赌客总想要翻本,要加倍补偿回来;那些参赌、好赌之徒,赌起了兴,赌红了眼,赌迷了人性,几乎个个再也不知道日落月起,忘了自己姓甚名谁、爹妈老婆和孩子,便如被定海神针给钉住,纵然家财万贯,不输个倾家荡产、债台高筑、一文不名、东躲西藏,妻离子散、家破人亡,他是很难醒的。许多赌客,等到他醒来或者被人打醒,已是失魂落魄、有家难归,有的甚至无家可归,走投无路,须自作了断了。早来的赌客们输光了,新的赌客还不断地来,直到他们也输光离去,只有庄家、开场子、洗码的,在赌场有股份的,不露声色地一直赢下去。许多人在进赌场前,其实也知道,赌博规则表面上极尽公平,其实是把赌客套牢、套死的规则,赌客赢赌只是小概率事件;不少人也知道,"澳门赌王"何鸿燊以极简明的话告诉过世人,"不赌就是赢","赢的永远是庄家,所以我从不赌博",可是没有几个人听得进去。现在,"赌博"有了"博彩"这个好听的名声,一些地方把"赌博"合法化了,好像赌博就从"妖魔"转成了"正神",可是,庄家的天堂和赌客的地狱不会从此倒转过来。然而,这一切,对于想"试赌"的人,对于"嗜赌"的人,没有任何意义。

赌博及其文化和心理对恶势力成员来说,其影响很深,至少有五个方面。一是他们不仅染赌,而且有的不能自拔,在赌博恶习和违法犯罪之间恶性循环,为了攒集赌资而抢劫偷盗、诈骗勒索,筹到赌资再次陷入赌阵,直到他们被绳之以法,或者以其他方式走向穷途末路。二是他们在赌博中沾染或强化其无赖、使诈、斗狠的心理,按照赌场及其"规矩"来看待社会和各种法律、道德规范,跟他人"赌",跟社会"赌",跟政府和法律也"赌",社会是赌场,人生是"赌途",赌赢就赢了,即使有一天终要赌输,也心安理得,玩世不恭,哪怕要死,似乎也早做了打算,一副完全无所谓的模样。三是结交"赌友",尤其是一些也有违法犯罪经历的"赌友",并且可能发展为恶势力新成员,或者通过赌博,加深团伙成员内部的密切关系,并在赌桌上认识一个人的"赌风",确立或调整他们在团伙内的地位。四是他们可以砸人家的场子,抢赌场的票子,如果顺利和成功,并且没有遭到对手有力报复的话,他们就会在江湖上"名声大噪",帮助他们形成团伙的认同和凝聚力,增强他们的声势和实力。五是他们自己也可能学习、模仿开赌场,成为开场子的庄家,以赌博为赚钱的行当和工具,并且还可以扩大他们的势力范围,增强他们的经济实力,在黑道江湖上立足,展现团伙的势力、老大的地位,慢慢从恶势力转为黑社会。

恶势力跟赌博这类灰色行业的关系是步步加深的,这些正是恶势力逐步转为黑社会(性质组织)的最初足迹。合法行业很难对恶势力产生文化和心理影响,恶势力如果认真学习和实践合法行业的文化,他就不是恶势力了——要么它弃恶从善了,要么他已经成为黑社会,因为黑社会不仅不拒绝从合法行业学习,而且还可能善于从合法行业学习,把合法行业的各种文化运用到他们的合法经营中。

恶势力与行业的关联情况,简单总结起来就是:恶势力较少有"组织"带来的经济负担,少有违法犯罪的高(经济)成本,不必定有以经济利益为中心和主要目的的经济体系,不必定控制、垄断有关经济行业,一般没有或少有"保护伞"所需的成本。所以,恶势力跟一些经济行业只有浅度关联,跟一些灰色行业的关联性稍强,与合法行业的关联性不大,"扰乱经济秩序"是他的一个显著特点。因此,灰色行业对恶势力的生成和生存值得注意,合法行业往往不是恶势力生成和生存的土壤,但属于恶势力侵扰、索取钱财的对象。这个结论有相当充分的实践依据,即许多涉及恶势力团伙犯罪的起诉书、判决书、裁定书,载明的团伙犯罪行为,多是伤害、杀人、寻衅滋事、聚众斗殴等,有些团伙犯有抢劫、盗窃、诈骗、敲诈勒索、绑架勒索,有的团伙参与贩毒、开赌场,但不多。

简言之,可以说,恶势力差不多是"无道之盗",黑社会大体算"有道之盗"。

(二) 黑社会的特征及其与行业的关联

黑社会,包括我国刑法规定的"黑社会性质组织",与恶势力的差异极大。即便按照我国刑法对黑社会性质组织特征的规定,[①]黑社会与恶势力的差异也十分明显。从我国的司法解释和司法实践来说,黑社会的"经济特征"是一个独立特征,而经济特征是与经济行业不可分割的。就凭这一点便足以说明,黑社会与经济行业有着广泛深入的联系,二者间关联度极大。

---

① 在以前相关司法解释的基础上,最高人民法院、最高人民检察院、公安部、司法部《关于办理黑恶势力犯罪案件若干问题的指导意见》(法发〔2018〕1号)对黑社会性质组织的特征,有重要的细化和补充说明,是办案人员准确认定和打击黑社会性质组织犯罪的重要根据,对有关黑恶势力犯罪的研究具有重要参考意义。

1. 黑社会的组织特征及与行业的关联

黑社会是规模大小不等但稳定、成型的犯罪"组织"。虽然常有黑社会生灭分合,但每个黑社会都有较长甚至很长的历史。黑社会是个"社会",有数量不等的人员,有社会层次、组织结构、管理体系和内部规矩,整个组织以及成员靠内部或社会的相关文化、规矩等紧密连接起来,形成其内生秩序,并依靠经济实力来支撑其庞大的开销。我国公安、司法部门把黑社会性质组织的人数确定在 10 人以上,而且还包括有充分证据证明但没有归案的成员,参加组织但因未达到刑事责任年龄或因其他法定情形而没有被起诉的人员,以及根据具体情节不作为犯罪处理的组织成员。其实,如果只有十来人,而且还要把这些参加组织的人算在内,那么,这样的黑社会是很小的了。我国公安、司法部门认为,受雇到黑社会性质组织开办的公司、企业、社团工作,主观上没有加入黑社会性质组织的意愿,没有参与或者只是参与少量黑社会性质组织的违法犯罪活动的人员,临时被纠集、雇佣或受蒙蔽为黑社会性质组织实施违法犯罪活动或者提供帮助、支持、服务的人员,为维护或扩大自身利益而临时雇佣、收买、利用黑社会性质组织实施违法犯罪活动的人员,不算是黑社会成员;他们犯罪的,按照具体犯罪处理。公安、司法部门把他们同黑社会成员区分开,是完全应当和合理的,特别是在相对发达一些的黑社会中,在黑社会经营的合法或非法企业中,许多人是来正常应聘工作的,不是参加黑社会,若把他们都作为黑社会成员,既不合理也不合法,且还会给打击黑社会带来困难。

黑社会,除那些并不强大的小型黑社会外,一般来说,其成员人数众多,几十、成百或更多的都有,其组织体系繁简不一,从底层成员到首领的管理层次数目不一,是否有"总部"与"分号"之别,各黑社会也不相同。下面仅对黑社会组织和领导体制作说明,就足见其异常复杂。

先看比较简单的。按这些年我国打黑情况,黑社会性质组织一般会有"老大"一人(有时候,个别黑社会性质组织的"老大"可能是两个人,他们合作共同组成黑社会,并且在组织中"股份"相等,但这样的情形不多见,并且他们二人中,实际上也有某种默契,有一个是"哥"),其下有两三个或更多的高层管理者(心腹、得力干将,总经理或经理、财务主管),再其下有十个八个中层管理者(积极参加者、骨干,部门经理),第四层是下层管理者(班长、组长),底层是普通成员。例如,某市一黑社会性质组织,"老大"开了多家公司(有几家空壳公司,以洗钱和掩人耳目),各公司幕后老板都是他一人,其下层有三个心腹(其妻子、亲妹和创业合伙人,分别在三个最重要的公司任会计、出纳和总经理,参与核心事项讨论决策),再下层是这些公司老总中的一部分(参与部分组织事项的讨论和决定,组织、指挥执行决定;有些老总不是黑社会性质组织成员),以及"老大"器重的贴身人员,第四层是各公司其他高级管理人员中的一部分(主要负责执行组织决定,必要时亲自指挥、参加执行),第五层是一些公司的部分部门负责人(直接指挥、参加执行),最后是普通成员,执行相关任务。此外,该黑社会性质组织还有在公司长期拿工资、年终奖而不到公司坐班的"外围人员",他们是召之即来的骨干打手,以及按出场计酬、不属于组织成员的临时雇佣的打手、杀手。2013 年 5 月,媒体公开报道过"广东第一黑帮"李氏兄弟黑恶势力犯罪集团,报道说:以李录×和李寿×兄弟为首的犯罪集团,内部成员 70 多人,人员构成稳定,内部组织体系健全,职责明确:第一级集团首脑李录×(人称"录爷")和李寿×兄弟,负责团伙犯罪活动、安排财务分配、内部管理等事项;第二级 4 名头目黄×辉、霍×财、黄×双和钟×超,号称"四大金刚",都是增城市新塘人,分别划分了各自的"管理区域";第三级集团一般成员,包括打手、"巡场"收费人员以及财务人员。①

黑手党被称为世界最大黑帮,其组织体系相当复杂,如美国黑手党的组织体系,②大致情况是这样的:

美国黑手党地方组织是"家族"(The Family)。美国黑手党共有 26 个家族,纽约市 5 个,其余的分布在布法罗、新英格兰、芝加哥、洛杉矶、新泽西、旧金山、克利夫兰、新奥尔良等地。1931 年,由 9 个最大黑手党家族的老板组成

---

① 参见《广东第一黑帮覆灭 解密黑帮内部组织架构》,http://www.zgswcn.com/2013/0523/172189.shtml,访问日期:2021 年 8 月 12 日。

② 参见忠智、周英、启明、申策:《美国黑社会》(第二章中"黑手党的结构及其特点"),春风文艺出版社 1990 年版,第 53—61 页;[英]大卫·索斯韦尔:《有组织犯罪的历史:黑帮的真实故事》,邱颖萍译,(第二章"科萨·诺斯特拉——美国黑手党"),文汇出版社 2012 年版,第 27—77页;等等。

了"黑手党全国委员会",又称"全国委员会"或"纪律委员会",纽约市5个黑手党家族老板都参加该委员会,这些老板是黑手党"老板的老板"。这个委员会之上还有"全国代表大会",但这个大会很少开。

黑手党家族体系包括家族正式成员和非正式成员。正式成员是:老板(意裔)、法律顾问或参谋(谋士)、二老板(副手)、指挥官和士兵;非正式成员是"合伙人",可以是非意裔人。另外,黑手党还有大量的"联系人",他们不是家族成员,全美黑手党的联系人多达10万以上。家族最高领导是"老板",他控制家族,决定重大事项,可以任命顾问,不参与具体行动;顾问是最接近老板、老板最信任的家族成员,负责调解家族内部纠纷,担任"二老板"的护卫,将家族各项具体行动"合法化"是其主要任务。二老板通常也是被老板任命的亲戚担任,他是掌管家族军团指挥官的"总指挥",只听命于老板;如果出现老板入狱或就医等情况,他必须担任代理老板。

黑手党家族内部有"军团"。各家族的"军团"数量不等,在4个到9个之间。每个"军团"由二三十名"士兵"组成,以执行具体行动。军团由一位"指挥官(尉官)"领导。二老板提名指挥官,老板最终决定。指挥官直接对老板负责。老板的各项决定和命令由军团总指挥、指挥官向负责执行的士兵传达。这样,当下级成员被警察、司法部门抓获,该成员应当严格遵守"拒证规则(或沉默规则)"①,黑手党家族的上级成员便不会担责,能够免遭法律追究。军团士兵(杀手)也有严格的等级制度,从最高级杀手到普通杀手,有四五个层级。所以,从老板到士兵,往往有八九个层级。

组织体系最复杂的黑社会,恐怕是中国历史上的洪门。其等级层次之多,职官(名称、职权及所管事务)之复杂(所谓"三十六部半"职官),规章制度之严密,可能是其他黑社会难以超越的。仅"三十六部半"职官就让人犯晕。②

---

①　不过,沉默规则早被打破,一些被捕的黑手党成员,包括高级成员,选择与政府和司法部门合作,供述家族情况,出庭作证,支持检察官指控其他黑手党成员。

②　洪门职官如下。虚职(半个)"制皇":前任山主,有职无权。"山堂主领(统领)"——山主:或称"寨主""龙头"大爷,也称"大排""阿妈"。副山主:或称"副寨主""副龙头"大爷。"内八堂执事"(皆为"京官")——香长:或称"圣堂"大爷、开香堂时的主香人,为客卿,有的地方称"白扇";盟证:或称"中堂"大爷、开香堂时的盟誓人,为客卿;坐堂:或称"左相"大爷,总管山寨事

当今世界的黑社会的组织特征有了新变化。现在,世界上专门的、独立于合法或半合法的公开组织而存在的神秘、地下黑社会在减少;相反,依托半合法、合法的公开企业等组织,利用这些企业或者其经营管理人员既从事公开、合法的经营,又隐蔽地从事违法犯罪活动,这样的黑社会越来越多。有学者把黑社会与合法企业"合体"生成、存在和持续发展的形式和特点称为"一体双构",即这类黑社会(性质组织)在生成过程中,以依法成立或合法承包的公司、企业(尤其是家族企业、公司)或其他合法经济组织为"掩护",一边合法经营,获取利益,一边从事暴力犯罪等。这样,合法经济实体既是黑社会(性质组织)非法、有组织地获取经济利益的根本载体,也成为一些黑社会(性质组织)增强其隐蔽性的"外在结构"。[1]

确实,黑社会是结构复杂、成员众多、等级森严、规矩严明的犯罪组织,是组织就会有相应的财政需求。与恶势力极为不同的是,黑社会需要付出以下组织成本:组织以自身名义进行活动所需经费,包括租用公共权力(购买"保护伞"、游说公职人员等)的行贿等成本;组织对组织的联系、开展交流等活动的成本;组织雇佣职业犯罪人员的成本(如职业杀手);维持组织的日常运行的成本;成员以组织名义从事活动的经费;对成员或其亲属的报酬、补偿、慰劳、福利等支出;按照组织规矩或法律文书进行赔偿的费用;扩大组织势力范围的成本;为组织树立公共形象、社会声誉的成本;等等。这些用度数额是非常大的,只要"组织"存在,这些开销就会发生。所以,黑社会的"组织特征"注

务;陪堂:或称"右相"大爷,协助总管山寨事务;管堂:或称"总阁"大爷,负责人事升降赏罚;执堂:或称"尚书"大爷,负责人员组训工作;礼堂:或称"东阁"大爷,负责教育礼仪;刑堂:或称"西阁"大爷,执掌刑法。有的还有护印大爷、护剑大爷。"外八堂执事"——心腹:"刑副"大爷,领军武将;圣贤:"圣贤"二爷、军师,负责谋划;恒侯:"当家"三爷,总管财务、粮饷;金凤:"金凤"四姐;管事:"管事"五爷,负责总务,又分承行、执行、红旗、蓝旗、黑旗;巡风:"花官"六爷,负责巡查,又分内巡风、外巡风、巡山、光口;银凤:"银凤"七姐;贤牌:"贤牌"八爷,登记功过,又分镇山、守山;江口:"江口"九爷,管理人员与升迁,又分检口、斜口、守口;么满:"么满"大爷,或称"辕门",负责杂务的士兵,又分总么满、执法、辕门、大么、小么、大满、小满、铜章、铁印。参见朱琳编:《洪门志》(第五章"组织纲要"),中华书局1948年版,第22—25页;赵宏:《洪门》("神秘的内幕 一、开山立堂 歃血结盟 1.洪门组织"),团结出版社2005年版,第38—42页。

① 参见陈世伟:《黑社会性质组织犯罪的新型生成及法律对策研究》,法律出版社2016年版,第315—317页。

定必须有与组织相匹配的财力,最好是有可持续、稳定和充足的财力和财产来源。这是像恶势力团伙那样靠相对零散、临时的打家劫舍、欺行霸市、偷盗抢劫、敲诈勒索、坑蒙拐骗等聚财手段所无法解决的。故而,黑社会的组织特征决定了其必须与非法及合法经济行业,特别是高利润行业,紧密联系在一起。

2. 黑社会的经济特征及与行业的关联

黑社会不仅是犯罪组织,而且是需要并拥有相应经济实力的组织。黑社会有长期、稳定的经济目标,采用违法犯罪和合法手段攫取经济利益并使利益最大化,是黑社会的首要目的,相当或雄厚的经济实力是黑社会及其成员活动和扩张的经济基础。我国刑法和有关司法解释都规定:有组织地通过违法犯罪活动或者其他手段获取经济利益,具有一定的经济实力,以支持该组织的活动,是黑社会(性质组织)的重要、独立特征之一。一定的经济实力是黑社会性质组织坐大成势、称霸一方的基础,尽管不同时期、不同地方的黑社会(性质组织)的经济实力并不相同。黑社会(性质组织)的敛财方式和手段多样,以直接犯罪的方式获取利益,以开办企业、公司等方式取得利益,将其部分或全部用于违法犯罪活动或者维系犯罪组织的生存、发展(如购买刀、枪、弹药、车辆等作案工具,提供作案经费,为受伤、死亡的成员提供医疗费、丧葬费,为成员及其家属提供工资、奖励、福利、保险、生活等费用,支付"捞人"费用,支付聘请律师的费用,向"保护伞"提供费用,其他与组织违法犯罪有关的费用支出等),实现"以商养黑""以黑护商"。[①]

黑社会鲜明的经济特征直接说明他与经济行业的广泛、深厚的关联性,一刻也离不开能够获得利益的地域和行业。黑社会在很大程度上有"行业依赖"性,他需要的不仅是从相关行业偶然地取得财富,而且更要持续、稳定、大规模地从这些行业攫取财富,这促使他必须自身"进入"而非一般地"介入"有关行业。因此,黑社会的财富大量地来源于各种非法和合法行业,他参与或者控制、垄断的行业几乎难计其数。根据美国参议院一个委员会的报告,在20

---

① 参见《最高人民法院、最高人民检察院、公安部办理黑社会性质组织犯罪案件座谈会纪要》(法〔2009〕382号);《全国部分法院审理黑社会性质组织犯罪案件工作座谈会纪要》(法〔2015〕291号)。

世纪 80 年代及以前,黑社会经营的合法商业和工业部门有:广告、保险、银行、信贷系统、工会、赛马、赛狗、报道赛马和赛狗消息的电报业务、丑闻出版物、消遣品工业、赌场设备企业、赛马场、自动竞技、舞厅和舞场、赌博场、台球房、自动电唱机、影剧院、邮件、系列货物的进口、自动机的出售和看管、汽车房、加油塔、运输、加工工业的某些部门、报刊和石印出版物的生产、电气设备、广播、电视机的生产和销售、建筑企业、煤炭工业、铜矿开采、橡胶生产、铸钢工业、石油勘探、家具生产、纺织工业、服装缝制、洗衣机、染坊、服装缝制社、牛奶商店、甜酒、烟草、鲜花批发和零售、旅馆、餐馆、小酒吧、酒吧间和夜总会、渔业和畜牧业等。[1] 现在,除了上述行业,黑社会经营的合法产业更加广泛、现代、高端,电器(家电)、家具、装饰装修材料、大型商场和超市、现代运输物流、高科技材料、能源(太阳能等)、环境、生物技术、计算机、互联网和信息诸行业、电信及其他通讯、金融、房地产、工程设计、工程建筑、装饰装修、投资、证券、期货、信息服务与咨询、法律服务、度假、旅游、娱乐,以及医疗卫生、办学、培训和慈善等行业,涉及农业、工商业、服务业等一、二、三产业,进入生产、交换、流通和消费等基本经济环节。有些实力极其强大的黑社会,他们的产业更新速度,进入新兴行业的能力,不逊于任何有关合法企业,甚至比许多合法企业更加关注技术、产品和服务的升级换代,主动追赶技术、产品和服务新趋势,大有引领一些产业、行业的势头。不过,现在大多数黑社会还没有这样的实力,他们主要还是按照社会主流工商业、服务业的技术和产品标准,做经营和管理,但即便是这样也很不简单。

黑社会经营合法、半合法行业,毫不影响他们继续经营非法行业,特别是那些还没有在合法行业找到立足点的黑社会,非法经营仍然是他们的主业。黑社会的非法经营涉及的产业和行业,包括非法和合法两部分,只是,他们的所有经营活动非法。传统上,这些产业和行业主要是:走私,生产、运输、销售假冒伪劣产品,制毒运毒贩毒,组织或强迫卖淫及其他色情活动,拐卖人口、组

---

① 参见忠智、周英、启明、申策:《美国黑社会》(第二章中"黑手党对合法事务的渗入"),春风文艺出版社 1990 年版,第 61—69 页。

织偷渡、非法移民,经营难民生意、发难民财,[1]制黄贩黄,制造、伪造、倒卖各种批文、证件、许可证、发票,非法出版、盗版,侵犯知识产权,贪污受贿,骗取、侵吞国有、集体资产、财产,洗钱、骚扰恐吓、敲诈勒索,绑架勒赎,挪用公款、偷税逃税,控制黑社会活动,收受徒弟、信徒钱财,偷扒抢骗,放高利贷,暴力讨债,贩卖军火、枪械(俄罗斯黑帮竟然对贩卖核材料也轻车熟路),操纵地下赌场,炒买炒卖(土地、贵重金属、证券,其他稀缺、紧俏物品),等等。

值得注意的是,有些黑社会更偏爱合法、非暴利行业。因为,他们通过这些不起眼的行业,向人们提供稳定、周到的服务,能够满足普通民众的需要,从而避免引起政府执法部门和社会公众的注意,有利于他们的生存和发展。

黑社会的经营活动,成效显著,收入巨大。比如,纽约市甘比诺家族有个角头在昆士区监管着年毛收入达 3000 万美元的赌注经纪场所;博南诺家族通过郊区长岛的两个体育赌博团伙,每年诈取 1000 万至 2000 万美元的净收益;博南诺家族控制的一个高科技跨国组织,在 2002—2005 年间操纵的体育赌注达到 3.6 亿美元;黑手党人大幅抬升曼哈顿大都会交通运输局一幢摩天办公大楼的造价,甘比诺家族一名老合伙人勾结具有黑手党背景的承包商和腐败的工会官员诈取了 1000 万美元的不法收益;通过从一个建筑工地临时升降机操作工工会取得挂名职位,一群吉诺维斯和甘比诺家族的打手诈取了 200 万美元的收入;通过从一个重型机械行业协会和一个油漆工地方分会谋取影子职位,科洛博和吉诺维斯家族 22 名成员组成一个小组合伙骗取了 350 万美元的薪酬;吉诺维斯家族有个团伙多年在长岛每周仿制 1 万张光盘,在案发前每

---

① 2015 年欧洲难民危机是很大的生意。伊斯坦布尔的黑手党盘算,80 多万人横渡爱琴海,每人支付 400 欧元,每船利润 6 万欧元。马其顿的官员们把运送难民的火车票价格从 5 欧元提高到 25 欧元。欧洲最重要的犯罪集团意大利的黑手党参加了这门庞大生意:仅抵达意大利的难民就有 17 万,全欧洲多达上百万,有太多张嘴要吃饭。"我们的事业"和"卡莫拉"等黑手党组织接手了意大利政府转让的一些援助业务,如住宿和食品供给等。检察机关正在调查黑手党和主管这些服务供给业务的官员之间勾结的证据。反黑手党组织"自由"组织的成员加布丽埃拉·斯特拉马乔尼说:"这是一个非常普遍的问题。避难申请者的到来变成了一笔大生意。"并强调,多个城市的很多机构都参与其中,仅意大利国内就意味着 8 亿欧元的大生意。参见《黑手党靠难民潮赚大钱:仅意大利就有 8 亿欧元大生意》,http://news.163.com/16/0202/00/BEPEUD-SR00014AEE.html,访问日期:2021 年 8 月 13 日。

年获得纯利润 250 万美元;2005 年,一个发展 10 年的甘比诺家族的西切斯特县行动队被打垮,7 个知名荣誉者和 25 名合伙人被捕,这个行动队的不法利润总计达 3000 万美元。① 2014 年 3 月 13 日,意大利警方收缴黑手党组织"光荣会"大约 4.2 亿欧元(约合 36 亿元人民币)资产,包括房屋、企业、旅游景点资产、豪车和流动资金,罗马市中心的一些店铺,包括一家著名咖啡馆等。② 当然,我们无法得知全球黑社会的经济实力究竟有多大,传遍网络的一个说法是,2010 年黑手党在意大利全境的生意规模已超过 1300 亿欧元。③

如果说黑社会与经济行业的关联度可以用某种指标来测定或衡量,那么,从全球来看,"各行各业都有黑社会进入",合法非法行业有多少,黑社会就经营着多少行业,这是一项指标。全球黑社会的经济总量是个谜,是暗数,其计算单位可以是"万亿美元",究竟有多少个万亿美元,无从得知——这个意义上,黑社会与行业的关联度真可谓"秘不可探,深不可测",这是另一项指标。第三项指标,究竟有多少黑社会成员在从事各行各业,有多少守法公众在黑社会的各种公司、企业里面就职、就业,黑社会究竟对社会经济有多少正面贡献,又给社会经济造成了多大损失和阻碍,这些都无从知道。从黑社会与经济行业的关联情况,研究黑社会的生成、生存和发展,将有莫大收益。

3. 黑社会的行为特征及与行业的关联

黑社会的行为特征是,以暴力、威胁为基础和核心,但是,暴力、"软暴力"和非暴力手段,公开和隐蔽手段,经济、政治、文化和法律等手段,非法、半合法和合法手段,相互兼容、结合,随机应变,灵活使用。黑社会行为手段和方式的多样性、复杂性和灵活性,远非恶势力可比。

我国刑法和有关司法解释,特别注重和强调黑社会的暴力、威胁的行为特

---

① 参见[美]塞尔温·赖布(Selwyn Raab):《五大家族:黑手党帝国的兴衰史》,程涛、钱坤译,江苏人民出版社 2013 年版,第 606—622 页。

② 参见葛晨:《意大利收缴黑手党资产 4.2 亿欧元》,http://news. xinhuanet. com/2014 - 03/14/c_119774045.htm,访问日期:2021 年 8 月 13 日。

③ 参见《世界上最大的黑帮 意大利黑手党》,http://k. sina. com. cn/article_6553261568_ 1869ad60000100e8gh.html? cre = tianyi&mod = pcpager_news&loc = 32&r = 9&doct = 0&rfunc = 20&tj = none&tr = 9,访问日期:2021 年 8 月 10 日。

征,要求所认定的黑社会(性质组织),必须具有"以暴力、威胁或者其他手段,有组织地多次进行违法犯罪活动,为非作恶,欺压、残害群众"的特点。黑社会的暴力手段常用于争夺势力范围、排除竞争对手、确立强势地位、谋取经济利益、维护组织纪律惯例或约定、维护非法权威,以及逞强争霸、插手纠纷、报复他人、替人行凶、非法敛财等违法犯罪活动中。

公安、司法部门也注意到黑社会使用的除暴力、威胁、胁迫之外的"其他手段",即利用组织势力和影响对他人已形成的心理强制或威慑,进行所谓协商、谈判、调解,或者滋扰、哄闹、聚众等干扰、破坏正常经济、社会生活秩序的非暴力性手段。但是,公安、司法部门一再强调:暴力或以暴力相威胁始终是黑社会性质组织实施违法犯罪活动的基本手段,并随时可能付诸实施,因此,在黑社会性质组织所实施的违法犯罪活动中,一般应有一部分能够较明显地体现出暴力或以暴力相威胁的基本特征。否则,定性时应当特别慎重。[①]

要求必备暴力行为特征才能认定黑社会(性质组织),这很重要。但也不能忽视,现代黑社会,虽然仍然以暴力、威胁为最后手段,但很多时候他们以软暴力、非暴力手段实施犯罪,甚至借合法手段违法犯罪。所以,必须根据案情,具体分析,准确判断是否存在黑社会(性质组织),不能仅因为似乎没有明显的暴力、威胁行为,对显然有组织地进行的犯罪,作为一般共同犯罪处理,甚至不作犯罪处理,放过了隐蔽性强的黑社会(犯罪)。

黑社会违法犯罪成本往往可能高于恶势力违法犯罪成本。因为,像恶势力那样采用的犯罪手段、工具以及承担某些后果所需的成本,黑社会都要承担,而且往往还要豢养组织内或外围的打手、杀手,并且常常购买、使用枪支弹药,以及为寻求"保护伞"、"捞人"、支付报酬、赔偿、慰问金等而产生的很多开销,这是恶势力团伙不用或不会承担的。

黑社会的行为特征与行业的关联就在于:

第一,如前所述,黑社会违法犯罪的行为方式,以及为"消除"或"降低"政

---

① 参见《最高人民法院、最高人民检察院、公安部办理黑社会性质组织犯罪案件座谈会纪要》(法〔2009〕382 号);《全国部分法院审理黑社会性质组织犯罪案件工作座谈会纪要》(法〔2015〕291 号)。

府对违法犯罪的惩罚,甚至要安抚、安顿犯罪的成员及其亲属,使得黑社会的违法犯罪成本比较高(恶势力成员违法犯罪后,也可能产生"打点"成本,但往往是个体行为,而黑社会"捞人""摆平"往往是"组织化"行为,黑老大通常会有专门的经费来处理这些问题),这更加促使黑社会追求经济利益,促使其与相关行业发生关联。

第二,除非有关行业是某个黑社会独创的,或者某地方某行业尚无人问津,或者行业容量大、未达饱和度,还能够吸纳新的黑社会进入该地该行业,否则,黑社会无论是要进入非法行业,还是要进入合法行业,甚至哪怕是自己独创一业,都需要暴力手段,哪怕作为备用手段。

灰色行业并不好进。不是谁都能够入灰色行业。一般来说,对于新出道的恶势力、黑社会,灰色行业不会给他们预留地盘、码头,他们得硬闯、硬打人家的地盘和码头,即使"智取",也得有人马、配上刀枪棍棒,以压阵脚。黑社会新开地盘,新建码头,可能也需要暴力,因为要在新地盘、新码头开张的不是什么正经行当,老百姓不一定买账,政府也可能很快发现治安等问题,恶势力、黑社会就得准备并随时使用暴力或威胁。不打,新地盘、新码头可能根本没门。再说,那些老资格或新出壳的恶势力、黑社会,迟早会嗅出味道,要来抢地盘、打码头,善者来分一口,不善者来一口吞。可是,江湖上有几个来抢地盘、打码头的人是善者呢。最后还是得硬拼。比拳头的时代虽未远去,但真刀真枪的年代早已到来,以兵止兵、以战止战,不仅是兵家常道,也是恶势力、黑社会熟悉的规矩。当然,不费一刀一枪、一兵一卒,最多就花几个钱,能够进入早已存在的地盘和码头,自然好极了,也有这样极少的例子,但那往往是有人"关照"的结果,而且这等事情可遇不可求,照看家底的暴力手段总少不得。

黑社会进入合法行业,往往不需要暴力。但是,有人来砸场子,黑社会就不一定"依法处理",他们可能会以牙还牙,直到来闹场的人,组织、指挥、唆使闹场的人"服气"为止。有时候,黑社会在他们自己的公司、企业的地盘上稍微露一下"武行",让一些不知底细、不知天高地厚的恶少、流氓受教一回,企业经营可能更顺利、平稳、安全。再说,黑社会毕竟是黑社会,他们经营的合法行业,往往并不是他们的全部营生,甚至只是他们非法营生的幌子。所以,他们不仅在合法营生里面使用一些暴力手段,而且暗中进行的非法勾当更需要暴力支持,或以暴力为先锋,或把它作为后盾。

第三,黑社会以非暴力手段和方式开展其非法或合法业务时,包括经营公司、企业,他们自己很清楚的是,非暴力方式只是台面上的活儿,而他们在武力方面的江湖名气(恶名),是其他老板、民众愿意或被迫跟他们"协商""谈判"和做出让步的根源。黑道人物愿意口头叫你"大哥",是因为你手头一直抄有家伙,他要不知趣,不识相,你便翻脸不认他。黑社会之间,经营中出现相互竞争,分赃不均,抢夺或者保护地盘、码头、行当,在利益冲突发生时,所有的协商、谈判,达成协议,首先都是评估各方暴力手段的强弱,其次评估对手的"背景深浅"和其他实力,而业务方面的专业评估,只在具有武力优势或势均力敌的条件下才有意义。对于手无寸铁的普通百姓和守法的企业、单位,黑社会不会和你协商、谈判,因为你没有讨价还价的手段,也就没有平等协商的资格,任由黑社会明抢暗夺就是结局——除非警察、政府帮你把黑社会给打下去,国家暴力击败了黑社会。

4. 黑社会的非法控制特征及与行业的关联

黑社会的危害性主要体现在"非法控制特征",非法控制特征的核心内容和本质就是对相关地区的经济或者相应经济行业进行控制和垄断。

黑社会的非法控制特征,其含义和表现是,通过违法犯罪,或在国家工作人员包庇、纵容下,称霸一方,在"一定区域"或"一定行业"内,形成非法控制或重大影响,严重破坏经济、社会生活秩序。按照公安、司法部门的看法,"非法控制"是黑社会(性质组织)的本质特征,是黑社会(性质组织)区别于一般犯罪集团的关键。

恶势力不具有"称霸一方"的特征,他没有这个实力,虽然在一地一方逞强斗狠、行凶作恶、欺压百姓。黑社会(性质组织)则"称霸一方",即他在某地某行具有最大势力和权威,狂妄地以首领自居,对该地该行作威作福地独断专行、实施控制(统治)。他依仗其权势、武力和其他实力(包括经济力量、"人才"和"人脉"优势),横行霸道,欺压百姓,也欺压比他弱小的恶势力、黑社会(性质组织),甚至把他们从其势力范围扫除。

黑社会所称霸的"一定区域",是承载相应社会功能的一定空间范围,是一定数量的个人和单位生活、办公、经营的区域,包括乡镇、街道、村庄、矿山、工地,以及市场、机场、车站、港口、码头等。"一定区域"的大小具有相对性,"非法控制"对象并非区域的物理空间,而是该区域中的人和单位,他们的生活、工作和合法权益,以及该区域的经济、社会生活秩序。"一定区域"的空间范围不能机械量化,要依具体案情,结合该地域的人口数量、经济规模、政治或社会影响力等因素综合评判。实务部门认为,如果涉案犯罪组织仅对一座酒店、一处娱乐会所等空间范围有限的场所或者人口数量、流量、经济规模较小的其他区域有控制和影响力,一般不能视为对"一定区域"产生了控制或重大影响。不过,仍须强调,这样的认识切不可被绝对化、简单化和僵化。

对"一定行业"进行控制、垄断,或者产生重大影响,这是黑社会(性质组织),特别是成熟、高级、现代的黑社会,所普遍具有的本质特征。黑社会组织没有在其势力范围内控制某些行业,这不可想象。公安、司法部门认为,"行业"是一定区域内存在的同类生产、经营活动。黑社会(性质组织)对黄、赌、毒等非法行业形成非法控制或重大影响,也属于非法控制。黑社会的行业控制(垄断)、重要影响,就是他对某行业相关的准入、退出、经营、竞争等经济活动进行操控、把持,或者具有较大的干预和影响能力,或者在该行业占有较大市场份额,并通过违法犯罪或其他不正当手段,聚敛巨额钱财,给在该行业从事生产、经营活动的其他个人和单位造成巨大损失(直接经济损失100万元以上)等,或多次引发群体事件,或引发大规模群体事件,即属于对行业"造成严重影响"。

黑社会通过违法犯罪,或利用"保护伞"等人物的包庇、纵容,称王称霸,对在一定区域或行业内生活、生产、经营的人员、单位形成威慑、强制,即使合法利益遭受侵害,也不敢举报、控告或检举、报案,不敢通过正当途径维权;垄断相关行业,操控行业经济活动;插手民间纠纷、经济纠纷,侵害纠纷一方或双方权益,干扰、破坏他人正常生活,干扰、破坏个人、单位或社会团体的正常工作、生产经营等秩序;长期或多次干扰、破坏国家机关、行业管理部门以及村委会、居委会等基层群众自治组织的工作秩序,多次对这些单位、组织中正常履职的工作人员进行打击、报复,拉拢、收买或威胁国家机关工作人员并多次得到他们的包庇、纵容,致使这些单位、组织不能正常行使职能;黑社会利用其势力、影响,使其成员当选各级人大代表、政协委员等,获取政治地位,或在各级党政机关及其职能部门、基层群众自治组织中担任具有组织、领导、监督、管理职权的职务,等等,即可以认定黑社会"在一定区域或者行业内,形成非法控制或者重大影响,严重破坏经济、社会生活秩序"①。

　　显然,黑社会称霸、控制一方及行业既是法定特征,更是其违法犯罪的事实状态。其实,深入分析就会发现,黑社会控制一定地域,其中很重要的目的是控制区域内的"行业"。现在,有些黑社会(性质组织)已经深谙其道,不再像过去的黑帮,非得争一块"地盘",而是更在乎某区域的某行业。从当今中国的一些黑社会(及恶势力)来看,非法控制一定区域的特点似乎有所减弱,而非法控制某地的有关行业越来越明显、突出。我们知道,乡镇集贸场所、城乡结合部、学校周边及网吧、溜冰场、影剧院、公园等地,是黑恶势力生成、横行的主要地盘。其中重要原因之一就是,这些地方有庞大、稳定的消费群体和消费内容,也就有相应的消费行业和经营者,有稳定、不菲的收益。打黑扫黑实践表明:在一定区域,以行业控制为依托,大者以"企业""公司"面目呈现,小者就是旅馆、饭馆、酒吧、超市、咖啡屋、式样大小不同的门市,甚至摊点、摊位,隐蔽而"文明",是黑社会(恶势力)生成和发展的"较高级"形态。黑社会(性质组织)盘踞在金融财务、房地产开发、工程建筑、矿产开采、交通运输、批发市场、娱乐休闲、客货运输、旅游、房屋租赁、商品批发和零售、废旧物资回收处置等多个领域,只要有利可图就无孔不入。他们霸占土地、抢占矿山、廉价收购企业、抢占旅游线路、景点景区经营,实施暴力拆迁、非法采矿、垄断经营、强

---

　　①　参见《全国部分法院审理黑社会性质组织犯罪案件工作座谈会纪要》(法〔2015〕291号);《最高人民法院、最高人民检察院、公安部办理黑社会性质组织犯罪案件座谈会纪要》(法〔2009〕382号)。

　　值得注意的是:恶势力基本上没有捞取到较高"政治地位"的,村霸中有部分人当上了村党支部、村委会负责人。在我们所见的涉及恶势力犯罪的刑事案件中,没有哪个恶势力头目,更不要说一般成员,取得过正式的乡镇以上官方职务,当过人大代表、政协委员。有的恶势力头目在某些行业组织或其他"民间"组织中,有些头衔,包括自封、购买、虚构的名分、头衔。

迫交易,聘用或豢养打手,购买管制械具甚至武器,以合法公司、企业掩盖黑恶组织,用经营活动掩盖非法手段,用公司利润掩盖非法获利。大致可以说,现代黑社会,已经逐步从传统的地盘、码头等空间区域控制,更加明显地转向对一定行业的控制,虽然各行业要依存于一定区域,黑社会也不会放弃控制一定空间区域,但重心不在区域而在行业、产业。所以在现代,某个地方可以同时存在多个经营不同行业的黑社会。

5. 黑社会"保护伞"及其在行业中的关照

"保护伞"是黑社会在政府中的眼睛和听差,他帮助黑社会观察政府、相关部门和有关人员的一举一动,打听各种涉及黑社会的风声,向黑社会传递政府和有关人员执法、打击黑恶势力的情报信息、执法行动,让黑社会逃避打击,或者阻止政府、有关部门和人员对黑社会采取行动。一般来说,小"保护伞"起通风报信、妨害执法的作用,大"保护伞"则直接利用权力压制、阻止扫黑除恶,而大小"保护伞"都可以帮助黑社会谋取利益。

黑社会(性质组织)都有"保护伞",不存在没有"保护伞"的黑社会,差别只在于各黑社会的"保护伞"的数量和层次(职务高低、权力大小)。黑社会的历史越长,规模越大,成熟度及现代化程度越高,其拥有的"保护伞"越多,层次越高,对政治的渗透就越强大、复杂和深入。因此,黑社会除有多重"保护伞",很可能其成员与政治人物交叉重叠,融为一体。

在我国刑法上,拥有"保护伞"不是黑社会(性质组织)的法定特征,但却被一度认为属于黑社会(性质)组织的特征之一,并受到了不少批评。① 但是,

---

① 2000年12月《最高人民法院关于审理黑社会性质组织犯罪的案件具体应用法律若干问题的解释》(法释〔2000〕42号)曾经把"通过贿赂、威胁等手段,引诱、逼迫国家工作人员参加黑社会性质组织活动,或者为其提供非法保护"作为黑社会性质组织的四特征之一。何秉松认为,虽然最高法院把这一点列为黑社会性质组织的一个特征有一定根据,即他对官方特别是警方的腐蚀、渗透以及与其相互勾结,主要手段是贿赂、收买官员,政府官员组织或参加黑社会组织,或者由黑帮分子直接充任官员,但这只是黑社会性质组织赖以存在和发展的一个极其重要的条件,并非唯一条件。有相当一部分黑社会性质组织由于其他条件,如国家机器软弱无力,即使没有谋求政府官员的支持和保护,也能存在和发展。因此,"保护伞"不是黑社会性质组织的本质属性和特征,有些黑社会组织并不具有这个特征,但仍然是黑社会组织。如果把"保护伞"作为黑社会的必备特征,就会把一些严重的犯罪集团排除在黑社会性质组织之外。之所以产生

现在普遍认为,"保护伞"的存在即使不是黑社会的一个基本特质,也是黑社会生成、发展的一个必要条件。在我们看来,法律上、实务界和学者对"保护伞"的界定狭窄了一点。确实,多数情况下,"保护伞"是指具有保护黑社会势力能力和条件的官方个人,包括普通的国家工作人员,有一定领导职务的国家工作人员,职务、地位越高,权力越大,保护能力越强,保护力度越大,保护的黑社会的范围和数量可能越多。一个高层"保护伞"保护着很大地域范围内的众多黑社会,或者各主要的黑社会,完全是社会现实,不只是理论可能性。不过,个人作为"保护伞",这只是黑社会"保护伞"的一类;另一类"保护伞"就是官方机构、组织,一些地方的党组织和政府整个地被黑社会腐蚀,成为"保护伞",甚至成为"黑化"的党政机构或部门。

有一类长期被人们忽视的"隐性保护伞",或者说"间接保护伞",即有些地方党政(主要)领导,他们不(曾)收受、沾染黑恶势力的好处,似乎并不包庇、纵容黑恶势力,按照党纪政纪和法律,他们都不能被认定为"保护伞",他们并不是隐藏很深尚未被挖出、揭发的法纪意义上的"保护伞",甚至就是他们真切领导着地方上的打(扫)黑除恶斗争,但是,这些(主要)领导平时一贯地,或者在打(扫)黑除恶关键时期,对那些已经并可能继续给地方经济作出"重大贡献"的黑社会(性质组织)组织者、领导者以及其企业,一方面要求办案部门和人员"从大局出发",要"拿准事实和案件性质",要"保护和建设好营商环境,保护好××企业(家)",另一方面不断重用、提拔那些有"重大贡献""重大影响"的"有瑕疵的能人型企业家",忽视或者无视这些"企业家"的涉黑问题,或者过度信任这类"能人",支持、扶植其公司、企业,委以行业或者整个地方经济发展的重任,实质性影响打(扫)黑工作,对这些"企业家"网开一面。聪明的涉黑"企业家"充分利用这种局面,乘机给领导送上"(重大)经济成就",讨巧卖乖,不仅逃脱打击、惩罚,更乘势而上,"更快更好地壮大(黑社

这个问题,是因为黑社会组织介入政治,经常使用的手段是金钱和暴力,如果只强调金钱贿赂一面,不强调使用暴力一面(使用暴力和威胁对付政府官员),就产生片面性。参见何秉松:《中国有组织犯罪研究(第一卷)·中国大陆黑社会(性质)犯罪》,群众出版社 2009 年版,第 213、214 页。

会)事业"。这样的(主要)领导往往是黑恶势力的"最佳保护伞","合理合法""名正言顺"地隐性保护着黑恶势力,其危害胜过通常的"保护伞"。而且,这样的"隐性保护伞"也可能因为敢于用人、开拓创新和政绩突出而不断得到提拔重用。社会大众对这样的"保护伞"几乎没有什么了解,公共媒体对这类"保护伞"也少有直接、清晰和深入的揭露,学术界对此完全缺乏研究。或许,电视剧《狂飙》中的"孟德海"就是"隐性保护伞"的一个注释,但是,"孟德海"究竟是没有被揭穿的"保护伞",还是一身干净、没有沾染黑社会的"隐性保护伞",不好定论(得看编剧、导演是否改变、隐蔽剧情、台词等)。

黑社会的"保护伞"与黑社会进入灰色或合法行业之间,具有多方面的关联。简单地说,"保护伞"对黑社会进入、经营某行业,首要、关键和最终的作用,是为黑社会提供"保护",使其不仅免遭政府打击、法律追究,而且可以免遭其他黑社会的骚扰、破坏和吞噬。但这只是"保护伞"的传统作用,是现在人们一般认识到的作用,人们不认识或注意不够的是,"保护伞"为其保护对象提供了许多更重要、更高级的"服务"。

第一,对黑社会经营的非法行业给予支持、保护。

非法行业,或称灰色行业、黑色行业。"灰色"或"黑色"行业,除非政府明确把它合法化,否则都是非法的。灰色行业往往使人堕落、诱发罪恶,受社会道德谴责。一般人最熟悉的灰色行业,有色情、赌博、毒品行业。其实除此之外,灰色行业还有很多,行业规模、危害性完全不亚于甚至远大于黄、赌、毒。①

---

① 比如"伪造行业(地下造假产业)",对一切有利可图的产品、品牌、文件、证书,都伪造、仿造,因此,假货(伪货)、劣货、冒牌货,从生产、制造假冒伪劣食品、药品,伪劣农药、兽药、化肥、种子,到假名牌服装、假名牌化妆品、假名牌或高档家具、电器,再到假名烟、假名酒,假学历或学位证书,假身份证、假工作证、假记者证、假护照、假印章、假证券、假债券、假商标、假发票,还有盗版书籍、光碟、软件,直至假币、假金融或银行票证、假红头文件、假文物,仿制武器、假军服、假警察服装,等等,再考虑这些产品从设计、制造、运输、销售,以及它们涉及的相关行业、产业,最后完成整个产业链,这是多广多大的地下行业和产业啊。再如,被不法分子、黑恶势力控制的职业乞讨,也是可观的产业。走私当然是传统的巨大灰色行业,走私的物品范围很广,从高档品到废物、垃圾,从一般货物到特殊、危险物品,都在走私之列,如我国刑法提到的走私货物就有:武器、弹药、核材料、假币、文物、贵重金属、珍贵动物、珍贵动物制品、淫秽物品、废物,国家禁止进出口的货物、物品,以及普通货物、物品等。国内或跨国的人口买卖、拐骗,也是规模巨大的灰色产业,等等。

况且,黑社会并不对所有灰色行业或产业感兴趣,他们趋之若鹜的是那些能够获得暴利的灰色行业(主要进入黄、赌、毒、走私、拐骗和买卖人口非法采摘和买卖人体器官等行业)。如果利润只与合法行业相当,他们宁可去做合法产业。

由于灰色产业没有法定的"市场准入"要求和限制,所以,黑社会不需要"保护伞"帮助打通入行关节,他们自己会去打闯。但是,黑社会需要保护伞做的,"保护伞"能够做的,主要是三件事:打探、掌握政府或其他机关、部门等打击、清扫灰色产业的决定,提前向黑社会通风报信;如果被派遣到现场执法,对黑社会搞假执法,借故拖延、拒绝执法,或者做表面文章,应付了事;暗中支持、帮助黑社会开展经营活动,介绍、提供某些货源、客户,甚至参股,所谓"一起发财"。

第二,对黑社会的合法经营给予"支持",对不法经营行为进行保护。

"保护伞"支持黑社会的合法行业,为黑社会的经营活动依法提供便利和优待,为黑社会的合法经营提供咨询、参考意见、建议,帮助黑社会的企业、公司谋发展,是名正言顺的事情,似乎不值得我们费神谈论。其实,"保护伞"对黑社会在合法行业进行"支持"的妙处在于,黑社会老大往往比那些守法经营的公司、企业及其负责人"更大胆",更舍得花成本(向握有项目、订单决定权的有关领导巨额行贿),更敢于通过黑白两道阻止其他合法竞争者。所以,黑老大的公司、企业往往比那些财大气粗的合法公司、企业,更容易拿到各种项目、订单,尤其是来自政府的项目和订单,从"保护伞"那里得到更大得多的回馈。黑社会善于在合法经营的业务范围内,把正当商业竞争的成本转为寻求、收买"保护伞"的成本,并且可能成本更低,利润更大。因为,当"保护伞"从腐败中得到财富,他就不仅被绑在黑社会的道上,而且可能希望有进一步的"合作",有更多腐败机会和金钱,也不惜把更加巨大的国家或集体财产,以极不正常的低价贱卖给黑社会经营的公司、企业,或者以极不正常的畸高价格购买黑社会所经营的服务或产品。而且,这些都是在"合法""公开"的市场行为和政府行为中进行的,扫黑除恶时官方很少也很难对这些进行认定和追究。在媒体和舆论上,这样的企业家(虽然实为黑社会老大),这样的领导(虽然实为腐败分子),会很快成为众所周知"具有开拓创新精神""有闯劲"的领导人和企业家。这就是一些领导"支持"黑社会的公司、企业合法经营的奥秘和密码。

黑社会的"保护伞"众多。有些黑社会(性质组织)犯罪案件中,司法部门查明的"保护伞"在10人以上,他们分属不同部门、领域,有着高低不同的职务。能够"支持"黑社会合法经营的"保护伞"不会很多,黑社会也不是经常需要这样的"保护伞"。黑社会真正大量、随时需要保护的,还是他们在合法经营中的非法行为,以及他们的灰色活动和黑道经营。

实际上,"保护伞"会采用保护灰色行业的那些手段(见前文),来保护黑社会在合法经营中的违法犯罪行为,但还有些新的手段和方式。

其一,"高调型"保护。黑社会"保护伞"会以"支持改革""鼓励创新""顾大局""谋长远",甚至借"讲政治""守规矩"等理由,将黑社会的不法经营行为"正当化""合法化""正确化",使那些为法律、政策乃至道义所不允许的行为,变成完全名正言顺的、正大光明的行为,压制、打击那些要求查处黑社会或其不法(经营)行为的人和言论。这招特别厉害,可能有"一剑多雕"之效:不仅帮黑社会或其企业、"老大"度过危机,还更公开大胆地放手非法经营,打击持不同意见的人,斗垮"政敌",而自己因"慧眼识人"得个"伯乐"的雅号,甚至还会因为黑社会为当地贡献的GDP,自己连番受到提拔重用,成为著名"改革家""政治新星"——不过,一旦翻船落马,就现出黑社会"保护伞"和"老虎"级腐败分子的本色。

其二,"低调型"保护。这也是常用策略。较高层的"保护伞"尽量降低处理调门,除了低调支持、庇护黑社会的不法经营或其他行为,在遇到必须追究黑社会责任时,相关领导、执法部门和人员等尽量"内部处理",尽量降低查处、打击、惩罚力度,争取大事化小、遇事化无,尽量采取罚款等经济方式处理,力求不抓人不判刑。如果黑社会闹出人命、重伤,或者多人轻伤,或者搞出(多起)群体事件,非得处理,并且要有一定力度,"保护伞"会考虑从两个方面进行技术性"切割",实行"两处理两不处理":因为是(黑社会的)合法公司、企业,所以,只按照法律和政策,处理具体违法犯罪事实和案件,不处理涉黑问题;只处理具体违法犯罪人员,不处理幕后的黑社会组织者、领导者,包括不直接涉案的积极参加者,把黑社会及其组织者、领导者和积极参加者隐蔽在合法公司、企业之后。当然,在现行体制下,一些执法、司法人员也明白和"知趣",办案会"适可而止"(除非有来自"上面"或者"其他部门"的巨大压力)。这样,"保护伞"就能"成功保护"黑社会及其产业。

第三,帮助黑社会主要成员进入行业主流、名流之列,以至帮助、推进、拉抬他们进入合法政治体系之中,获得政治地位,从而在行业中占据更加重要的地位。

黑社会老大开办的公司、企业,一旦有公权力机关及大小"保护伞"的支持(包括一些领导、名人出席公司、企业的开业庆典等重大活动,或者机关、部门送条幅、匾牌、花篮、大型瓷瓶等庆贺志禧物,等等),就会有(更多)相同行业或地域邻近的公司、企业到场热捧,各方面自然会竭尽全力帮助老板树立形象,媒体会不遗余力地报道,无论这老板早已是功成名就的企业巨头还是商界新星,那新开的企业都是对他的实力、能力和声名的展示和提升。通过这种方式,一些在工商界名不见经传或恶名昭彰的黑道人物,转瞬间成为行业翘楚,实现华丽转身,洗脱原来的黑恶形象,登入正规、合法的工商社会。

这些公司、企业往往经营得成功、红火,而背后隐藏的许多见不得人的东西,会得到各层次"保护伞"(在各级纪委、检察院和监察委查办的黑恶势力"保护伞"中,从科级到"厅官"以上的保护伞都有)的保护和关照,并且往往是主动关照。① 一些有地位和权力的官员会寻找机会,利用现行政经体制缺陷,把受他庇护的黑老人(公开身份是荣誉、头衔满身的成功企业人士)安排为某代表、某委员候选人,并保证他们成功"当选"。黑老大戴上红顶子,既可谓黑老大有些政治能耐和手段,更是"保护伞"提携他,给他披戴光环。这正是许多黑老大不敢奢望而一些黑老大却美梦成真的现实:成功的黑道人物往往脚踏政商两界。多年的扫黑除恶提供了不少例证:有些涉黑企业家、公司老总担

---

① 对价是黑道要不断向其输送利益,数额则依据事情的重要性、难易度和"保护伞"级别而定,总趋势是越来越大,"小意思"几万、几十万元,"看得起"上百万元,上档次超千万元,高档次超亿元,有的实行"高价买断,终身有效"(其实,额外"孝敬"总是随时会有的)。越是利大风险大,黑道越舍得出手,历史上从来如此,所谓"舍得鞋(孩)子套得着狼"。

任着人大代表、政协委员。想必这样的情况可能还有一些。

6.黑社会的文化与心理及与行业的关联

黑社会(性质组织)具有恶势力所有的一切文化和心理的内容和特征。例如,即便是现代性跨国犯罪组织,其"职员"文化程度较高,但也有很多文化程度较低的成员;暴力、色情、赌博等文化,至今仍是恶势力和黑社会的共同文化招牌。但是,在文化和心理方面,黑社会及其成员与恶势力及其成员的确有许多重大差异。

第一,黑社会创造了稳定、系统的犯罪文化,而恶势力主要是分享、利用既有江湖文化、犯罪文化等。

黑社会存在时间长,有的有百年、数百年历史(恶势力除非转变为黑社会,否则存在时间都不长久,容易被打掉散伙),他们就有条件和机会创造和积累自己的文化。而且,黑社会的复杂组织体系、众多的成员,也要求有自己的核心文化,在精神、心理上凝聚成员,应付社会主流文化对黑社会的精神瓦解。那些历经漫长岁月的黑社会,其文化更成型、稳定和系统,有独特、广泛而深远的影响。这方面的事例很多。比如,洪门和以洪门为基础产生的各黑帮组织,都有一整套文化,包括复杂的组织结构和等级体系、严苛的帮会规矩、威严的入会仪式、严格保密的联络暗号及隐语、残酷的违规罚则、惩罚方式,等等。黑手党有极其森严的组织、等级,有细致入微的规矩,例如,美国黑手党禁止报复向政府举报他们的人,禁止报复公正廉洁的政府执法官员,禁止报复除黑手党成员以外的向政府作证的一般公民,禁止伤害记者、政治家,①"保护"

---

① 参见[英]大卫·索斯韦尔:《有组织犯罪的历史:黑帮的真实故事》,邱颖萍译,文汇出版社 2012 年版,第 43 页;[美]塞尔温·赖布:《五大家族:黑手党帝国的兴衰史》,程涛、钱坤译,江苏人民出版社 2013 年版,第 41 页。

此外,黑手党要求其成员必须遵守如下规矩:黑手党高于妻子、儿女、国家和宗教信仰;无条件服从命令,包括谋杀;不允许向执法者提供任何情报和帮助;不允许向外界透露任何组织内部的事情;成员之间必须相互尊重,欠债还钱。成员之间不允许互相伤害,侮辱或进行偷盗;禁止与其他成员的妻子、姐妹、女儿有任何关系,除非有某种光荣使命;成员之间必须相互帮助,以便用鲜血为受到的耻辱雪耻;必须设法保护和营救落入法网的成员;根据老板的谨慎愿望,成员有权参与通过敲诈勒索、绑架、偷盗以及由于共同的社会机缘而犯的其他罪行所得来的财物的分配;必须保守秘密,对违犯者,在黑手党有关机构作出决定后,将判处死刑。参见忠智、周英、启明、申策:《美国黑社会》,春风文艺出版社 1990 年版,第 59—60 页。

势力范围内的普通民众,以避免招惹公众愤怒,导致政府加大打击黑社会的力度,给黑手党带来更大不利,谨慎的成员吸收条件和方式,对违规的成员按照黑手党的"组织决定"严惩(一般是处死),等等。这些是大多恶势力都不具备的。

黑社会创造和拥有自己独特、完整的犯罪文化,包括组织文化、行为文化、精神塑造。尤其,黑社会能够主动把社会主流文化中的许多因素系统地转化为自己的文化。比如,主流社会赞赏"情义无价",他们要求成员重"义气";主流文化讲"忠诚"(封建专制要求"忠君""敬上"),他们信奉圣人"关公",讲究"忠义",忠于"师傅""兄弟";主流社会讲"同甘共苦,患难与共,莫逆相交,生死与共",他们数百年来都说"八拜之交,亲如兄弟,有福同享,有难同当";主流社会讲"广结善缘,广交朋友,团结五湖四海,朋友遍天下,'朋友多了路好走'",他们讲"哥们义气""多个朋友多条路""不要断人财路";儒家文化讲"忠孝仁义",哥老会要求新入会的人必须当众发誓,第一条就是"要把父母孝","洪帮"帮规即以儒家伦理为基础,要求成员以"孝、悌、忠、信、礼、义、廉、耻"为准则;等等。这些文化都不是一般的恶势力能够"创造"出来的,恶势力往往借用各种黑社会文化、江湖文化而已。在黑社会面前,恶势力不仅在实力上不可并立,文化上也是"小巫见大巫"。

第二,黑社会及其成员,特别是他们的高级成员,往往可能集雅俗文化于一体,并且注意面对不同对象展现不同的文化层次和内容。这一点,很少有恶势力成员能够相匹配。

黑社会,特别是现代社会中的黑社会,那些企业化、全球化的黑社会,以及他们的"老大"、高级成员等,既深谙黑道文化,也熟悉社会主流文化;既懂得使黑手、下地狱的招数,也知道显高雅、登殿堂的路子。他们中有些人受过高等教育,学有所长,术有专攻,是某方面的行家,可能擅长管理、金融、财税、计算机、网络、建筑、运输、贸易、法律、宗教、哲学等之中的某一专业,甚至能够洞察国内、国际的政治、经济和文化、外交大趋势,他们隐匿着黑道大佬的身份和形象,尽显政经要人或专家光彩,出入于显赫之门、要津之地。这种高端文化形象为恶势力成员望尘莫及。

第三,跨国黑社会能够制造、传播国际化、全球化的犯罪文化,进行文化输出,影响其他国家或地区的罪犯、恶势力和黑社会。特别是跨国黑社会,他们的组织("家族")及其首领、主要成员,具有犯罪创新能力,具有国际化、全球化的"犯罪视野",具有整合其他国家、地区的罪犯、恶势力、黑社会的能力,能够从组织、行为和文化上把各国、各地的犯罪联系起来,形成新型"跨国犯罪事业"。而绝大多数恶势力只是本土、地方和低端的犯罪团伙,只能做些相对传统的违法犯罪行为,他们不(可能)具有战略性犯罪眼光,当然也没有这样的犯罪文化和心理。倘若某个恶势力团伙具有了这样的"视野"和心态,逐步形成这样的文化,那其必定发展为(高级)黑社会。

第四,黑社会以公开、合法的经营行为及行业文化为依托,发展、创新和改造黑社会文化。虽然黑社会也还使用公开或隐蔽的违法犯罪手段,但成熟的黑社会往往使用合法手段,从事合法营生,在社会的各项合法经济、政治和文化活动中,占据不止一席之地。黑社会吸收、利用现有的先进企业文化服务于黑社会的经济、政治和文化;黑社会举办的公司,其技术、产品和服务,可以做到不亚于任何守法知名企业的水平,甚至有的还可能超越。即黑社会在其公开的文化层面可以说是"先进"的,包括先进的商业理念、经营观念、企业组织和运作观念等先进企业文化。他们的公司、企业可以做到行业领先的程度。这些黑社会真的让你看不出也感觉不到是黑社会,他们达到了李宗吾所说的"黑而发亮""黑而无色""黑而无形"的极致程度。黑社会一方面让整个社会(国际社会)和普通大众的生活与其息息相关,享受着他们提供的"合法、真实、优质"的服务(现在,普通大众很难知道他们生活中的农产品、工业品和技术、金融、网络等服务,有多少是来自黑社会合法经营的企业);另一方面让社会中、世界上几乎各行各业都与之打交道,几乎离不开他。他们的企业、行业或产业广泛地植根于合法产业、行业和企业中,即在地方、国家和全球范围内,黑社会的(合法)产业成为产业链和经济体系中不可缺少的环节、组成部分。这已经不是简单的经济魅力,而是黑社会的文化魔力,不只是经济成功,也是黑社会的文化成功,是黑社会文化与现代企业、产业、行业或整个经济体的文化联结、整合的成功。黑社会组织早已要求其成员,要把"黑道文化"和社会主流、现代文化习惯性地融于一身,在不同的"道上"(黑红灰白各道),灵活自如地运用、展现不同文化。我们得承认这一点,虽然我们不会也不应当去赞美。

第五,在黑社会中,利益最大化已经成为一种基本文化,而经营文化产业,特别是灰色文化产业,也是他们的重要利益来源。

黑社会经营的文化产业五花八门,既有合法、正常或积极的文化制造和传播,也有腐朽文化的制造和传播——与暴力、色情、赌博、毒品、盗版等有关的行当,一直占据黑社会文化产业的重要部分。黑社会拥有、控制着大量的文化企业,包括公开或地下的印刷、出版企业,一些重要的传媒与咨询公司,一些广播、电视和网络公司。黑社会的文化产业链从雇佣写手"创造"作品、设计软件开始,到小说改编成剧本、投资拍电影、电视,再到影视剧投放市场,或者把小说手稿交付出版企业、印刷厂印刷,最后到发行、销售和读者服务,完全是环环相扣。黑社会的一些文化企业善于盗版,但对他们自己企业的文化产品,却非常重视保护包括知识产权在内的各项权利。

传统灰色、非法产业中,有相当大部分属于灰色、非法文化产业,并且在整个产业中占很大比例(从产值来看)。例如,色情行业,完全不是嫖娼卖淫那么简单。实际上,嫖娼卖淫在色情行业里面,只是人们耳熟的部分,打擦边球或涉色情的"按摩理疗"、舞厅酒吧等娱乐业,这些人们也不陌生。色情行业里面的色情文化业,那可是个大产业。光是色情文化就有如下行当:色情电影、电视,电脑色情产品、手机色情产品等色情电子产品;色情录音录像、胶片、碟片(光盘)、芯片、固定或移动磁盘等;色情表演类,包括传统的现场表演,如脱衣舞、人妖表演等,网络播放色情表演,网络直播色情表演;色情照片、图片、图像类;色情声讯(电话)类;色情文学创作、出版、发行类,包括把它改编、拍成电影、电视,或者制作出其他任何类别的产品;色情杂志、刊物类;性药;性用品、器具类;"性知识""性技巧"类出版物、电子产品等,这些都是黑社会的灰色行业经营范围。灰色行业的产值巨大,引用几个数字可见冰山一角(尽管这些钱并不是都进了黑社会的腰包,但肯定有他不小的份额):美国色情电视片出租次数,1985 年 0.75 亿美元,1992 年 4.9 亿美元,1996 年 6.65 亿美元。

1996 年美国人花在色情电视、下流表演、成人有线电视节目、电脑色情作品和性杂志上的钱超过 80 亿美元——这超过好莱坞的国内票房收入,超过摇滚音乐和乡村音乐录音作品的总收入。美国人花在脱衣舞俱乐部的钱超过了花在百老汇戏剧、非百老汇戏剧、地方性戏剧和非营利戏剧以及歌剧、芭蕾舞、爵士乐和古典音乐表演上的钱的总和。[①]

第六,黑社会比恶势力更能利用社会不良风气,形成与不良风气相应的成套的犯罪文化和风气。这些文化不仅影响黑社会,而且反过来影响"我们社会",污染官场,毒化所有公职人员的精神和文化。如果当官算是行业与职业,那么,黑社会文化深深影响了官员职业和行业。比如,"有权不用枉做官""有权不用过期作废""无法无天,无父无母""有钱能使鬼推磨""权大于法""情大于法""道德不能当饭吃""有钱是大哥""爹亲娘亲不如钱亲""人情是张纸,富贵朋友多""结交须黄金,金多交越深""成王败寇,天经地义",这些被黑社会用来支撑自己的内心,也用来腐蚀官员、执法办案人员。

总之,黑社会文化和精神(心理)跟许多地域、行业的主流文化和亚文化相关联。它完全按照黑社会最佳生存原则,糅合了各地域、行业和人群的底层和高层文化,不良和优秀文化,公开和隐秘文化。地域、行业和心理亚健康人群的文化,是黑社会文化的主要来源。黑社会及其领导人物有意识地把各种文化杂糅起来,以使黑社会能够在社会中顺利、隐蔽地存在、发展和传播,并形成了属于黑社会自己的文化行业和产业。这就是黑社会文化、心理与行业(尤其是文化行业)的关联状况。

---

① 参见[美]施洛塞(E.Schlosser):《美国的色情业(上)》,力文译,《现代外国哲学社会科学文摘》1997 年第 7 期。

第四章　黑恶势力生成的区域性机制

黑恶势力在一定区域形成和发展,这是人们熟悉的黑恶势力生成方式。以一定区域为基础和依托形成的黑恶势力,他们获取经济利益不只以打劫有关行业及其公司、企业为手段,更不一定非要经营特定行业或企业(但大多会在相关行业内进行经营),凡在其控制和势力所及的地域内的经济活动和利益,包括普通百姓的财产,都是其觊觎的对象。"问题村落""问题街区""问题场所"是生成黑恶势力的重点区域,[1]我们称其为"问题区域"。问题村落和问题街区的出现具有不确定性、随机性,但也有某种规律可循。"问题区域"

---

[1]　有些问题场所与非法行业有关,即那些场所之所以有问题,是因为那是非法行业的经营场所。但是,非法行业经营场所只是能够产生黑恶势力的问题场所的一部分。本章中"问题村落"主要指"整体性败坏"的村落,那些虽有个别混混、恶霸但根本不成气候,老百姓能够相对安宁生活、生产的村落仍属"整体健康"的村落。村落是否"整体性败坏",可以观察几个重要指标:村级党支部、村民自治组织是否恶人当道(恶人治村,即黑恶势力人员直接"当选"村干部,或者实际上控制、指挥村务);正直、廉洁、奉公守法的村支部、村委会干部能否实质性管理本村事务,即是否被恶人架空;村干部、守法村民是否在村里主导着良好风气、正气,是否压过了歪门邪道之气;村务是否真正公开、透明,村民满意;村民和集体的合法权益能否得到较好保护,治村手段是否合法合规,是否采取黑恶手段;村子的社会治安状况是否良好,涉嫌违法犯罪的人员多少,治安和刑事案件发生的次数多少、性质是否恶劣、后果是否严重;具体案件发生后,是否有人管、依法管,能否比较公平公正地处理;绝大多数村民是否感到安全;村干部是否有明显或严重的违法犯罪行为,是否与村里村外的混混、流氓、黑恶势力勾结,欺压群众;对在村内公平合理处置各种纠纷是否具有信心;群众对干部的总体评价是否良好,是否(长期)有群众针对村干部、村级组织的上访或群访;村里是否有民众在上访中拦车堵路,冲击政府机关,侮辱村、乡镇等干部的过激、违法行为;等等。村落整体性败坏,并不必定意味着大多数村民败坏,虽然有"诈骗村""造假村""涉毒村""涉枪(爆)村""赌博村""传销村"这类多数村民都违法犯罪的村子,但实际上,整体败坏的村落里面,大多数普通百姓并没有败坏,而是整个村落的风气等败坏,正不压邪。

具有天然地理或传统宗族、家族血缘及文化联系的"自然村(村落、村庄)"与"(行政)村"虽然含义有别,但为行文简便,不作细分。所以,本章中的"问题村落",可以是"有问题"的行政村,也可以是"有问题"的自然村(村落、村庄)。

一经出现、形成,除非政府快速有力整治,否则会稳定存在较长时间。由于各地政府和警方对待问题村落、街区的态度、策略不同,治理方式及力量投入有别,所以,问题区域是否能够稳定地存在并且产生出黑恶势力,就不能一概而论。街区是城市(市镇)里空间连续或连接的某个范围内的街道、街头或街角。街区可能是某条街的一部分区域,也可能跨越数条街道,特别是多条街道的交汇处。有些大型街区也会占据多条街面,如大型火车站、码头(港口)和机场、大型公共广场等。它们可能各自都是一个独特的街区,区域面积可能比好些街道还大。当初它们可能就是建在多个街道的地盘上。所以,街区的范围大小不一,但都比街道上的"问题场所"的空间范围大得多,而且问题街区常常会有多个问题场所。问题场所,主要指非法活动多而且相对集中、持久的场所,这些场所存在多种非法活动、集中多方面的"问题人群"。在城市、镇街,问题街区与问题场所交织在一起。问题场所更具体、特定,其范围比问题街区小。有少量问题场所的街区不必定是问题街区,问题场所多的街区必是问题街区。在黑恶势力的生成方面,问题街区和问题场所的作用和影响还是有些差异的。在现代交通、信息和物流、人口流动的条件下,问题村落、街区和场所的联系更紧密。乡村的混混、流氓和黑恶势力与城市、乡镇的黑恶势力呈现出相互流动、交织的情形,但主要是乡村混混、黑恶势力往城镇跑,城镇的问题场所和街区吸纳了不少乡村混混、黑恶势力。

因此,我们既要观察、分析问题村落、街区和场所各自生产、养长黑恶势力的条件和机制,也要把它们联系起来,作跨区域的、整体性的察考,探讨当今社会中问题村落、街区和场所在产生黑恶势力方面的相互贯通和联系机制。

问题街区的情况跟问题村落有相似之处,也有明显不同。比如,街区的建筑布局、交通、人员构成、信息和财物,经济行业和利益来源,都不同于村落。因此,问题街区的"问题"有独特性。像街区可能有高中低各层次的行业,包括完整的地下非法行业,甚至非法行业群,这在问题村落里面就不大可能。问题街区可能有固定的黑恶势力和街头混混、闲散人员,其来源地广泛,结构复杂,文化程度高中低都有,等等,这里的许多情形在问题村落里面是不具有的。问题场所往往是问题街区的组成部分,那些地方鱼龙混杂,是街区问题集中和突出的地方。

一、可能产生黑恶势力的"问题区域"

"问题区域"是指较长或者很长的时期里,恶人当道,容易吸引、聚集、滋生、藏匿各种不良人员,治安状况差、违法犯罪多发高发,社会秩序混乱不堪,警方或政府难以治理、不愿治理或不能治理、放弃治理的地方。问题区域包括问题村落、问题街区和许多问题场所等。

(一) 可能产生黑恶势力的"问题村落"

农村或城乡结合部的问题村落,分布极广,分为不同类型,各有其形成的原因和存在方式。它们与黑恶势力的生成,有的相关,有的无关。

有些问题村是有历史渊源的。比如,有的村落,历史上匪患、强盗肆虐,民风强悍,多出匪帮恶徒,匪首恶霸啸聚,令人闻之色变、丧胆。虽然经新中国的打击,匪霸暂时不存在了,但随着改革和市场经济的到来,一些村落的旧势力慢慢抬头、重现。这样的问题村落可能产生黑恶势力。有的村子,历史上就存在村内或与外村的宗族、家族矛盾,抢水源、争田夺土、抢夺祠堂,历久不解,械斗群殴家常便饭。而农村改革、承包经营,把在人民公社体制、集体经营下掩盖的矛盾,立即重新揭开,各姓各族或各家各户在水源、池塘、田地边界、林木归属问题上,你争我夺。① 但是,这些村落虽然问题多,治安差,有可能但不必定引匪聚盗,产生闲杂人员、混混、恶徒,滋生、藏匿黑恶人员,他们主要是长期

---

① 撂荒土地、转让承包田地,是在出现民工流动之后的事。但是,进城务工的农民,除非户口已经迁往城镇,"无权"承包土地,或者村社已经收回其承包地,否则,这些农民仍然享有其承包地的权利。在征地补偿、房屋拆迁补偿和承包地使用权转让等政策影响下,那些撂荒的土地仍然有现实的金钱价值,因此,即使进城几十年、土地撂荒的农民,一旦得知他们的承包地要征收,使用权要转让,他们就会即刻敏感起来,寸土寸权,一分一厘,丝毫不让。而许多农村,户口情况特别复杂。按照中国一般传统,出嫁女性及其子女,不可能在娘家村子保留和登记户口,但现今这种现象却比比皆是:农村学生考上大学,甚至大学已经毕业,在城市工作,尤其已经是国家(机关)工作人员,户口没有迁移的;有的村社不允许上门女婿在村里分承包地,甚至其子女也不能在该村上户口、承包土地;有背景、会找门道的人,往往又随时迁移户口,哪里有利就提前前往哪里(当然,这种情况一经举报并查实,其意图也难以得逞);等等。现在和今后,农村土地承包经营权调整,土地使用权转让,矛盾会更多、更复杂。

对村社基层组织不满、抗拒,民间纠纷复杂难解,对基层(乡镇、街道)政府有怨气,不服从村、乡镇或街道的管理、领导,反抗干部。

在我国,大多数问题村落出现在 20 世纪 80 年代中期以后。约十年后,问题村落爆发式出现、增长。21 世纪初,总体情况有所好转,许多问题村基本恢复到正常状态,但仍然有不少村落问题严重。这与我国农村改革的状况大体吻合:大约 1984 年底农村改革出现走下坡趋势,1994 年农村改革、发展出现明显困难,直到 2004 年中央再度大幅度调整、改革农村政策,问题村落剧增的趋势才开始放缓和逆转。从 20 世纪 80 年代中期到现在的三十多年中,大量"问题村落"的出现是与国家一些重大宏观政策相关的,其中,大部分问题村落并不是村落本身出问题,变质、变坏,而是一些不利于"三农"的政策把不少村落推到了"问题村落"之列。其基本过程是:

20 世纪 70 年代末农村改革开始,到 80 年代中期,农民经历了短暂的几年"黄金时期",全国农村欣欣向荣。连续几年的农村好形势,可能让决策层以为农业再也无忧。1984 年 10 月中共十二届三中全会决定,改革重点转向城市,并且沿用了传统的以农业支持工商业和城市的道路,继续以农村支持城市改革和发展。1985 年后,城市或工商业出现了两个基本经济现象:工商业产品提价,即价格改革,政府部门、机构不断增加农民的税、费。农村则出现四大经济现象:农民生产成本剧增,农业增产不增收,农产品收购部门给农民"打白条","农民负担"明显加重。相应地,农村出现了少许对抗行为(抗税、抗费、抗粮,还不包括抵制计划生育)。中共十二届三中全会的决定开启了城市改革,真正推动了中国工业化、城市化和国家现代化,但随之出台的一些重大政策,包括后来物价改革等,使农村开始走下坡路,"三农"问题便开始显现和迅速加剧,个别地方"问题村"出现。不过,这些问题村大多数与黑恶势力的产生没有关系。

1994 年是一个分界点、转折点。这以后的十年,是"三农"问题持续发酵、愈演愈烈的十年,也是"问题村落"几乎在全国蔓延的十年。其中,由于多方面原因,不少"问题村"成为涉黑涉恶、产生黑恶势力的村落。

情况发生在 1994 年的税制改革后。总的来说,税制改革初衷是好的,国税、地税分开,国家集中财力办大事。税制改革让国家(中央)财力猛增。但现在回头看去,它产生了一些意想不到、比较严重的负面效应,国家已经对它展开深入改革。①　差不多公认的事实是,地方财政被掏空(主要是县乡财政,尤其乡财政,根本就没有“财政”,详见本书第五章第“一”之“(三)”部分),基层政府财力捉襟见肘,农民负担日益加重,不堪重负(实际上,城市普通居民也“变穷”)。同时还出现了财政收入(“财权”)向上倾斜、责任(“事权”)向下转移的情形。义务教育、计划生育、优抚、民兵训练,甚至乡镇工作人员(特别是聘用人员)的工资、福利等,中央不再负责,都靠地方收税、大量收费,并在最后差不多都转嫁到了农民、城市居民身上,但农民承担最多。而农民收到的“白条”越来越多(拿不到现金),种地卖粮倒贴本,于是出现了前所未有的几个方面的恶性循环:农民越来越没有支付税费的能力,越来越没有生产积极性;政府越来越难以收钱,越来越多地利用强制手段收税收费,越来越多地使用“白条”,越来越多地把粮食等农产品压级压秤压价,直接从农民的卖粮款中扣除各种税费——农民卖粮几乎无钱到手,有的农民卖粮钱还不够交税缴费,反而还欠政府。20世纪90年代初以后的十几年,出现了一定量的农民暴力抗粮抗税事件。不少农民怨声载道,与村和乡镇等基层干部的关系恶化,矛盾不断激化。面对这种局面,一些地方的县、乡镇政府越来越认为农民刁蛮、难治,“恶人治村”策略被一些乡镇党委、政府的主要领导采用。由此出现全新情况,即农民从“抗粮”“抗税”“逃计生(超生)”“信访”,到不得不服从村

---

①　2018年2月28日中共十九届三中全会通过的《中共中央关于深化党和国家机构改革的决定》提出:加强和优化政府财税职能,进一步理顺统一税制和分级财政的关系,夯实国家治理的重要基础。改革国税地税征管体制。为降低征纳成本,理顺职责关系,提高征管效率,为纳税人提供更加优质高效便利服务,将省级和省级以下国税地税机构合并,具体承担所辖区域内各项税收、非税收入征管等职责。为提高社会保险资金征管效率,将基本养老保险费、基本医疗保险费、失业保险费等各项社会保险费交由税务部门统一征收。国税地税机构合并后,实行以国家税务总局为主与省(自治区、直辖市)政府双重领导管理体制。国家税务总局要会同省级党委和政府加强税务系统党的领导,做好党的建设、思想政治建设和干部队伍建设工作,优化各层级税务组织体系和征管职责,按照“瘦身”与“健身”相结合原则,完善结构布局和力量配置,构建优化高效统一的税收征管体系。至此,“分税制”政策中的“国税”“地税”机构分设的局面终结(2018年6月15日上午,全国各省、自治区、直辖市以及计划单列市国税局、地税局合并且统一挂牌);央地税收划分(包括税种、分成)则将全面按照财权事权匹配原则深化改革。

里"能人""恶人"。农民被村干部和乡镇干部给"治下来了",但出现了大量的"问题村"和"恶人治村"等。直到今天,农村黑恶势力和城市里的部分黑恶势力,都与这一时期复杂的税制改革、"三农"问题背景下的"恶人治村"相关,因为"恶人治村"的结果之一是有的村子变成了"恶人村","治村"的"恶人"成为横行村乡的黑恶之人,他们控制、独霸了村落(后文有专门讨论)。

这一时期,另外一些情形的问题村落也纷纷出现。一是在农村问题普遍化的过程中,当村级、乡镇的法律体制内的力量不足以应付农村的大量困难和问题的时候,政府对农村的治理显得力不从心,一些村内的旧势力,包括宗族势力、黑恶势力等,趁机抓权或夺权,出现宗族统治或黑恶势力控制村社,产生了"问题村"。二是一些村长期没有群众信得过的干部,干部更换如走马灯,村务管理混乱,人心不稳,发展受阻,经济困难,除了外出务工的农民,一些人在村子里混日子,无所事事,慢慢出现恶行,形成恶习,治安变差,成为"问题村"。三是有些没有"恶人治村"的村落,却出现了恶人当道的情况,即村里的混混、恶霸,虽未当上村官,却胜似村官。他们既参与甚至组织村民抗粮、抗税、抗计生、搞上访,肯出面,骗得村民信任、支持,又暗中跟政府讨价还价,获得政府许诺,得到经济和其他好处,把村庄搅得乌烟瘴气。四是一些村干部也在任职过程中,利用职权,贪污挪用,私分公款,逐步黑恶化,把好端端的村子搞坏,成为问题村,等等。

2003年,中央深感农村问题极其重大,在这年底召开的中共十六届三中全会上,解决"三农"问题成为主题。2004年2月,中央发布新世纪关于"三农"问题的第一个"一号文件",确定统筹城乡经济社会发展、坚持"多予、少取、放活"的方针,增加农业投入,改善乡镇财政。2004年,中央开始实施财政转移支付,照顾农民利益,改变以农业支持城市及工商业的状况。2006年,国家全面取消农业税。这之后,随着县、乡镇财政逐步好转(还有不少县、乡镇债务累累),乡镇政权的力量得到一定程度的恢复,许多乡镇领导也看到了"恶人治村"的极大副作用,改变了村干部的选用标准和方法,对一些问题村进行整治,重建那些黑恶势力猖獗的村落的法律秩序。最近十多年,农村的"问题村落"数量大减,与黑恶势力相关联的村落更是大为压缩,一大批农村黑恶势力被打击、清除。

但是到今天,有三个问题仍然受到党和国家重视,受到政法部门重视,在深化"扫黑除恶专项斗争"中被突出强调:农村还有相当数量的"问题村",一些村长期以来没有得到有效治理,问题不见好转,有的还变本加厉,持续恶化;一些"问题村"成为农村黑恶势力滋生和成长的基地;农村黑恶势力中有相当部分是村社干部,他们成为农村黑恶势力的重要部分。涉黑恶的村社干部,有的本来就是黑恶人员,有的是"当官"后"变黑"的,有的是靠黑手段当上干部的,有的是被乡镇领导扶持、"提拔"的,等等。"问题村落"及其在黑恶势力形成中的作用确实值得认真对待。

所谓"问题村落",在当今的媒体和官方文件里面,就是"重点(问题)村""难点村",与"文明村""先进村""示范村"相对。很早的时候,中央就高度关注"问题村落"。① 在媒体报道和官方有关文件里,"难点村"的主要问题有:征地拆迁、土地承包等引发了大量矛盾,农民上访和农村群体性事件时有发生;盗窃牲畜、农机具,破坏农电、水利设施,盗砍滥伐林木;非法狩猎、非法采矿采砂、非法占用农田;盗窃、破坏油气田及输油气管道、能源、铁路、交通、通

---

① 参看 2006 年 11 月 18 日《中央社会治安综合治理委员会关于深入开展农村平安建设的若干意见》;2008 年 11 月 3 日《中共中央纪委监察部关于深入学习贯彻党的十七届三中全会精神进一步加强农村党风廉政建设若干问题的意见》;2009 年 7 月 16 日"全国村务公开协调小组"《村务公开和民主管理"难点村"治理工作宣传提纲》;等等。《村务公开和民主管理"难点村"治理工作宣传提纲》对"难点村"的描述是:村级组织不健全,领导班子软弱涣散,村干部能力不强;政策法规不落实,村务不公开、半公开或假公开,村务管理不民主现象长期存在;干群关系紧张,经济社会发展滞后,等等。据不完全统计,全国共有 3 万多个这样的"难点村",约占行政村总数的 6%。这份《提纲》给出的"难点村""认定参考标准"是:一、村"两委"班子不健全,主要村干部不团结,村级组织软弱涣散,村务公开和民主管理工作无法正常开展。干群关系紧张,党和国家强农惠农政策得不到落实。二、村民委员会不能按期换届选举或者选举缺乏公开、公平、公正,存在威胁、贿赂、伪造选票等不规范选举行为。三、民主决策不落实,近三年没有召开过村民会议或者近一年内没有召开过村民代表会议,村民参与重大村务决策的民主权利得不到保障。四、村民民主理财组织不能正常发挥作用,集体财务管理混乱,集体资产非正常流失,村民合法权益得不到有效保障。五、民主监督流于形式,存在村务不公开、半公开、假公开现象,村民不能对村干部进行有效监督。六、宗族、家族、宗教、黑恶势力干预农村公共事务,妨碍农村经济发展和社会稳定。七、经济社会发展长期滞后,人均收入低于当地平均水平,村落后面貌长期得不到改善,村集体无力为群众办实事、解难题。八、因村务公开和民主管理工作存在问题,引发村民一年内 3 次集体进京上访。九、村民对村务公开和民主管理工作不满意率达 30%以上。

信等设施;非法集资、侵占集体财产、抢劫、抢夺等多发性侵财犯罪;卖淫嫖娼、吸毒贩毒、赌博、封建迷信、邪教和非法宗教活动屡禁不止;强买强卖、欺行霸市;黑恶势力横行,杀人和爆炸等严重暴力犯罪危害农村、损害农民;农村基层政权力量薄弱,宗教、宗族势力、村霸、乡霸等黑恶势力横行乡里,贿选、干预和操纵选举,操纵基层政权;干部虚报冒领、挤占挪用、贪污私分、低效浪费、截留、骗取各种补偿、资金;擅自处置集体资产资源、侵占集体收益、私设"小金库";在报刊征订、用水用电、计划生育、建房、殡葬中向农民乱收费、乱罚款;盲目举债搞建设;包庇、隐瞒黑作坊、黑工厂、黑窝点和违法犯罪人员,无视安全生产、食品安全和环境污染;政府管理缺位,警力不足,治安防范基础设施条件差,群防群治组织和经费不落实,农村治保会、调解会和治安巡逻队等没有发挥应有作用。

其实,"问题村落"的问题各不相同,除了农村普遍面临的农民权益维护、农村社会事业发展、农民增收、农村土地权属和农村环境保护等共同问题外,主要问题都差不多:村级班子配备不齐,支部书记、村主任(村长)长期缺职,村务工作停滞或半停滞;支部书记、村主任的素质、能力不胜其职,工作不在状态,班子整体领导、工作水平低;支书、主任不团结,内耗严重,不能正常开展工作;支部、村委会长期不换届,组织、选举和会议等制度形同虚设;支部、村委会无凝聚力,村社发展无活力,群众无利益,对干部不满意;换届选举拉票、贿选、干扰和破坏选举等问题突出,宗族、宗教、派系和黑恶势力干扰、渗透、操控严重;村务(财务)不公开,没有民主管理,陷于混乱;治安问题突出,民间纠纷、矛盾集中、久拖不解(如征地拆迁过程中产生的问题、土地利用规划变更和政策调整给农民带来的建房难问题,移民安置补偿问题,流动人员的户口、承包地、宅基地问题,"二孩政策"出台之前还长期存在计划生育问题,①等等),或

---

① 2015年10月,中国共产党第十八届中央委员会第五次全会提出,坚持计划生育的基本国策,完善人口发展战略,"全面实施一对夫妇可生育两个孩子政策,积极开展应对人口老龄化行动"。2015年底,第十二届全国人民代表大会常务委员会第十八次会议决定修改《中华人民共和国人口与计划生育法》,修正案自2016年1月1日起施行。2021年,党中央、国务院进一步优化生育政策,全国人大常委会修改了人口与计划生育法,实施一对夫妻可以生育三个子女的政策和法律。我国从1980年开始长期推行的独生子女政策和法律宣告终结,强制避孕节育成为历史。

者干部、黑恶人员乱插手,挑拨、激化矛盾,民不安生,信访不断;村干部违纪、违法犯罪,甚至贪污腐化、涉黑涉恶;现在,越来越多的村干部"离村进城";等等。

当然,在广大农村,还有无数村庄也遇到过一些同样或类似问题,但没有成为"问题村",或者不是明显的问题村。那些经济相对发达、传统农业并不重要的农村,"三农"问题就不十分突出,"问题村落"也少见。相反,越是农业重要的地方,经济越不发达,农民越困难,县、乡镇财政也就越困难,乡镇与农民的关系越紧张,问题村就相对多些,农村混混、恶势力就越(容易)得势。

总体上说,20世纪80年代中期到2005年左右,乡镇政府的执政能力弱化,官僚主义、形式主义泛滥,乡村两级债务沉重,乡镇和村级干部不作为、乱作为现象极为严重,农村村庄大片沦为"问题村落"。一些问题村,成了新旧违法犯罪分子、黑恶势力的温床和天堂。简言之,"问题村"必有"问题村干部",必有"问题乡镇干部",这是一条不变的"铁律"。

(二) 可能产生黑恶势力的"问题街区"

"问题街区"既不好定义,也不好分类。大致说来,问题街区多是那些贫民聚居,人员拥挤,房屋破败、街道狭窄破烂、环境脏乱差,混混、闲散人员、恶徒、违法犯罪分子会聚,治安状况差的街区,或者区域内治安状况尚可但已经被黑恶势力控制的街区。这样的街区,在国外通常包括贫民区(贫民窟)或少数族裔所在的低端社区,一些秩序混乱的生产厂区,集贸市场等物资仓储、集散地,汽车站、火车站、码头,以及一些机场或其周边区域。大众印象中的外国贫民窟是最恶劣的住房条件、最不卫生的环境、犯罪率和吸毒盛行的穷人避难所。贫民窟是历史和现实中的存在,与一个国家或某地的人口增长、村落衰败、经济落后和城市化进程中的不均衡相关。在我国,问题街区常常指一些比较混乱的集贸市场,一些物资仓储、集散地,一些治安环境差的"棚户区"①

---

① 棚户区是指一些城市里面棚户集中的区域。棚户是结构简单,多由木桩、砖块、石灰等为墙,以石棉瓦、油纸布等为顶而构建成的平房,通常只能防风、防雨,遇到大风大雨等恶劣天气

"城中村"①"群租房"②集中区和"违章建筑"③连片区,治安问题突出的火车站、汽车站、码头及它们的周边地区,一些人员混杂、环境差、治安差的"移民安置"④"拆迁安置"⑤等安置房集中的街区,集中连片的出租房(特别是地下室出租屋)、租住人员复杂、管理薄弱的街区,紧邻乡村、人员杂乱、治安恶劣的城郊街区,"问题场所"比较多、街头混混等经常聚集的街区,以及环境差、物业管理差、住户条件都较差,各种人员出入极为随便且治安问题或风险大的小区(社区),等等。

我国城市究竟有没有"贫民区(贫民窟)",这在学界和社会上有歧见。应当说,事实上的贫民区还是有,只是与国外那些极为著名的贫民区相比,有所不同;政府对待城市化进程中的贫民区问题的认识和预防、化解策略不同。总的来说,不让形成其他发展中国家那样的贫民窟,并且解决好"棚户区""城中村""群租房"集中区和"违章建筑"连片区问题,显然是更为正确的政策。

在城市中,除了黑恶等违法犯罪势力直接建立或控制、垄断的以外,问题街区大体分为三类。

则会出现滴漏、屋顶被卷走、墙垮塌等危险,更不能抗震或抵御台风等自然灾害。棚户区平房密度大、使用年限久、房屋质量差、人均建筑面积小、基础设施不全、交通不便、治安和消防隐患大、环境卫生脏乱差。棚户区早前居住的是部分城市居民,有地位、有工作。棚户区老居民户逐步通过各种方式改善了居住条件,大多搬离了棚户区,原来的房屋出租给进城务工等各类人员。现在,棚户区居住的多是底层或边缘人,从事繁重的体力劳动,收入微薄。棚户区成为易于隐藏违法犯罪人员和容易滋生"黄、赌、毒"的场所。

① 城中村是指那些土地已经被征收为国有,地上的农民已经转为居民,但这些居民仍在原村落居住且不以传统农业为生,村落周围已经完全城市化的村庄,也称为"都市里的村庄"。

② 群租房,是房屋出租人改变住宅内部结构和布局,把房间分成更多小间,然后按间或按床位出租,减少承租人的使用面积和租金,增加承租人数量和租金总额,但增加了安全隐患和治安问题。

③ 违章建筑是指违反土地管理、规划、建筑、建设管理等规定,未取得建设等许可证或违反许可证而建造的房屋及设施,或骗取批准而占地新建、扩建和改建的农村和城市建筑。

④ 移民安置特指因建设大中型水利水电工程而迁移安置淹没区居民,包括本地安置与异地安置、集中安置与分散安置、政府安置与移民自行安置等方式。

⑤ 拆迁安置是对被政府征收或征用土地、拆除建筑物的农村或城镇居民进行动迁和安置,包括就业安置、住房安置和补偿。拆迁安置房是政府对拆迁户进行安置的房屋,一般由政府成片新建,专用于安置拆迁户,但其地理位置可能不佳,各种配套设施和条件跟不上,加上腐败等原因,拆迁安置房一度暴露出大量的面积、结构和质量问题,引发许多矛盾,甚至导致上访、群体事件。拆迁安置一度成为社会重大热点问题。

一是主要为人员、物资流动提供场所和平台的问题街区。这包括车站、港口(码头)和机场,仓储、转运场所等。机场本应是安全之地,不应当成为问题街区,但世界上仍然有黑恶势力渗透、掌控机场及其周边街区的历史。1978年12月11日纽约肯尼迪机场汉莎航空公司发生大劫案,黑社会人员和机场内人员勾结,仅用了1个多小时就抢劫了500万美元现金和价值近100万美元的珠宝。而在那之前,肯尼迪机场长期被纽约的一些黑帮骚扰,在机场内和机场外发生的盗窃不计其数。火车站、汽车站的情况不用多说。无论表面上车站的秩序和治安如何,背地里都有黑恶势力在操纵一些东西。我国很多火车站、汽车站以治安问题严重而闻名。如广州火车站曾经多年是黑恶势力横行无忌的地方,媒体曾经把广州站比作"恶人谷",在那里,抢劫、盗窃、诈骗、拐卖人口、强迫卖淫、黑公话①、假发票、假币、倒票(黄牛党)、非法拉客、黑的士,等等,应有尽有,无所不有。在广州站治安特别恶化的年月,受害者实在太多,每天在派出所报警的人都要排队,没准排队等候报警时竟有可能再遭偷窃或抢劫。车站"票贩子"(如黄牛党、羊儿客)和"拉客的人"屡禁不止,屡打不绝,车站及其附近区域诈骗、抢劫、盗窃、拐骗等案件,一直高发,在"严打""整治"和"清理"后,立即故态复萌,重要原因之一就是这些现象多与盘踞在这些区域的黑恶势力有密切联系,也跟当地有关部门、人员对黑恶势力的包庇、纵容或者不作为、难作为有关系。

二是底层民众聚居、生活的问题街区。这类问题街区一般有以下共同特点:街区破旧,街道狭窄,房屋陈旧简陋,住房拥挤;其地理位置不是老化的旧城区,就是城市的边缘地区;人口密度大,文化程度低,就业困难,经济条件差,无业、闲散人员多,人口成分或结构简单;街头游民、混混、恶霸相互联系,恶作剧多,从轻到重的违法犯罪不时发生;街区居民对此司空见惯,习以为常,并且时常帮助掩护;政府管理松弛或无力管理,警察等政府公职人员很少光顾这样的街区,除非发生严重的违法犯罪,如枪击案,出人命,否则不会"多管闲事",

---

① 车站、机场、城市广场或其附近设置的有人值守的公用电话(亭)不按标准收费,向过往行人特别是外地游客漫天要价,根据要价方式的不同,可能具有诈骗或者敲诈勒索、抢劫的性质。

混混、恶少等不良人员有一定的作恶、违法犯罪自由;餐馆、酒吧、棋牌室、商店、地下室或某人的住房等场所,既是街区普通民众寻常聚会、相互联络的地方,也是各式不良人员聚集、联络、交流情况、策划活动、安排或执行非法行为(如赌博、吸毒、强奸、杀人、盗窃、抢劫)的地方。

三是各种"问题场所"集中的街区。这类问题街区,也可能在外观上与前一类很不相同,比如高楼林立,大厦鳞次栉比,街面宽阔,环境优美,也可能显得朴实无华,其地理位置既可能较好,也可能偏僻。但总的特点就是"问题场所"多。那些场所表面上可能经营着合法生意,但暗地里都有违法犯罪的买卖和勾当。这一点,我们在后面讨论"问题场所"时再分析。

"问题场所"集中的街区,也有一些超出各具体问题场所的特点:街区在整体上形成了一种氛围,集合法行业、合法经营和非法行业、非法经营于一体,一般是众所周知的"挂羊头,卖羊肉,也卖狗肉"的地方,甚至公开"挂狗头卖狗肉"。这样的街区,有些是政府许可或默许的,有些是政府放任的。总之,对这样的街区,政府一般是有管理能力而不作为,少有管理不到、不能管理的。在现实经验中,问题场所集中的街区,不少是城市繁华之地,且世人瞩目,也是政府执法能力强、执法方便的地方,有的就在政府或公安机关的眼皮底下。

(三) 可能产生黑恶势力的"问题场所"

所谓"问题场所",本书中主要是指存在违法犯罪等治安问题的各种具体场所。"问题场所"在习惯上称为"(黑)窝点",有大有小,但"窝点"多指较小的场所。问题场所存在于农村、乡镇和城市,但主要是市、镇中的非法聚集、活动场所。

农村的问题场所,可能是一些村民、村干部的家里,村干部办公或村民聚会地点,集体企业的厂房、加工站、办公室等经营场所,以及各种废旧不用的场所。有些隐蔽的活动场所也可能是村里有人临时搭建的棚子、临时开挖整理的场地,有些隐藏在多年无人居住的房屋里,或养猪、养羊、养狗的地方,有些在偏僻的山中。农村的问题场所,可能是当地农民在那里进行违法犯罪活动,也可能是外面的人(本地城里的,甚至外地的)精心挑选的违法犯罪隐蔽场地

（比如，把制毒工厂、赌场等设在猪牛羊圈养狗场里，搭建在人迹罕至的山里，或者利用早已废弃的旧厂房等）。场所面积往往不大，多用于赌博、迷信、邪教活动，也有用作制造假冒、伪劣物品，或者制造毒品、枪支等的地下窝点。问题村落往往有问题场所，但问题场所不是都在问题村落中。

城市和乡镇里的问题场所分布广、类型多，涉及的违法犯罪类型也很多。几十年来，城市、乡镇治安整治的重点场所，虽然各地在不同时期各有不同，但是往往针对以下场所：歌舞、娱乐场所，桑拿、浴足等洗浴场所，美容美发场所，网吧、电子游艺厅，酒店、旅店、宾馆、饭店等餐饮住宿场所，印刷品、音像、软件等电子产品的制作、销售等场所，二手物品交易场所，一些修理、修配厂（店、门市），废旧物品交易场所，地下造假制劣窝点和售假售劣场所，有些出租屋，一些单位的生产、经营和办公场所，一些废旧厂房、仓库，有时候还包括一些（私人）会所、个人住宅等。当然不是说这些场所都真有问题，不能说歌厅舞厅、桑拿沐足、美容美发、网吧电游、宾馆饭店这类场所一律有问题，而是说，这些场所往往容易出问题，其中的一些场所确实存在问题，有治安等行政违法和犯罪问题，其中包括可能牵涉黑恶势力。

城镇的问题场所，有不少分布在学校周边。各类中等学校、大专院校周边，可谓问题场所密集，在那些场所有时候违法犯罪比较突出。虽然各级政府、公安机关和学校都重视创造、保持良好的学校周边环境，但这个问题在各地仍然不同程度地存在。这些问题场所容易发生售劣售假、价格欺诈、强制消费、贩毒、容留吸毒、卖淫、赌博等治安和其他行政违法、犯罪行为。这些场所往往为学校少数有恶习的学生提供了"混社会"的平台，也搭建了个别学生与社会上的黑恶势力联结的通道。

问题村落、问题街区和问题场所等"问题区域"，有可能产生、滋养混混、恶棍，甚至恶势力或黑社会，但不一定都会产生这些人员、势力。这些村落、街区和场所要产生混混、恶霸、黑恶势力，需要有相应的机制，有机制发生作用的时机和过程，否则，它们仍然只是一般的问题村落、街区或场所而已，虽然可能存在治安或普通犯罪等问题，但不必定与黑恶势力的生产和发展相关。

二、"问题区域"生成黑恶势力的因素

不管在农村还是城镇,各种"问题区域"并不会天然产生黑恶势力。历史和现实表明,问题区域生成黑恶势力,需要有自然地理因素、政治地理因素、经济地理因素、文化地理因素和个体成长的偶然地理因素。没有这些因素及其结合,哪怕有其中的单个因素,也不大可能在问题区域产生黑恶势力。

(一) 犯罪地理学有关犯罪地理的观点

无论基于一般经验或常识,还是基于犯罪地理学这样的科学,我们都知道,犯罪总是在一定时空发生、转移和结束的。犯罪现象的发生、发展和演变具有空间分布上的某种规律。因此,犯罪人及其犯罪行为当然相应地具有地理空间的某些分布规律。

20世纪90年代初,有学者就言简意赅地指明过"城市犯罪的空间特征":不同类型的城市的犯罪具有不同特点,如北京这类行政中心城市,政治案件、走私案件较突出;一些边防、驻军、军事基地等防御城市,军人犯罪和涉及军事机密的案件时常出现;加工工业等生产城市,如黄石、大同、十堰,赌博、杀人、流氓、斗殴等案件突出;交通枢纽城市,如株洲、武汉、郑州等,扒窃、抢夺、流氓、诈骗等案件突出;桂林、大连等旅游城市,以盗窃、扒窃、性犯罪为主。[1]

农民在农村和城镇犯罪,也有时空和犯罪类型的差异。就农民犯罪的空间与犯罪类型的关系看,有学者指出:农民在城镇实施犯罪,侵财案件占案件数量的80%,而杀人、伤害、强奸等案件只占10%左右,盗窃发案地点多是居民家中或商店等地方或单位;农民在农村盗窃的发案率低于城镇,但是,农民在农村实施的杀人、强奸、伤害等案件,发案率大大高于城镇;抢劫案件大多发生在交通沿线两侧,特别是国道和省道两侧,抢劫对象大多是加油站和路边店,盗窃牲畜案件也多发生在交通沿线,破坏通信设施和破坏电力设施的案件

---

① 参见祝晓光:《论城市犯罪的空间特征》,《地理学与国土研究》1991年第1期。

大多发生在离乡镇较远的地方,这些地方便于犯罪分子作案后迅速逃走。①

　　理解整个犯罪现象,就会涉及对犯罪人及其行为所依托的地理环境、社会政治、经济和文化、犯罪人与被害人等诸要素间的时空交互,犯罪行为发生(犯罪人生长及活动)的地理空间分布和空间作用,显得非常重要。学者们所讨论的问题,包括了地理环境与犯罪的一般时空关系,不同犯罪类型与时空的关系,不同地理区位与各类犯罪的关系,具体地理环境与特定犯罪的时空关系,城市和农村不同地理位置和状态与犯罪的关系,不同城市类型,城市内部不同地理区域及功能分区与犯罪,城市的街区、道路、房屋建筑等结构、功能,街面道路走向、灯光布局等对犯罪的影响,"城市病"与城市中的犯罪,农村时空与农民犯罪,地理位置与跨区域犯罪,地理因素与国(境)外黑恶势力对我国内地的渗透,等等。②

　　进入 21 世纪后,国外犯罪地理研究广泛运用计量模型和方法,研究重点有:犯罪趋势分析,犯罪点时空预测,犯罪防控带来的犯罪行为空间扩散和转移(主要包括犯罪在空间、时间、手段、目标和类型上的转移。违反社会规则、法律的行为具有传播性,并带来治安混乱甚至犯罪行为的扩散,而犯罪防控既可能带来周边地区的治安稳定也可能导致犯罪热点向其他地区的转移),犯罪重复现象,基于邻里的社会经济结构因素与犯罪的关系,犯罪风险感知、犯罪恐惧感及其影响因素,路段、交叉口等微观地点的犯罪研究,城市街道和公园、公交车站、酒吧等风险设施对犯罪的影响机制,犯罪风险地形建模,基于多智能体模型、元胞自动机的犯罪模拟,犯罪的路径模式、犯罪运动模型及其影响因素,犯罪人居住地预测,通过改变物质环境、减少犯罪情境、机会来预防犯罪的发生等。在城市环境中,社会经济要素,除了移民、宗教、种族等宏观要素,诸如城市土地利用方式、邻里关系与结构、民族文化、社区的年龄、居民职业、收入、社区犯罪记录等人口结构、社会联系和集体效能等因素,对犯罪有巨

　　① 参见连炳振:《谈时间和地理环境同农民犯罪的关系》,《河南公安高等专科学校学报》2001 年第 2 期。
　　② 参见姜超、唐焕丽、柳林:《中国犯罪地理研究述评》,《地理科学进展》2014 年第 4 期;孙峰华、魏晓:《犯罪地理学研究的新进展》,《人文地理》2004 年第 5 期;刘晓梅:《空间治理:犯罪地理学研究的新进展》,《中国社会科学报》2011 年 12 月 15 日,第 5 版;杨英姿:《国外城市社区空间环境与犯罪关系理论研究综述》,《现代城市研究》2011 年第 2 期;等等。

大影响。城市物质空间环境与犯罪人的犯罪机会是近年外国研究犯罪机制的重点视角。城市街道格局和风险设施等与犯罪的关系最受关注:交通线路、街道等级和类型、街道活跃程度等均对犯罪人的空间决策以及犯罪分布产生影响。物理和感知的步行条件影响社会互动、社区意识等社区社会环境;街道空间的可达性和利用率、城市局部空间与整体空间的连接性等均对空间安全产生作用;风险设施(如公园、旅店、娱乐场所、公交站等)是城市犯罪热点的表现形式,对促进、吸引犯罪具有明显作用,但是这些作用会受到一定限制,如戒毒中心等对犯罪的作用因距离和犯罪类型而异;治安较弱的城市街区和十字路口容易形成犯罪高发区,购物中心、体育场馆、酒吧、红灯区和俱乐部等场所容易成为犯罪诱发、吸引地,性别和种族差异会增加夜生活人群的危险性;此外,海拔和坡度、植被覆盖、路灯灯光亮度等与犯罪的关系也受到关注。①

简言之,可以通过"犯罪地理学"来认识和把握犯罪行为(及犯罪人)时空规律。这意味着,黑恶势力的生成及其犯罪在地理上也有其规律性,即总与"问题区域"有联系。"问题区域"之所以可能生成黑恶势力,在于它的一系列自然地理和人文地理因素。

(二) 黑恶势力生成的"区域"地理因素

"问题区域"一旦具备黑恶势力生成所需的自然和人文地理因素,即具备黑恶势力生成中的"区位"因素或机制,②就会生成和滋养黑恶势力。我们根

---

① 参见卓蓉蓉、李峦峦、余斌、郑文升:《21 世纪以来西方犯罪地理研究述评》,《人文地理》2017 年第 2 期;周俊俊等:《2000 年以来中外犯罪地理研究进展回顾与展望》,《热带地理》2021 年第 5 期。

② 我们把"区位"理解为:一是指某事物的空间位置(事物在哪里),二是指该事物与其他事物的空间关系。经济地理学以"区位"分析,认为生产活动、城市形成和发展的自然和社会经济两大要素综合的结果,作用于生产活动和城市的自然和社会经济要素即是区位条件。在犯罪地理学看来,犯罪人员的出现,犯罪行为的实施,或者说犯罪的发生,其本身与地理位置、空间不可分离,也与犯罪相关的事物的自然位置、空间相联系,还和犯罪所需或者具有的政治、经济、文化等因素相关联。一般来说,犯罪的区位因素当然也包括各种自然地理因素和各类人文地理因素。犯罪的自然因素主要有位置(地点)、地形、气候(天气,阴、雨、晴等)、时间(早晨、上午、中午、下午、傍晚、夜间、凌晨)、光照(自然照明)、水、土,等等。犯罪的人文因素包括经济、文化、心理、犯罪人群(人口、族群)、政治、宗教、交通、犯罪市场、刑事或司法政策,等等。

据犯罪区位因素理论,并在这里以"问题区域"为切入点,简要分析黑恶势力生成和演变的区位因素,即我们所言的"黑恶势力生成的区域地理因素"。

第一,"问题区域"中的自然地理因素与黑恶势力生成和演变的关系。

我们知道,相比于黑社会(性质组织),恶势力数量多、分布广,多在农村、城乡结合部,城市里也有恶势力;黑社会(性质组织)的数量明显较少,分布范围很有限,多在城市,而且即使是农村的黑社会(性质组织),也必定与城市关系紧密,当今社会,完全与城市不搭界的"山大王"似的黑社会(性质组织)并不存在。

黑恶势力并不全部产生和发展于"问题区域",但在问题区域产生和发展的黑恶势力确实居多。再者,一个普遍现象是,那些产生在非"问题区域"的黑恶势力,准确地说,主要是恶势力,或者更低层次的混混、恶棍,总是不那么容易长期生存于治安状况良好的村落、街区,也不受合法正规场所的待见。他们会很快发现,那些地方几乎不适合他们活动和生存,需要转移阵地,甚至需要加入拥有一定地盘的(其他)黑恶势力之中。"问题区域"才是他们如鱼得水的地方。

如果仅从自然地理条件看,产生黑恶势力的"问题区域"似乎也没有特殊之处,某个地方成为问题区域,往往看起来纯属偶然,而成为黑恶势力生成和发展的问题区域,更像是巧合。例如,"问题村"多的地方,有时候邻近的几个村都是问题村,自然因素几乎没有差别。比如,都是平原村,或者都是丘陵地带,都是山地,或者都是半田半地的村子,但某个问题村出了恶势力,其余的即使有混混,有个别恶人头,但没有形成恶势力,反倒可能成为邻村恶势力的成员。好像自然地理因素与黑恶势力的生成和发展没有关系。

把问题区域的自然地理因素单独拿来分析,差不多就是这个结论。但是,当我们把那些已经被发现、打击的黑恶势力和公安部门掌握的黑恶势力的生成和存在的地理状况,进行梳理分析,地理的自然因素与黑恶势力生成、演变的关系,就会有所显现。进而言之,就算黑恶势力最初生成的地点具有偶然性,但他们对生存和发展地点的选择,一定不全是偶然的。综合起来,以下自然因素是很重要的。

首先,空间位置和地形地貌。这是制约黑恶势力生成、生存的第一位的自然因素。空间位置和地貌不可分，虽然地貌可以在一定范围和程度上人为地改变，但最多能够改变微地貌或小地貌，并且被人改变的地貌仍然是地貌，是新地貌。不同的空间位置和地貌状况，对黑恶势力通常都是利弊互现，并且，任何黑恶势力对大地形地貌无可改变。山地、高原、盆地、丘陵和平原，人类改变不了它们，只能面对，或者选择离开某种地貌区域，比如从山地迁往平原。不过，小微空间位置，小微地貌，黑恶势力是可以选择的，甚至可以做些改变。

在过去，对盗匪之帮来说，平原一般意味着富庶、更多财富，意味着有更多大户可以去打劫，有更多机会非法聚敛钱财，但平原地势开阔，村庄密布，人口稠密，不容易隐蔽行事，可能在动手打劫之前就被发现和打击，而且，即便打劫得手，逃跑也是问题。历代盗匪多在山地选择藏身之所，占山为王，容易出击，容易逃回、躲藏，良民不敢擅追，官府不敢轻举妄动。但险山恶水百姓贫穷，殷实之家少有，山寨大王们只得把"山珍"变为财富，外加拦路打劫，否则没有什么财源，难以生存。对今天的黑恶势力而言，可以不考虑交通问题，但其产生于何地，将来在哪里安营扎寨，地理位置和地形地貌如何，也是重要的。是要便于非法敛财还是尽可能合法取财，是要便于迅速聚财还是便于稳步发财，是要方便盗窃、抢劫还是方便逃匿、隐蔽。尤其当黑恶势力受到打击的时候，一些黑恶人员逃往何地，除了考虑有无公安部门不熟悉的远方靠得住的熟人外，很重要的就是在空间位置上，公安部门无法研判、追踪其去向和落脚地点（不考虑技术定位措施），就算公安发现踪迹，也要有利于再转移和藏匿。有的黑恶势力把聚集地点搞到很偏僻的地方，就是在悉心选择空间位置和地貌。

其次，气候、水文、生物，也是黑恶势力生成或生存的重要自然因素。过去，绿林人士所建山寨，都离不开"水"。有立寨子的山头，必须有养得活山寨里面的人的水，稳定充沛的山泉，近处的江河湖塘，都要靠得住，没有水就立不起寨，而即使没有山，只要水多，也可以立水寨。气候、生物条件不说了，黑恶势力与常人一样，不能在不毛之地产生和生存。地势可以险要，交通可以不便，但要有山有水有林，有鱼虫鸟兽，最好还有富商巨贾或官府、皇家的人员打从此地经过，不时"搞一票"。如今，黑恶势力也看重他们所处空间的小气候、小水文和小生物环境。比如，现在的黑恶势力在农村开赌场，有的就选择"几不管"的地方,最好那里树林茂密,山头周围还有水库或湖泊包围,入山口有他们的人暗中放哨。一些黑恶势力在山区里面建毒品加工厂,更是对空间位置、地形地貌和森林植被、水源有多方面考究。

不过,纯粹的自然地理因素在大多数黑恶势力的生成和发展中,所起作用并不突出。相对更为重要的,是"问题区域"中的人文地理因素。自然因素与人文因素结合起来,才更能显示其意义。

第二,"问题区域"中的政治地理因素与黑恶势力生成和演变的关系。

所谓"政治地理",就是人类社会的政治现象(国家、权力、阶级、政党、政府、民族、社会集团等现象)或政治单元(国别、各种公共权力、各阶级或阶层、各政党、各政府、各民族、各种政治、社会或利益集团等)及政治活动的特定时间、空间分布,或者换个角度,就是分布于特定时空中的政治现象、政治单元及政治活动。所有的政治现象必然与特定时空联系在一起。地理因素影响甚至决定着政治现象、政治单元及政治活动的时空分布,地理位置、地形、气候、水文、资源和人文环境对国家、地区、阶级和政党的政治影响重大。一旦政治的地理格局确定之后,政治反过来也会极大地影响地理因素,包括在一定程度上改变自然地理(小微地形地貌、水环境、小气候),尤其是会在很大程度上改变原自然空间的人文要素和内容。总之,地理对政治,政治对地理,相互影响。这方面最典型的莫过于国家对"帝都(皇城)"、首都(首府)地理位置、环境的选择,或地方对地方政治中心的位置选择。

一个地方存在哪些政治单位,这些政治单位有什么权力,或者某种政治单位存在于哪个地方,他在那里将如何行使权力,即政治单位、政治权力的地理分布,权力及时空的相互关系,是政治地理中的核心问题。

黑恶势力的生成和发展与政治地理紧密相关。

其一,某地存在权力腐败,存在腐败官员,是绝大多数黑恶势力生成和生存的前提及基础条件。如果某地政治清明,官员廉洁,对打击混混、恶棍等态度坚决、手段强硬,这样的地方很难有黑社会(性质组织),连恶势力也难以形成。

其二,某地的混混、恶棍或者"黑道老大"有可能改变当地的政治格局,或者改变当地的政治和经济生态,让一些官员逐步在他治下的区域,对混混、恶棍和黑老大等网开一面,并逐步使黑恶势力形成,黑社会成型,这是黑恶势力与政治地理关系的另一侧面。

其三,一些国家和地区的打黑经验,中国内地的打黑除恶经验,都充分说明,各国或各地的政治生态,包括政治地理环境,不仅对打黑除恶影响极大,而且极大地影响一些官员与黑恶势力的关系,以至黑恶势力不得不认真研究哪个地方的政治环境宽松,并暗中逐步安排转移。这种政治地理的范围,小到村乡,大到省市,"有眼光"的混混、恶头或"老大",他们会到政治环境"好"的地方去发财。对黑恶势力来说,某地权力越腐败、经济社会和文化越混乱,就越是"好地方"。

其四,如果一国之内,反黑恶的地方越多,决定反黑恶的权力层级越高,因而反黑恶的地理范围越广,那么,黑恶势力面临的政治地理条件越不利。这种情况下,他们甚至难以找到临时"避风港"。如果全国一致齐力反黑恶,理论上就彻底断绝了黑恶势力从政治地理的角度寻求权力庇护的可能,黑恶势力也就不能从政治地理的区分中找到藏身缝隙。当然,若是没有全国统一扫黑除恶,或者各地对黑恶势力的认识、态度和应对手段、力度参差不齐,都会给一些黑恶势力利用政治地理差异而谋求异地生存的机会。

"问题区域"往往存在着许多有利于黑恶势力的政治地理因素,主要有四方面:那里的公权力显得软弱,抑制、打击黑恶势力的力量不足;问题区域往往由问题官员管理、支配这个地域;在问题区域,即使还没有黑恶势力,但也有混混、恶头或"老大"软磨硬泡,与当地的村社、街区负责人,乡镇街道负责人,或某方面的主管人员去套近乎,或者威吓这些人,能够尽最大可能为黑恶势力生成找到机会;由于当地政治生态不良,绝大多数普通民众就会对混混、恶棍和"老大"畏惧三分,甚而产生某种莫名其妙的"敬佩",这样,不良政治生态转为黑恶势力生成和演变的社会基础。所以,我们常常看到,越是问题成堆的地方,当地老百姓越是无望,越是明哲保身,越是不能、不敢抵制黑恶势力,黑恶势力就越明目张胆和猖狂。

第三,"问题区域"中的经济地理因素与黑恶势力生成和演变的关系。

　　纯粹穷乡僻壤的"问题区域"，除非里面暗藏生财、聚财之地，否则养不出黑恶势力，就算有一两个无赖、地痞流氓，也只能小偷小摸，惹人讨厌，但成不了规模，形不成气候。问题区域需有某些生产、经营条件和基础，有供混混、恶棍可捞的油水，能够把他们的财势壮大，能够对更多的混混、闲杂人员有经济上和心理上的吸引力，才可能在那个区域内逐步纠集一帮人，成为称王称霸、为非作歹的势力。

　　倘若问题区域内没有这样的经济条件，那么，邻近的村落、街区一定有可供他们取财的资源。此时，问题区域可能不是以其经济地理因素，而是自然、政治或文化地理等因素吸引住他们，让他们在那里安营扎寨。

　　经济地理因素对恶势力的影响较之对黑社会（性质组织）的影响要小，所以，如果某"问题区域"财力不雄厚，很可能养出恶势力，难以形成黑社会。这可以从许多地方办理的涉黑恶案件中看出来：有影响力的恶势力团伙案件和黑社会性质组织案件，没有几个不是在问题成堆但经济条件不差的区域形成和生长的。某地打黑除恶，把案件按照重要性程度分为"重点""一级""二级"等，15个"重点"案件全部发生在该地主城各区，"一级"和"二级"案件主要发生在主城区和其他区县城镇，"三级"案件主要是恶势力案件，但几乎没有纯粹在乡下形成、仅在乡下作恶、捞财的恶势力，最低也是在乡镇上作案；在273个涉黑恶案件中，差不多每个案件都与某种"问题区域"相关，更与此类区域的经济状况相关。再看涉恶涉黑村干部的情况，这些村干部不仅在村里称王称霸，聚敛钱财，贻害一方，而且与乡镇、城里也有许多联系，包括他们的产业和活动延伸到了乡镇和城里，有的还以城镇为主。

　　何况，现在的恶势力团伙，不少已经不只在菜市场、衣帽鞋袜等批发市场打打闹闹，不只是肉霸、菜霸、路霸、车匪，而是也涉及贩毒、强迫卖淫、开设赌场、买卖枪支弹药、放高利贷等。所以，能够生成和养肥黑恶势力的地方，在经济上不能太落后。以目前打击的农村恶势力来说，他们差不多有个共同特点，就是侵占集体经济利益，不管是截留政府的拨款、私吞集体企业的财物，还是私分属于农民的征地拆迁补偿款，都表明有一定经济基础。

　　第四，"问题区域"中的历史及文化地理因素与黑恶势力生成和演变的关系。

问题区域能够生成黑恶势力,往往有一定的历史和文化因素,即此地多少有引发恶势力或黑社会(性质组织)形成的历史因由、文化渊源。否则,问题区域生成黑恶势力的概率会小一些。比如"问题村落"或街区,该地风土人情特别是民风,敦厚还是剽悍,早年是否有人落草,成为匪寇、流民;是否有兵痞、流氓的传统;是否有人闯荡过江湖,回乡之后带出一帮恶徒;当地是否有过豪族大家和逞强的历史,这些人家的后代的身份、经济和文化状况如何,他们有无凭豪族大家而为非作歹、仗势欺人的观念和行为,该地是否保留了旧时的宗族祠堂,是否新修了祠堂,这些祠堂是否用来动员、集中同宗族人员与村居委对抗,与乡民、街坊作对,是否有所谓"有身份的人"出面,组织、协调族人或者其他人员的行动,形成声势。

在当今的农村恶势力中,一些人靠"翻旧账",试图推翻新中国在"土改""三反五反""清匪反霸""集体化"等政治进程中确定的政策及产生的政治结果,错误理解、看待或刻意歪曲改革政策,一些人试图"要回祖产",恢复土改前甚至解放前的土地、房产等。这些历史因素,也是农村中一部分黑恶势力产生和抬头的原因。

在城市,一些著名的历史街区、码头,曾经上百年、数十年都是帮会的地盘。我国改革开放后,黑恶势力重新出现,这些地方又成为新一代"老大"和他们弟兄的"地盘"。过去的帮会"切口"①,或做些改变,也在一些人群中重新派上用场。

第五,"问题区域"中的族群地理因素与黑恶势力生成和演变的关系。

族群地理考察特定人群(即民族、宗族、种族、阶层、团体、帮派、社团等)的住居、生产、生活与特定地理空间的联系(形成的聚落)。它描述、解析有关族群与特定地理空间的关系及迁移轨迹,研究族群空间分布变化及规律,是人文地理的重要方面。族群地理便是族群所在的空间与相应的人群的生活、生

---

① "切口"是指某些人群、阶层(帮派、会道门、盗贼、匪徒等)使用的特殊、隐秘的词语、话语,即通常所说的江湖隐语、黑道术语、江湖黑话,或某些行业暗语,所用词语常显粗俗、下等。

产及文化、习俗和个人及整体性格的结合体。它把一定地域和特定人群及其性格、文化融合起来，形成一种标志性的"地理+人群"形象。这种形象不仅是"那地儿"和"那地儿的人"的记忆、传说，还是对未来"这地儿"和"这地儿的人"的想象。比如，说到"老北京"，那一定和"老北京人"联系在一起，没有"老北京"和"老北京人"这"地理+人群"两个要素，以及这两个要素所融容的京腔京调、京韵京味，就没了"老北京"，也没了"老北京人"。历史上，有些人群与某地理空间形成了特殊联结，产生出一些固定的地理与人群认识模型。比如说"四川"，你会不由自主地想起"四川人"，那些人一口的"四川话"，没准儿还想起用地道四川话喊出来的"雄起""扎起"。如果你知道多年前的一部电视剧《傻儿师长》（要说成"哈儿师长"，否则不是"川味儿"），还会让你知道原来他是四川的"袍哥"（"袍哥人家绝不拉稀摆带"，"哥"在川话里，多数四川人不把它念"哥"，而是念"锅"）。以此类推，还有"广东人""湖南人""东北人"，等等。

有的"问题区域"之所以滋长出黑恶势力，其中就有族群地理因素，即有"特殊"人群或人物出现在那个村落、街区或场所。其"特殊"不是别的，就在于那（群）人的不良习性，在于他（们）惯于恶作剧、无法无天、害人整人，在于他（们）东游西荡、无所事事、游手好闲、偷鸡摸狗，在于他（们）逞凶斗狠、白刀红刃、抢劫强奸，在于他（们）成天拉帮结伙、坑蒙拐骗、欺行霸市、欺男霸女、不可一世，甚至跟公安叫板、跟政府作对等。非常重要的是，无论是一个还是一群恶人在村里、街区横行，总有人是有头脑、有胆量、有聚合力的，他能够从本村、本街区或邻近地方，找到臭味相投的人，并且逐步把一个地方搞得鸡飞狗跳，不得安宁。一个治安混乱、人心惶惶的村落、街区，是他们标榜"战绩"和炫耀于江湖的资本。尤其，对于最初创名气、打江湖的恶势力，这些显得特别重要；对那些已经"成道"的黑社会，或许他们早就超越了"暴力打拼"的阶段。

只有当"问题区域"里出了这样的人，特别是这样的人群，才可能生成黑恶势力，并且很可能生成黑恶势力。因为这样的人（群），就是聚合体的核心，有了他（们），黑恶势力这个整体性的聚合体就开始形成和扩张。这样的人

（群），能够整合同类，结成一定的组织体，集合并开发人力和财产等资源，形成某种从低级到高级，从似乎无形到分明有形的组织结构。逐步地，那个人不再是那个独自称王称霸的人，那群人不再是散漫无羁的人群，他们不只是不怕警察、政府的人，而是一群准备着与警察、政府对抗的人，是一群欺压百姓的人，是利用暴力控制一方的人。问题区域里没有这样的个人或人群，这个区域出不了恶势力，形不成黑社会。

至于这些反叛社会、违法犯罪倾向明确且稳定的人，最初是从哪里来的，这不是个问题。村里、街区土生土长的混混、恶少、闲杂人员，都有可能成为这样的人。只要他们恶习不改，越滑越远，加上慢慢地有人跟随、追捧，在小圈子中的"老大"感觉和利益驱使，以及浸泡江湖形成的经验，就足以让他（们）"成长起来"。有时候，一个外来躲避的逃犯，一个邻村、邻街的混混，也会起到这种作用。再就是，如果某个问题区域正好被外来的某个恶势力团伙或黑社会（性质组织）相中，不管是向这样的区域"输送人才"，还是在当地寻找、培养这样的"人才"，或者干脆在那地方开"山头"立"堂口"，安营扎寨，都不成问题。比如，境外黑社会到内地一些地方发展黑社会组织，就采用了"两手并用"策略，一是派黑社会成员入境，组织、建立该黑社会在内地的分支（新设堂口），二是同时在内地物色、培养黑社会的人员。

上述"问题区域"之所以形成黑恶势力，是因为这些区域有利于黑恶势力的自然及各人文地理因素相互结合，促生了黑恶势力；只有某一个因素，问题区域也是产生不了黑恶势力的。这之中，自然地理因素虽然相比起来不是黑恶势力产生的最重要的地理因素，但却也是不可缺少的因素；没有一定地理时空，所有的人文地理因素也难以发挥作用。而如果缺少具有反社会倾向的特殊人员或人群，任何问题区域也产生不了黑恶势力。归根到底，我们必须把问题区域的各种地理因素综合起来，才能准确认识"问题区域"生成黑恶势力的地域或区域机制。

第六，非"问题区域"不容易产生黑恶势力，因为这样的区域不具备相应的自然地理和人文地理因素，特别是缺乏相关人文地理因素。

不说大环境，单就微观人文环境而论，如果村子、街区和特定场所，从最底层的村社、社区负责人、企事业单位负责人,到乡镇政府、公安派出所的人,街道办的领导和工作人员,都有法纪意识,有公平正义意识,有能力领导、管理的村落、社区、乡镇、街道,管理好各种场所,干部、老百姓都遵纪守法,对出现的恶人恶事不轻易放过,更不包庇纵容,干部不明里暗里违法乱纪,这样的村落、街区和场所就容不下"人渣",更没有恶势力、黑社会(性质组织)的容身之地。在这样的区域,往往会形成良性循环,群众和干部关系好,干部得到的认可度高,干部群众都有发展生产、维护治安、保持良好生活状态的积极性,混混、恶少、闲杂人员不容易产生,即使出现这样的人,往往难以找到同伙,遭人白眼,除非跑到别的地方,否则他(们)不大可能长期在村里、街区内和场所中待下去。

非"问题区域"缺少养成黑恶势力的边缘人群基础,缺少犯罪亚文化,缺少获取非法利益的途径。这些区域少有有前科等不良记录的人员,而且有这种记录的人员可能不愿意回到这些村子、街区。即使有这类人回到村子、街区,也可能因为有良好的风气、治安维护机制,甚至有较好经济条件,能够让他们获得就业机会,缺少继续作奸犯科的动力,改过自新的可能性大,能够回到正常生活轨道。这些都是从源头阻断村里、街区混混、恶少搞乱整个村社、街区的重要基础。生活、生产和工作秩序良好的村落、街区,常常风气正,歪门邪道少,群众监督到位,利益分配比较公平,谋求非法获利的动机和机会相对少。这会打消一些人幻想通过不法手段获得利益的念头,减少通过成为黑恶势力霸占更多财富的欲望。当然,这些村落、街区也常常没有可因袭的江湖文化或犯罪文化,没有人兜售犯罪技术,没有人教唆他人树立"犯罪大志"。

所以,非"问题区域"的小微人文地理环境,很有可能形成阻隔、过滤不良文化、不良人群,阻止不良行为的自我保护微观机制。须得提醒的是,这套微观机制是否稳定和长久,取决于村落和街区的民众,但也容易受到不良基层干部的冲击。

三、"问题区域"生成黑恶势力的机制

问题区域存在着促生黑恶势力的自然和人文因素。但是,这种犯罪地理

学层面的讨论,无法替代对特定问题区域如何具体地产生黑恶势力的分析。我们需要认识问题村落、问题街区和问题场所生成和滋养黑恶势力的机制和机理。

(一) 黑恶势力"种苗"的社会化生成

无论在"问题区域"还是在其他地方,黑恶势力的生成都得有"种子"或"苗子"。这些"种苗"将来无论在哪里,都有可能成为黑恶势力的成员,或者团伙头目,黑社会(性质组织)的组织者、领导者或积极参与者。

黑恶势力"种苗"有多种不同类型。比如,某些小混混、恶少等"问题青少年",一些社区矫正人员,刑满释放人员,某些成年地痞流氓、无赖恶棍,无业闲散人员,某些虽有正当职业但贪心大、内心黑、手段狠和霸欲强的人员(无论是农民、工人、职员,工商业者,各种干部、国家工作人员等),某些特殊情况下所谓"走投无路"的人员,与黑恶人员有某种联系的人员,其他反社会人员,等等。这些人员在许多地方都有,都可能产生,不独产生和存在于问题村落、街区和某些场所。下面,就三类黑恶势力"种苗"的生成进行讨论。

1. 问题青少年恶变为黑恶势力"种苗"

全球青少年违法犯罪问题,我国留守儿童的成长困境及违法犯罪问题,都很严峻。但是,问题青少年、无业、闲散人员大多并不是黑恶势力的种子或幼苗。他们中后来成为黑恶人员的只是少数,成为恶势力头目、黑社会(性质组织)的领导者、组织者的更少。问题青少年、无业、闲散人员也并不只在问题区域产生。他们从社会上的许多地方产生,包括家庭和学校,只不过问题区域不仅更可能产生这些人员,关键是,还更有可能使他们逐步滑向黑恶势力圈子。混混、恶少和无业、闲散人员值得社会关注、重视(如教育、就业等安排或帮助,违法犯罪行为的追究和矫正),但并不可怕。[1] 有混混,有刺头,不见得

---

[1] 许多人在年轻的时候是混混,沾了些社会习气,让人感到头疼,是家长心中的痛,是左邻右舍提防的对象,他们读书不起劲,顽皮捣蛋,鬼主意多,恶作剧多,轻微违法的事情少不了,有的被公安或政府其他部门处理过,被学校开除过,或者自动辍学。这些混混有的较早地找了一份低收入的工作,有的外出打工,有的出门闯江湖,有的留在当地晃荡。随着他们年岁增长,有工作

就有了黑恶势力的"种苗"。混混不容易成为黑恶势力的"种苗",因为他们一般拉不起"团伙",更搞不出"组织"。

把混混给拦住,不让他成为黑恶势力"种子"的"槛儿",首先是年轻人的自我成长和觉悟。人们常说"少不更事",虽有一段放浪岁月,但若质本不坏,有岁月磨砺,经验积累,智识见长,自己也会从懵懂状态慢慢清醒。只要包括家庭在内的环境影响处于良性状态,不少混混会自己长大懂事,脱离原来的圈子,也能最终走上人生正道。其次则是社会教化。人生千姿百态,千变万化,有的人从"好人"变坏了,有的人从"坏家伙"变好了。混混人群,继续坏下去的有,转好的也不少,其中重要的原因在于,社会有一套教化和帮助机制(当然这套机制有时候会失灵),包括助人为乐、劝人为善等。当混混在村里、在社会上遇到困难、遇上好人之后,或者他人的善举感动混混的时候,或者混混的见义勇为等举动被肯定、褒扬的时候,都是社会对混混的教化,很可能促使他回头。最后,法纪的公正廉明,惩罚的震慑,良心的发现,或者某种教人向善的(宗教或道德)信念或信仰的建立。这些特殊而具体、独特的精神、心理和信念的体悟,是在一般社会教化之外更触及人内心深处的洗礼,虽然对许多混混和社会大众而言,不一定能够达到这样的精神层面,但确实有一些混混,后来完全洗心革面,脱胎换骨。

当然,这几个门槛发生作用的基本前提是,家庭、学校和社会没有对混混造成什么伤害,没有进一步让混混扭曲人格和心理(心灵),没有发生严重的日常生活难以维系、无人帮助、无比绝望的情况,没有促使他们厌恶人世、报复社会。如果和上述情形基本相反甚至完全背离,出现以下情况,那么,混混、恶少当中就有人可能成为黑恶势力的"种子"或"苗子"。

其一,家庭、学校都出现不当的教育方式。没有因人施教,鼓励其长,力避其短,拿这样的孩子和学生没辙,家长和老师及左邻右舍、村里的干部,束手无

的,成家的,打工的,或者后来重新去读书上学的,大多数混混会逐步走上正轨,个别留在小混混群里的老混混会带"徒弟",混混就这么"代际传递"。

恶少是混混中的少数,比一般混混厉害。老混混和恶少都可能成为小混混的头儿。只要有纠集者,混混就会成群结队,可能滑向恶势力团伙,但许多结伙的混混处在一般违法或轻微犯罪人群与恶势力团伙之间的边缘地带。

策,最后放弃不顾,任由他们"变坏",并且,以明显、公开的鄙视相待,导致混混破罐子破摔。

其二,除了具有"问题青少年"常有的早恋、厌学、网瘾、叛逆等情况外,他找到了村里村外"意气相投"和"同病相怜"的伙伴。他被纠集到别人的团伙中,或者他自己纠集了团伙,开始不回家过夜,开始不断找爹妈要钱,或者开始小偷小摸,开始参与或者组织打架、打群架,在同伴面前显"英豪",开始赢得同伴的"尊敬",并且开始按照打架斗殴的"水平"排次序,有"老大"和"兄弟"之别。

其三,他的活动范围越来越大,结交的混混越来越多,在本团伙树立威望的同时,开始结交其他团伙的混混或头目,或者在外已经与其他团伙为敌,有"势力"与"范围"的初步意识和观念,初步知道要用"谋略"和直接手段两手赢得"战斗";为了显得像个具有重要地位的混混,或者像个"老大",他要比其他"兄弟"大方、慷慨,需要更多经济实力;他的违法犯罪开始创造新的纪录,非法获取的钱财大为增长。

其四,得益于现代交通和通信,以及他个人的结交能力,他可能早已不止在附近的乡村活动,也不屑于只在乡镇上混混。他与城里的混混,乃至真正的黑恶势力人物接上了头,开始观察、模仿、体会、学习他们的所作所为,有时候都愿意去给他们当马仔,跑跑腿。他所在的团伙或他领导的团伙,已经经常性地违法犯罪,暴力是公开的手段。

到了这个状态,混混、恶棍基本上成为黑恶势力的"种子"或"苗子"了。

2. 少数村民、村干部恶变为黑恶势力"种苗"

这种情况大多发生在问题村落。那里的个别村民、部分村干部成为黑恶势力"种子"或"苗子",并且经验告诉我们,稍不注意,很快会围绕着他们形成黑恶势力。

普通村民成为黑恶势力种苗,一般基于先前存在着素质、人品问题和恶习,并在某种时机下恶化。这样的村民,一般不知法,知法也不守法,道德观念薄弱,文化程度一般不高;可能"当年"就是村里的混混、恶少,有过违法或犯罪行为,甚至可能被处理过。他们往往"四讲四不讲":只讲"我的权利和利益",不讲他人的正当利益和权利;只讲蛮力、暴力,不讲任何道理(不管法律、道德还是情理);只能讲他们愿意听的,不能讲反对他们的;只有他们讲的,没有别人讲的。

这些人的"理由"不在别处,就在他们手里的锄头、镰刀、扁担和棒槌、拳头上,在他们怒不可遏的脸上、嘴上和心头。他们多用威胁、恐吓手段,暗里偷明里抢,偷盗"冤家"的钱粮杂物,毒死"仇家"的猪狗鸡羊,放干别人的水田,捣毁别人的庄稼,伤杀他们的"对头"。其他村民大多敢怒不敢言,倘若村干部、乡镇干部、派出所警察都软弱,不及时、严厉追究、打击他们,反而示弱、迁就、纵容、包庇或"安抚",他们基本上都会成为黑恶势力的"苗子"。

一些村干部成为黑恶势力"种苗",如果上任之前就是村里恶人,就不用再说了。他们之所以当干部,肯定是乡镇基层政权所谓"以恶制(治)恶"治村策略的结果。有的则是在担任村干部以后或快或慢地恶变,渐成黑恶势力的"种子"。这些人有可能是被乡镇领导看重的"能人",平时也没有太坏,就是素质不过硬,真正依法治村的本领缺乏。他们面对村里总会有的那么几个难以对付的村民,想不到其他办法或者不奏效,也开始用暴力、恐吓的办法对付;当了村干部,眼见着有些利益,就往自己篓子里面刨,先是暗中少量地刨,后来是大胆公开地贪,先是找借口捞钱,后来是堂而皇之地拿,长期不公开村里财务(账目),不公开征地、拆迁和补偿情况,不公开村干部的调整,不征求群众关于村子建设项目及投资等重大事项的意见,行事诡秘,一本烂账;他们对那些不满干部贪污、挪用、私分、截留集体或个人财产的村民,变得越来越不耐烦,越来越有恃无恐,采取恐吓和暴力威胁等手段;开始和村里恶人结盟,利用恶人整治良善村民。他们不断地向乡镇干部邀功、报喜、送礼,获得乡镇干部特别是主要领导的"欣赏",瞒上欺下。他们甚至培育自己的打手,私设公堂,滥施刑威,伤害村民,等等。这样的村干部,作为黑恶势力的"苗子",是完全"合格"的;只要有团伙跟着他,他就是黑恶势力的头头、骨干。

3.少量公务员、官员恶变为黑恶势力"种苗"

这部分公务员、官员不只是一般的腐败,也不只是一般的因包庇、纵容黑恶势力而涉黑恶。他们变成了黑恶势力的"种子",并且后来事实上成为黑恶势力主要成员或组织、领导黑社会(性质组织)的老大。这方面问题突出的是警察。有的地方,警察建立的黑社会性质组织竟然占了一定比例,①而非只是

---

① 参见许家华:《我国黑社会性质犯罪地域分布的新特点》,http://article.chinalawinfo.com/ArticleHtml/Article_58397.shtml,访问日期:2021年8月20日。

该文写于2011年。作者通过公安部刑事侦查局网与北大法律信息网,选取了112个黑社会性质组织进行调查统计分析,结果是:在全部案例中,有62%的黑社会性质组织建立并发展在沿海(江)地区,其中,有41%属于实业型组织,37%是帮会型组织,14%是家族型组织,8%是警察型;有5%的黑社会性质组织建立并发展在沿边地区,其中有48%是帮会型,有38%是家族型,有12%是实业型,有2%是警察型;有33%的黑社会性质组织建立并发展在内陆地区,其中,有44%是帮会型,有40%是家族型,有10%是实业型,有6%是警察型。

多年来,警察成为黑社会性质组织"成员"甚至"老大"的新闻时有出现。新浪网2003年7月3日《警察当上"黑帮老大"》报道了原警察邹文广因组织、领导、参加黑社会性质组织罪等数罪并罚,被一审判处有期徒刑6年(https://news.sina.com.cn/c/2003-07-03/0828311168s.shtml)。新华网、搜狐网、新浪网等在2004年1月16日、17日发布"沧州盗油大案一审宣判 团伙头目韩洪润被判死刑"的报道,河北沧州中级人民法院对沧州韩氏特大盗油团伙案33名被告人宣判,对韩洪润数罪并罚,决定执行死刑,剥夺政治权利终身,并处罚金451万元;对韩洪润的弟弟韩洪生、韩洪义、韩洪军数罪并罚,决定对三人执行死刑,缓期二年执行,剥夺政治权利终身,并分别处罚金451万元。韩洪润原是沧县公安局交警大队副大队长(http://news.sohu.com/2004/01/17/13/news218641305.shtml)。搜狐网2004年1月6日《南方日报:警察败类蜕变黑帮老大横行普宁5年》报道,2003年12月31日,揭阳市中级人民法院公开对被告人钟文星等20人组织、领导、参加黑社会性质组织,抢劫、绑架、聚众扰乱社会秩序,敲诈勒索、非法持有枪支、弹药、赌博、故意伤害一案进行终审判决。黑帮头目钟文星,原为普宁市森林公安分局民警,于2003年12月31日被执行枪决(http://news.sohu.com/2004/01/06/45/news218084587.shtml)。搜狐网2005年9月24日《警察五年兼职"黑帮老大" 带领兄弟"捞世界"》报道:龙杰锋1999年8月入警。与此同时,龙杰锋带着罗源的众兄弟出来"捞世界",形成以龙杰锋为首的黑社会性质组织犯罪集团"罗源帮",由龙杰锋作幕后"老大"、指挥,龙杰锋明言,"我是警察,很多事情不方便直接出面,以后大家有什么事就找黄向华,由黄向华再找我商量,由我决定"。龙杰锋遭梁国金枪杀而亡(http://news.sohu.com/20050924/n227048151.shtml)。中国日报网2010年12月17日《山西阳泉巡警队长涉黑资产过亿 45人被起诉》报道,山西警方打掉以原阳泉市以城区公安局巡警队队长关建军为首的黑社会性质组织,关建军、关建民、许建军、王红玉为组织者、领导者。该组织十多年来开设赌场、欺压百姓、巧取豪夺、大肆攫取国家资源。警方提取、收缴凶器,各种砍刀、刺刀100余把,镐把、钢管等作案工具70余根,仿六四钢珠枪7支,猎枪1支,弩3支,抓捕56名涉案成员,查明该组织10余年来违法犯罪案件46起,冻结该组织资金2.5940亿元;查封该组织在北京等地的房产27套,价值1亿多元;扣押车辆30余部,其中关建民的一辆劳斯莱斯轿车价值840余万元。此外,还扣押了大量的金条、银锭、玉器、首饰、文物收藏品、名表等奢侈品,查封阳泉犬业协会、南苑天露、花贺天地等多个经济实体(http://www.chinadaily.com.cn/dfpd/shizheng/2010-12/17/content_11716204.htm)。腾讯网转光明网2020年12月30日消息:12月29日,洛阳市中级人民法院对杨锐等24名被告人组织、领导、参加黑社会性质组织等罪犯一案一审宣判。2002年以来,被告人杨锐利用其公安民警身份,勾结被告人彭少儒等人,组织、领导黑社会性质组织,杨锐被判处有期徒刑23年,剥夺政治权利5年,并处没收个人全部财产,罚金人民

个案。这倒过来说明,确实有一些公务员、官员,特别是有些警察和警官,他们早已成为黑恶势力的种子,后来成为头目。

少数警察之所以成为黑恶势力苗子,主要的条件、基础和机制在于:

第一,成为黑恶势力人员的警察,主要是一些手握打击违法犯罪权力的治安、经侦、刑事、交通和禁毒等警察。这些警察有三个"得天独厚"的条件:长期、大量接触不法之徒、不法行当,有大量的相关知识、技术,只要内心的戒慎一旦解除,黑道江湖的各种诱惑、机会就铺天盖地扑面而来;熟悉大量"道上人物"和他们的团伙、组织,要成为其中一员,或者另立门户,都是现成的路子;不仅历来都有少数警察与黑恶人员搞成一家,现实中黑道人物更有求于警察,他们随时随地为这些警察准备了金弹、银弹和"肉弹"(性贿赂),警察不穿"防弹衣",或者"防弹衣"品质不高,就会即刻被打中,乖乖被拉拢、攻破、拖下水,不是成为他们的同伙,就是成为"保护伞"。如果这些警察主动下水,进入江湖,自立为老大,聚集、带领兄弟结伙成帮,更是易如反掌。

第二,治安、经侦、刑事、交通和禁毒等警察,他们在工作和人生中存在四个巨大职业风险和群体弱点:一是他们不得不大量直接接触违法犯罪分子,亲自经手与违法犯罪相关的巨额财物、违法违禁物品,耳闻目睹违法犯罪分子特别是黑恶人员挥金如土、花天酒地、奢侈糜烂的生活,亲临花花绿绿、纸醉金迷、污秽不堪的场所,而且长年累月如此。他们与这些东西之间没有物理上的"防火墙",对这些东西的防范,只能是他们内心的道德、法律和良心、信仰,只能是自己在内心建立"防火墙",把内心炼成不坏金刚,这难度非外人可道。

币 1.31 亿元(https://new.qq.com/rain/a/20201230A04I0D00)。央视 2021 年 5 月 15 日、16 日《今日说法》栏目《剑指"黑与白"》(上、下)详细报道了全国扫黑办挂牌督办的白波案,这是"历史罕见、性质十分恶劣、影响特别重大"的"'伞''黑'一体"的公安机关领导干部涉黑犯罪案件。原新疆生产建设兵团石河子市公安局副局长、市公安局"扫黑办"主任白波成为多年的黑社会老大。央视报道称,身为执法者,白波以杜月笙为偶像,骨子里透着江湖气,白波的微信备注是杜月笙喜爱的一副对联——春申门下三千客,小杜城南五尺天。白波广收黑恶门徒、草菅人命,建立起近 50 人的黑社会性质组织。2018 年 7 月 21 日新疆生产建设兵团对白波实施抓捕。白波被判处有期徒刑 25 年。办理白波案件过程中,挖出了建设兵团第八公安局原党委书记、局长陈大疆"保护伞",第七师公安局原党委书记、局长米建新贪腐案及第七师"11·05"涉黑案等。这些成为黑社会"成员"或者"老大"的警察(领导),一定有过作为黑社会"种子"和"苗子"的阶段及过程。访问日期:2022 年 12 月 15 日。

二是治安、经侦、刑事、交通和禁毒等警务都具有特殊的行政色彩,部分行为带有司法属性。而行政行为,特别是临场处置治安事件和刑事案件,警察的处置权、裁量权和权威性是必须有的,有时还很大,警察的决定、处置等行为必须遵守和维护,况且警察与被执法的当事人之间也不会有隔离带,警察寻租的机会自然存在。对一些涉嫌违法犯罪的当事人来说,他们是愿意给付"权力租金"的,甚至就怕执法、办案人员不开口,钱财送不到警察或其关系人手里。三是对治安和刑事警务的监督都是事后监督,难以设立前置和事中监督,而事后监督大大降低了警察违法犯罪被查获、处罚的风险,降低了违法犯罪成本,增加了违法犯罪机会和收益,激发了违法犯罪动机。四是还是有不少警察既缺少必要的法律知识,更缺少法律精神,缺少对法律的敬畏,没有法治理念和思维,还缺少基本的道德自律,缺少正确、坦然且淡然面对权力、金钱等诱惑的内在信仰、内心定力和人格,容易成为权钱色的俘虏。

第三,黑恶势力对(治安、经侦、刑事、交通和禁毒等)警察采取了一些特别的应对措施和策略,这与普通违法犯罪者拉拢、腐蚀警察不同。

国外的黑社会有专门研究应对执法人员的多方面"专家",这还不包括黑社会雇佣的律师。黑社会组织把应对政府、对付警察和检察官、法官,作为专门的"科学"来研究,进行精心策划,对黑社会的成员进行相关"训练",至少也有基本的交代。他们对警察执法中的"潜规则"了若指掌。他们会根据心理学等原理,设计贿赂警察的方式。他们不是只简单地给执法人员送钱,更要以隐蔽、可靠和具有"艺术感"的方式送钱、送物或者送人(情人、美色),甚至送"业绩"、送"靠山",送加薪、晋职、授予荣誉的机会,等等,以牢牢掌握、控制警察,拖他们下水,使其成为"保护伞",最好成为"同路人",哪怕将来可能是"老大"。

国内的黑社会(也包括一些有点实力的恶势力)在这方面的手腕不逊于他们的国外同行。他们按照职务高低、权力大小、托办事项的紧急性、重要性程度,投其所好,"舍得"花钱,阔气大方,很少有黑恶势力人员送钱送物送美色显得小气的,让人欲拒不能,甚至得陇望蜀,这正中他们的下怀。

黑恶势力不只是向某个警察行贿,还向所有相关警察行贿,在警察内部制造一种心照不宣的氛围,谁都不敢去碰"谁跟黑恶势力有联系"这样的话题,因为没人知道"水到底有多深";谁也不敢轻易去跟某个黑恶势力人物、团伙或组织去较真,因为几乎无人知道某个黑恶势力头目、团伙或组织背后的后台有多大、多高和多硬。黑恶势力制造和培养了一种"狡猾的"气氛和机制。他们通过行贿,得到的远不止是某个警察的保护,而是一个保护他们的某种变异体制和诡谲氛围。

这样,在一些警察中形成了一种错觉和"潜规则":谁都和黑恶势力有关,你不受贿你就傻。这进一步演变为:你不黑你就傻;你不比黑社会还黑,你就最傻。这是存在于某些警察中的"比烂"文化。这些都为黑恶势力提供了宽松的生存环境,也把一些警察推向了黑恶势力的边缘或者那一边。

我们应当明白,黑恶势力是以"一种势力"在向执法、办案力量和执法、司法体制渗透,是在向政府部门或政府渗透,是在向国家权力渗透。贿赂警察仅仅是这种策略的一个小小方面、一个细微步骤,贿赂所有可能与黑恶势力利益相关的国家工作人员和政府官员,特别是高级执法人员和高级官员,才是他们的目标。他们要的不只是有人腐败和黑化,而是要体制腐败和黑化,权力腐败和黑化。如果说黑社会有其政治目的,那么可以说,这就是他的政治意图和目的,而且这种意图在个别区域或个别行业内可谓"实现过",比如,黑手党曾经长期使西西里"黑手党化",甚至渗透进意大利政府。我们要明白:国外许多黑社会是懂政治的,否则不可能长久;国内"黑社会团伙也要懂政治。现在一些普通的政治常识已经融入公安局的办案规律中,这个大多数黑社会团伙都知道。比如,在'严打'时期,大多数黑社会团伙都懂得这个时期要收敛一些。一些善于经营的团伙势力,甚至还会主动提供给公安局合适的'战绩'","但一些更深层次的政治,就要考验老大的智商了"。① 这种情况下,警察中有人成为"保护伞",有人成为黑恶势力中的一员,有人成为黑恶势力的"苗子",毫无惊奇可言。

当然,不管是平民百姓、普通公职人员,还是从芝麻官到高官,他们中有些

---

① 　吕德文:《县域黑社会的"生存之道"》,《南风窗》2015 年第 2 期。

人成了黑恶势力的"种苗",但最终要成为黑恶人员,成为恶势力、黑社会(性质组织)的头头脑脑,还有一个过程,须有其他条件和机制的共同作用。

(二)"问题村落"生成黑恶势力的机制

我们说过,问题村落的形成原因多样,类型多样。村里的情况,村外的因素,包括基层政府和社会上的因素,都可以造成问题村落。问题村落并不是因为有民间纠纷和有几个恶人,而是村子在整体上出问题,村干部出问题,村民出问题,村经济出问题,村里秩序大乱,治安恶化,恶人当道,腐败严重。问题村落中有一部分出了黑恶势力,这些势力可能是某些村民,有不少是村干部,村落宗族,大姓人家,是村落里面曾经的混混、恶头,也有外来的黑恶人员。

问题村落主要出恶势力,少量黑社会性质组织,这可以从黑社会性质组织犯罪的分布看出来,也是打黑除恶办案实践的经验。2011 年,有法官对全国范围的 112 个黑社会性质组织犯罪案进行统计分析,发现在城市中实施黑社会性质犯罪的组织为 56%,在城乡结合部实施黑社会性质犯罪的组织为 33%,在农村实施黑社会性质犯罪的组织仅占 11%。[①] 某地在 2008 年中期以后连续三年打黑除恶,270 多件涉黑恶的案件,大部分都发生在中心城市和区县城市。

农村产生较多恶势力和少量黑社会性质组织,"问题村落"则是农村中生成黑恶势力的主要地方。城乡结合部、城市郊区的农村,有大量征地拆迁任务的农村,有建设工程或经济项目的农村,以及有矿产、林业、水利等资源的农村,有集体企业等经济组织的农村,往往是问题村落较集中的地方。因为这些村落往往有利可图,如果一旦乡镇党委、政府领导不力,或者领导腐败,村干部就容易乱来,就容易出现"问题村落",容易在这些村落产生黑恶势力。产生黑恶势力的问题村落有其特殊的情况。

黑恶势力在问题村落形成的具体时机、过程、阶段,相关人员、组织或政

---

① 参见许家华:《我国黑社会性质犯罪地域分布的新特点》,http://article.chinalawinfo.com/ArticleHtml/Article_58397.shtml,访问日期:2021 年 8 月 20 日。

府、公安在这个过程中的相互作用及其方式,大致如下。

1."问题村落"存在黑恶势力"种子"

从族群地理的角度,问题村落里面存在黑恶势力的"种子",即有能够挑头拉拢几个混混、痞子无赖的人(头目、"老大"),也有可被拉拢、召集的那么几个混混、无赖。至于这个头目是村里原来的恶头,还是新出现的恶霸,是一般农民还是村干部,可以在所不问。但是,一般情况下,外来的恶头不容易在村里兴风作浪,并成为领导、组织村里黑恶势力的头目、"老大",所以,"老大"一般出自村庄内部。

即便是问题村落,如果没有黑恶势力"种苗"和几个可以搅合在一起的混混、无赖,就不具备形成黑恶势力的基础条件。实际上,问题村落的人群特征之一就是不缺混混、恶人。他们往往已经在村里存在不短时期,有了一些影响力,可能与村里的能干人一样,被人"瞩目"。

农村混混、恶人展示的形象是,"东游西逛,好吃懒做,讨人嫌,种懒庄稼,甚至不耕田不种地,石匠木匠篾匠等手艺样样不通",少时不读书,长大不务农,不经商,不打工,不学手艺,整天独自一人或三两结伙,游荡玩耍。但是,他们也有生活来源,如强行承包工程、承揽项目,开地下赌场,放高利贷,或者给人当马仔,替人看场子,或者偷摸扒窃,至于打架斗殴,欺压村民,更是家常便饭。本地混混、恶人与流窜恶人、盗匪不同,毕竟住在一个村里,一般不做杀人放火、打家劫舍等重案,但这不绝对,故意伤害以至致人死亡的,猥亵强奸妇女的,强行霸占财产的,也会发生。他们"既不按正常的乡村社会方式谋生,也不像黑社会那样以公然而有严密组织的方式破坏社会秩序"[1],他们就是"无所事事,游手好闲,好事不做,坏事做绝",还想一夜暴富的"二流子"。[2]

村里的混混也有到"外面"闯荡过的,有的没有回村,有的回了老家,其中有混混在回乡前参加过团伙,个别的还加入过这帮那会。这些人回村,把外面

---

[1] 黄海:《灰地:红镇"混混"研究(1981—2007)》,生活·读书·新知三联书店2010年版,第40页。

[2] 参见黄海:《灰地:红镇"混混"研究(1981—2007)》,生活·读书·新知三联书店2010年版,第84页。

江湖的习气和一些"规矩"也带回了,没有出过远门的"土混混"和村民都对他们另眼相看。

2."问题村落"出现失序和非法定秩序,形成村落内部的自生秩序,为混混、恶人成长并进入乡村自生秩序提供了机会和平台

问题村落干群关系普遍紧张或者对抗,群众对村里和乡镇(党委、政府和领导干部、工作人员)基本上不满意,不信任,(对义务性工作安排)不支持,不配合,不理睬,(对利益分配)不放过,不退让,不含糊,不吃亏,(对干部下村、到户)不欢迎,不见面,不招待,不相送。乡镇、村里,按照正常的法律和政策,往往已经不能开展工作,乡镇党委、政府和村里,不得不改变原来的工作方式,甚至重建新的格局,在法律和政策之外,另辟蹊径。于是,村内正常秩序(法律秩序)被打破,村与乡镇党委、政府的政权关系,村与村民的自治组织关系,背离我国现有政治和法律规定,村与村民和乡镇的关系呈现非法定性和非法性两个层面。

从村党支部、村委会与乡镇党委、政府的政治和法律关系来看,主要有两方面的情况值得重视。一方面,多数"问题村(落)"的干部由乡镇领导安排。虽然有选举村支部、村委会负责人的制度,但候选人的人选是由乡镇同意、支持的,有时候是乡镇领导接受了大多数村民的意见后作出的安排,更多时候反映的是乡镇领导的意图;如果村里有大族大姓、宗族势力,"大多数村民的意见"就是这些姓氏或宗族的意见,而且,乡镇领导一般不再敢擅作主张。因为乡镇毕竟是(最低)一级国家政权,要"领导"而不是"指导"村级工作,这是现行体制下村与乡镇的"正常"政治和法律关系。另一方面,对于"问题村(落)"来说,村和乡镇的关系至少有几个"不正常":乡镇对"问题村落"失控;"问题村落"要挟乡镇党委政府;乡镇主要领导往往依靠"问题村官",依靠与"问题村官"的"个人感情",依靠与"问题村官"相互的利益关联,以开展或协调工作,个人感情和利益不到位,乡镇对村的领导和管理就无着落,即乡镇对村级的政治统治变异为私人交流和协作,政权组织被弃置一旁。如此一来,乡镇领导也把村级党组织及村委会弃之不顾,实质上只与控制村落的实权村干部打交道,乡镇通过这种个别干部实现对村子的领导管理,等等。这样的村与乡镇关系超越了法律规定和政治体系的一般"规矩",属于"非法定"关系。

问题村与乡镇往往还出现了非法关系。主要是:村干部职务是"买来的",乡镇领导"销售"了村干部帽子;乡镇领导把许多本应由乡镇政府履行的职责,超权限和范围委托、授权给村干部,村干部非法行使权力;村里问题干部当道,采用暴力等手段管理村务、对付村民,而且得到乡镇支持或默许;乡镇常常被迫同意、认可村里大姓、大家族提出的村干部人选,乡镇和村里大族共同强迫村民"选举"干部;"强势"村干部倒逼乡镇满足其个人利益,不惜组织村民"上访";等等。

问题村落的"村官",主要是掌握实权的书记或村长等,与村民之间也形成了非法定关系和非法关系:他们多不依法而是依权管理村民和村务;利用或滥用权力应对有理或无理的村民;借用乡镇"恶人治村"手法,一些有"江湖手段"的村干部不仅凭自己的"几手""降服"村民,也利用村里恶人整治村民,不管对付混混还是守法农民;主要干部与其他干部形成了实际上的"上下级"关系,干部与村民形成了完全的上下级关系,不是民主、平等关系;侵吞集体或村民财产,侵害村民人身,打击不服(领导、管理)的村民或干部,包括使用暴力、威胁、恐吓、敲诈勒索等手段。

于是,"问题村落"在相当程度上抛开了法律秩序,另建村内自生秩序:以村里实权最高的干部为首领,以不法势力和不法手段为基础,以贪图最大权力、最多利益为目的,破坏或抛开政策、法律,自立规矩,或者恶意利用政策、法律,配合、支持或抗拒、要挟乡镇党委、政府,保护、支持、利用或侵害、打击、报复村民,村支部、村委会有名无实,成为摆设,从而建立起村内非法定的和非法的秩序。媒体把这种村称为"后进村"。从中央到地方一直在整顿"后进村",有成效,但问题村落仍不少。

在问题村落法律秩序紊乱、丧失的过程中,混混、恶人遇到了两面讨好的大好时机,并且,他们被逐步纳入村社乃至"村社—乡镇"的体制性结构中,成为"嵌入"底层社会的一种或大或小的力量。

一方面,他们也是"农民",场面需要并合适的时候,跟农民站在一起对抗村里、乡镇,逞能斗狠,帮助村民打气。他们往往比一般村民更有胆量、见识,能够帮助村民出点子,想法子。他们自己文化不够,就找有文化的村民,一起写材料,组织、带领村民上访,在干部面前说狠话,包围村委、乡镇办公场所,在农民和干部面前发表"高见",从村民那里捞取信任和资本。非常重要的是,混混们做事,从来是看钱的,钱少钱多不一样。他们"帮"村民是不会"白帮"的。

混混们在行动中充分展现出他们信奉的"道理"和规矩:胆小的怕胆大的,胆大的怕狠的,狠的怕不要命的,不要命的怕不要脸的;穿皮鞋的怕穿草鞋的,穿草鞋的怕光脚不要命的;只有自己不要命,才可能有活命;做事有原则,收钱办事,没有钱,天王老子也别叫我,拿人钱财,替人消灾,出来混这是规矩。[①]"收钱办事"也有例外,那就是遇到了比他们更狠的人。

另一方面,正因为混混、恶人具有胆大、凶狠、不要命、不要脸的全部特质,遵循拿钱办事的"规矩",所以,他们就一定不会只帮村民"办事"。村子、乡镇轻易就看得出其中的奥妙,村民不好对付,混混、恶人更不好对付,但让混混、恶人来对付难治的村民,问题都迎刃而解,乡镇、村子安排的工作,要求履行的义务,村民再也不敢抵制。对乡镇和村子来说,做到这点不难,只需付给混混、恶人更多的钱或者其他足够的利益,比如给他们政策,对他们的各种行为给予保护,安排他们承包项目等,或者把他们招入乡镇对村社、村社对村民的管理层,安排他们"当选"村支书、村主任,作为乡镇和村委在村内的管理代理人,成为失序村落里新建秩序的力量,成为新秩序的主宰和维护者。混混、恶棍们所梦寐以求的"转正"就这么到手,而且,这些东西的"价值"远超村民出得起的那点钱,他们会立即调转矛头,对村民恶脸相向。

如此一来,混混、恶人在村里就横行无忌。他们在村里的暴力活动也呈递增趋势,平时寻衅滋事使用暴力,聚敛钱财使用暴力。他们不怕靠"见血"吃饭,只怕政府跟他们翻脸,怕"严打"。所以他们大多会小心翼翼"伺候"村里干部、乡镇的官员和派出所的警察;如果他们拿村里某个干部开刀,那多半是

---

① 参见黄海:《灰地:红镇"混混"研究(1981—2007)》,生活·读书·新知三联书店 2010年版,第 100 页。

这个干部招惹了他们,或者背后有人指使和撑腰。乡镇党委政府、派出所对他们的存在和所作所为睁只眼闭只眼是"最低限度"认同;干部、官员、警察常常和他们一起吃饭喝酒、唱歌跳舞,一起潇洒,这是"中间层次"的交往;给官员、警察在逢年过节、红白喜事时都送"红包",平时还安排些"洗洗泡泡"的活动,遇到要紧事情再个案处理,根据事情难易程度和利益或损失大小,再送"拿得下来,办得成事"的"数儿"。① 这样,基本上除了"人命官司"和重伤案件,其他官司或纠纷的摆平,承包项目,侵占村集体的各种资金、财产,以至村民的合法财产,在村、乡镇和派出所这个体系内,就无须顾忌。"实力(金钱和暴力),面子,关系",成为混混、恶人的三大靠山。他们在村里和乡内,就逐步"吃得开"了;有时候,这些混混、恶人甚至能够影响到县(区)的领导,能够影响到公安局的领导。当出了"大事",伤人杀人了,只要找到了"打点"的门径,并且"打点到位",也会大事化小。这样,混混、恶人得到"县里的人"的关照就会产生震撼效果。村民、村干部、乡镇干部、派出所警察,都会对这等混混、恶人刮目相看,村民和一些村干部会被他们行凶作恶却能够逃脱法网"吓破胆",就会更小心谨慎,明哲保身,不敢得罪他们。这样的事情,会极大提升混混、恶人在村里、乡镇的"名气"和江湖地位。②

3."问题村落"为黑恶势力开启大门

问题村落为黑恶势力的生成开启了大门,提供了多种机会和展示平台。

第一,那些黑恶势力"种子"有了生根之地。

问题村落对混混、恶棍、无赖的好处是:不必整天提心吊胆,受到村里村外老百姓的咒骂和威胁,营造了恶人吃得开的气场和氛围;不必担心小打小闹、小偷小摸会有人管,整出大事情,也未必没有人帮着管(帮助开脱、包庇,从看守所或监狱"捞人",当然,村官在这方面的能力更有限),前提是只要跟村里、乡镇的实权人物关系铁,甚至县里"也有人"。在这样的村里,恶人头目容易混出点名堂,并且会有人仿效,没准一些村民也慢慢地转变看法,不再反感,以

---

① 2013 年以后,随着党中央"八项规定"精神和"反四风"的贯彻,这些情况有很大改变。

② 参见黄海:《灰地:红镇"混混"研究(1981—2007)》,生活·读书·新知三联书店 2010 年版,第 120、121 页。

至套近乎。在这样的村子里,那些混混、无赖,尤其当头儿的,会感到惬意,他们生活、生长的环境不赖。

第二,黑恶势力终于"下根""抽芽",逐步生长起来。

问题村落的环境,让村里不仅有了恶人头目,还有一群混混加无赖。于是,黑恶势力生成最关键的一步到了——恶人头目有了自己的三五个"小兄弟",自己也"长大出头了"。恶势力产生了,那个恶人头目成为"老大"了。这个恶人头目,可能是一般村民,也可能是某个村干部。有的村子,人多林子大,恶人头目不止一个,便出现各结一伙,出现两个或多个恶势力团伙。但这种景象不会很长,"黑道"之道,不允许长期在一地存在两个或多个黑恶势力。他们会逐步整合,最后由实力最强的一伙"一统天下"。

在问题村落,有时候恶势力的产生要经过不短的时间,从被压制到产生出来,长的要一年半载或几年。但有时候,黑恶势力忽然间就产生了,用老百姓和办案人员的话说,"一下子就冒出来了"。一个地方出现黑恶势力的快或慢,迟或早,跟村民的心态有关,跟村里的经济状况和争夺经济等利益的激烈程度、手段有关,最重要的是,跟当地乡镇党委、政府如何领导、管理村务,特别是对问题村落的领导、管理的立场、态度和手段有关,最直接的,就是跟村里、乡镇的干部们有关。那些"爱黑、用黑"的村官、乡镇官员,可以很快把一些村民、村官变成黑恶势力的"种子",可以很快物色到支持他的混混、无赖,可以迅速把恶势力团伙搞起来。

只要"问题村落"的问题不改,村里的非法(定)秩序不变,村子和乡镇的关系基本稳定,在这里"落籽""下根""抽芽""出苗"而成的黑恶势力,就会有朝一日"结成正果"。他会逐步控制村庄,或者成为身兼村里主要干部和黑恶势力头目的人控制村庄的工具。最初,可能血腥场面多些;后来,软暴力和非暴力手段就足以应付。只要经济利益不受影响,黑恶势力改变手段和形象,是规律性现象。到这一步,恶势力的阶段可能已经迈过,正走向黑社会(性质组织):明确的老大,稳定的队伍和组织结构,稳定的经济来源,丰厚的财力,暴力和非暴力手段兼用,控制着自己的地盘或行业,当地老百姓都知道这里有个某某人,在这片区域,没有某某人摆不平的事。

第三,"空巢村"为"问题村落"黑恶势力的生成和发展提供了额外机会。

在广大农村,包括"问题村落"在内,大量青壮年农民,特别是男性农民,外出打工,出现很多"空巢村"。留在村落的多是老人、儿童,还有一部分妇女。这为村里的混混、无赖变为黑恶人员,为村干部成为黑恶势力头目,创造或者增加了机会和条件。

农村"空巢"现象,青壮年大量外出,给留在村里的黑恶势力提供了三个方面的机会:一是能够镇住、抵抗黑恶势力的男壮劳力不在了。老、幼、妇成为黑恶势力容易侵害的对象,包括盗抢、霸占他们的财物,伤害或杀害他们,欺压凌辱妇女,拐骗儿童。二是他们容易带坏青少年。由于留守儿童的家庭不健全,家庭教育空缺,缺乏家庭亲情,未成年人难耐孤独,等等,都给了黑恶势力设法套近这些留守青少年的机会。黑恶人员只需要很小代价就可以俘获不谙世事的他们,使他们从小染上恶习,走上违法犯罪之路。三是在整体上,"空巢"现象使得黑恶势力很容易就成为村里的主宰或控制力量,不会遇到强大的对抗力量,使黑恶势力更加容易扩张、膨胀。这会加剧他们的嚣张和猖狂程度,带给村民更大危害。

"问题村落"与"空巢"现象叠加,再加上乡镇政府和乡镇派出所对问题村中的恶劣治安不闻不问,问题村落不仅产生黑恶势力的可能性大,而且这类黑恶势力的危害性更烈,因为,村子里面基本上没有任何可以稍微抗衡黑恶势力的有效力量。

第四,问题村落具有吸入外来黑恶势力和向外输出黑恶势力的可能和条件。

在我国农村,除了少数经济发达、财力雄厚的村庄,多数村子的经济实力还是很有限的。问题村落的经济基础、经济来源和经济实力,各有差异。郊区农村各种条件较好,经济状况会好些,真正的农村,尤其靠种植粮食作物为主要经济来源的村子,不会有多富裕。这和街区不一样。一个街区住着可能完全不同的人,他们来自不同单位,有不同的职业和工作,收入状况参差不齐。即使住在同一个小区,只要不是贫民聚居区,那里面就可能有富豪,也有靠低保度日的人。村子里,虽然各家各户贫富也有差距,但总的来说,不会太大

（除非某些家庭有特殊经济来源,比如村干部贪污,靠恶势力捞钱）。这种基本经济条件决定了村子里可以容纳的恶势力团伙数量,或者说黑恶人员的数量。

当村里黑恶势力成员还不饱和,黑恶头目还需要更多打手、帮凶的时候,包括一些非法经营场所缺看场子的,缺可靠保镖的,缺收账的,等等,问题村落就会吸引外来黑恶人员,进一步扩张黑恶势力。如果村里有黑恶人员慢慢打开眼界,跟外地黑恶势力建立了联系,已经看不起村里的这点儿利益,或者被村里"兄弟"排挤,或者决定自己单独去闯"事业",问题村子就开始输出黑恶势力了。现代交通和通信,以及各种不同的关系及机会,使农村和城市、本地和外地各种黑恶势力在保持自己地盘的前提下,既相互争夺拼杀,又相互联系以至合作。"道上"人员交流和交往也是常事,知名、重要的黑恶人员,也有"转会"、互挖墙脚的,还有"借用"的,也存在"人才竞争"。城市里黑道老大的许多马仔,就来自农村。他们有的是进城后才成为黑恶人员,有的在出村前就已经是黑恶人员,其中包括"问题村落"输出的人员。

总之,问题村落的黑恶势力不是抽象概念和头脑中的想象,他们是真实的存在。① 值得重视的是,"农村黑恶势力往往是由各个乡村'混混'连接起来

---

① 根据各地"扫黑除恶"实践的经验总结和有关规定,出现以下情况,应当认定为农村黑恶势力:干扰、破坏和操纵农村基层选举,把持和操纵基层政权,渗透、破坏、威胁农村政权和制度安全,非法占地,侵吞农村集体财产的村霸乡霸;在征地租地过程中恶意煽动村民闹事、组织策划群体性上访的人员;强占各类农贸市场,欺行霸市、强买强卖、敲诈勒索、聚众滋事,破坏经营秩序,侵害群众利益的各类"菜霸""行霸""市霸";在建筑工程、交通运输、仓储物流等领域强揽工程、强立债权、恶意竞标、强迫交易、非法垄断经营、收取"保护费"、破坏经济秩序的黑恶势力;私放高利贷,插手经济纠纷,充当地下执法队("讨债公司""地下出警队"),采取故意伤害、非法拘禁、威胁恐吓等手段暴力讨债,煽动、组织或者从事"职业医闹"等恶势力;在乡村、城郊、居民社区、娱乐场所,操纵、经营涉"黄、赌、毒、枪"的违法犯罪活动,严重败坏社会风气、危害社会治安的黑恶势力;对矿产资源进行私挖滥采,违法组织渔船越境捕捞,在滩涂养殖中划地为界、码头"扒皮"等滋生的矿霸、船霸、渔霸等流氓恶势力;由黑恶势力操控的黑导游,及其引发的强买强卖、寻衅滋事、敲诈勒索等违法犯罪活动;以高薪引诱招募船员实施欺骗、敲诈勒索、强迫劳动等违法犯罪活动;拉帮结派、横行乡里、寻衅滋事、打架斗殴、强拿硬要、称王称霸等破坏一方秩序的帮派势力;等等。

以下人员可以认定为"村霸":横行乡里,称霸一方,严重干扰破坏村民正常生产生活秩序的;无事生非、无理取闹、打架斗殴、聚众闹事,危害农民群众利益,群众不敢惹、乡村干部不敢管的;倚强凌弱、强拿强要、强买强卖,欺行霸市或坐地纳贡、结伙哄抢的;有组织、有纪律、有固定成员,

的利益团伙,其连接的纽带是地方'能人'"①,这些"能人"不少是村里的骨干、干部。这是让人十分忧虑不安的。

(三)"问题街区"生成黑恶势力的机制

犯罪地理学揭示了城市犯罪与城市地理环境的相互关系。城市中的区域划分、街区布局、功能定位、街道走向、建筑物的构造、房屋楼层数量、休闲场所、绿化带的设置等,常常与特定犯罪人群、犯罪类型、犯罪方式相关。问题街区常常是违法犯罪人群、犯罪案件集中的地方。历史上,问题街区主要分布在城市贫民区,大城市的老旧中心区,外来族群赶到一个城市后,临时选择的集中居住区,房屋可能是现成且陈旧的,也可能是临时连片建造的。它们的共同特点是住房条件差,基础设施差,医疗卫生等公共服务差,环境脏乱差,政府管理不到位,警察不大光临。问题街区既是黑恶势力控制的对象,又往往是黑恶势力活动的主要场地。不过,现在的问题街区和十几年、几十年、百年前不一样,它可能是老旧街区,也可能是新兴的繁华街区。只不过,从犯罪学和刑事法学的角度看,问题街区的违法犯罪现象普遍,不管街区破败还是繁华,不管是街面上的违法犯罪,还是隐蔽、高级的犯罪。随着时代变迁,街面上的违法犯罪逐步退让给以各种合法形式掩盖的地下、秘密违法犯罪,黑恶势力犯罪也更加不露声色了。

1.城市地理与犯罪及黑恶势力的关系

问题街区与犯罪的基本关系,是城市地理与犯罪的关系的一个方面或部分。学者们已经就城市地理环境和城市犯罪的关系作了很深入的研究,部门犯罪地理(研究犯罪类型与地理区域的关系)和区域犯罪地理(研究各层次、类型、范围大小的地理空间与犯罪的关系)各自都产生了许多成果,提出了很

进行违法犯罪活动,扰乱和危害农村社会治安秩序,严重影响农村社会稳定的;对乡村干部不满,寻衅滋事、无理取闹,或者依仗其家族、亲属势力,或利用其物质财富,操纵农村基层组织选举的;诬告陷害,利用热点难点、矛盾纠纷煽动群众,操纵闹事,破坏农村安定团结;受雇于人、充当打手,残害无辜的;等等。

① 吕德文:《清除黑恶势力生存的灰色空间》,《北京日报》2018年2月5日,第14版。

多观点,有些观点值得了解。比如:

李明在其论文中提到:

> 关于城市犯罪作案地点规律,西方学者认为:社会病态(犯罪行为的空间分布)深受居民态度和行为的影响。居民重视监视犯罪,积极举报,犯罪分子难以下手,犯罪能够受到遏制;犯罪明显因地而异,如行窃多发于市中心,夜盗偷车多发于高收入住宅区,抢劫、酗酒、谋杀、强奸多发生于低收入住宅区;犯罪率高低,同具体土地利用形式、建筑设计、住宅布局有关:盗窃、入室抢劫多发于住宅外围临街地点,高层住宅。政府可以改变住房政策,将罪犯从住宅区向外部移动,把有问题的空间分散掉,并改造有关街区。这些理论综合概括为:住宅区域自然环境面貌(如贫民窟的状况)对犯罪行为具有某种独立的影响;比起前者,住宅区的社会环境更为重要。
>
> ……
>
> “强占定居区”犯罪率高。在国外,“强占定居”是指一部分人流入城市后,呈相对不稳定状态,沉积于城市弱控地带长期谋生、居住而形成的住宅区。中国城市中的“强占定居区”主要是大量民工入城市后,租借城乡结合部民房、城中村房屋或棚户区房屋,或在城市空地上搭建简易民房。这些地方的居住者,有找不到住房的城市职工,更多的是“黑户口”,从事流动工商业的人员,其中也有流窜作案逃避刑侦的犯罪分子、暗娼、乞丐等。这些区域住房拥挤,光线阴暗,男女混杂,摩擦纠纷不断,犯罪多发高发。
>
> 高犯罪率住宅区的犯罪行为具有社会遗传性。犯罪率高的地区可能形成完全不同于其他住宅区的社会心理结构,如:对犯罪的羞耻感低,同犯罪分子接触概率大,因而接受其行为模式概率也大。[①]

李瑞生根据其他学者的研究指出,传统城市中,犯罪趋向于聚集在城市中

[①] 李明:《城市居住环境与犯罪》,《住宅科技》1992年第2期。笔者对所引内容进行了部分文字改动。

心,这尤其适用于公开的暴力犯罪、公开故意破坏财物罪、盗窃汽车以及从汽车盗窃,冒充顾客在商店盗窃或从个人处盗窃。然而,这种模式并非永恒不变,一些城市在边缘地区发展起大规模的购物或娱乐建筑群,传统的犯罪地理理论需要进行相应改动。新建筑群的发展会降低市中心犯罪发生率。[①] 毛媛媛、丁家骏在论文中指出:影响居住区犯罪的显著环境因素,除居住区规模外,居住区的物业管理质量、居住区的主路形式以及居住区的绿地功能形式也对居住区犯罪有着显著影响。[②] 此外,毛媛媛、戴慎志以上海市为例,研究了犯罪空间分布与环境特征,[③]程连生、马丽专门进行了北京城市犯罪地理分析。[④]

　　王发曾是长期研究城市犯罪地理的学者。他全面讨论了城市各种治安监控盲区,指出:城市空间某些区位产生了治安监控"盲区",为犯罪人提供了可乘之机,使犯罪成为严重的城市社会问题。任何不易察觉到的立体或片状空间均可称为空间盲区,犯罪问题中的空间盲区是指那些不易被公共防控系统或个体防控行为所察觉的,"有利于"犯罪发生而可能成为犯罪场所的空间。受不良区位因素的影响,空间盲区往往有着明显或潜在的防控缺陷,致使防控体系的各种力量难以发挥作用,从而形成给犯罪主体与受体的碰撞提供场所的空间载体。整个城市犯罪问题、局部的犯罪高发区(点)以及犯罪的个案等都与各种类型的空间盲区有着十分深刻的直接或间接关系。城市犯罪的空间盲区分为五大类,即公共空间盲区、非公共空间盲区、边际空间盲区、移动空间盲区和虚拟空间盲区(其实,还有人为设置、制造的空间盲区,以包庇、纵容、保护、支持犯罪——笔者注)。[⑤]

　　孙峰华、李世泰、黄丽萍等人则详细讨论了犯罪的多方面变化规律,包括

　　① 参见李瑞生:《空间、失序与犯罪——西方环境犯罪学研究综述》,《新疆财经大学学报》2011年第3期。笔者对所引内容进行了部分文字改动。

　　② 参见毛媛媛、丁家骏:《居住区环境与犯罪行为关系研究——以上海市浦东新区居住区为例》,《城市发展研究》2014年第4期。

　　③ 参见毛媛媛、戴慎志:《犯罪空间分布与环境特征——以上海市为例》,《城市规划学刊》2006年第3期。

　　④ 参见程连生、马丽:《北京城市犯罪地理分析》,《人文地理》1997年第2期。

　　⑤ 参见王发曾:《城市犯罪的空间防控》,《河南大学学报(自然科学版)》2012年第5期。

犯罪的昼夜更替规律、季节变化规律、纬度地带性规律、城市环境犯罪规律、农村环境犯罪规律,以及民居环境犯罪规律。他们发现:城市犯罪率最高;而城市中,城市中心犯罪率最高,其次是城市社会结构处于不稳定的过渡区域,再次是靠近城市边缘的购物和工商业地区。城市犯罪还具有以下统计规律:其一,商业区、娱乐区是财产性、淫乐性、暴力性犯罪的高发区;其二,经济开发区、高新技术开发区、金融区以及各种交易性场所多经济犯罪行为;其三,车站、码头、旅馆饭店以及公共交通线路,以流窜作案为主,主要是盗窃、诈骗、拐卖人口、抢劫犯罪;其四,城市风景区,外来人口聚集,治安管理相对薄弱,是伤害、抢劫、强奸等犯罪的高发区;最后,位于城乡结合部的市镇具有城市社区和农村社区犯罪的双重特点。①

　　总的来说,城市犯罪地理知识告诉我们,犯罪各要素与城市各要素之间存在多重相关性:犯罪人及犯罪受害人(各自的年龄、性别、族群、文化、阶层和相互关系等)、犯罪类型、犯罪手段、犯罪地点、犯罪时间(包括季节性时间、周期性时间和单日的时段)、犯罪心理或动机的发生、犯罪机会的取舍,以及侵害程度(犯罪后果)等,与城市的整体地貌(平原城市、丘陵城市、大江大河海滨城市、山城)、空间大小、区域划分(自然分区如武汉三镇、人为划出的行政区域)、功能分区、街区布局、街道规划、道路走向和结构、公共区域与居住、生产、商业区、休闲区、绿化带等的关系,城市人口的分层及区域分布,城市财富(或贫富)的区域分布,城市各部分的治安监视系统及布局,城市交通结构、城市专门治安保护系统(如警察、治安联防)及分布,社区或小区的大小、房屋数量、房屋朝向、楼层数量、电梯、楼梯布局和结构、道路分布、宽窄度、绿化与道路、楼房的关系、路灯安装及照明效果、区内居

---

　　① 参见孙峰华、李世泰、黄丽萍:《中外犯罪地理规律实证研究》,《人文地理》2006年第5期。他们还指出,农村社会环境结构较为简单,犯罪率要比城市低得多。农村所处的地理位置不同,形成了城市外围农村环境、边远农村环境、沿海农村环境、内地农村环境、集镇环境等不同的农村聚落环境类型。不同的农村聚落环境具有不同的犯罪规律:其一,城市外围农村犯罪具有城乡犯罪的二重性。其二,边远、内地农村,传统犯罪较为常见。有三个特点:盗窃、抢劫犯罪率最高;车匪路霸抢劫敲诈犯罪行为严重,犯罪人多为本地农民;拐卖人口、强奸犯罪行为突出。其三,沿海农村制假造假方面的经济犯罪突出。最后,集镇犯罪率比一般农村高得多。

民数量、构成、流动性情况、物管、保安系统的布置及力量构成、监控、报警系统的有效性,安全监控盲区的分布,等等,都相互交错联系。不同的犯罪人、犯罪类型、犯罪手段、犯罪地点及犯罪时间等,总与城市中的某些要素呈正相关或者负相关关系,如盗窃犯罪与居民住宿区、财务办公区关联度高,诈骗、抢夺、盗窃、拐骗犯罪总与车站、码头等区域关联度高,居住小区家家户户有人在屋内的时候,一定很少有盗贼光顾,大型广场人流如织的时候,扒窃偷盗容易发生,但一定不大可能发生强奸案(猥亵则有可能)、抢劫案。

城市犯罪地理知识还告诉我们:问题街区与"违法犯罪人群"关联度高;破败的问题街区与传统低端犯罪具有正相关关系,繁华的问题街区与新型高端犯罪具有正相关关系,不排除在破败街区也有新型高端犯罪,在繁华街区也有传统低端犯罪。

但是我们发现,现有城市犯罪地理理论没有专门注意两个特殊现象。

第一,黑恶势力犯罪与城市犯罪地理的关系,似乎打破了城市犯罪地理学的许多既有观念。一方面,由于黑恶势力本身的构成复杂,犯罪类型、形态复杂,从传统低端犯罪到新型高端犯罪都在他们的犯罪范围内,尤其黑恶势力犯罪以合法行业、合法公司、企业、合法经营的方式做掩护,因而出现了黑恶势力及其犯罪分布的普遍性,即城市的每个角落都可以是黑恶势力存在及犯罪之地。另一方面,由于黑恶势力追逐经济利益的本质和最高目标,又使得黑恶势力人员、团伙、组织及其犯罪活动的分布,有向繁华街区、富人集中街区和工商(贸易)、金融、服务业集中的街区相对汇聚的倾向。比如,某市三年打黑,办理的重点和一级黑恶犯罪案件,特别是重点案件,基本上集中在一个狭小的金融等商务中心区,以及周围辐射几公里到几十公里的范围内,并且有些是全国著名的繁华街区或历史街区。

第二,城市中黑恶势力的生成与城市地理的关系,主要是黑恶势力为何以及如何在"问题街区"生成的问题。哪些街区容易成为问题街区,问题街区为何成为黑恶势力主要出生地,怎样滋生出黑恶势力,既有的城市犯罪地理理论基本没有涉及。很可能,在公安机关的(城市)犯罪地图①中,有关于恶势力团伙存在及其主要犯罪地点、恶势力头目、主要成员居住、工作、主要犯罪的地点,黑社会(性质组织)的组织所在地,组织、领导黑社会的"老大"、积极参与者的住所、主要活动所在地、主要犯罪地点,以及黑恶势力主要活动地点、主要犯罪地点的变化轨迹。公安部应当有全国性黑恶势力形成、主要活动地、主要犯罪地的犯罪地图,各省市区应当有本省市区的相应犯罪地图。即使目前还没有这方面的整体、系统的黑恶势力(城市)犯罪地图,公安机关也有这方面的详细资料,能够绘制出这类地图。现在,我们的想法是,在没有看到这方面的公开的专门地图,也没有看到这方面的学术研究成果的情况下,根据现有的案例数据,初步讨论城市黑恶势力的生成、犯罪和城市地理环境的关系。

2. 黑恶势力对问题街区的"依存"

常言道,"子弹是不长眼睛的",但掌握枪支和子弹的人都长着眼睛。街区,包括问题街区,作为自然和人文地理环境,它也不长眼睛,但犯罪人、被害人都长着眼睛。因此,犯罪总是"长眼睛"并且"带着脑子"的行动。问题街区和城市其他地方相比,更与犯罪有着割不断的联系,似乎那些街区就长着特殊的"犯罪之眼",或者说,总有无数的"犯罪之眼"注视着"问题街区",虽然那些眼睛也老瞧着别的地方。把问题街区盯得紧紧的"犯罪之眼",有普通罪犯的眼睛,更有黑恶势力的眼睛。在世界各地,很少有不被黑恶势力控制的问题

① 犯罪地图是犯罪地理信息的图形表达,是依据一定数学法则,运用制图技术绘制的犯罪空间分布、组合、数量、密度、联系及时间演化状态的可视化图形。犯罪地图是应用犯罪制图技术的产物。犯罪制图是指利用地理信息系统(Geographic Information System, GIS)对违法犯罪问题和相关警务问题进行空间分析的过程。在 GIS 软件支持下,犯罪地图的种类繁多、形式多样。按表现形式,犯罪地图可分为犯罪散点图和犯罪密度色温图(分级地图)。散点图是将犯罪地点直接标入的犯罪地图。散点图简单、直观,制图分析师使用不同符号标示杀人、非法侵入、抢劫、扒窃、车辆盗窃、入室盗窃、入室抢劫、性犯罪、交通事故、火灾事故等地点信息。散点图的局限是当地点较多时犯罪空间特征难以观察和解读,确定犯罪热点的规模、大小和形状较为困难。为体察犯罪热点,通过设定犯罪密度的不同阈值(分级),借助 GIS 的核密度估值,可形成犯罪密度色温图。图上颜色越浅,犯罪量越少;颜色越深,犯罪量越多。为精准探测犯罪热点,犯罪密度地图需从宏观、中观转向微观地理单位。犯罪地图可分为城区、社区、网格、路段色温专题地图。目前,路段和网格是色温专题地图的常见地理单位。参见单勇:《犯罪地图的公开》,《国家检察官学院学报》2016 年第 3 期。

街区,其至连没有做好充分准备的警察,更不用说那些普通罪犯,都不敢轻易闯入早已为黑恶势力所控制的街区,尤其是问题街区。

根据经验和事实,问题街区和黑恶势力及其犯罪的基本关系,可以大致概括为犯罪人"依存"问题街区和问题街区"支持"犯罪人的关系。城市的其他街区与犯罪之间就没有"依存"和"支持"的关系问题,而只有一般的"联系",包括某种"规律性联系",但说不上"依存"和"支持"。① 例如,民居环境与犯罪之间存在如下规律性联系:平房民居中,独院平房犯罪率最高,排院平房和门脸房次之,杂院平房最低;②高层住宅大楼入口处、电梯间和走廊,是罪犯最易选择的犯罪场所;高层住宅大楼的犯罪率明显高于低层住宅,而且犯罪率几乎是按比例随楼层的高度增加而上升,等等。尽管犯罪与民居环境之间有这种"规律性联系",但完全不意味着罪犯一定要"依存"于某个民居环境,更不会"依存"于某幢楼,而只意味着犯罪与民居之间存在这样的"统计意义上的概率"。某个平房、某幢楼层,是否会遭罪犯光顾,在犯罪发生前,都是未知数。何况,某平房或楼房中的哪一户被盗,还跟其他太多因素相关。比如,某住户的人是否有炫耀钱财的倾向,是否偶然被罪犯发现有钱财可盗,是否被"吊眼线儿(跟踪)"、踩点,是否被摸清出行规律,等等,都会影响犯罪的发生。

但是,问题街区与犯罪和罪犯之间的关系,包括问题街区和黑恶势力及其犯罪之间的关系,远超一般的"联系",更不只是统计上的"概率性联系",不只是联系的"概率"大小,而主要是"依存"与"支持"的关系,即具有自然的、必

---

① "依存"是指某人或某物依靠于另外的人或物而生存。它意味着两个以上的事物同时存在,且彼此依附而存在,或者一方依附另一方而存在。这不是一般的偶然或规律性的"联系"(都有概率问题)。"支持"即支撑、撑住、维持、支援、供应,与"依存"不可分,不论是单方面支持还是双向支持。"联系"是任何事物之间都存在的,依存和支持存在于特定人或事物之间。

② "顶层犯罪率相对较低"这个说法,与其他学者认为顶楼犯罪率高的观点,表面不一致,实际未必冲突。楼房情况千差万别,低层楼房、中低层楼房、中高层楼房、高层楼房,以及超高层楼房,楼房的内部结构、楼梯和电梯的分布,楼内安全监控情况,安保人员分布情况,楼房所在的城市区位和社区或小区环境,楼内的居住或驻留人群结构,入楼安检措施(之有无),等等,都影响楼内各楼层犯罪发生概率。一幢三四层高的楼房顶楼与一幢四十层高、六七十层高的楼房顶楼,不可同日而语。

然的和实质性的社会生成和生存逻辑,是一种割不断的联系。换个角度说,问题街区与犯罪和罪犯不存在"依存"与"支持"关系才是个"概率"问题,才需要考虑这种情况出现的"概率"。

黑恶势力"依存"于问题街区。他不依存于甲问题街区,就一定要依存于乙或丙等某个问题街区。不依存于任何问题街区的黑恶势力是难以存在的。问题街区因而也对黑恶势力有了"支持",而且,黑恶势力会反过来"支持"问题街区(的持续存在)。但问题街区并不必定依存于黑恶势力,没有黑恶势力的问题街区是有的,没有黑恶势力的问题街区有可能容易成为正常的街区。

黑恶势力对问题街区的依存,街区对黑恶势力的支持,可以从以下方面得到说明。

第一,许多黑恶人员来自问题街区,他们在那里出生、成长,或者在某个年龄的时候进入问题街区,在那里生活。他们从小混混变成恶徒、恶人头目,成为黑帮人物,甚至老大,就算他们后来发财了,有的人搬出了问题街区,也有人依然在他们熟悉的街区生活。问题街区是黑恶势力产生和生长的最重要的原生土壤。

第二,问题街区不一定是当地黑恶势力侵害的对象,但一定是他们的犯罪成果经常安全存放、中转或出手的地方,也是他们大量开展非法业务、实施犯罪活动的地方。问题街区成为他们的栖息之所和犯罪基地,是他们谋划、讨论"业务"的主要场地。

第三,陈旧、破败的问题街区,糟糕的自然和经济、文化等状况,特殊的人群构成,使得"正常的"民众(守法公民)不愿意、不大可能来到问题街区生活、工作,也不大可能把它作为"旅游"目的地。所以,通常的民众对犯罪的社会性"监视"在问题街区是不存在的。问题街区内的居民,对黑恶势力司空见惯,习以为常,他们不会"监视""举报"黑恶人员。更重要的是,这些街区的居民,有的就是黑恶人员,或者是黑恶人员的家属、亲友、邻居、从小到大的玩伴、同事,或者受到黑恶人员的"保护",甚至从黑恶人员的犯罪中得到过好处。他们不愿意"出卖"或"伤害"街区内的黑恶人员,也不敢打黑恶人员的坏主意(黑恶人员的消息异常灵通,他们本身的警觉性很高)。所以,问题街区成为一种封闭或半封闭的地理、人群和文化单元,它给黑恶人员以充分、可靠的保护。

第四,繁华、兴旺的问题街区虽然在自然和人文地理方面完全是另一番景象,而且都是开放性街区,但这并不严重影响"问题街区"的实质,即它作为黑恶势力的栖身、正常工作和违法犯罪的理想之所。繁华的问题街区毕竟也是问题街区,它暗中的不能见光的一面,恰好被街面上炫目的繁华、兴旺和光彩给掩饰得一丝不漏。富丽堂皇的大厦伴有深埋地下的楼层、场所,楚楚衣冠下面隐藏着罪恶的心脏,和善的眼神和微笑的面庞后面是看不见的阴险和狡讦。在滚滚人流中,黑恶人员就是普通人、平常人和正常人。繁华的问题街区甚至比老式、破旧的问题街区还可靠。它没有给黑恶人员贴上标签或记号,人们对这样的街区也没有关于黑恶势力的"标签性"认识和记忆。在这样的街区,人们对违法犯罪的警惕性,对黑恶人员的识别和社会性监控,处于闭锁状态。

第五,警方对问题街区不愿意管。多一事不如少一事,没准还有潜规则带给他们的利益。他们不能也不会轻易打破这种社会生态的平衡关系。跟黑恶势力有利益牵连的警察、政府人员、工会领导和成员,都知道"问题街区"的问题所在,但警察不会轻易去调查某个黑社会组织和他的头目,不会动辄去查封某个可疑场所和查扣可疑的物品。因为你可能不知道他们背后是哪个警察、政府官员或议会议员(人大代表、政协委员)在做后台。在警务活动的历史上,曾经出现过不谙世事的警察"坚决"对黑社会执法,而导致了警察之间、警察与其他一些官员(政要)、议员(代表)或者社会名流等之间的明争暗斗。总之,"问题街区"简直成为一种"行内人"的"公共标志",所有黑恶人员、懂得行情的警察、官员和社会相关界别的重要人物,都不会轻易到那些街区去"严格执法",因为你不知道什么时候就可能"大水冲了龙王庙"。而在其他"正常街区",相对而言,情况就没有这么复杂,执法者大体上可以按照"该怎么执法就怎么执法",除非也碰上了有问题且有"后台"的单位、人员。所以,"问题街区",不管它是否声名在外,只要"有关人员"明白,它本身就是一个显赫的招牌,通常对黑恶人员具有保护性价值,虽然偶然也给黑恶势力招风。

第六，城市里面，相当数量的新生黑恶力量要从问题街区生长、培养出来，就像农村黑恶势力主要从问题村落中生养而成。实际上，问题村落、问题街区和问题场所，"培养"了大多数黑恶人员。一代代黑恶势力"香火不断"，问题街区的"功劳"最大，问题村落的"贡献"较小，而问题场所虽然也培养黑恶人员，但那些地方主要是使用差不多已经出道的黑恶人物，或者说是进一步锻炼、培养黑恶人员的地方。所以，我们要充分认识到，城镇的问题街区和问题场所具有某种不可分性、一体性；城市黑恶势力的后继人，除农村问题村落"培养"了一部分，主要就是"问题街区+问题场所"在滋生、训养；正常的村落、街区和场所，也有个别黑恶人员生长出来，但那是偶然现象。真正"必然"产生黑恶人员的地方，大多是一些问题区域，特别是城市里的问题街区（和问题场所）。许多黑恶人员要"寻根"的话，应当到他们最初"染黑""变黑"的街区去，并找一找最早带他们的恶势力头目或黑道师傅。

第七，无论国内还是国外，所谓黑道江湖、游民的江湖，其实主要是各地的问题区域。那些问题区域才是"江湖"的自然空间范围；汇聚在问题区域的各色人等，才是江湖的支撑性人群。问题区域是那些人出生、成长、生活或栖息、落脚、躲藏的地方，江湖文化也主要产生、形成于那些区域。数十年或百年前，农村、江河湖海、城镇都是"江湖"所在，城镇少而小，能容纳的人口不多，能够聚集的"江湖人士"有限，所以，城镇并不是"江湖"的主要空间。现在，随着城市在地理空间上的扩张，人口容量增大，城市、城镇数量增加，城市的问题街区和场所成为"江湖"的主要地盘。城市江湖聚集了大多数黑恶人员和一般"游民"（混混、无业、闲散人员等），问题村落的重要性明显下降。所以，只要不限于一时一地某一黑恶势力团伙或组织，从黑恶势力的整体看，他们对问题街区的依存度，问题街区对黑恶势力的支持度，就更加清楚：问题街区（和问题场所、问题村落）为黑恶人员提供了地理空间意义上的江湖，而黑恶人员和其他"游民"、违法犯罪人员，构成了江湖的人文环境，形成人文意义上的江湖。问题街区（和城市问题场所）是现代社会中的"江湖"的主要部分。

黑恶人员依存于问题街区，问题街区支持着黑恶人员，这蕴含了问题街区产生黑恶势力的机制和机理，但问题街区产生、滋养黑恶势力的机制仍需专门讨论。

3.问题街区生成黑恶势力的主要机制

问题街区和问题村落滋生黑恶势力的机制,有些是相同或类似的,我们不再重复讨论。比如,黑恶人员的"种子""苗子"形成、长成的机制,问题村落的失序和"自生秩序"的形成,为黑恶势力生成提供了进入村落社会的机会。当然,在我国城市,国家管理城市的资源和力量充足,更不存在国家权力不敌于社会边缘人群、黑恶势力的问题。所以,问题街区不存在表面上难以维系法定秩序的情况,没有明显的街区失序、无序,没有明显的"自生秩序"。但是,不管国内还是国外,问题街区的确有某种病态"亚社会"及"亚社会秩序",由倾向于违法犯罪的亚社会人群(群体)所主导,[1]犯罪亚文化是它的精神内核。因此,问题街区始终存在有利于黑恶势力生成和生长的机制性因素,并且,老旧破败的问题街区和新型繁华的问题街区,其产生黑恶势力的机制有明显差别。

第一,破落老旧的问题街区生成黑恶势力的机制。

其一,基础环境和角色几乎天然具备。破旧的问题街区几乎从来就是肮脏环境、贫穷、缺少文化、下等人、边缘人群[2]、妓女、罪犯和贫民区等的代名

---

[1]　亚社会人群是在整个社会中有大致相同、相近的出身背景、教育、文化、经济等状况,有共同生活方式、思想观念、行为习惯的人群,是相互认同彼此的价值观,能够采取共同行动,社会距离近的次级别人群或团体。亚社会人群多种多样,如按社会地位分,有"上层社会人群""下层社会人群";按职业分,有"工人""商人"等人群;按照是否遵纪守法,可分为"良民"与违法犯罪者等人群。某种亚社会群体会建立起属于他们自己的小社会、次级社会,即为亚社会。亚社会群体共同建立和维护的次级社会的秩序,就是亚社会秩序,一般不同于由国家建立和维护的社会秩序,但不一定都和整体的社会秩序冲突。

[2]　至今,"边缘人群"的概念和所指的人群对象及范围都不清楚,但可以肯定的是,"边缘人群"都是贫穷之人,大多数文化程度低,没有社会及政治地位,处于社会边缘,没有进入社会主流或主流社会。有些人把妓女、罪犯等纳入"边缘人群",但我们不这样认为。阿拉坦宝力格、贾爽在梳理、分析多年来的相关文献后认为:"边缘人群"是在社会发展中存在的,无法真正融入主流社会而处于相对边缘状态的人群,边缘状态表现为经济基础薄弱、自身文化被排斥、政治参与不全和社会地位低下。"真正融入主流社会"是指在社会生活的各个方面都能与主流社群相融合,而不只是在地理位置上处于主流人群聚居的地方。例如那些因城市建设而被迫迁居的郊区农民,用土地换来了城里的楼房,表面上住进了城里,成了所谓的"城里人",但是由于生活方式、文化观念等不同,仍不能适应城市生活,被城里人排斥,最后不得不感叹:"唉,还是乡下好。"所以说,这些农民在文化认同上已经被边缘化。参见阿拉坦宝力格、贾爽:《论"边缘人群"》,《财经理论研究》2015 年第 6 期。

词,无人关心和顾及;那里的人找不到像样的工作,走不出那个街区,并且具有代际传递属性。混混、无业人员、职业小偷是这种街区所盛产的。这个环境是传染犯罪、学习犯罪的环境,几乎不缺师傅和徒弟,这两种角色的人都会在街区源源不断地生产出来。

其二,青少年与街区黑恶势力的自然接近。黑恶势力早就在这些区域扎根,控制着这些街区,他们的人员分布在街区各个地方(而不是角落)。黑恶人员可能也有一份公开的工作,但他们主要的活动和经济来源,是暗中或半公开进行的犯罪,有时候甚至公开进行犯罪活动。他们长期近距离熏染街区内的年轻人,召集一些跟他们走得近的少年、青年,开始时让这些青少年帮帮忙,做点还算正经的事情,给点让这些小青年高兴的报酬,也会让这些年轻人做些带有轻微违法性质的事,或者跟着他们见见场面。

其三,把"可靠的"年轻人纳入"圈子",成为(家族、团伙或组织)非正式成员。如果这些青少年被黑恶人员看上,并且愿意一直跟着他们,这些年轻人就会逐步"上道",越来越多地见识在正常工作、业务之外黑恶人员的违法犯罪行为,越来越多地参加违法犯罪行为。"很自然地",直到有一天,这些年轻人跟着他们的老板、师傅或者伙计,干出抢劫、杀人的"天大事情",而且并不害怕,也不后悔。只不过,为了逃避警方打击,他们不得不继续并更深地依赖他们的老板、师傅、伙计的"保护"。的确,这些年轻人根本不会知道这些老板、师傅,或者平时看到的"同事"是黑恶人员,从一开始就把他们看作正常、合法、可靠、值得信赖、应当感激的老板、师傅和同事、朋友。直到有一天,这些年轻人自己"忽然"明白了什么,特别是在作出重大犯罪行为后。但到那时,一切都晚了,自己不仅知道了太多不该知道的东西,也参与了不该参与的事情。到这地步,很少有哪个青少年会后悔,相反,会心甘情愿地这么"混下去";而且,没有后悔余地,因为只要稍微表露了悔意,"黑道"规矩就不会让他愉快、安全地活下去,会被"执法",除非他以黑道认可的方式(如去杀人、自伤自残等)坚定地回到"圈子"。

其四,把经过严格、"正规"考验并顺利通过的人员,正式纳入"圈子(家族等)"。当初那些接近街区某个老板的年轻人,特别是那些混混,不爱读书,成天打打闹闹,还有些小聪明、手脚够利索灵活的混混,总是很容易被店老板、师傅看上。从开始帮忙跑跑腿,送送货,收收钱,打打杂,到有时候老板、师傅有事,帮着看看店面,招待一下顾客,打理一下买卖。几个初一十五下来,小伙子的脑瓜子、身手、人品等方面都被师傅、老板考察得一清二楚,再到被精心安排去违法犯罪,作案(案情和违法性)由浅入深、由轻到重、(作案环境)由比较安全、顺利到充满危险、艰难,训练、考核他们犯罪的知识、技术和心理。而且,这些过程都是自然而然的,是在帮老板、师傅"打工"、做学徒的过程中交织、有机结合着进行的。当成为"圈子"外围人员后,成功接受了后续的考验,并且符合"圈子"的条件、具备正式加入的资格后,就会被很正式地接纳为成员(会员、家族成员等)。不过,黑手党的正式成员须有"家族血统",否则只能作为外围成员。

一个黑恶人员的"培养"和产生,一个黑恶势力的形成,不是简单事情,而是某种有步骤、按程序的"系统工程"。①

其五,问题街区即使没有现成的黑恶势力,街区内生黑恶势力或外来黑恶势力植入街区,都是很容易的事情。外来黑恶势力植入某街区不必讨论。街区内生黑恶势力的机制也很简单。问题街区和问题村落不同。问题村落里面即使有混混,也不容易生成黑恶势力,因为无论中国还是外国,农村人际关系相对简单,农村人群结构也比较单一,相互熟悉和彼此关照的程度很高,如果

---

① 三合会发展其成员、组织的模式就很能说明这点。香港立法局在 1986 年 4 月 16 日提出《关于改变法律及司法行政以对付三合会问题的可行方略讨论文件》(A Discussion Document on Options for Changes in the Law and in the Administration of the Law to Counter the Triad Problem),此文件提出一个三合会典型的"渐进发展模式",即从最初的青少年犯罪团伙发展为有组织犯罪的九个演变历程。这九个历程是:1.经过招募而加入一个有反社会行为及有少年罪犯为成员的年轻人团伙;2.同意追随青少年团伙内有三合会背景的领导人;3.正式加入三合会组织及由三合会职员操控的街头匪帮;4.为三合会参加集体打斗、讲数活动(江湖黑话——引者注)及有组织的犯罪;5.同时开始发展个人的小规模犯罪活动,例如街头分销毒品、收取"保护费"及代人收取贷款(收数)等;6.组织和成立自己的匪帮,并且更广泛地参与有组织的犯罪活动;7.晋升为三合会职员,并且参与卖淫、赌博、毒品分销、高利贷及垄断式的犯罪活动;8.成立一些合法业务以掩饰和隐藏参与的有组织犯罪,并且把部分犯罪得益投资在多种业务,使非法收入合法化;9.获取巨额利润及逃税,并且致力于使自己以受人敬重的社会形象出现。参见何秉松:《中国有组织犯罪研究(第二卷)·台港澳黑社会犯罪研究》,群众出版社 2009 年版,第 351、352 页。

不是村落整体性变坏,完全正不压邪,农村的混混不容易搞出阵势;倘若村落里面的守法民众居多,更足以对付那些混混(尤其是传统农村,青壮年男人多,只要有人号召或组织,哪怕临时吼一声,就可以把混混收拾服帖)。但城市问题街区不一样,这类街区的混混人多势众,而且往往带着违法犯罪工具;居民之间的熟悉程度,相互自保的意识,能否对付成群结伙的混混、恶人,一直是个问题。事实上明哲保身,赶紧自顾自,闭门躲匪,是大多数街区居民的习惯性行为。街区混混、恶人常常有头目,没有现成头目也会很快产生,他会带着一帮人集体行动。等到街上风平浪静,一般是一场打家劫舍已经结束,或者一场杀人行动已经终结,或者是街区内不同混混群体火拼完毕、胜负已定,或者是外来的匪霸云卷而过。于是,慢慢有人开半扇门,探个头出来,窥视一下动静,发现安全了,家家户户才纷纷打开大门,男女老少走到街上。在这种贫穷又相对愚昧的街区,混混、恶人当道极为容易。何况街区一般不缺老道的犯罪人,他们之中随便哪个,都可以集结一帮人,组成团伙,或者建立黑帮。街区的居民,如果不想自找麻烦,甚至找死,那么他们就会默认这些违法犯罪势力,默认黑恶势力,接受他们的控制和"保护"。

第二,繁华的问题街区生成黑恶势力的机制、机理。

在黑恶势力生成机制和机理方面,繁华问题街区与老旧问题街区有所不同。其特殊之处在于以下几个方面。

其一,繁华街区提供的生活环境,获取经济利益的机会和方式,在街区生活、工作或经营的人员、单位,都不是老旧街区可比的。这有利于黑恶势力形成。繁华型问题街区有几个鲜明特点:人群构成更复杂,人员流动性更强,这为黑恶势力人员提供了极好的身份掩护;财富更多也更集中,这为黑恶人员提供了通过暴力或非暴力敛财的更多机会。正因为是繁华且有问题的街区,所以各种非法行业、非法经营者也集中,保护这些行业、场所的"人员需求"就多,各种混混、恶人也会暗中云集。繁华街区混混、恶人的外显形象,除了"不识时务"、不能"入乡随俗"的傻子之外,他们也会把自己装扮得跟在街上来往的人毫无差别,或者还有些绅士模样,不会随时都是清一色板寸头、黑衣黑裤白手套,或者一身的肮脏邋遢、粗鲁野蛮相。繁华街区是政府最在意的地方,一般来说,街区管理、治安保护很到位,但这些地方的官员腐败的可能性也大,反而能够提供更方便、更安全的藏身之所——它有"灯下黑"的效果。这样一来,只要混混、恶头们不伤人害命,反而受到正常执法和腐败官员的双重保护,除非很高的"上头"决心把这样的街区掘地三尺,把混混、恶人、黑社会和大小"保护伞"都连根拔起(但这也保不定若干年后旧态重现),等等。总之,这样的问题街区,有看不见的贫穷与富裕,有辨认不出的没多少文化的人和可以感觉得到的文人雅士,有一切在面上看起来合法、正当和正常的行当、营生,以及一切在底下看不见的非法、龌龊的勾当。

其二,这样的街区,在没有本地黑恶势力的时候,外面的黑恶势力会立即进驻、扎根,迅速控制地盘,即使外面的黑恶势力还没进入,本地的混混、恶头也会立即搞出恶势力或黑社会(性质组织)来,因为,这样的区域生成黑恶势力太方便:本地往往有混混、恶人或黑恶老大;如果真的没有,只需转眼之间,外面的混混、恶人和"老大"就闯进来了,而且是一伙一帮地来。何况,问题街区不是一日就形成的,一个繁华且问题重重的街区,必定已经混乱多时。所以,不管是外来的还是本街区生长的,混混、恶头、老大是不会缺的。

混混、恶头们不会长期一盘散沙,因为那对他们划不来。没有集体行动就没有最强力量和最大利益,也抵挡不过执法力量的打击,[1]更不能对抗其他团伙或"组织"的争夺攻势。况且,在成堆的混混、恶人中,不缺有犯罪经验和眼光的人,也不缺能够让其他混混、恶头服从的人,谁有"最辉煌的犯罪记录",谁有最好的犯罪头脑,谁最有犯罪技术和手段,谁能够在分合聚散的混混、恶头会议上震撼其他人物,谁就会很快搞起团伙或建立组织。

实际上,有人在这样的街区开了"黑店",有人开了赌场、妓院、"溜冰场",有人在这地盘上放高利贷,有人把持住了本街区的"保护业务",垄断性地收取"保护费",等等,就说明这个街区的黑恶势力早就出生、成长起来,"保护伞"也早就撑开了。这个意义上,连讨论黑恶势力的生成及其机制,都显得

---

[1] 没有团伙、组织,再强大的个体也长不大。个体往往没有足够钱财打通"关节",即使有钱财,也可能无法与执法者或官员套近乎,有钱也买不到权力。要使这些都不成问题,就要有组织、团伙作靠山,出了事有"老大""军师"和公关人员等出面处理,很多事情就方便了。

多余。

但是,在繁华的问题街区,混混、恶头和"老大"们都有一套"化装术"。他们要适应各种不同层面和场合、不同人物和事情,不能像老街区的混混和老大,黑恶人物形象僵化而固定。巨大的利益促使他们结成团伙和"组织",强占地盘,并且不再只是简单偷抢现成财物,不能再只会使用刀枪拳头,而要学会许多专业知识,包括现代计算机及网络犯罪、电信诈骗、反技术侦查等犯罪技术。谁在这片江湖上有实力和名声,谁就会很快聚集起自己的人马,成为头儿,结成一股势力。这片街区与老旧问题街区不同,是执法力量频繁光顾的地方。因此,为了保证黑恶势力"平安",一开始就要"买下执法权",把"黑猫"变成"黑鼠",而不是仅会利用执法的空白;要尽快把自己塑造为守法绅士,受人敬重,让人们看不出他的任何不光彩的痕迹。他们即使要办一些"旧套路事情"(抢劫、杀人之类),也要深藏于遥远的背后(就像黑手党的教父们所采取的策略那样,不能有也不允许有任何犯罪证据指向教父)。这是繁华问题街区恶势力或黑社会人物的特殊生成机制和机理。

(四)"问题场所"生成黑恶势力的机制

城市里面的问题场所各街区都有。大多数问题场所集中在问题街区,特别是"有名气"和影响力的"问题场所",更是集中在问题街区。现代城市中,繁华问题街区,包括老城区和新城区中的繁华问题街区,是问题场所最集中的区域。很多城市,一些老城区仍然是政治或者经济、文化中心,人气依旧旺盛,汇集了各种合法和非法行业,集中了很多守法经营与不法经营的单位、人员。新兴城区随着政治或者经济、文化中心的形成或迁入,也越来越多地汇聚着各行各业、各色人等。按照我们前文表达的看法,问题村落、问题街区的"问题"主要是"治安问题",是村落或街区整体上"正不压邪",不是表面上如何平静、光鲜。因此,城市里,一个街区算不算问题街区,可以用两个数据作为参考标准,即犯罪发案数量、比率与官员腐败案件及人员数量。如果犯罪数量大、发案率高,且一定级别的官员的腐败情况严重,并且这两者之间相互牵连,我们大致认为这样的街区有问题,可以算作"问题街区"。按这样的标准,无论如何,大多数问题场所都在问题街区。

问题场所包括室内和室外问题场所。室外问题场所是那些人流汇聚而治安混乱的公共场所或开放场所,包括休闲街角、车站及周边,民工、城市老人、无业人员等习惯性汇集的打牌、喝茶、聊天、暗娼招嫖等场所。室内问题场所特别多样,住宅类问题场所、餐饮娱乐旅游宾馆类问题场所,地下车库、地下房屋等地下问题场所。

问题场所主要跟三类"问题"有关。一类是非法行业、非法经营类问题场所(涉黄赌毒、造假、走私等场所);二类是经常发生治安违法和普通刑事犯罪(不含非法行业、非法经营中的违法、犯罪)的场所;三类是其他问题场所,像存在安全隐患的场所等。与黑恶势力的生成和发展有关的问题场所,主要是第一类和第二类。在行政执法业务中,有"重点场所"①和"重点人群"②之说,

---

① 重点场所,除了人们熟悉的宾馆饭店,歌舞娱乐,旅游度假,制假售假,走私贩私,制造、运输、销售毒品,制黄、贩黄,卖淫等场所外,公安和其他行政执法部门有"五小企业""六小场所"等重点场所的说法。"五小企业"指小化工、小服装、小加工、小木器、小作坊;"六小场所"的具体所指,各地有些差别,但一般指以下场所中的六种场所:小饭店(小餐饮、小餐厅)、小歌厅、小洗浴、小网吧(小电子游戏厅)、小影视厅(小录像)、小发廊、小市场、小企业、小旅馆(小招待所)、小门店、小作坊及出租屋(住人场所)。此外,有无证照经营店、"丙类出租屋"、十元店等重点场所。
"丙类出租屋"是无正当职业人员、有可能作案的人员租用(居住或其他用途)的出租屋,是公安部门重点管理、防控、治安整治的场所和对象。这类出租屋的租住人行为有些明显特征:窗户贴纸,行为诡秘;长期关门闭户、日常登记不开门、故意回避检查登记或申报登记,登记情况与实际情况明显不符;经常发生刑事、治安案件;住宅但却用于非居住用途;常有大宗可疑物品进出;用电用水量大超正常范围;单身男女混居或暂住人员经常聚集、落脚;白天有人、晚上不住、昼伏夜出、夜晚长期关灯;无正当固定职业且交往复杂;有吸毒、卖淫嫌疑;以一人名义租住多套住房;有聋哑青少年聚居;C类人员租住等。对"丙类出租屋",社区民警应当对租住人员要做到"四个一律"(一律留下照片、留下指纹、在社区警务室建立档案专柜和实行网上比对)和"四个及时"(及时发现、列管、查证和打击)。公安部门可以对这类出租屋进行挂牌管理。
② 重点人群多样,如参与地下加工、非法营运、无业游荡、从事非法行业,以及像"丙类出租屋"的租住人员(含C类人员)等重点人群。C类人员即C类暂住人口,主要指暂住人口和境外人员中有违法犯罪可能和受过刑事、治安处罚的人员,如:无正当职业、无合法生活来源的"两无人员";以野外、废弃房等作为居住场所的人员;日常管理中发现无身份证、暂住证、有可能作案的暂住人员;无国籍、护照、居留证、签证及过期居留的外国人;有从事卖淫等色情行为嫌疑的人员;常住户口人员中的重点人口;有吸毒嫌疑的人员;受过刑事治安处罚不属于重点人口的人员;昼伏夜出的可疑人员;从事特种行业中有犯罪嫌疑的人员;等等。
公安机关对重点人群的确定和管理有专门规定,即《重点人口管理工作规定》。按照该规定,重点人口是有危害国家安全或社会治安嫌疑,由公安机关重点管理的人员,包括:(一)有危

这些场所与黑恶势力及其生成有莫大关系。问题场所和治安重点场所很大程度上是交叉的,即重点场所是经常出治安问题的那些场所,常常出治安问题的场所当然是重点场所。重点人群就是有明显违法犯罪可能的人群。重点人群中的"重点"非黑恶势力莫属,混混、恶徒常常在恶势力和黑社会操纵下违法犯罪,而谋划犯罪的地点又多与问题场所相关。不过,犯罪实施地点可能是在问题场所,也可能是在问题街区,更可能是在其他既方便实施犯罪,又便于引开警察视线、销毁证据和逃匿的地方。

我们在前面说过,相对而言,问题场所不是生成黑恶势力的主要场所,而是使用黑恶势力的主要场所,兼有产生和培养黑恶人员的"功能"。因为总体上,既然黄赌毒等场所都开起来了,必定意味着已经有相应的黑恶人员并且搞起了非法行当。其他人员在帮助打理场子等过程中,如果"变黑",虽然算是这些场所"产生"出来的,但就这些黑恶人员的产生机制来说,却没有值得额外大书特书的地方——他们不过是被身边的黑恶人员带出来的。但是,这个观点不能被绝对化、简单化。问题场所在生成黑恶势力方面,还是有几个方面值得说明。

第一,很多问题场所确实本无黑恶势力,他们是从招聘无业、闲散人员、小混混、刑释人员等作为工作人员开始,随着这些人员的聚集,加之问题场所及

害国家安全活动嫌疑的:1.有从事颠覆国家政权、分裂国家、投敌叛变、叛逃等活动嫌疑的;2.有参与动乱、骚乱、暴乱或者其他破坏活动,危害国家安全和社会稳定嫌疑的;3.有组织、参加敌对组织嫌疑,或者有组织、参加其他危害国家安全和稳定的组织活动嫌疑,或者与这些组织有联系嫌疑的;4.有参加邪教、会道门活动或者利用宗教进行非法活动嫌疑的;5.有故意破坏民族团结,抗拒国家法律实施等宣传煽动活动嫌疑的;6.有从事间谍或者窃取、刺探、收买、非法提供国家秘密或者情报嫌疑的;7.有其他危害国家安全活动嫌疑的。(二)有严重刑事犯罪活动嫌疑的:1.有杀人、强奸、伤害、拐卖妇女儿童等侵犯公民人身权利嫌疑的;2.有抢劫、盗窃、诈骗等侵犯公私财物嫌疑的;3.有放火、爆炸、投毒,非法制造、买卖、运输、储存或盗窃、抢夺枪支、弹药、爆炸物品等危害公共安全活动嫌疑的;4.有走私、贩卖、运输、制造毒品嫌疑的;5.有参与境外黑社会组织的渗透活动或者参加境内黑社会性质的组织及犯罪团伙嫌疑的;6.有伪造、变造货币、国库券及有价证券或者出售、购买伪造、变造的货币等破坏金融管理秩序活动嫌疑的;7.有使用诈骗方法非法集资贷款或者进行金融票据、信用证、信用卡、保险诈骗等金融诈骗活动嫌疑的;8.有经常聚众赌博或者聚赌抽头嫌疑的;9.有组织、强迫、引诱、容留、介绍卖淫活动嫌疑的;10.有其他严重刑事犯罪活动嫌疑的。(三)应当列入重点人口管理的人员:1.因矛盾纠纷激化,有闹事行凶报复苗头、可能铤而走险的;2.因故意违法犯罪被刑满释放,解除劳动教养不满五年的;3.吸食毒品的。

其"业务"可能存在非法性,招聘这些人员的老板自然成为非法业务的组织者和领导者。"小鬼面前得装大鬼",或者老板本来确实就是"大鬼",所以,在组建或大或小的企业的过程中,因这些人员的聚合,以及经营活动的开展,老板不能不拿出管理、使用这些人员的特殊手段,订立特殊规矩,从而形成恶势力,或者逐步成为黑社会(性质组织)。

第二,问题场所确实能够熏染、培育新的黑恶人员。它有多种机制或者方式"生产"新成员:一是"传帮带"。师傅带徒弟、大哥教小弟、老板组织"学习",就跟当徒弟学手艺是一样的。二是"升降去"。即老板采取"职业技能"和"业务绩效"考核方式,选拔、使用人才,尤其在涉及办理非法业务、采取非法手段应对业务困难方面,能否使用暴力等不法手段,从而决定职务的晋升、维持或降级,或者解聘、开除等。这会直接逼迫、促使一些不愿意"变黑"的人员成为黑恶人员。这个黑恶势力生成机制在问题村落和问题街区中是不明显的,这是问题场所才具有的黑恶势力生成机制。三是"业务混合"。问题场所表面上不会有问题,它以合法经营为外表,或者确实开展着合法经营,但一定在幕后有非法活动。它对外招聘人员,一般都以公开形式,打出合法岗位,通过合法程序选聘人员。受聘者开始接触的也是合法经营。但是,为让更多人员参与到非法行业、非法业务中,老板就对一些合法应聘、从事合法经营的职员,提高他们的报酬,增加他们的业务,逐步安排到混杂着非法业务的工作岗位,或者在合法业务中夹杂非法经营,进而发展到半公开地要求职员参与非法经营活动,使职员在合法与非法的边缘从事业务,或者说脚踏两只船。往往已经(暗中)是黑恶势力老大的老板,就会威逼利诱,迫使那些走在边缘线上的职员逐步成为黑恶人员。这也是问题场所才具有的黑恶势力生成机制。四是"直接专门招聘黑恶人员"。问题场所老板直接、专门招聘有前科等"问题"的人员或黑恶人员,利用他们的"江湖特长",保护老板的合法经营和非法活动,快速形成黑恶势力。五是"免费参观学习"(费用就是去当顾客的花费或更多)。许多问题场所正是社会上的鱼龙混杂之所,它的合法行当面向社会开放,吸引正常的消费者来光顾;它的非法行当面向特定人群开放,吸引有不法需求的"客户"。这个过程中,一些有不轨之图的人,也可以用"内行看门道"

的方式,观察、学习这些场所的江湖规矩和行事方式,跟黑恶人员靠近,模仿他们的言行举止,"考察"这些场所的"主要业务"和经营方式。这些场所对"免费学习者"还有很多优势,问题村落和街区根本不可比拟,即这里汇聚了多方面的专门人士,有制毒、贩毒的"专家",有组织、强迫和管理卖淫的老板、"妈咪",有开设赌场、精于管理场子、专门看场、洗码的人,有精通枪械、身怀绝技的人,有计算机、网络高手(包括高级黑客等),还有金融、证券等行家。如果"幸运",找准门径,很可能跟政府官员结交。所以,这些场所可以把脑子贼精、心怀不轨的人,免费培养为黑道大佬。

第三,正由于上面两点,问题场所实际上成为向社会输出黑恶人员、形成新的黑恶势力的重要基地。而且,哪怕同样是混混、恶头,在"正规场子"里面混过的比只在街头、村落里混的,一般在知识、见识、技能等方面"高出一头"。① 简单说来,既有黑恶势力从原来的活动地点、场所或团伙、组织中退出,向各地广泛扩散,这是其他地方产生、形成黑恶势力的一种重要方式,一个重要机制。这之中,"问题场所"滋生、养成的黑恶人员有比较突出的作用。当然,也有一些黑恶人员退出团伙、组织后,"洗手不干了",离开了江湖黑道。

四、黑恶势力跨区域生成和联系机制

关于黑恶势力跨区域生成和相互联系的机制,我们简要指出五个方面。

第一,黑恶势力生成具有跨区域性、全国性甚至跨国性。

黑恶势力在全国各地生成,而不只是在农村或城市生成,更不是只在问题村落、问题街区和问题场所生成。这一点,已经由三四十年来全国的打黑除恶、扫黑除恶的实践充分说明。但是,黑恶势力生成的重点区域是各地的问题区域,即问题村落、问题街区和问题场所。如果犯罪地图能够在一定程度上说

---

① 某市岳某组织、领导黑社会性质组织罪一案,其一审判决书载明:有位叫马某祥的技术总监,某某公司有事需要时,就邀请他到公司作技术指导,公司付给酬金。马某祥给公司员工进行培训,培训内容就是调查行业动态及专业技术,手机基站代码显示软件的使用和手机窃听软件的使用,即如何调取债务人的通话清单、基站方位、债务人户口、车辆信息等多方面技术。通过培训,公司业务技能大为提高,业务量大增。

明黑恶势力生成的地点,那么,我们可以得出大致的结论:现在,大多数黑社会(性质组织)犯罪案件、黑社会性质组织集中在各大城市,以及县区城镇以上的市、镇,恶势力在城市、乡镇都有分布,但农村恶势力居多。

考虑到当今世界的整体开放性和全球化状态,黑恶势力的生成具有跨国性和全球性,只不过,由于各国的司法协助和合作,极大地阻遏了黑恶势力跨国和国际化生成。

第二,黑恶势力在其生成地出现、生长之后,具有活动范围、活动方式的相对稳定性和可变迁特点。

黑恶势力的生成和活动确实具有比较明显的地域性。各地黑恶势力,除了他们的一些成员会"自由"和"自愿"流动外,恶势力、黑社会性质组织整体迁移、流动的情况实不多见,大多固守原地,即使向外地扩散、建分支,"总部"仍在原地。[①] 不仅我国内地的黑恶势力是如此,其他国家和地区的黑恶势力基本也这样。这可能由三个主要因素决定。一是黑恶势力天然地与"地盘"或势力范围联系在一起,不容相互侵犯,阻止了黑恶势力整体性的流动。二是黑社会跨地域迁移的历史表明,黑社会可以在总部所在地之外"开分店",甚至可以把分店办得比"总店(老店)"还强,但很少有直接把总店给搬家的。江湖文化、黑道规矩可以传播万方,黑恶势力的门户可以到处开立,但黑恶势力要在某地扎根,还需当地黑恶人员成为主力,外面去的只能是"传经",毕竟是"外来和尚"。三是黑恶势力的生成和发展,与当地社会矛盾相关,与当地社会秩序直接联系。尤其在黑恶势力初生阶段,他总要打出一些口号。哪怕江洋大盗,也会找些理由才能煽动某地混混、穷人跟他"举义",那些理由半真半假,况且多与江湖文化、黑道规矩联系起来。这样的文化必须和某地民间文化、风俗、老百姓的观念及当地生活状况吻合,才有号召力,才会有助于黑恶势力的形成和稳定。这种黑恶势力要离开其生长之地,另迁他乡,难度不小。

不过,黑恶势力也有一定的迁移、流动可能性。个体成员的流动自不待

[①] 黑社会组织到国内其他地方,到其他国家或地区,另建"总部",则是例外。这意味着某个黑社会形成了实力相当、互不相犯且可能彼此联系的不同"家族"或派系。恶势力往往没有这个情况。

言。团伙、组织的流动,特别是近距离、小规模流动,还是存在的。尤其现在企业化、公司化的黑社会,他们可以随着企业经营地域的变化而迁移总部、分部,从而致使有关黑恶势力的主要办事地点、活动场所发生变化,出现较长距离的流动。至于在一个城市内,黑恶势力经常改变其"总部"所在地,那是常事。农村恶势力向周边村镇扩散,向乡镇、城市进军,也是常事。

第三,黑恶势力的互联网生成机制及网络黑恶势力成为新趋势。

现代社会的技术、通信和交通等条件,根本性改变了黑恶团伙、组织及成员之间的联系方式和效率,犯罪信息和犯罪知识技术传播亦非往昔可比,黑恶势力生成的地域依赖性正在被打破(但行业依赖性仍然很强),"互联网黑恶势力"正在生成。计算机、网络、智能手机的交互融合,完全改变了传统黑恶势力的联系方式和机制,网络空间的黑恶势力("网上黑恶势力")早就形成。我们现在的法律虽然没有把电信诈骗、网络诈骗这类诈骗犯罪纳入黑恶势力犯罪之中,但这类犯罪的组织形式、控制体系、非法敛聚财产的力度和危害性,一点也不比传统黑恶势力犯罪差。至于"暴力",其实电信、网络诈骗利用了大量"软暴力"和恐吓、危胁的暴力手段。网络成为教人(特别是年轻人)"染黑"、使人"变黑"、靠向黑恶势力、组织黑恶势力、以黑恶手段犯罪的无国界、地界和人际分界的全方位开放"大学"。这既是现代社会中黑恶势力生成的新型机制,也是新类型黑恶势力即互联网黑恶势力的生成机制。(我国)立法机关、执法机构和司法机关,亟需按照黑恶势力及其犯罪的本质特征,对网络黑恶势力与犯罪进行全面、科学的立法,进行有力、深入的执法,进行有效、严格的司法,切实遏制、打击网络诈骗等严重网络犯罪,遏制、化解黑恶势力及犯罪网络化,消除黑恶势力网络化生成、蔓延、坐大的机制。

第四,"三非"外国人员中,有少部分人成为我国黑恶势力的新来源。

在我国一些城市,聚集着较多的"非法入境、非法居留、非法工作"的"三非"外国人。早在1992年,公安部发布的《关于依法处理非法入境、非法居留外国人的通知》中就提到,广东、上海等地也发现一些被泰国退回而滞留我境的巴基斯坦。在新疆境内滞留了一批到该地探亲、旅游、做生意的巴基斯坦人……此外,外国留学生毕业或退学、被开除后不按时离境而长期非法居留的也有增多之势。他们当中不少人从事倒买倒卖、走私、嫖娼、使用假美钞、报假案、诈骗等非法活动。最近两个巴基斯坦人和一个印度人在南昌以换美元为名骗取两个中国人的巨款后潜逃（已经抓获），已给我国社会安定、治安秩序带来不利影响。北京的韩国城、上海的日本人聚集区、义乌的中东人一条街、广州淘金的非洲人，是我国著名的跨国移民聚集区，其中就有"三非"人员。"三非"外国人没有正当、稳定的职业，也就没有正当、稳定的生活来源和住所，他们中有人甚至专门从事违法犯罪活动，实施杀人、故意伤害、强奸、抢劫、抢夺、敲诈勒索、交通肇事、盗窃、诈骗、走私、贩毒、卖淫、组织、强迫卖淫、拐卖妇女、猥亵、寻衅滋事、窃取国家秘密、倒买倒卖外汇、伪造证件，以及非法传教等。这些外国人，有的已经按照"国别"或者"种族"结成不同的恶势力团伙，以至形成各自的黑社会性质组织。不止于此，"三非"外国人中的部分人，以及他们组成的黑恶势力，还与恐怖主义、极端主义等活动有联系。"三非"外国人的黑恶势力与我国本土黑恶势力的相互关系，也值得高度关注。这使得我国扫黑除恶面临一些新问题，需要一些新对策。

第五，不同黑恶势力之间的传统纷争仍然存在，但是相互间的关系发生了变化。

早在 20 世纪 50 年代以后，尤其 80 年代以来，美国、意大利黑社会组织自己总结了犯罪组织相互间关系的历史和经验，过度火拼只会有利于政府，而且过度地与政府执法对抗，杀害政府执法人员和无辜百姓，过度使用暴力，都会给黑社会自己带来严重后果。① 所以，黑手党之间达成了许多共识，形成了新的组织规矩，严格遵守利益划分和地盘控制原则，严格控制组织间的冲突，也

---

① 1957 年 9 月 14 日，美国黑手党全国委员会大会在乔·巴巴拉位于纽约北部阿帕拉奇的庄园召开。大约 100 名顶级黑手党成员出现在阿帕拉奇，他们十分引人注目，都穿着昂贵的手工制作衣服，开着豪华轿车。巴巴拉为他们预订了当地几乎所有汽车旅馆。他们的行动不知什么原因引起了纽约警察局的注意。纽约警察局派出了调查人员，抓获了 58 名老板。这些被抓的老板后来都被释放。这次会议表明两个事实，一是黑手党和他的全国辛迪加暴露在全国公众面前，二是美国黑手党及他们的有组织犯罪之所以繁荣，其中一个原因是，全国委员会提供的组织结构和领导，确保了全国辛迪加组织和各黑手党家族尽可能地躲开公众视线。全国委员会大会没有固定议程，仅仅是给各犯罪集团提供一个机会，解决纠纷，确认家族领导人的更换，就一些有争议的问题进行讨论。

深刻改变了组织间的联系和交往。我国黑恶势力目前尚未达到这样的"政治水平"和"策略高度",但黑恶势力之间的利益冲突协调、化解机制是存在的——当然不是指传统的动刀动枪动拳头,而是"和平"谈判、协商,重新划分利益边界,"老大"命令手下向对方的"老大"或兄弟道歉,对造成不同黑恶势力之间矛盾的人员执行惩罚,取得对方的原谅,等等。

第六,黑恶势力的跨地域生成和联系可能形成跨区域或全国性黑恶势力。

这方面的实例,首先是互联网黑恶势力。他的成员无须依托特定地域,只要有电脑、鼠标、网络、电源,懂得相关操作知识,就可以在瞬息之间,把一个遥远的"网友"拉进"圈子",开始给他洗脑、灌输黑恶团伙或组织的观念、能力、"成就"。只要有一群"网友"如此这般,一个黑恶势力就在网络空间形成,而且会员可以遍及全国。现实层面的黑恶势力,也有受此启发的,利用各种现代通信和网络条件,把一些成员分散到其他地方,进行通信控制和指挥。这值得高度警惕。

所以,我们要指出,随着现代网络、通信等技术的发展以及交通条件的变革,将来要注意,很可能以"经济利益"为原点的黑恶势力行业生成机制、跨地域生成机制、网络环境中的黑恶势力生成机制,要比基于地域或区域的生成机制更为重要。我们未来的打黑除恶,应当充分关注这个趋势,以免出现战略性被动。

第五章　黑恶势力生成中的不良政治法律因素

　　黑恶势力与政治(法律)中的不良因素或者不良政治(法律)有各种各样的联系,这是客观事实。① 即是说,与黑恶势力产生相关的政治因素,分为不

---

① 学术界公认,那些不良政治因素是黑恶势力产生和坐大的重要原因,政治与黑恶势力之间的关系也极为复杂。参见陈谦平主编的《蒋氏政权与黑社会》(这是一部全面审视蒋氏政权与主要黑社会之间政治、经济等关系的著作,分析了一系列重大案件。江西人民出版社1998年版);邵雍的《秘密社会与中国革命》(这是一部全面研究包括黑社会在内的秘密社会与近现代中国革命之政治的相互关系的重要著作。商务印书馆2010年版);康树华、魏新文主编的《有组织犯罪透视》"成因篇"中的第十主题:有组织犯罪的政治成因(该主题指出,"政治失控""政治勾结""政治腐败"是有组织犯罪的政治成因。北京大学出版社2000年版,第259—262页);莫洪宪主编的《澳门有组织犯罪研究》(该书第三章第二节的内容是澳门有组织犯罪的"政治动因及转换"。武汉大学出版社2005年版,第77—93页);贾宇所著的《中国大陆黑社会组织犯罪及其对策》第三章第五节"中国大陆滋生黑社会组织犯罪的政治因素",即权力寻租和政治腐败(中共中央党校出版社2006年版,第146—162页);何秉松所著的《中国有组织犯罪研究(第一卷)·中国大陆黑社会(性质)犯罪研究》第二十一章第五节(该节指出"政治腐败"是黑社会组织滋生和发展壮大的温床。群众出版社2009年版,第494—510页);庄政所著的《国父革命与洪门会党》(正中书局1981年版);邵雍:《1946年至1951年国民党利用帮会反共述略》,《江苏社会科学》1993年第5期;韩振国:《中国共产党在工人运动中对帮会的利用与改造》,《信阳师范学院学报(哲学社会科学版)》2010年第5期;王润生:《我国黑社会性质犯罪背后的政治因素》,《公安大学学报》2000年第4期;许先国:《论当前黑恶势力对我国基层民主政治的影响及对策》,武汉大学2004年博士学位论文;艾敛菲:《黑社会"绑架"台湾政治》,《世界博览》2010年第24期;李亚彪:《打击黑恶势力是一场"政治仗"》,《瞭望新闻周刊》2006年第3期;沈路涛:《增强打黑除恶斗争政治责任感》,《新华每日电讯》2000年12月12日,第4版;储鑫:《"正本清源":中国黑社会性质组织的政治影响及其治理》,华中师范大学2015年博士学位论文;《"打黑除恶是一场严峻的政治斗争"——访沈阳市公安局局长杨加林》,《时代潮》2001年第20期;简小鹰、谢小芹:《"去政治化"与基层治理——基于我国西部农村"混混治村"的地方性表达》,《甘肃社会科学》2013年第6期;赵矗、李亮:《黑恶势力向政治渗透的路线图》,《廉政瞭望》2006年第4期;王玉杰:《惩治黑恶势力组织犯罪运动的政治社会学解析》,《河南师范大学学报(哲学社会科学版)》2011年第3期;等等。

同性质的两种类型:一类是历史和现实中的本质上黑暗腐朽反动的政治,它与黑恶势力本身就难解难分,这样的政治促生、豢养、保护黑恶势力;另一类是,在我国现当代,我们党和国家的领导体制,国家和社会的管理体制机制,还存在不完善的地方,有待深入改革,还需深入反腐,在这个较长过程中,一些领导干部、公职人员还存在消极腐败现象,执法、司法中还存在不公平不公正和消极腐败现象,使得一些地方黑恶势力得以生成,甚至坐大成势,党和国家不得不反复打除、扫除黑恶势力。不同的黑恶势力往往具有不同的政治形象,黑恶势力的生成方式有所谓"官方因素促生型",这些是不良政治或者不良政治因素和黑恶势力之间相互关系的表现形式。不良法律或者法律中的不良因素与黑恶势力的关系就更具体、直接。认识对待黑恶势力的基本方针政策是什么,法律对黑恶势力如何界定,规定怎样的法律制裁,执法办案部门是否有效打击、惩罚黑恶势力及其保护伞,有无帮促、放纵黑恶势力,都是重大政治、法律问题。黑恶势力生成中有哪些政治和法律因素,如何破解这些因素,从而在政治及法律层面有力防范、治理黑恶势力生成,为中国共产党长期安全执政、领导国家和人民服务,为国家治理能力和治理体系现代化服务,为国家长治久安、稳步实现现代化、实现民族伟大复兴服务,为人民的安宁祥和、富裕幸福服务,建立和完善一种使黑恶势力无从生成的健康发达的社会主义政治法律体制,这就是本章的主题和宗旨。

一、黑恶势力的生成与不良政治因素的多种关系

纵览历史,横观世界,黑恶势力与不良政治或者不良政治因素(后文均简称"不良政治因素")之间存在多重关系,黑恶势力生成中有多种不良政治因素,并且是黑恶势力生成和发展中的关键因素。

(一) 黑恶势力与各种不良政治因素之间的关系

自从历史上有黑恶势力以来,黑恶势力(主要是黑社会)与不同的政治之间存在着不完全相同的关系。我们把那些关系大致归纳为九种情况,可谓

"九种关系"。

第一,黑暗、腐败或软弱的政治往往能够产生黑恶势力,即"产生"关系。

"产生"关系大体上也有三种类型。一是黑暗(或反动)政治压迫下,社会部分民众走上反抗政治当局的道路,有的是"起义",有的是走上黑道,脱离和反叛官府。走上黑道的反叛者可能与起义者一样"反贪官或反朝廷",但采取的是组织黑道的方式,既反朝廷又反社会,既反贪官又危害百姓。二是腐败政治(与黑暗政治有交叉,但不等同)之下,腐败的政府机构、官员制造出了黑恶势力,不管是逼得一些人成为黑恶人物还是把混混、无赖培植为黑恶人物。三是软弱的政治力量(主要是地方政治软弱或者权力真空)留给了黑恶势力自行生长的空间。正如约翰·迪基所说,"黑手党并非滋生于贫穷和孤立状态,而是滋生于权力和财富之中";"黑手党已经渗透到意大利政府机关的心脏。最起码,意大利政府在过去一个世纪甚至更长的时间里对西西里黑手党完全熟视无睹……意大利对黑手党组织调查的屡次失败就比黑手党本身有更不可告人的故事"。①

第二,黑暗、腐败政治保护黑恶势力,即"保护"关系。

"保护"关系也分不同类型,包括一些官方机构和人员的直接保护②与间接保护(层层打招呼、暗通关节等)、包庇纵容默许型保护③、提拔重用型保护④、建立特殊工作或私人关系型保护⑤等。这是政治因素与黑恶势力互相关系中很常见的关系。政治因素对黑恶势力的保护,简单形式是有关公职人员个人对黑恶人物的保护,最复杂的是一些公权力机构、部门对黑恶势力的认

---

① [英]约翰·迪基:《意大利黑手党的历史》,王莉娜、杨晨、魏贝贝译,华东师范大学出版社 2012 年版,"第一章"第 5 页、"引言"第 3 页。

② 如阻止有关打击黑恶势力的法律、政策和执法部署,阻止、干扰打黑人员执法,直接"捞人",把认真办理黑恶势力案件的人员调离岗位,最严重和极端的是,放任黑社会恐吓、威胁甚至暗杀打黑的执法和司法人员,等等。

③ 如帮助隐瞒、掩饰违法犯罪,帮助转移、窝藏人员、物品,拒不查处和打击,压制举报,为黑恶势力通风报信等。

④ 对待查、被查的黑恶人员加以使用、重用,越受到举报、控告越予以重用和提拔,这使执法办案人员心生畏惧,使黑恶人员更加有恃无恐。

⑤ 例如,调为自己的部下,派到其他单位负责,调往异地为官,结认亲友,拜干爹干妈等。

可、容许和保护,至少"不(真)打黑"。

历史上,黑恶势力与这些政治力量之间的"保护"关系,不只是一些官方人员对黑恶人物的单方面保护,也有不少黑恶势力保护某些官方人士,甚至保护某些重要政治人物,保护某些政府(部门)和政党组织等,黑恶势力成为一种政治势力,成为某些政治力量(势力)的支持者和保护者。

第三,一些不良政治力量与黑恶势力之间存在"利用"关系。

这是完全可以与"保护"相提并论的关系。一些不良政治势力保护黑恶势力,也就会充分利用黑恶势力,不管是那些政治人物私人还是那些政治组织团体,都会尽力发现、挖掘和利用黑恶势力中一切对他们有用的东西。这些东西的范围极广,从钱财到人身和情感,从个人到团伙或组织,从实在利益帮衬到舆论声势的拉台。当然,黑恶势力会反过来利用那些政治势力,形成相互利用关系。

第四,个别官方机构、不良公职人员与黑恶势力交融渗透,形成"共生"关系。

这是黑道红道互不分离的关系,是一种紧密型联系。有些不良权力人物就是在黑恶势力的支持下产生和"成功"的。这些不良公权人物在其发展和掌权的过程中,很大程度上离不开黑恶势力,在地方、区域甚至更高层面,出现了权力黑化和黑道政治化的交互过程。权力黑化,形成"黑色政治",在国外和某些地区盛行的"黑金政治"就是例证。由此,黑道"洗白"或"变红",终于"修成正果"。

第五,个别公权机构、不良公职人物与黑恶势力"互不相犯""和平共存"的关系。

虽然精明的黑恶势力(黑社会)"懂政治",知道利用政治力量保护黑恶势力的生存发展,但是,大多数黑恶势力并没有觊觎政权等意图,不干预政治,不主动挑起政治是非,对政治天然有几分"避而远之",而"安于黑道";在违法犯罪时,尽力采用非暴力、软暴力手段,避免暴力或降低暴力程度,不造成人身伤害、死亡,以"求财"为目的,尽量保持低调,避免张扬以招致政府打击。政府只在必要时对黑恶势力实施打击惩罚,平日里尽力保持"相安无事"。特别是在黑社会已经大量实体化、企业化和公司化的情况下,只要黑恶势力安心经营,即使是非法行业和非法经营,官方也会克制其打击行动。

第六,黑恶势力与一些黑暗和腐败人物形成相互"供养"关系。

有些腐朽政治势力利用黑恶势力,主要是利用其经济实力,于是形成黑恶势力对某些公权人物和政治机构、组织的较为稳定的利益输送。历史上曾有反动政府和政党财力薄弱而依靠黑社会帮助聚财的情况,黑社会帮助他们生财和搜刮财力。

一些不良公权人物长期向黑恶势力输送巨额利益,"回馈和给养"黑恶势力。有些公权部门和官员,得到了黑恶势力输送的利益及其他"好处",包括黑恶势力为当地领导或者公权机关"排忧解难""配合工作"、创造地方"政绩",不惜公共财产巨大流失,群众利益巨大损失,给黑恶势力巨额回报,通过工程项目、招标投标、优惠政策等方式,向黑恶势力输送利益,给黑恶势力以经济"给养",主要是把公共资源和利益拱手让与黑恶势力。这类情况在世界各地都可以见到,在我国表现为一些地方或部门国有资产、集体财产严重流失。这是公权力"养育"黑恶势力。在那些财政透明度高、预算约束性强、政府预决算制度健全的国家,官员财产申报制度健全成熟的国家,公权力"给养"黑恶势力比较困难,但是也无法完全避免。

第七,少数公权人物、公权机构和一些反动政治组织培植特定黑恶势力。

有些地方,个别公权掌握者、公权部门,为"平衡"各种黑恶势力或其他目的,对力量弱小的黑恶势力,对"投合己意"的黑恶势力,进行扶植、培植,并逐步委以重任,帮助其进行某些社会管理和统治,实现以恶治良和以恶制(治)恶。这也是政治利用黑恶势力的一种方式,但又有一些特色,具有"扶植+委托"和"受托+管理"的关系。这些情况下,当然存在着公权对黑恶势力的支持、保护与纵容,存在相互利用,但又不一定是融合、共生的关系,而更多是公权对黑恶势力的扶植,以及对黑恶势力分享了一些统治权和管理权,帮助管理区域事务,建立某种"秩序"。有的国家在某些地方的管理力量不足或缺乏,就借助黑道"治理"地方,黑恶势力取得有限权力。

第八,有些不良公权人物与某些黑社会结成临时政治(经济)联合。

有时候,为了对付共同的敌手,解决共同难题,公权力与黑社会可能在政治(和经济)上"联手",结成暂时联盟,或者形成临时"联合"。这种联盟或联合的时间长度,取决于所面临的共同敌手或事件的性质、社会局势及各种政治力量之间的关系。比如,外国一些官方力量为了"本国利益",不顾人类基本道义和良知,在政治经济上和黑社会(及恐怖主义、极端势力)联手,对付其他国家、地区或者其他政府、政党、种族、宗教、社会团体和重要人士等。有时候,一些黑社会为了在政治上求得生存和发展,以获得更好的社会生存条件,及时抓住一些时机,表明和强化自己的某种能够被公权力机构和人物欢迎的政治立场、态度,突出"政治一致",从战略层面和"政治角度",获得公权部门的关注,进而将其发展为外围支持者或者内圈朋友、盟友,甚至政治上的"战友"。所以,特殊条件下,黑恶势力在政治上可以成为某些当局或政党的联系、联络对象,可以成为朋友、盟友,以至战友。

但是,这种政治经济联合,会因为黑社会大佬、有关公权部门与政治人物的信义度低,投机性强,或者基于历史上"朝廷"与"绿林好汉"、"招安"与"被招安"之间根深蒂固的疑虑,以及权力本身的某种"权宜性",有关公权机关和人物与黑社会之间不容易也不可能有长期稳定一致的政治经济立场和"联手",不会成为长期的朋友、盟友,黑恶势力终将被公权力疏离和抛弃。

第九,总体上,各国政府会根据情势对黑恶势力进行打击,黑恶势力只能挨打。

历史地看,一方面,政府很难把黑恶势力打除干净;另一方面,政府始终掌握打击黑恶势力的主动权,黑恶势力总是面临随时被砸碎的危险,这世上没有能够完全跟政府叫板、抗衡的黑恶势力。很多黑恶势力确实被打掉了,尤其在我国内地。政府打击黑恶势力有很多种情况,主要是五种:其一,黑恶势力违法犯罪猖獗,给社会公众的生命财产造成巨大损失,给社会造成巨大危害,政府基于民众的期望,不可能再坐视不管,否则,当局会给自己造成政治被动,失去群众,失去正当性、正义性基础,失去合法性。其二,黑恶势力人物触入政治太深,在给公权部门或人物"办事"的过程中犯了禁忌,暴露了幕后情况,招来身陷囹圄或杀身之祸,甚至累及整个黑帮或很多黑恶势力(如当年我国台湾地区黑社会老大陈启礼刺杀"江南"案件①）。其三，黑恶势力对民众意志和公权部门意志判断错误，"吃了百姓吃政府"，贪婪无度，或者挑衅政府，对政府打击个别黑恶人员的行动采取对抗方式，触犯众怒，让当局不得不全面打击黑恶势力。在美国和意大利政府打击黑手党的历史上，这类事例颇多。其四，黑恶势力介入政治，捞取政治资本，加速"黑化"政治，伸手过长，胃口过大，目标太显著，被当局警觉，并被快速斩断手臂。黑恶势力向公权部门渗透，向警察、检察和司法当局渗透，寻求政治保护，搞无间道，不仅继续在经济上敛财，而且从事非法政治活动，甚至制造具有国际影响的政治事件，尤其试图控制一些公权部门和人物，这必然触动最敏感的政治神经，一定会受到打击。其五，一些公权机关在长期沉寂或被蒙蔽之后，发觉黑恶势力过大、为祸甚剧，即不除不安时，或者认为黑恶势力已经强壮，应当被"逮住送宰"时，都是黑恶势力"命该当绝"的时候。

在上述九种关系中，前八种关系都有所谓"官匪勾结"的因素。"警匪一家"是"官匪勾结"的组成部分，也是勾结的"高级形式"。所以，某些政治势力，准确地说，是那些黑暗、腐朽或腐败的政治势力，或者说"反动政治势力"，与黑恶势力在一定范围内是同根、同源和同质的。他们只是具体表现形式和各自所处位置不同而已，一个"居庙堂之高"而冠盖紫蟒，一个"处江湖之远"而斗笠蓑衣（而今也不然了，大家都可以堂殿富丽、锦衣玉食和舞女笙歌），还不时借舟楫之便而互有唱和，有时则恩断义绝，不共戴天，直到血洒江海，我活你死。

---

① 具有复杂背景的美籍华裔作家刘宜良，笔名"江南"，因出版畅销书《蒋经国传》，对蒋氏父子的劣迹进行了披露。台当局恼怒，视江南为"叛逆"。台当局"情报局"指派陈启礼、吴敦、董桂森等人，到美国旧金山伺机刺杀江南。1984 年 10 月 15 日，刘宜良遇刺身亡。陈启礼为自己"留了一手"，对案件情况进行了录音。内情曝光后，美台关系顿时紧张，台当局虽然承认江南案为该地区情报局官员主使，但仍强调本案乃情报局官员独断专行所致，非高层授意，并逮捕了情报局长汪希苓、副局长胡仪敏、第三处副处长陈虎门等人。"江南命案"事发后，情况为美国安全机构查获，陈启礼被台湾当局逮捕，判处无期徒刑。国民党抓捕了包括陈启礼在内的数百名"竹联帮"重要成员。后陈启礼被两度减刑，于 1991 年获释。2007 年 10 月，陈启礼因病逝世，竹联帮为其举行"黑道世纪葬礼"，治丧委员会名誉主委一职，由台"立法院长"王金平、陈启礼生前皈依的树林海明寺悟明法师及民进党"立委"柯建铭共同挂名，台湾重要政治人物都送去挽联，排场震撼。

即使在当今世界,无论黑恶势力的外衣如何更换,就骨子里来说,那些腐朽的政治势力和黑恶势力的关系,数百年来基本未变:既沆瀣一气,又相互斗争,遭罪的始终是普通百姓。只有中国共产党领导的人民民主政权和政治,才是真正与黑恶势力对立的政权与政治,是彻底扫黑除恶的政权与政治,包括扫除与黑恶势力勾搭的腐败分子、保护伞。

(二) 影响或决定黑恶势力生成的不良政治因素

黑恶势力的生成涉及诸多政治因素。没有政治(和法律)上的诸多因素,可以说,黑恶势力的行业生成、地域生成和社会生成,几乎都是不可能的事情。

决定或影响黑恶势力生成的不良政治因素,举其大端者如下。

第一,某些公权人物在政治上、思想意识上对黑恶势力的本质与危害的认识不足,打击扫除黑恶势力的意志薄弱或者缺乏。

从基层到上层的各公权部门、重要政治人物对黑恶势力的认识、态度和意志,是第一位的因素。古今中外,居于合法统治地位的公权部门的意志,各级主政者的意志,基本上决定着黑恶势力能否产生和发展。这不是唯心主义,也不是"唯意志论"。即使存在黑恶势力生长的社会环境和土壤,但只要决心在"种子"阶段就把他毁掉,在下根、出苗前就把他给粉碎,在出苗时就掐掉或连根拔起,这是掌握国家机器的部门和人物能够做到的,真如此,黑恶势力就不可能生成、坐大,以致难以打扫。

大多数老百姓都很善意,也能体贴官员,还有理论家专门论证说,"黑恶势力"是市场经济的必然产物,就像说腐败是市场经济的必然产物、腐败具有合理性一样。其实,大家都明白,再粗的胳膊扭不过大腿,黑恶势力不仅对抗不了国家政权,其实也不能对抗基层和地方的党和国家机关,不能对抗政治清醒、意志坚定的各级领导干部、公职人员。何况,处在萌芽状态的黑恶势力并没有强大势力。黑恶势力生成、发展的必然说、合理说,在政治上、经济上和理论上都是很难成立的。无论哪个国家和地区,那里的各级公权人物、执法办案人员,如果不在黑恶势力生成之前"闭眼打盹",不让他在自己眼睛鼻子底下撒野,不出现"手软口软腿软",不出现"心软情迷意乱",黑恶势力几乎根本无法形成,顶多有几个不成气候的混混罢了。

有人以那些黑社会百年老店不容易打击为例,试图说明公权部门和公权人物的政治意志在防治黑恶势力生成方面无能为力,或者作用不大。他们的理由是:现代市场经济加法治,就更难消除黑恶势力;现代刑事诉讼程序和证据规则使得打黑除恶更难,因为公安、检察院须得以确实、充分的证据证明黑恶人员涉黑恶、有罪,不然还得放人;防治黑恶势力很难,黑恶势力生长是势不可挡的社会(世界)趋势。这些观点都似是而非,是在偷换概念和转移论题,是让"现代市场经济"和"法治",让刑事证据等刑事司法制度,为"黑恶势力难以打除"背锅,是拿并不严谨的"黑恶势力是不可阻挡的大趋势"当托词。不要把两件虽有联系却极不相同的事情混为一谈:已然存在的黑恶势力是否好打,能否打彻底,是个"治标"问题;应否以及能否从黑恶势力生成的源头上防治黑恶势力,这是"治本"问题。"治标"虽难,却不等于不应当、不可能"治本"。既然"治标"难,对黑恶势力不容易扫除干净,就更要注重"治本",更要对黑恶势力防范于未萌,打于初生之时。而这在执法、司法层面并没有大碍,需要的是各级公权机构和公权人物的决心和意志,决策与行动。即使从源头防治黑恶势力生成的"治本"比打除黑恶势力的"治标"还要难,也要坚持"标本兼治",坚持"治本"优先。要以坚定不移的意志防止黑恶势力生成,阻止混混、恶头、流氓变成恶势力团伙、黑社会组织,并全方位采取相应政策、法律及经济、民生措施,作出系统性安排,以期收到实效优效。

对我国而言,有党的领导,有人民政权,有人民群众基础,有法律、政策,有军队、警察、法庭和监狱等国家机器,加之,建设好公平公正社会,建设好文明幸福民生,有硬得下来的决心和硬得起来的手段,防止几个小混混、流氓恶头演变成恶势力、黑社会,这个事情完全做得到,除非不想做,不认真做。

第二,各层次特别是基层、村落或社区的政治、经济和社会治理的混乱。

各地的政治、经济和社会格局会极大地影响相应公权部门和领导者防范和打击黑恶势力的决心和意志。政治因素多样,各种因素相互制约,经济和社会局势经常成为政治话题,转变为政治因素。政治因素极大影响着公权部门和人物对防治、打击黑恶势力的态度和意志。比如,基层部门和领导有心防

黑恶势力生成与防治机制研究

黑治黑,上面各级部门和领导必须同样用心才行;同理,上面各级部门和领导决心防黑打黑,基层部门和领导必须不折不扣落实才行。甲地用心防治黑恶,乙地要紧密配合,不给黑恶势力转移、躲避的时空才行。纵向和横向的各部门、各领导,各地、各级的公检法等机关、人员,要有统一整齐的防黑意志、认识和行动,才不会有混混、恶棍的滋生地、避风港,不会出现黑恶势力此地不长彼地长的怪乱现象。总之,防治黑恶要上下齐心、横向联手,不然都会徒劳无功,或者功亏一篑。

与黑恶势力生成和发展最为相关的政治、经济和社会格局,是村落、乡镇、街区到县域的格局。领导者和其他公职人员的政治及业务能力、水平,包括政治忠诚度,决策及组织执行的能力,统揽、协调各种资源和关系的能力,把握大方向、大趋势的能力,推动经济、文化、环境等民生建设的能力和效果,是与黑恶势力防治最相关的因素。在中国,对党和国家、对人民群众不忠诚、不尽职尽责,对黑恶势力的形成和发展视而不见,不积极防范和惩治,当然会使黑恶势力落地生根、破土发芽,以致到头来,树大根深,盘根错节,难以治理。

作为政治因素的经济格局,不只是经济本身,而是经济各要素所形成、产生的政治影响。经济发展总体水平,产业结构、企业分布,各地经济实力,基层政府财力的结构和来源,经济利益分配原则和结果,当地民众普遍的收入消费情况,住房医疗教育就业的水平及负担状况,乡镇、村社负债状况及时间,是经济格局的基本要素。政治和社会稳不稳,就看百姓家富不富,心安不安,生活乐不乐。

村庄、社区的人口结构,暂住人员情况,村委、社区和乡镇、街道的经济文化环境等资源、自治组织及乡镇街道的权威性,包括各种公职人员在群众中的口碑、形象,有无大家族、宗族对村落、街区的控制等,是乡镇街的基本政治格局。困难群众的保障如何;村里、街区有无群体性事件,有无信访人员或群体,有无抵抗政府执法的事件;有无长期对村官、乡镇干部的举报、控告;无业、闲散人员、混混、恶头、刑释人员、社区矫正人员是否得到有效管理和帮助;"村霸乡霸"等"能人"是否被村干部、乡镇干部重视、使用,是否进入了村、街区的权力体制,成为构造当地社会秩序的力量;乡村秩序的合法性如何,由谁主导

254

当地治安,治安状况是好是坏,治安、刑事案件是否易发多发;有无会道门、地下赌场、高利贷、黑作坊、邪教、非法传教、流窜人员、诈骗传销窝点等,是否开展了有效清理、整治和打击;村里、乡镇和社区、街道的干部间关系如何,有无"派系"存在,党政干部之间是否配合良好,有无公私矛盾,政令是否畅通;乡镇政府、派出所是否靠"执法创收"发工资、福利,能否"镇住"当地混混、恶头、黑道老大,有无与他们"联合执法",搞"一家亲";警察是否不敢惹这些"地头蛇",怕被这些人"欺负",在办理有关涉及混混、恶头的案件中,公安局、政法委领导的态度如何,是否在处理混混、恶头的关键时刻,领导来个含糊莫名的电话或批示,"首先一定要稳妥处理,其次要稳当处理,第三必须谨慎处理,最后要确保稳定"(当然,这话警察是"懂得"的),①如此等等。这些都是乡镇政治和社会格局的主要方面。

　　政治缝隙是黑恶势力生成的最大空间。应对和防治黑恶势力的政治力量软弱、政治意志不足,公权部门和公权人物的认识和态度的混乱,相互不协调甚至冲突,是最大的政治缝隙,这是黑恶势力滋生、成长的绝佳时机和环境。但凡有政治缝隙和混乱的地方,不仅有混混、恶头,而且可能形成恶势力、黑社会。有人可能认为,像我国"文化大革命"那样的政治动乱也没有造成遍地都是黑恶势力。但是不能忘记,一方面,"文革"之乱本身就是巨大持久的混乱,中共中央《关于建国以来党的若干历史问题的决议》明确指出,"文化大革命""只能造成严重的混乱、破坏和倒退","是一场由领导者错误发动,被反革命集团利用,给党、国家和各族人民带来严重灾难的内乱","使党、国家和人民遭到建国以来最严重的挫折和损失";另一方面,"文革"时代形成不了混混、恶头,他们不仅会被打击,而且他们实际上也被吸进了各种"派系",参加了那个时代特有的"派系社会"。"文革"时代似乎没有黑恶势力,但那是一个无需黑恶势力、没有黑恶势力可人人恐惧的时代,是一个要文斗有文斗、要武斗有武斗的时代。所以,我们很难从"文革"年代的情况得出政治混乱不会产生黑

---

　　①　参见黄海:《灰地:红镇"混混"研究(1981—2007)》,生活·读书·新知三联书店2010年版,第3页。

恶势力的结论。

政治格局的核心是权力的结构和布局。如果公权力体系总体上没有受到黑恶势力的浸染,黑恶势力也没有强有力的"保护伞",那么,防治黑恶和打黑除恶的政治格局就可能容易形成,能否长期维持则是另一个问题。如果在公权力系统中,黑恶势力的代理人(保护伞)已经客观而隐蔽地存在并有足够力量,或者黑社会人员已经渗入公权部门,在这样的政治格局(人事布局)下,不大可能形成统一、坚定的防治黑恶、打黑除恶的局面。对黑恶势力生成和发展最有利的政治格局就是"黑金政治"格局。那种局面下,新的黑恶势力容易生成,老牌黑恶势力可以继续壮大,没有覆亡的危机。

我国目前的政治和社会格局中,有三种"集团"对黑恶势力生成的影响值得关注。一是特殊利益集团。这类"集团"与黑恶势力的关系怎么样,或者说,这些"集团"里面是否存在亦黑亦红、亦官亦商的情况,是个大事。二是从基层到较高层级的某些公权部门和公权人物,特别是从地市到县区和乡镇各级的某些公职人员,以及被打出原形的"老虎""苍蝇"集团(如"石油帮""西山会""军老虎"等),他们与恶势力和黑社会是否存在联系,尤其值得重视。三是那些转瞬暴富的企业、公司老板和中高级管理人员、公职人员的家属亲友,以及暴富的大腕巨星等人员(他们也是一类集团,是"马有夜草,人有横财"的人群),究竟与黑恶势力有没有关系,或者在黑恶势力生成中扮演什么角色,为世人关心。由于这三类"集团"在当前中国的政治、经济和社会格局中有"举足轻重"的地位,他们与黑恶势力的生成有无某些联系,当然不能忽视。

第三,公权力机构、人物与各色黑恶势力"后备人选"有无利益或人情关联等不当关系。

任何公权部门和公权人物,只要与各色黑恶势力及其"预备人员"有任何哪怕是表面上看起来"很正当""很普通""很自然"的利益和情感关联,都会使得从源头上防治黑恶势力生成、发展的愿望、意图和理想落空,难有例外。其中,利益因素具有独特的重要性和相对独立性。

有了利益牵连和利害关系,就必然有得失问题。"患得患失"是人生的大困惑与大忌讳。在防治黑恶和扫黑除恶的问题上,公职人员容易因利益(利害)攸关而以公肥私,因私害公。黑恶势力没有什么防不了、防不住的,他们的"后备队员"不外乎是些混混、恶棍,往往文化低,钱财少,人也不太多,不让他们成气候,把他们给控制住和铲除都不难。之所以对黑恶势力防不住、治不了,问题就出在"利益"或者情感上。

由于中国式人情社会,由于我们已经强调的,黑恶势力的成员是我们社会中的成员,黑社会是"我们社会中的社会",我们许多人和恶势力、黑社会的成员存在和保持着各种各样的甚至根本无法割断的"正常"联系,这里包括正常的利益和人情世故联系。公权力部门、公职人员也会这样,他们不止是打击、惩罚黑恶势力,在这之外,他们可能与某些黑恶人员早已熟悉,交往密切,他们可能不知道某些企业、公司是黑老大的产业,而与之正常地产生、建立了"业务"或者利益联系。公权力和公职人员不知不觉间与"隐匿"的黑恶人员或者"候补队员"零距离接触,会产生利益或者情感上的交织,这对防范黑恶势力的形成确有或多或少的妨碍。

实务中,有的好警察、好干部却对黑恶人员下不了(狠)手,就因为他们可能曾经相互熟悉,还有不少交往,甚至一些黑恶人员在当地可能被认为"人很好""很不错""很能干",曾经"合作很愉快"等。正因如此,扫黑一般都要异地用警。

第四,作为影响黑恶势力生成与坐大的重要政治因素的时局混乱。

时局就是一时一地的政治、经济和社会局势,一般指政治局势。小范围的时局可以是一乡一县,大尺度的时局可以是一个地区、国家或者世界。如中国抗战前夕的时局、今日中国之时局、今日环太平洋国家之时局等。时局有自然因素造成的(如地震、海啸、洪水、旱灾等,政府应对不力,会形成政治压力,出现政治和社会动荡),有社会因素造成的(如战争、动乱、革命等)。社会因素造成的时局,大者缘于上层直至顶层政治人物的意志、决断,小者缘于一方县、乡、村各级官员的想法和手段;也有外来因素形成某种时局的,典型的有外国侵略、干涉、骚扰或国际社会的"制裁",这都会给一国造成某种特殊时局。自然因素和社会因素巧合,共同造成某种时局,也是常见的,如政府应对地震、海啸不当,几种因素重合,会造成赈灾不力的困局,形成政治压力。

时局对防治黑恶和扫黑除恶有明显影响,既可能推进这方面的工作,也可能让这项工作被冷在一旁,还可能让相关工作发生政策性、方向性转变。当公权部门和人物需要应对其他重大事务,无法集中精力防范黑恶,紧张、混乱的时局可能为混混、恶势力和黑社会提供喘息、发展之机,当然也可能相反,为了控制、拨正混乱时局,公权部门和人物更加注重防范打击黑恶势力。如果时局使得公权人物不得不动员一切可以利用的力量"一致对外"时,某些公权部门和人物会充分利用那些也愿意"一致对外"的黑恶人员,保护他们的某些利益。

一般来说,当出现巨大自然灾害时,公权部门或有关组织会及时、高效应对,赈救灾民,恢复秩序和生产,防治疾病,以及严防灾区治安危机。这种时局之下,严格防范和打击违法犯罪,对混混、恶头等黑恶势力或其苗子,也会大力打击、弹压。当一个国家或地区发生骚乱、动荡、战争,或者遭受外敌入侵时,各种政治力量对待具有不同政治态度的混混、恶头或黑社会,会有不同的策略。从有关当局、政治组织的角度看,有分化、利用黑恶势力的,也有对特定黑恶势力采取打击手段的,关键是那些混混、恶头和黑社会所持的政治态度、立场和利益诉求是否与有关当局或政治组织的立场、利益基本一致。所以,一些恶势力、黑社会也是某种"时势所造",或者被时势消灭。

第五,作为黑恶势力滋生和成势的基本条件和关键因素的权力腐败。

腐败是黑恶势力生成及发展的基本条件,这是学界和社会普遍知晓的事实,[1]在一国、一地区和全球都是如此。在我国,党和国家高度重视反腐,高度

---

① 参见康树华、魏新文主编的《有组织犯罪透视》"成因篇"中的第十主题:有组织犯罪政治成因中的"政治腐败"(北京大学出版社 2000 年版,第 261—262 页);何秉松所著的《中国有组织犯罪研究(第一卷)·中国大陆黑社会(性质)犯罪研究》第二十一章第五节,指出"政治腐败"是黑社会组织滋生和发展壮大的温床(群众出版社 2009 年版,第 494—510 页);赵红晨、李斌:《黑恶势力和贪污腐败成为焦点》,《西安日报》2001 年 4 月 28 日,第 1 版;刘宝山、罗军凯:《腐败与黑社会》,《中国刑事警察》2004 年第 1 期;王治国:《打击黑恶势力"保护伞"也是反腐败的重要一环》,《检察日报》2009 年 10 月 20 日,第 5 版;钟国兴:《打击黑社会势力必须坚决地反腐败》,《学习时报》2000 年 8 月 7 日,第 1 版;丁智良:《黑社会性质犯罪与腐败的"联姻"》,《党政干部文摘》2002 年第 8 期;《"黑社会老大"牵出司法腐败案》,《廉政瞭望》2003 年第 2 期;周伟:《"猫鼠同穴":黑社会与政府腐败》,《社科信息文荟》1995 年第 5 期;钱飞:《黑社会性质犯罪与腐败的

重视通过反腐治理黑恶势力。习近平总书记在党的十九大报告中指出,人民群众最痛恨腐败现象,腐败是我们党面临的最大威胁。只有以反腐败永远在路上的坚韧和执着,深化标本兼治,保证干部清正、政府清廉、政治清明,才能跳出历史周期率,确保党和国家长治久安。习近平总书记在党的二十大报告中继续坚定指出并要求全党全国,坚决打赢反腐败斗争攻坚战持久战。他指明,腐败是危害党的生命力和战斗力的最大毒瘤,反腐败是最彻底的自我革命。只要存在腐败问题产生的土壤和条件,反腐败斗争就一刻不能停,必须永远吹冲锋号。以零容忍态度反腐惩恶,更加有力遏制增量,更加有效清除存量,坚决查处政治问题和经济问题交织的腐败,坚决防止领导干部成为利益集团和权势团体的代言人、代理人,坚决治理政商勾连破坏政治生态和经济发展环境问题,决不姑息。深化整治权力集中、资金密集、资源富集领域的腐败,坚决惩治群众身边的"蝇贪",严肃查处领导干部配偶、子女及其配偶等亲属和身边工作人员利用影响力谋私贪腐问题,坚持受贿行贿一起查,惩治新型腐败和隐性腐败。深化反腐败国际合作,一体构建追逃防逃追赃机制。深化标本兼治,推进反腐败国家立法,加强新时代廉洁文化建设,教育引导广大党员、干部增强不想腐的自觉,清清白白做人、干干净净做事,使严厉惩治、规范权力、教育引导紧密结合、协调联动,不断取得更多制度性成果和更大治理效能。习近平总书记的前述讲话内容不仅确定了我们党和国家反腐的路线方针,而且也是党和国家通过反腐而治理黑恶势力生成、防治黑恶势力形成发展的方针、政策。

我国加入的《联合国反腐败公约》也明确指出,腐败不是局部问题,而是影响所有社会和经济的跨国现象,腐败严重威胁社会稳定和安全,破坏民主体

的关系分析》,《商情(教育经济研究)》2008年第2期;王大中:《权力腐败是黑社会生成的社会结构性土壤》,《政法学刊》2002年第6期;王珏:《惩治腐败与打击黑社会性质犯罪》,《人民法院报》2003年7月7日;韩晓燕:《腐败与黑社会性质组织犯罪关系研究》,《铁道警官高等专科学校学报》2012年第2期;张应立、殷东伟:《论腐败与黑社会犯罪》,《山东警察学院学报》2015年第1期;芮纪云:《揭秘武汉铁路大票霸武汉铁路刘志祥腐败大案举报始末》,《检察风云》2006年第10期;张明德:《论权力越轨与腐败的滋生》,《北京化工大学学报(社会科学版)》2003年第2期;赵国玲、汪锋:《腐败、罪恶、黑手党:俄罗斯有组织犯罪概览》,《法律与生活》1998年第4期;邵道生:《权力腐败庇护下的流氓恶势力》,《百科知识》1997年第5期;等等。

制、价值观、道德观和正义。巨额腐败资产可能占国家资源的很大比例,危害国家的政治稳定、可持续发展、国民经济和法治。腐败同有组织犯罪和包括洗钱在内的经济犯罪存在联系。权力腐败与黑恶势力之间是互相催化的关系。腐败为黑恶势力的产生和发展提供了政治环境,帮助黑恶势力在发展中避开法律打击风险,帮助黑恶势力借用政治威势而获得更多经济社会资源和资本,帮黑恶势力撑腰壮声势,有利于他们扩大队伍,帮助黑恶势力洗白身份,走到社会的中心舞台。相应地,黑恶势力成了腐败官员的金主,为那些官员继续通过买官高升提供金钱资助。腐败官员因有腐败资本而官越做越大,地位越升越高,背后的金主也不断获得政治和经济的回报,腐败官员的日子也越过越滋润,权势更重。这就形成权力腐败与黑恶势力相互抬拱,恶性循环。"这种互动的最危险、最严重的结果是黑金政治的形成。"①黑金政治下,黑恶势力的蔓延和强势程度,是衡量一个地区或国家的权力腐败、社会"灰黑化"程度的标志。

对黑恶势力的生成和发展来说,一些公职人员,包括某些政府官员、警察、检察官和法官,他们的腐败,最直接地为恶势力形成、黑社会成型提供了条件。特别是身负防治黑恶、打黑除恶职责的腐败警察、检察官和法官,亲手把黑恶势力送给了这个世界——不仅不打击,反而还保护;不仅保护,有的还亲自参与黑恶势力,甚至做老大。

当今中国这"匪"那"霸"横行乡里、城镇,混混、恶头张狂,恶势力、黑社会性质组织打而未绝扫而未除,与我国当今的权力腐败直接有关;几十年来,黑恶势力之所以反而不倒、打而不消且愈演愈烈,与我国的腐败愈演愈烈直接相关。有人认为我国目前腐败呈现"十大特征",也有人把现在的腐败归纳为

---

① 何秉松:《中国有组织犯罪研究(第一卷)·中国大陆黑社会(性质)犯罪研究》,群众出版社 2009 年版,第 495—496 页。

何秉松认为,黑金政治是黑社会通过金钱和政治权力的相互勾结和结盟。反动政治、黑社会势力、邪恶经济合为一体,形成黑金政治。政治越腐败,黑社会组织越发展,相互勾结的规模和严重程度就越大;进而,相互勾结的规模和严重程度越大,政治就越腐败,黑社会组织就越发展。黑金政治的发展程度,是衡量一个国家、一个社会政治腐败和黑社会犯罪严重程度的综合指标。

"十大表现"。① 总之,局面还很严峻。

这种局势之下,黑恶势力的生成和存在方式,出现了三个特殊情况:其一,一些腐败的部门、公职人员跟黑恶势力"比黑",究竟谁黑过谁,包括手段、心思、"玩黑的花样",看谁在普通百姓面前更黑。其二,边打边防边黑。一是打黑防黑的人在执法过程中"变黑"了。二是似乎形成混混、恶头、黑老大"打不了,打不完,不怕打,打复生"的社会现象,给扫黑除恶人员和社会公众一种心理落差和压力。公众逐渐对公权力打黑防黑产生疑问,"假打""打小不打大""打面上不打幕后",如此之类的疑惑产生和蔓延。这其实为黑恶势力生成提供了社会心理氛围。三是有的黑恶势力已经漂白,有些在加紧漂白,已成气候的黑恶势力在加快转型升级。特别是在各地多番打(扫)黑除恶后,面上的黑恶势力多有收敛,但掩饰极深的黑恶势力,已经集"黑红白"于一身的黑恶势力,对他们的识别、防范和打除都更难。四是混混、恶头,特别是已经成型成势的黑恶势力,他们更加内敛,更加"懂事",知道如何周旋、应对,跟保护伞、腐败官员的配合更加艺术和默契,保护伞或其他腐败官员对其所保护的黑恶人员进行掌控、"培训"和"调教"也更到位,为"帮助"保护伞过关,让地方公权部门扫黑除恶有成效,黑社会主动玩起了"丢卒保车""弃车保帅"的策略,向打黑部门"送政绩",以退为进等防范打击的能力和手段提高了。其三,除了还处在初级阶段的混混、恶头等村落、街区的黑恶人物,真正成型的恶势力,成型的黑社会性质组织,加快了企业化、公司化等组织化步伐,加快转型为合法行业从业者、合法企业经营者,并充分利用改革还不到位、政策和法律有颇多疏漏的局面,既不放弃黑恶手段,又更注重"合理合法"利用社会弊病,特别是利用某些体制性的腐败而不仅是腐败的官员个人,发展壮大其势力。"企业化"黑社会更加难除:一是其科层制组织结构,黑老大居于深层幕后,不容易

---

① 广州市原政协副秘书长、巡视员范松青把当代中国官场腐败总结为十大特征,即高官特权化、腐败群体化、贪腐高层化、数量巨额化、权力家族化、洗钱国际化、司法黑帮化、贿赂色情化、官位买卖化、军队腐败化等。参见范青松的博客,http://blog.sina.com.cn/s/blog_ba209dfb-0102xu9b.html,访问日期:2018 年 11 月 11 日。在网络媒体中流传着"中国式腐败十大表现",即"钱多""女人多""滥权""裸官""拿法律当儿戏""三公消费""财产不公开""裙带""不忌言""政绩造假"等。"三公消费"现在被刹住了一大截,但其他方面还有待继续观察。

查到;二是表面活动的合法性,违法活动的隐蔽性,具备反侦查能力,保护伞起作用,查处不容易;三是被抓的马仔不一定知道幕后情况,即使知道,也不轻易供出幕后各层人物,因为"组织"会"帮助"他们"打通关节""捞人",甚至会"帮助"他们的亲属,解除后顾之忧。

在权力腐败中,与黑恶势力生成发展最相关的是部分警察腐败。那些腐败的警察往往使打黑扫黑事倍功半甚至一无所成——有人使劲"打黑",得罪人,冒风险,他在后门悄悄"放人",拿好处,做"好人"。这会造成大家都不反黑的局面,都去跟混混、恶头、黑老大"拜把子",利益均沾,一起发财。防治黑恶,扫黑除恶,涉及多方面的利益,一旦防黑治恶与各种利益挂钩或捆绑,混混、恶头和黑老大就有了通过利益交换获得残喘、生存和发展的机会。

黑恶势力其实没用别的什么魔法,还是"钱神当道"。"有钱能使鬼推磨",而钱的魔力远不止"能使鬼推磨"。鲁褒《钱神论》说,钱真乃神也。无远不往,无深不至。钱之所祐,吉无不利。钱之所在,危可使安,死可使活;钱之所去,贵可使贱,生可使杀。有钱可使鬼,而况于人乎。死生有命,富贵在钱。钱能转祸为福,因败为成。危者得安,死者得生。性命长短,相禄贵贱,皆在乎钱。天有所短,钱有所长。四时行焉,百物生焉,钱不如天;达穷开塞,赈贫济乏,天不如钱。如今之际,有拿钱换命、换自由和换名位的,有拿生命、自由和名位换钱的,权力也待价而沽,权钱交易也有市场,政治出现市场化。混混、恶头也许不如黑社会老大深知随时需要大量资金去购买权力,但肯定知道金钱对他们的成长和安全的价值。

权力始终是稀有商品,权力市场始终是卖方市场。20 世纪 80 年代初送几块钱的烟,块把钱的高粱酒,不得了啦。后来权力价格一路狂涨,烟酒很快不行了,就给钱,几十几百块也很快不行了,就上千上万。当贿赂数额"艰难"突破十万大关后,腐败的车轮就再也没有刹车片了,百万、千万不稀罕,数以亿计也有,一些"巨虎"竟然富可敌国。当一些职务高低不等的公职人员被金钱迷住、利益套住,防黑治恶成为损害他们利益的事情时,他们就会把法律和责任放在一边。

利益当然不只是钱。对有些人,政治利益比钱更重要,"政治生命"比自己的命还重要,以至甘冒"富贵险中求"的危险,以自己未来的政治、经济"价值"相许诺,寻求、利用混混、恶头、黑道人物,让他们成为自己攀升过程中的

"金主",成为帮助自己铲除对手的工具。有了这样的利益追逐者,就不要再说防黑反黑、治恶除恶的事情了,他们会直接破坏、干扰防黑治恶、扫黑除恶。

第六,基层民众对黑恶势力没有识别能力,缺乏拒斥心理,也无防范手段。

与混混、恶头等近距离接触或比邻而居的"乡亲""街坊邻居"等普通民众,对黑恶势力是排斥还是容忍,这类"民众(民意)政治"对防治黑恶势力意义重大。

许多普通民众不认识、未接触、不曾遇到过混混、流氓、恶头,也没有直接受害过。他们对混混、恶头"没有实在的感觉",他们关于黑恶势力的认识,多半基于媒体报道或其他传闻信息。他们对黑恶人员的厌恶、痛恨和排斥,或者无感觉、有好感等,都是建立在这些公共信息之上,没有实际感受和经验体会。所以,他们对社会防治黑恶、打黑除恶没有实质性影响。

那些与混混、恶头长期生活在一个村落、街区的乡亲和街坊邻居,那些亲身遭遇过黑恶人员侵害的人,究竟如何看待、对待身边的混混、流氓、恶头,是要求警察、政府采取打击措施,还是熟视无睹、畏而远之、逆来顺受、明哲保身,这对混混们、恶头们能否顺势长成黑恶势力,具有重要意义。

尤其,当乡亲、邻居后来发现有的混混混出了头,恶头恶到了家,都有些可以炫耀的资本的时候,或者看到警察、政府都奈何不了混混、恶头,都要护着混混、恶头,村里和社区的干部都要给他们递烟端茶、陪他们吹牛聊天,还经常一起吃吃喝喝的时候,看到混混、恶头即使闯了祸也平安无事,似乎谁都动他不了的时候,这些乡亲和邻居还得跟他们生活在一个村、一条街,还会抬头不见低头见。当在村里和街区形成这种氛围的时候,除了个别可能遭受过黑恶人员严重侵害的人外,恐怕大多数的乡亲、邻居对混混、恶头和流氓已经没有特别的恶感和抵制,更说不上强烈要求政府打击他们了。甚至真要有那么一天,公安部门请这些乡亲、邻居作为证人证明某人是混混、恶头,有多少违法犯罪行为,都有可能被推脱、拒绝,或者对警察避而不见。如果社会中形成这样的大氛围,村落、街区形成这样的小氛围,这对政府和警察防治黑恶、打黑除恶就明显不利。

对黑恶势力来说,审慎把握"民意"是他们能否顺利产生和发展的重要"政治问题"。因为,政府和官员既可以利用民众对黑恶势力的某种容忍而放松打击,增强对黑恶势力的保护,也可以利用黑恶势力所招致的民众愤怒而予以打击。特别是,对普通民众的残忍屠杀会激起巨大民愤,触犯众怒,甚至会触犯并不想招惹政府注意的其他黑恶势力,更不用说会招致警察和整个政府的打击。有时候,即使是跟黑恶势力关系极深的政府和警方,也不得不对那些大开杀戒的黑恶势力进行镇压。黑恶势力,特别是现代黑社会,避免触犯众怒是他们最重要的生存策略;相反,惹出民愤就是他们最严重的错误。①

第七,防治黑恶、扫黑除恶的社会舆论乏力或者出现舆论偏差。

舆论,其核心是社会公众或特定人群通过一定工具和方式,不同程度地公开、集中对某个话题表达出的个人或集体、团体的观点、态度和信念、意见。通过舆论而制造、控制或"引导"舆论,达到张扬或抵制、消灭其他舆论的目的,是舆论的最重要功能。舆论都有公共性和公开性,没有纯属私人和秘密的舆论,即使小圈子范围内的舆论在圈子内也是公共的和公开的,也是为了向别人表达看法,争取认同,或者影响他人的意见。所以,舆论都是"公共舆论"。

涉及政治、经济和社会事务的公共舆论,往往都具有政治性、时政性。在我国,特别强调舆论的正确政治立场、方向和引导作用,并以此确定媒体发布的内容。防黑治恶和扫黑除恶历来都是一时一地的重要时政,备受关注,新闻性也强。公权部门和人物都非常重视通过舆论引导群众心理,动员防治黑恶和扫黑除恶的社会力量,宣传扫黑除恶的政治纪律、政策标准和法律规定,给黑恶人员造成舆论压力、心理紧张和道义上的被动局面,消除扫黑除恶中的不同意见。几十年来,我国各地打黑除恶的舆论一直持续,有些地方还出现过集中、专门的打黑政治舆论②,但效果不均衡。

正确的扫黑除恶政治舆论比一般公共舆论更能支持、帮助政府和警方防治黑恶、打黑除恶,更能有力对抗那些干扰防治黑恶、打黑除恶的声音和行动。

---

① 参见[英]大卫·索斯韦尔:《有组织犯罪的历史:黑帮的真实故事》,邱颖萍译,文汇出版社 2012 年版,第 34—36 页。

② 政治舆论,就是政治主体(国家、政府及其部门、政党、参与政治的各类媒体、政治人物、跨国或国际政治组织、参与政治的非政府组织、公众等)通过其掌控的舆论工具,以既定政治意图、政治目的为出发点,有组织和有计划地、系统地、集中和广泛地发布(发表)具有特定倾向的政治、经济和文化观点、意见、思想和价值观念,形成特定政治话语,制造政治气氛,左右政治力量和社会力量,造成或操控地方、国家或国际社会的某种局势,以便发动、保障、支持或压制、阻止、平息重大政治和社会事件。

众所周知,有些政治舆论可能尊重事实真相,也可能不符合基本事实,可能讲道理、讲真道理,也可能强词夺理、混淆黑白、颠倒是非。一些有不轨政治意图的组织和人物,他们一切皆以其政治立场、目的和政治需要为真假善恶、黑白是非的标准,其所是皆为是,其所非皆为非,他们会操弄舆论和舆论炒作,掩盖事实真相,扭曲、偏离法律和政策。因此,防治黑恶和扫黑除恶需要正确舆论的支持,媒体有权利和义务客观全面报道相关新闻和公众意见,相关机关、部门应当在尊重客观事实、尊重法律和尊重新闻规律,通过实事求是的舆论宣传和引导,为防治黑恶和打黑除恶创造良好舆论氛围,以及更好的政治和社会氛围。这要求我们对政治舆论要有鉴别力,要按照"讲政治"的标准,判断舆论的客观真实性、准确公正性和合法合理性。

我们现在看得清楚,打(扫)黑除恶的专门化政治舆论有其限度。这个限度就是尊重客观事实,尊重法律和政策,尊重政治伦理,尊重媒体自身的规范和规律,尊重社会公众,让舆论良性地服务于防范和打击黑恶势力。应当防止出现相反情形,由此防止"三失败三增长"的后果:防范、打击黑恶的努力遭失败,社会稳定发展的努力遭失败,公权力防治黑恶的政治意图遭失败;黑恶势力增长,社会混乱增长,民众苦难增长。

第八,导致黑恶势力滋生、成长的不当或错误政策(含法律化的政策)方面的因素。

在历史和现实中,一些考虑不周、决策不当、内容欠妥的政策,一些初衷很好但实施中出现重大问题的政策,一些顾此失彼的政策,一些没有科学论证的想当然政策,一些互不协调的宏观或微观政策,不管国家层面还是地方层面,不管是完全出乎意料还是(应当)在预料之中,都会对黑恶势力的产生起直接或间接的重要作用。这方面的事例也不少见。美国的"禁酒"政策,加拿大提高烟草税的政策,我国1994年至2017年的中央和地方税制政策、强制征地拆迁政策,都产生了"意想不到的"影响黑恶势力生成的效果。

美国犯罪学、法学等学界公认,20世纪20年代初开始实施并延续了十多年的"禁酒令",不仅拯救了濒临崩溃、奄奄一息的美国黑手党,而且给了各种犯罪组织成长的机会。

大卫·索斯韦尔写道:

许多书里都将 1920 年 1 月 16 日视作美国黑手党的诞生日——这一天通过了第 18 号宪法修正案,禁酒令降临美国。毫无疑问,这可能是美国有组织犯罪有史以来最重要的一天,这一天不仅创造了黑手党,而且还把有组织犯罪从濒临死亡的边缘拉了回来。

在 1914 年第一次世界大战以前,美国大多数的有组织犯罪集团,前途看起来都已经很黯淡了。当时,改革的浪潮正席卷美利坚合众国,联结政治机器与街头帮派流氓之间的纽带正在被切断。失去了政治的保护,许多传奇帮派都开始土崩瓦解。以往靠贿赂所带来的各种好处遭到了否定,参与竞争的帮派越来越多,如工会、赌博业以及卖淫业的争夺日益激烈,帮派间的混战也在与日俱增,所有的这一切都在削弱他们的力量。在传统帮派衰落后,准备从中获益的是遍布在全美各个意大利社区的黑手帮。但是,这些新生的美籍意大利人的犯罪组织由于缺乏政治力量的支持,显得十分脆弱,其经历的繁荣也很短暂。不久,他们的活动就遭到了美国当局的打击。

新的赚钱机会是 1920 年第 18 号宪法修正案和沃尔斯特法案生效后兴起的私酒贩卖。第 18 号宪法修正案和沃尔斯特法案禁止销售酒类。几乎是一夜之间,美国便出现了一个庞大的、新兴的交易额高达数百万美金的遍布全国的非法私酒供应市场。在这个市场中,奄奄一息的犯罪组织占据了有利的位置,他们向成千上万如雨后春笋般涌现的地下酒吧大量供应私酒。是禁酒令促进了美国犯罪组织的成长和黑手党的发展。

禁酒令出台,给黑手党提供了一个再适合不过的机会。要是禁酒令再晚几年出现,情况就大不一样了。到时意大利社区正常发展,警察打击犯罪,黑手党也许只会是美国各种有组织犯罪集团中的一股过气势力而已。应该说,就是禁酒令让他们拥有了勃勃生机和滚滚财源。禁酒令一实行,黑社会繁荣的时代就到来了。①

---

① [英]大卫·索斯韦尔:《有组织犯罪的历史:黑帮的真实故事》,邱颖萍译,文汇出版社 2012 年版,第 30、31、32、33 页。

　　此外,索斯韦尔还提到过,加拿大政府曾经将烟草税税率提高了3倍,并额外投入警力对付烟草走私分子,还对逃避关税的人严厉惩罚,结果却使走私问题随着税率增加而日趋严重。唯一从中获利的是有组织犯罪分子。1994年,加拿大政府降低一半烟草税,这一措施达到了有效打击有组织犯罪的目的,有组织犯罪的主要收入被切断,陷入了困顿。①

　　在学术界,有人认为,我国过去很多年的"分税制"政策②的不足③造成基层(乡镇)政府财政困难,削弱了基层治理能力,诱发基层社会管理失控和失序,导致一些地方黑恶势力形成和坐大;实行多年的强制征地和拆迁政

---

　　①　参见[英]大卫·索斯韦尔:《有组织犯罪的历史:黑帮的真实故事》,邱颖萍译,文汇出版社2012年版,第4页。

　　②　分税制,就是政策或法律明确划分国家各级政府的事权(承担的公共事务和服务任务、职责,即支出范围)和财权(依法筹集和支配财力的权力,包括征税权、收费权、发债权、分配财政资金权等),按照事权与财权相统一原则,结合各税种的特性,划分中央与地方(或联邦与州、县等)之间的税收(管理)权限和税收收入,并辅之以财政补助及转移支付等制度,从而建立起的国家预决算等财政管理制度。分税制由分税(中央税或"国税"、地税、央地共享税,包括按税种分税和按税率分享分税)、分权(划分各级政府税收立法、征管等权)、分征(设置中央、地方或联邦、州、县等不同的税收征管机构系统)、分管(各级及各地政府分别管理各自的税人)和补助、转移支付(保障宏观调控目标,支持落后地区的发展等)组成。

　　在分税制建立前,我国实行过"统收统支"(1949—1953年)、"统一领导,分级管理"(1953—1978年)和"财政包干"(1980—1994年)的体制。"包干"体制就是,每年中央根据各地前一年上缴的额度,跟各地方商定一个当年财政上缴比例。这出现了一系列问题:一是"鞭打快牛",以前缴纳多的,今后就会越缴越多,经济越发展的地方越缺少发展积极性;二是地方政府开始隐瞒实际收入;三是中央每年要跟地方"讨价还价",中央财政被地方束缚住;四是地方越来越富,中央财政越来越紧张,而且随着中央政府开支日增,中央财政陷入困境。到20世纪90年代初,我国中央财政年年入不敷出,赤字越来越大,难以为继;相应地,地方财政日显宽裕,而中央也越来越难以和地方"商量"。

　　1994年,中央决定实施"分税制",划分中央税与地方税,把影响全国,需要全国统一管理的商品流通和税源集中、收入较大的税种划为中央税,税权(税收立法、执法和司法权)归中央;把与地方资源、经济状况联系比较紧密,对全国性商品生产和流通影响小或没有影响,税源比较分散的税种划为地方税,税权归地方(省、市、区等);把一些税源具有普遍性但征管难度较大的税种划为中央和地方共享税,税收立法权归中央,执法和司法权可归中央也可归地方。全国税务机关分为国家税务局("国税")和地方税务局("地税")两个系统,各自征收不同税种。国税负责征收中央税、中央和地方共享税,地税主要负责征收地方税。

　　③　"分税制"并不"产生"黑恶势力,但是它的局限性有可能推动或促使了基层社会特别是乡村黑恶势力的产生、发展,当然,这种"推促"作用也是制定政策时完全未曾预料到的。黄海在其《灰地:红镇"混混"研究(1981—2007)》中写道,分税制让"国家财政蒸蒸日上,省级财政稳稳当当,市级财政摇摇晃晃,县级财政哭爹叫娘,乡镇财政精精光光"。

策,其中问题也不少,那些问题也促生了黑恶势力,并且早已是公众和媒体关注的社会焦点。①

现在回过头去看,曾经的分税制的主要问题是:1994 年分税制改革后,中央重新上收了财政收入权,但对财政支出权的调整有限,省级以下各级政府需负责提供重要的社会支持和几乎所有的公共服务,即财权上移,事权下放。通俗地说就是"中央财政喜气洋洋、省市财政勉勉强强、县级财政拆东墙补西墙、乡镇财政哭爹喊娘"②。具体来说,"分税制"后出现的问题有:其一,县乡财政困难;其二,中央和地方的事权与财政支出范围不清晰,县乡财权与事权严重不匹配,尤其是乡镇政府财权与事权几乎完全脱节;其三,县乡两级政府出现严重赤字财政和"吃饭财政",加之机构极其庞大,人员极其臃肿,许多县乡的财政根本不够吃饭;其四,出现地方收费财政,县乡设立名目繁多的收费项目,大量依靠"执法创收",出现所谓"执法经济",搞乱了地方经济、执法以至政治秩序;其五,造成了"跑部钱进"等大量"跑项目""要资金"的体制问题,各地各级产生了某些体制性腐败现象;其六,它被认为是"土地财政"、高

---

① 媒体报道资料如:李松、黄洁、徐伟伦:《严打黑恶势力介入拆迁》,《法制日报》2010 年 4 月 26 日,第 8 版;乔伟辉、郭清媛:《黑恶势力成暴力拆迁领域主角》,《大河报》2010 年 7 月 23 日,第 20A 版;陈璐:《暴力拆迁背后的利益驱动》,《中国青年报》2013 年 12 月 18 日,第 7 版;吕梦琦、王晓磊:《严查暴力拆迁背后的指使者》,《襄阳晚报》2015 年 9 月 22 日,第 2 版;孟昭丽、何丰伦、甘泉:《扒开"血色委托拆迁"背后"三张皮"》,http://news.xinhuanet.com/politics/2014-08/22/c_1112196206.htm;李劲峰:《如何遏制黑恶势力介入征地拆迁?》,http://news.xinhuanet.com/photo/2011-07/05/c_121627056.htm;周喜丰、李林:《暴力拆迁者被法院认定为"黑社会"》,http://www.xxcb.cn/event/guonei/2013-08-30/8893321.html;以及王才亮撰写的 2010 年至 2017 年各年的《中国拆迁年度报告》;等等。学术著述主要有:张红霞:《征地拆迁领域黑恶势力的生长逻辑及社会危害研究》,华中科技大学出版社 2015 年版;张红霞、谭术魁:《黑恶势力插手征地拆迁的现象剖析》,《团结》2013 年第 6 期;张红霞、周霞:《基于社会网络分析的湖北省 G 市征地拆迁领域黑恶势力生长实证研究》,《中国土地科学》2014 年第 4 期;李劲峰:《黑恶势力介入征地拆迁如何斩断"罪恶之手"》,《报刊荟萃》2012 年第 2 期;耿羽:《征地拆迁中的混混暴力市场化》,《中国青年研究》2016 年第 7 期;白翔:《武汉"黑恶势力拆迁队"调查》,《新民周刊》2015 年第 9 期;等等。访问日期:2016 年 9 月 6 日。

② 《国务院的这项大改革,等了足足 22 年》,http://finance.ifeng.com/a/20160826/14808360_0.shtml,访问日期:2016 年 8 月 27 日。

房价和暴力强制征收土地、强制拆迁的重要推动因素；①其七，分税制实行后，县乡财政越发陷入困境，特别是乡镇财政困境，加上其他因素，导致了乡镇政权的弱化和虚化，乡镇政权减弱甚至失去了对乡村的领导。分税制的不足与乡村黑恶势力生成之间是有间接关联的：分税制与全国性乡镇财政困难有明显关联，乡镇财政困难很大程度上是由分税制造成或者因其恶化的；乡镇财政困难改变了乡镇政权的地位，出现乡镇党委政府的政治领导弱化，对乡村管理、控制的虚化；乡镇财政困难弱化乡镇政府社会服务能力，政权功能退化，降低了农民对基层党委和政府的支持和信赖程度，削弱了党的群众基础；进而，基层政府的社会控制能力受到影响，基层政府政令下达和执行乏力；伴随着乡镇政权的弱化，公权力对乡村秩序的失控，无力对付混混、恶头，容忍、姑息、迁就恶头、混混，借力于混混、恶头，村社、乡镇与混混、恶头合流，甚至借助乡村混混、恶霸和宗族势力治村，帮助基层政府"理政"，农村黑恶势力迅速滋长；部分乡村社会的黑恶势力甚至动摇基层政权。

众所周知，黑恶势力深度介入了强制征地和房屋强制拆迁。黑恶势力野蛮拆迁已经"成为政府形象最大泼污者"②。强制征地拆迁与黑恶势力的关系大体可分为三类：一是大量黑恶势力"介入"强制征地拆迁，并在强征强拆"市场"中发展壮大；二是强征强拆"市场"直接孵化出混混、恶头、流氓，并成长为恶势力或黑社会性质组织；三是强征强拆"市场"吸引了社会上的一些混混、恶头、无赖、无业闲散人员、刑满释放人员等——他们无论是被雇请还是主动进入强征强拆市场中来，都转变成了黑恶势力。可以说，强制征地拆迁市场既让一些黑恶势力应运而生，也让一些黑恶势力顺势膨胀。

---

① "分税制"是否与土地财政、高房价和暴力强制征地拆迁有关，不同的人有不同认识。但是，大多数人认为，分税制不仅造成县乡财政困难，而且导致土地财政、高房价和强制征地拆迁等问题，这方面的文献资料相当多（参见前文、后文引述的资料和相关注释）。不过，财政部财政科学研究所原所长贾康在2015年5月19日表示，基层财政困难、土地财政问题、隐性负债等问题确实存在，但它不是1994年分税制改革带来的结果，恰恰是分税制的改革在实际生活中没有如愿往下贯彻，省以下没有真正进入分税制状态带来的。参见贾康：《土地财政等问题多因分税制改革没有贯彻》，http://finance.china.com.cn/news/20150519/3125480.shtml，访问日期：2018年11月11日。

② 陈志龙：《野蛮拆迁成为政府形象最大泼污者》，http://finance.sina.com.cn/360desktop/zl/china/20131012/092116968621.shtml？from＝wap，访问日期：2021年9月6日。

黑恶势力在强制拆迁中的作用是多方面的,主要是帮助公权部门完成对不愿搬迁的住户的强制拆除,迫使被征土地或者城镇土地上的部分居民搬出迁走,腾出土地,拿公家的报酬,但是,也不排除一些黑恶势力暗中帮助被拆迁户"维权"哄闹,抬高搬迁补偿要价,从中收取酬劳,这就会形成"两头吃",当然实质上还是"多吃"公家。不过,"两头吃"的黑恶势力被公权部门发现了,很可能得不偿失,成为被打击对象,会有灭顶之灾。张红霞的专著《征地拆迁领域黑恶势力的生长逻辑及社会危害研究》(以下简称"张著"),已经全面、细致、深入研究征地拆迁领域黑恶势力的生长逻辑,是可资参考的重要文献。我们从张著勾勒的黑恶势力与强制征地拆迁政策之间的关联图景,可以总结出征地拆迁政策生成和助长黑恶势力的内在机制:

强制征地拆迁政策自开始就存在五个问题与不足,[①]并在后来不断扩散加重,使与强制征地拆迁相关的各种社会问题几乎积重难返。在此长期过程中,一些地方政府或者部门,那些腐败官员,为黑恶势力的滋生和成长提供了两个机会和四种机制。两个机会:一是黑恶势力有市场需求,黑恶势力成为卖方市场的主体;二是寻求"保护伞"变得空前容易和半公开化,降低了建立和维持"保护伞"关系的机会成本,尽管可能为"保护伞"而花费的代价在不断上升,但这可以通过收益增加而获得更多补充,仍然是划算的买卖。四种机制:一是合法及不规范甚至不合法的征地拆迁需要有灰黑色的工作人员,不能让正式的国家工作人员和官员、干部总是冲在征地拆迁的第一线,更不能长期直接自行扮演黑脸。混混、恶头等类型的人物,或者已经成型的黑恶势力,最适合替代官方人员。二是征地拆迁领域的巨大灰黑色利益,不仅可以满足不法开发商的欲望,满足腐败官员的欲望,还可以承担雇佣黑恶势力的成本,给黑恶势力带去直接的、客观的利益。这一点深深吸引了混混、恶头等势力,他们

---

① 我国征地拆迁政策"五个问题":是有利于地方政府填补财力亏空和发财的政策;是让农民、农村牺牲并支持城市化、工商业的政策;是以暴力和违法手段为后盾而强行实施的政策;是通过高地价、高房价连带影响、收取(夺取)城市居民、进城农民的主要财力的政策;是赢者少(地方政府、开发商、腐败官员和参与其中的黑恶人员)、输者多(被征地的农民,被拆迁的农民和城市居民、不得不购买高价房的所有进城的农民,原先在城里生活的居民,以及任何准备进城买房或租房的人)的政策。

有进入"强拆"领域的驱动力。三是一些地方政府或部门在征地拆迁中的巨大利益,促使地方政府(而不止腐败官员)从整体上、体制上,抑制政法部门对进入"强拆"领域、帮助政府办事的黑恶势力进行打击,为黑恶势力撑起了完全不同于腐败官员个人的"大保护伞",混混、恶头要结成团伙或组织,更加容易,环境对他们更宽松。四是随着时间推移,征地拆迁领域整体性、体制性腐败风气的养成,面对似乎完全固化、无可撼动的征地拆迁政策,面对给自己巨大压力和强制力的政府,被征地拆迁人户乃至普通民众,不管是基于无奈、无望还是"变得习惯了",变得麻木和无所谓了,或者变得更加"聪明"更会讨价还价了,只要政府最后能够满足自己的某种限度的愿望,就不会跟政府较真到底。这极大地降低了黑恶势力在强拆中的社会舆论风险,降低了招惹"群众政治抵抗"的风险。加上,黑恶势力也已经熟悉根据不同形势采取不同强拆措施的策略,不会轻易干出让政府下不来台的事情;越来越成熟的舆论使任何涉及强制征地拆迁中的暴力、伤亡事件,都在严格掌控之下,媒体很难触及征地拆迁中黑恶势力的活动及后果。所以民众情绪、心理,黑恶势力的策略,一些地方政府或部门的态度和策略,都利于黑恶势力在拆迁领域的生成以及生存发展。

第九,黑恶势力生成和发展中的地区或国际政治方面的复杂因素。

地区或国际政治方面的复杂因素,特别是国外或境外敌对势力、跨国跨境违法犯罪势力、国际有组织犯罪势力,是一国之内的黑恶势力生成、发展的重要且复杂的因素。我们仅指出以下几点。其一,一些国家或地区利用黑恶势力(主要是黑社会)向其他国家或地区进行渗透,从而使国内或地区内的黑恶势力的生成、发展具有国际或地区政治因素。其二,一些国家或地区对于逃入其境内的其他国家或地区的黑恶势力进行政治庇护,或者利用国家、地区间政治和法律体制的差异,或者由于入境的黑恶势力并不对入境地(国)实施违法犯罪,有的还给入境地(国)当局带去可观利益,对他们不予追究,也不配合有关国家或地区的司法协助或合作请求,拒不引渡,甚至作为牵制他国或地区的所谓"持不同政见者"而进行支持、利用,搞"双重标准"或"多重标准",等等。其三,一些黑恶势力犯罪造成了地区性或国际性影响,有关国家或地区不得不做出适当反应,形成地区或国际间合作打击跨国、跨地区和国际有组织犯罪的局面。这种局面当然十分不利于黑恶势力。总的来说,现在,国家间、地区间及整个国际社会,对共同打击有组织犯罪已经有了高度共识,但仍然有少数国家利用黑恶势力对其他国家或地区进行扰乱破坏,包括培植政治上的反对势力,进行暗杀、政治颠覆等。

(三) 不完善的民生政策成为黑恶势力生成的重要因素

混混、无赖、恶头,无业人员、闲散人员,都生成于社会。某种意义上,刑释人员、社区矫正人员,也属于社会所生。但是,恶势力和黑社会(性质组织),尤其是黑社会,虽然可以说是社会的产物,但更主要的是政治或权力经由作为"中间环节"的那些不良民生政策催成或孕育。与民生最密切相关的就业、住房、教育、医疗及公共安全,这些方面的政策一旦有重大失误,民生不保,就会出大乱子,盗匪滋生,不得安宁,甚至动摇国本。下面,以美国的"禁酒令"和我国的"土地财政"政策(仅从对民生影响的角度看)为例,对此略作分析。

20 世纪 20 年代初的美国政治家们,以及当时极力支持"禁酒令"的社会公众,恐怕怎么都没有想到,也不会相信,这一纸法令非但没有真正禁酒,反而拯救了要死不活的美国黑社会组织,以致黑手党等黑社会组织在美国稳稳当当地又生存和发展了差不多一个世纪。"酒"不只是乙醇、啤酒花加水,也是需要,是文化,是习惯、风俗和精神,是"场合"与面子,还是"品位""地位""境界",可能是一些人的命根子,也可能是另一些人的噩梦。酒,真正是社会的、大众的和民族的,是历史的,更是现实的。今天,我们很难想象,要是哪个国家或地区再来一个"禁酒令"会是什么样。禁酒的法律和政策,触动了基本的民生习惯,它只会带来物极必反的效果。合法的酒生意不能做,只会把庞大的市场瞬息之间拱手让给非法经营者,而黑恶势力就是最大的结伙成团的非法势力,他们自然会接过这笔千百年来就不错的生意。美国的"禁酒令"帮助黑社会渡过了难关,帮助黑社会开启了一个世纪的发展之路。这就是不当或者不良民生政策在黑恶势力生成和发展方面的作用。

我国各地积极实施的土地财政和高房价政策,它给基层政府以及民生方面造成的问题无可回避,更不能否认。2011 年 2 月 14 日《新华日报》刊文说:

> 财政部最新数据显示,去年全国财政收入达到 83080 亿元,增长

21.3%。据国土资源部信息,去年全国土地出让成交总价款 2.7 万亿元,同比增加 70.4%。"土地财政"占全国财收比重高达 33.75%。

我国分税制财政体制运行十几年成效显著,但由于地方政府缺少稳定的自主税源,加上各级政府支出范围界定不清,"卖地、举债谋发展"成为不少地方通行做法。政府支出范围界定不清,哪些事该由政府负责,缺乏规范的制度规定,导致政府支出范围越来越大,支出责任越来越重;分税制造成优质的税源上提,不少地方千方百计举债或筹集非税收入,负债规模迅速扩大。

地方政府对土地的"依赖症"在东部地区尤其突出。杭州 2009 年土地出让金达 1200 亿元,为全国城市第一,该市拱墅区当年土地出让金193 亿元,是上年的近 20 倍。"土地财政,某种程度上是逼出来的。"拱墅区区委书记俞东来认为,按照分税制,增值税 75%、所得税 60% 交中央,东部地区县市预算内财政也是"吃饭财政"。而 2009 年该区政府通过土地出让,投入城市化建设资金达 130 亿元左右,短短几年摘掉了"杭州棚户区"的帽子。俞说:"不搞土地经营,再过两届政府都改变不了。民生的解决没有切实的财政安排,否则我何必去辛苦地拆迁、征地?"①

回过头看,很清楚的是,分税制和征地拆迁(背后是土地财政和高房价)政策密切关联。② 而且,两个政策不仅分别都有自己的弱点,带给地方(特别

---

① 《逼出来的"土地财政"》,《新华日报》2011 年 2 月 14 日,第 A03 版。有很多人讨论分税制与土地财政的关系,如黄国龙和蔡佳红所发表的《"土地财政"的分税制根源》(载《宏观经济研究》2013 年第 6 期),分析了"土地财政"与分税制的关系,并且提出应当对分税制进行调整与深化,完善和加强中央对地方政府的转移支付,赋予地方政府与其事权相匹配的财力,借鉴其他国家土地财政收入的发展历程,完善我国的"土地财政",等等。

② 但是,当"分税制"被逐步改革后,分税制作为地方"土地财政"的根据逐步消除,而延续至今的地方土地财政就不能再以"分税制"为由头。因此,当今的土地财政,一方面是过去土地财政给地方政府带去的巨大财力的惯性诱惑,是对土地财政的依赖的延续;另一方面,说明还没有替代土地财政的更好路子,没有替代性财政资源;再就是,土地财政若继续延伸,会使党中央的住房新政策难以尽快落实,即"坚持房子是用来住的、不是用来炒的定位,落实房地产长效管理机制,不将房地产作为短期刺激经济的手段",在某个时期内难以成为各地的实际做法,地方经济发展过多依赖于土地财政、继续将房地产作为短期刺激经济的手段的情况就难以改变,而继续高价售地、拉抬房价就是必然选择,也必然会加重民众购房负担,加大楼市泡沫及金融风险。地方政府还是要真正把注意力放在调整结构、提质增效、转变发展方式上,真正放在用心用力告别土地财政、实现经济转型升级上。参见"本报特约评论员":《告别土地财政恰逢其时》,《北京青年报》2019 年 8 月 1 日,第 A02 版。

是基层)政府和社会不少问题。它们还相互交织,产生叠加效应,把负面影响加倍扩大。

从研究黑恶势力生成的角度说,分税制和征地拆迁这两个极为重大而根本的民生政策,确实产生了政策制定者当初完全没有预料到的诸多现象和结果,即分税制间接促生了黑恶势力,强制拆迁制度则直接把一些混混、恶头变成了黑恶势力,把一些本不黑恶的人员变成了黑恶人员,还吸引了一些黑恶势力,助其在强拆领域继续生存和坐大。其中,分税制造成软弱无力的基层政府,造成基层政府对民众的大力索取,造成大量官民矛盾,造成基层政府更加被动无力,出现乡镇和村社被混混、恶头或黑恶势力把持,出现基层政府甚至要利用黑恶势力来帮助政府控制乡村秩序,建立起以黑恶势力主导的秩序。

恰好在这个过程中,土地财政的需求出现了,土地财政政策产生了,与配套于土地财政的征地拆迁政策相遇了,征地拆迁又恰逢全国的城市化、全国范围的大规模基建而在全国迅速扩展。土地财政(和高房价)对民众、对社会、对政府的伤害也越来越明显、清晰:不少被征地拆迁的农民和市民的利益受到损害,广大普通购房者的利益受到损害,伤害除房地产及与其密切相关的产业外的其他实体经济产业,对政府形象多有损害,对社会基本公平正义和法治有不少损害(征地拆迁补偿政策不完全公正,强制拆迁中有大量背离和破坏法制的现象)。分税制、土地财政政策、征地拆迁政策和高房价政策,共同为黑恶势力的产生提供了广阔而长久的社会背景,提供了生成的契机,提供了其所需的大量社会边缘人员,提供了生长的动力和资源,提供了从社会边缘进入社会大舞台(中心)的通道,提供了黑恶势力最需要最重要的东西即经济利益,提供了"保护伞",甚至提供了某些政策性保护机制(打黑案件显示:一些涉黑企业曾经被地方公权部门列为挂牌"重点保护单位",一些黑恶人物曾经被列入重点保护名单)。

高房价政策对黑恶势力是有吸引力的。黑恶势力不只侵入征地拆迁,也进入了房地产业。一是房地产商不仅需要政府支持,而且或多或少与黑恶势力有联系,最好的是房地产商不与黑恶势力发生瓜葛,但很难,其次是设法"安抚"好黑恶势力,再者是与其勾结,帮助一些房地产商"摆平事儿"。二是房地产涉及多个行业,如建筑、销售(购买)、信贷(借贷)、中介、广告、装修等,黑恶势力几乎与所有这些环节相关。尤其是,高房价政策极大引诱着黑恶势力,他们唯恐房地产市场不乱、房价不高,唯恐房地产市场萎缩,最怕房地产泡沫破裂,他们和开发商一起(甚至也有地方的政府部门或领导参与),欺行霸市,垄断房源,捂盘惜售,虚假销售,囤积居奇,倒买倒卖(炒房),发布虚假信息,制造房地产市场的虚假繁荣,抬高房屋开盘价,抬高二手房市价,等等,破坏房地产行业管理秩序,对抗政府控制房地产的各项政策,严重影响国家经济和国计民生。现在,国家只得采取极有针对性的行动,打击整治房地产领域违法犯罪。① 2018 年 8 月 15 日,作为"全国首例",湖北武昌区人民法院对"房

---

① 2018 年 6 月底,住房城乡建设部、公安部等七部委《关于在部分城市先行开展打击侵害群众利益违法违规行为治理房地产市场乱象专项行动的通知》,要求 30 个城市先行整治和打击房地产领域违法犯罪行为,它们是:北京、上海、天津、重庆、广州、南京、杭州、合肥、福州、济南、郑州、武汉、成都、长沙、西安、昆明、太原、海口、哈尔滨、长春、兰州、贵阳、深圳、苏州、无锡、厦门、佛山、徐州、宁波、宜昌。各城市先后制定实施细则,重点整治投机炒房、房地产"黑中介"违法违规、房地产开发企业违法违规、虚假房地产广告资讯等违法违规犯罪行为。重庆市的细则规定的重点打击对象和范围是:编造散布房地产虚假信息扰乱公共秩序,"炒卖房号"非法牟利,房地产领域非法集资,伪造公文、证件、证明文件,挪用、侵占房地产交易资金,"一房多卖",侵犯公民个人信息,威胁人身安全,涉嫌扰乱公共秩序、妨害社会管理、侵犯人身权利和财产权利等其他违法行为。其中,"威胁人身安全"的整治重点是:开发企业或中介机构采取威胁、恐吓等暴力手段驱逐租户、强制上涨或恶意克扣租金、押金;黑恶势力欺行霸市、破坏房地产行业管理秩序等行为。《云南省打击侵害群众利益违法违规行为治理房地产市场乱象专项行动工作方案》规定的整治重点:(一)投机炒房行为:1.垄断房源,操纵房价、房租。2.捂盘惜售或者变相囤积房源。3.通过报纸、广播、电视、网站、新媒体等途径捏造、散布房地产虚假信息,以及雇佣人员制造抢房假象等方式,恶意炒作,哄抬房价。4.通过更改预售合同、变更购房人等方式,投机炒作未交付的商品房。5.通过提供"首付贷"或者采取"首付分期"等形式,违规为炒房人垫付或者变相垫付首付款。(二)房地产"黑中介"违法违规行为:1.采取威胁、恐吓等暴力手段驱逐承租人,恶意克扣保证金和预定金。2.为不符合交易条件的房屋提供经纪服务,或者对购房人隐瞒抵押、查封等限制房屋交易的信息。3.为客户就同一房屋签订不同交易价款的"阴阳合同"提供便利,非法规避房屋交易税费。4.非法侵占或者挪用客户交易资金。5.强制提供代办服务、担保服务,或者以捆绑服务方式乱收费。6.与投机炒房团伙串通,谋取不正当利益。(三)房地产开发企业违法违规行为:1.在取得商品房预售许可前,以认购、认筹、预订、排号、售卡等方式向购房人收取或者变相收取定金、预订款、诚意金等费用。2.未按政府备案价格要求销售商品房,或者以附加条件限制购房人合法权利(如捆绑车位、装修)等方式,变相实行价外加价。3.一房多卖,损害购房人合法权益。4.利用合同格式条款,免除或减轻自身责任、加重购房人责任、排除购房人合法权利。5.限制、阻挠、拒绝购房人使用住房公积金贷款或者按揭贷款。6.未标明房源销售状态、销售价等违反明码标价规定的行为。(四)虚假房地产广告资讯信息:1.通过捏造、散布不实信息,或者曲解有关房地产政策等方式,误导购房人的市场预期。2.发布虚假房源和价格信息,欺骗、误导

屋中介涉黑社会性质组织罪"案一审宣判,以任洪卓、其妹任丽红、妹夫徐一伟为骨干的17名涉案人员分别被判19年至1年不等的有期徒刑。[①]站在防范黑恶势力生成、常态化高效扫黑除恶角度来看,党中央反复强调"房子是用来住的,不是用来炒的","坚持房子是用来住的、不是用来炒的定位",是非常正确的、英明的。

腐败的权力不会自动促使黑恶势力生成和壮大。它一定会通过宏观和微观的政策、法律制度,通过政府机构,通过工作人员和官员等机制发生作用,把一些善良的人变成混混、无赖或铤而走险之徒,把一些混混、无赖变成恶势力团伙或黑社会组织,把一些政府部门和官员变成"保护伞"。历史和现实表明,一些基本民生政策,稍有不周和不慎,就可能把社会变成犯罪的渊薮,变成黑恶势力生成和发展的沃土。常言道,"民生(民心)是最大的政治",不仅因为民生是任何负责任的政治家要考虑的第一要务,而且因为任何有关民生的政策都可能造福民生,或者贻害民生。而充分考虑哪怕是普惠民生的政策可能潜藏的风险,特别是诱发社会矛盾、激发违法犯罪的风险,刺激黑恶势力滋生、成长的风险,是许多政策制定者不曾想过的事情。

二、黑恶势力生成中的法律缺陷方面的因素

法律的缺失,法律中的漏洞,未必妥适的法律规定,执法司法的不规范、不

购房人。3.发布未取得许可或备案的房地产项目预售、销售广告。4.在房地产广告中承诺为购房人办理户口、就业、升学等事项。5.在房地产广告中承诺房产升值或者投资回报。

① 涉事的是"安逸之家"和"鸿润德"两家公司,其幕后老板都是任洪卓。法院认定,2015年3月以来,任氏团伙暴力阻碍人民警察依法执行公务;在公共场所聚众斗殴;以非法占有为目的,采取威胁、胁迫的手段勒索他人钱财;以暴力、威胁手段,强迫他人在房产租赁活动中接受不公平要价,造成多人经济损失;收钱后无理拒绝退款、强行扣款,强拿硬要、任意占用公私财物,共作案118起,非法营业额高达3300余万元,"纯利润"超过1000万元。法院审理认定,2014年起,任洪卓在武昌区开设了两家二手房租赁公司,并逐渐形成以任洪卓为首,妹妹任丽红、妹夫徐一伟为骨干,多名亲属和东北老乡为成员的黑社会性质组织,实施了118起妨害公务、聚众斗殴、敲诈勒索、强迫交易、寻衅滋事、故意伤害等违法犯罪活动。法院认定任洪卓等17名被告人犯组织、领导、参加黑社会性质组织罪,强迫交易罪,寻衅滋事罪等7项罪名,判处任洪卓有期徒刑19年,判处其余被告人13年6个月至1年不等的有期徒刑。此案见搜狐、新浪、凤凰、中财等各网络媒体报道。

公正,裁判执行的不公、不力和错误等,都是黑恶势力生成的重要助推因素。这似乎难以置信,但却是客观事实。事实上,我们党和国家对这些问题早有深刻分析,党的十八届四中全会通过的《中共中央关于全面推进依法治国若干重大问题的决定》指出:"必须清醒看到,同党和国家事业发展要求相比,同人民群众期待相比,同推进国家治理体系和治理能力现代化目标相比,法治建设还存在许多不适应、不符合的问题,主要表现为:有的法律法规未能全面反映客观规律和人民意愿,针对性、可操作性不强,立法工作中部门化倾向、争权诿责现象较为突出;有法不依、执法不严、违法不究现象比较严重,执法体制权责脱节、多头执法、选择性执法现象仍然存在,执法司法不规范、不严格、不透明、不文明现象较为突出,群众对执法司法不公和腐败问题反映强烈;部分社会成员尊法信法守法用法、依法维权意识不强,一些国家工作人员特别是领导干部依法办事观念不强、能力不足,知法犯法、以言代法、以权压法、徇私枉法现象依然存在。这些问题,违背社会主义法治原则,损害人民群众利益,妨碍党和国家事业发展,必须下大气力加以解决。"科学民主合理立法,严格公正文明执法和司法,弥补立法、执法和司法的不足,堵塞其中的漏洞,是防范黑恶势力生成、治理黑恶势力的基本要求,这方面党中央早为我们指明了正确方向,提出了方针策略。现在需要我们努力的是,把党中央的要求和部署真切落实到位,我们的防治黑恶势力生成,常态化扫黑除恶,就会取得坚实、长久的效果。

(一) 法律规定的漏洞可能会促生黑恶势力

与黑恶势力生成相关的法律漏洞主要有两个。

一是"低级形态犯罪组织"与"恶势力团伙"和"黑社会性质组织"的法律标准模糊。这就导致刑事司法实践中既出现了把一般犯罪团伙按涉黑涉恶犯罪打击的情况,即"打早打小"的标准被降低,而没有"打准打实",定罪量刑出现"拔高"的问题;也出现了把一些带有恶势力团伙犯罪或黑社会性质组织犯罪的案件按照一般团伙犯罪或共同犯罪处理的情况,避开就涉恶涉黑部分作出认定,抬升了黑恶势力犯罪认定标准,定罪量刑出现"降格"的问题。总的来说,就是没有正确把握"打早打小"与"打准打实"的关系。究其原因,一则,相关政法机关没有依照法律规定准确把握"恶势力"团伙有可能发展成为黑社会性质组织的犯罪集团和黑社会性质组织的界限;二则,刑法和相关司法解释及司法文件关于"早期、尚小"的黑恶势力的标准并不明确、确定,因为刑法和相关司法解释及文件给不出"早小黑恶势力"和一般犯罪团伙之间的绝对清晰、确定、稳定的分界点。当然,这的确是个两难问题:既不允许"早小"黑恶势力坐大成势,又不能把尚处于低级形态的犯罪组织一律按照黑恶势力犯罪处理;既要将黑恶势力及时消灭于雏形或萌芽状态,防止其社会危害进一步扩大,又要体现宽严相济、维护刑事司法的公平正义、确保打黑除恶工作实现预期目标,完全做到不"降格"不"拔高";既"打早打小"又"打准打实",这样的理论目标和理想化要求,看似辩证、全面,实则实践起来很有难度。在复杂的司法实践中,"打迟"或"不打"、"降格"或"拔高"等"没有打准打实"的情况客观存在。

二是司法机关面对众多犯罪团伙,特别是许多具有黑社会性质组织部分特征的犯罪团伙,如诈骗团伙、传销团伙、拐卖团伙、走私团伙、贩毒团伙、组织卖淫团伙、赌博团伙、暴力讨债团伙、农村宗族犯罪团伙、行霸、"市场化、职业化打手"、制售假冒伪劣团伙,以及涉枪涉爆团伙,并没有按照涉恶涉黑犯罪处理。其中,既可能涉及司法腐败、机械司法等问题,也可能与刑法及刑法理论确实未能清楚界定这些团伙与黑恶势力的差别直接相关。这些团伙往往人数众多,有的已经有明显的组织性,头目对团伙成员还有严格人身控制,又几乎总是采取一定程度的暴力或其他强制手段,还以谋取不法利益为目标,甚至在某种意义上有其势力范围,只缺少明显的对一定区域或者行业社会公众心理强制这一要素。按照现在的刑法规定,对这些犯罪团伙是不能作为黑恶势力犯罪处理的,他们的行为构成什么犯罪就认定什么犯罪。但是这种规定对打击这些犯罪团伙是不利且不力的,并助长这些犯罪团伙规避法律,而在事实上演变为黑社会性质组织。尤其是,一些恶势力和黑社会性质组织专门"流动作案",有意避开"对一定范围的群众造成心理强制"和"控制一定地域"的黑社会犯罪法律特征。何况,像诈骗团伙犯罪,尤其是电信和网络诈骗团伙犯罪,根本就不必像传统的黑社会性质组织犯罪,非得控制一定地域和对当地群众形成心理强制,但他们实质上是地道的恶势力或黑社会,可我们却难以依据现行刑法对他们按照恶势力或黑社会性质组织犯罪予以打击。①

(二) 不合理的法律规定可能会促生黑恶势力

法有良与不良之分,法治首先是良法之治,良法既是法治的首要条件,也是我们的理想。但是,遗憾的是,我们的一些法律,从立法、执法到司法活动,或多或少存在不甚妥当之处。良善之法和不尽妥当之法都有各自的一套体系。良善之法意味着人民公认为良好、易懂、公正的法律,好的立法、执法和司法体系及实践活动,优秀的立法者、执法人员和法官,良好的富有实效的行政救济、仲裁、调解及司法救济等法律救济,民众有效参与各种法律救济活动。不尽妥当的法律或其规定,会不合理地限制、剥夺人们的一些正当权利及自由,呈现出歧视、偏私,违反公平正义、公序良俗,违反基本的自然法则(天理)、普遍的社会准则(事理)和起码的人伦精神(人情,人之常情),还可能会暗中容忍甚至纵容执法和司法中的某些不人道、歧视、偏私的手段和方式。不合理的法律往往违背人民群众的意志,侵害、违反群众的利益,不符合人类法治文明发展的基本规律和大趋势,败坏社会道义、正义及和平秩序,损害社会经济、政治和文化及其发展等。

在我国当代法制体系中,也有应势而立、效果不好,而后不得不修改乃至废止的不妥之法或者饱受诟病的条款。例如:1982 年《城市流浪乞讨人员收容遣送办法》,因孙志刚案件②而促成废止。被广泛滥用而日益不得人心的劳动教养制度,在实施 50 多年后终被废止。近二十五年,我国的城市房屋拆迁

---

① 在已经打击的恶势力犯罪和黑社会性质组织犯罪中,倒是对那些恶势力和黑社会性质组织所犯的诈骗、组织、领导传销活动、拐卖、走私、贩毒、组织卖淫及赌博等犯罪,进行了打击。但这与把一些诈骗团伙、传销团伙、拐卖团伙和制售假冒伪劣团伙等,作为恶势力或黑社会性质组织进行打击,是根本不同的。

② 2003 年 3 月 17 日晚,任职于广州达奇服装公司的湖北青年、大学毕业生孙志刚,在前往网吧的路上,因无暂住证,也没有带身份证,被警察送至广州市"三无"人员(即无身份证、无暂住证、无用工证明的外来人员)收容遣送中转站收容。次日,孙志刚被收容站送往一家收容人员救治站。在这里,孙志刚受到工作人员以及其他收容人员的野蛮殴打,并于 3 月 20 日死于救治站。该事件被称为"孙志刚事件"。

就先后有三个行政法规。1991 年的《城市房屋拆迁管理条例》(国务院令第 78 号)被 2001 年的《城市房屋拆迁管理条例》(国务院令第 305 号)取代,后者又被 2011 年的《国有土地上房屋征收与补偿条例》(国务院令第 590 号)所废止。回过头去看,1991 年和 2001 年的两个《城市房屋拆迁管理条例》,其中都有一些明显不合理不妥当的规定,给被拆迁群众造成困难和损失:一是允许先拆迁后补偿,补偿时间在拆迁之后,补偿标准过低,被拆迁户获得的补偿少;二是执行拆迁的机构、人员混乱,因为"取得房屋拆迁许可证的建设单位或者个人"都是拆迁人;三是政府名义上不直接实施拆迁,但其实是政府领导拆迁工作,是政府授权或委托他人实施;四是政府经常要求司法部门参加政府组织的拆迁;五是暴力拆迁,利用黑恶势力参与或实施拆迁;六是拆迁人、开发商和一些腐败人员大都因拆迁而暴富。2011 年的《国有土地上房屋征收与补偿条例》力图革除原来两个《城市房屋拆迁管理条例》的积弊,然而沉疴痼疾,并没有通过修改法条就完全整治了。现在,城市房屋拆迁的法治化、文明化程度的确提高了,但因土地财政等相关法律和政策还在,一些地方财政困难、债务居高的困境未解,所以各种不利于被拆迁人的规定、做法,仍然"魂绕"在现今的拆迁中。一些公职人员、开发商和拆迁者仍然习惯于采用旧思维、旧观念和旧手段,还是有一些被拆迁的农民和城市居民,深受这种拆迁理念和手段的危害。

在民众舆论和一些学者的观点中,像 20 世纪 70 年代末 80 年代初以来的劳动教养方面的法规、规章,像收容遣送方面的规定,无疑是比较典型的"不妥法律";像房屋拆迁方面的法规和规章及规范性文件,像强制征收农村土地和城市居民房屋的法律、法规和规章等,则至少可以说存在不少不尽妥当之规定,或者核心规范呈现出不妥特征或倾向。其他一些法律中也存在不太符合良善法律要求的规定,如刑事诉讼法中过度授权给侦查部门、明显限制辩护权的规定,刑法中曾经的"嫖宿幼女罪"(现已废除),等等,都殊为不妥。这些法律规定的政治效果、社会效果和法律效果都不好,损害党和政府的群众基础,损害执法、司法形象,损害干部与群众的关系,长期被诟病。那些欠缺合理性、正当性的法律规定,甚至可能对黑恶势力的生成和坐大发生大小不一的作用,会诱使、催化、帮助黑恶势力滋生。

首先,一些不妥法律为黑恶势力产生和发展提供了扭曲的观念和价值基础,提供了生存的方式和手段,提供了宽松的法律政策环境,还提供了获取利益的渠道和目标。比如,一些人借用混混、恶头及黑社会的力量搞拆迁,因此暴力、违法拆迁长期"有禁不止";法律将补偿标准制定权给予地方政府,一些地方政府重视政府的土地收益、开发商的利益,对被征地被拆迁民众的权利和利益则重视不够(给"补偿"而非"市价"),因此出台的地方政策更是不尽合理;黑恶势力(往往在保护伞的纵容支持下)也极力寻求机会和一些部门、开发商一起,在(征地和)拆迁中聚敛财富,无视、对抗被拆迁者的合理、正当要求,他们的暴力驱赶、拆迁行为几乎得到允许或默许,他们的行动总有一些部门和人物出来保护,国家保护群众利益的法律及政策规定被实质性搁置或者废除。这就是不妥的法律规定和不当执法的可怕"导向"。

其次,不妥的法律,尤其关涉社会大众基本民生的不妥法律,把一些涉及经济、民事行为特别是触犯垄断经营的行为规定为犯罪,扩大犯罪圈,对经营者轻易定罪处罚,甚至规定有重刑,这会激发黑恶势力。一是有些人可能因为这些法律而从正常生活状态剧变为违法犯罪者,成为社会边缘人,从有业者变成无业者,从靠正经营生过日子的普通良民,变为贴上了违法犯罪标签的闲散人员,增加社会游民,一些人会滑向混混、无赖、流氓之列,会成为真正的违法犯罪者。这为黑恶势力提供了"后备队"。二是不少案例表明,一些本来支持社会、正常适应社会的人,因为不尽妥当之法使他们遭遇不公、不义的对待而成为反叛和敌视社会的人,特别是一些合法权利得不到及时有效公力救济的维权者,其中的一些人甚至走上个体化违法犯罪道路,个别人成为恶势力和黑社会的参加者、组织者和领导者。三是一些缺失公正和正义的法律及政策规定,特别是负面效果严重且持久的规定,如果公权机关坚持不改,就会给违反此类规定的人以"道义优势",使他们成为社会"英雄";而一些黑恶势力正是抓住了这个现象和群众心理,号召一部分群众对抗法律政策、抵制政府或部门(有些群体事件就是由黑恶势力挑动、组织群众搞起来的,组织、挑动者的冠冕堂皇的理由就是,他们的举动"虽然非法,但是合理"),并且成为"民间英雄"。当这些所谓"民间英雄"的黑恶面目被揭开之后,许多民众却不以为然,甚至反感政府和执法、司法人员,认为一些公权部门、一些公职人员不如黑恶势力"仗义",一些群众对防治和打击黑恶会出现逆反心理,这不利于党和国家的政治、经济和社会、文化建设,不利于维护、巩固和加强党和人民群众的血肉联系。

最后,不妥法律会严重破坏民众对国家法律的信仰和敬畏,使公众轻蔑、抵制和破坏法律成为普遍现象,而且违法、抗法的人还似乎占据了道义制高点(颇为类于孟子所言"闻诛一夫纣矣,未闻弑君也",把"恶人"商纣王赶下台就不是违反纲常的"弑君")。尤其要紧的是,到了这地步,善法良规也会一并遭殃,人们将普遍目无法纪,法制荡然无存,法治难彰,法治建设、法治国家战略遭受破坏和损失。这正是黑恶势力求之难得的生成和发展机会。

(三)执法不公和腐败很可能会促生黑恶势力

执法不公与黑恶势力的生成和发展具有直接关联性。2016年1月12日,习近平总书记在第十八届中纪委第六次全体会议上讲话指出,在基层干部队伍中,"有的执法不公,甚至成为家族势力、黑恶势力的代言人,横行乡里、欺压百姓"①。执法不公,包庇、纵容、放任黑恶势力,直接成为黑恶势力的代言人,都是常见现象。② 具体说来,执法不公在五个主要方面与黑恶势力的生成和发展直接关联。

第一,执法不公,打击不该打击的人,处罚不该处罚的事,其中一些不服气的人,不仅对个别执法者产生对立情绪和心理,也对执法者群体产生对立心理,进而把这种反感、对立、对抗情绪和心理转移到社会中,针对不特定的普通

---

① 《习近平谈治国理政》第二卷,外文出版社2017年版,第167页。
② 如在哈尔滨市,很长时间里,大货车肆无忌惮地疯狂违章,超载、超速、超限、闯红灯,经常发生重大交通事故致行人死亡,公安交通管理部门视而不见,群众反映强烈。2017年10月23日,哈尔滨市纪委监委成立联合专案组调查。2018年6月25日,市纪委监委通报:针对"疯狂大货车"问题,深挖彻查,依法严惩,打掉涉恶"保车团伙"6个,查处涉嫌犯罪社会人员70人、"保护伞"122人;对11名领导干部及公职人员移送司法机关依法处理;对公安交警系统89名领导干部及公职人员严肃追究责任;对其他22名领导干部及公职人员严肃追究责任。央视报道,在哈尔滨市公安交通警察支队下属13个交警大队中,有12名大队长存在涉嫌为大货车违法运营提供保护的行为。除此以外,可在全市范围内执法的哈尔滨市公安交通警察支队巡逻大队,在处理大货车违法行为时同样存在问题。

民众。这样的人,往往容易成为极端行为者。他们既可能以个人的方式,在社会上违法犯罪,也可能纠集意气相投的人,共同反对社会,成为黑恶势力。执法不公带来的绝不是单个的、一次性的伤害。它的延伸效果往往是我们始料不及、无法控制的。因执法不公造成的报复社会的事例,古往今来都有。有的只是个人对个人的报复,有的是个人对群体的报复,有的造成了群体对社会的报复。一次执法不公也许问题不大,一个人执法不公也许仍然不会有大问题,但普遍、长期的执法不公,要指望人民大众都那么顺从,是不可能的。这种气候下,群众的积怨迟早会爆发,民心早晚会转向,无论是采取普通违法犯罪的方式,还是采取组成恶势力、黑社会的方式,或者采取政治化的行动。

第二,执法不公往往伴随腐败。有资本搞腐败的往往是黑恶势力,特别是企业化、公司化的黑社会组织。黑恶势力会自觉地花钱买执法权,降低违法犯罪成本,甚至在违法犯罪中获得更大收益。所以,执法不公,包庇、纵容黑恶势力,直接为其代言、代理,这对黑恶势力而言,经常意味着"三赢"(赢了关系,赢了官司,赢了利益)。这无疑是对黑恶势力的生成和发展的直接支持。

第三,执法不公,必然伴随执法不当或错误,基本上意味着好人受气,良民遭罪,没钱没权没势的普通民众受难。① 对这些民众而言,简单而现实的逻辑和事实是,与其依靠政府,不如依靠黑恶势力;与其寻求法律保护,不如按照黑道规矩办事;与其依靠警察和法官,不如拜个黑道大佬。生活就这么直截了当地"教育"我们的群众。这也正是我们看到的情形:现在,有的人不愿意"有事找警察,有事找法律",因为他们知道,执法不公现实地存在。有法不依,违法

---

① 2019 年 7 月 29 日发生在河南鹤壁淇县北阳镇枣生村的"瓜农拽倒偷瓜者倒赔 300 元"一案,就是这方面的最新例子。按照当地警方最初解释(官方微信):当天,村民宋某(女)与其女儿耿某骑电动车路过庞某的西瓜地时,宋某下地摘了八九个西瓜,价值二十余元。当她与女儿骑电动自行车离开时,庞某追赶中拉拽电动车把,致使三人同时摔倒。耿某双膝盖擦伤,电动车车把摔坏。(受伤者报警)民警处警后进行了询问,因西瓜价值小,情节显著轻微,对宋某及其女儿的行为进行了批评教育。同时考虑到宋某及其女儿受伤,即进行了现场调解,庞某赔偿宋某伤情 300 元。后来,这事在媒体上发酵,警方后来又两次通报案情。第一次通报(2019 年 8 月 2 日),除了与第一次相同的内容,新的情况为:该事件经媒体报道后,我局高度重视,立即组织人员进行核查,在民警耐心教育训诫下,宋某及其女儿认识到自己错误在先,主动退还了之前赔偿的 300 元,双方达成谅解。同时,派出所民警也帮助庞某采取了安全防范措施,设醒目标语提醒劝戒随意抓瓜行为。第二次通报(2019 年 8 月 4 日):2019 年 8 月 3 日,鹤壁市公安局启动执法

不究,执法不严,执法不公,"看菜下饭"式的选择性执法,使得善良的民众也变得不那么善良和纯朴。他们知道,"八字衙门朝南开,有理无钱莫进来"的现象至今犹存。所以,走结成恶势力团伙或组成黑社会之路,以及向恶势力和黑社会靠近,甚至成为其中的一员,就是一些人——尤其是一些遭遇过不公正执法的人和社会边缘人——的选择。

第四,执法不公还意味着,有的地方,有些时候,执法者利用黑恶势力执法,代替、代理、帮助执法部门、执法人员执法,黑恶势力会抛开法律执"法",会取得除了"代理费"之外的回报。或者,执法部门和执法人员干脆出让执法权给黑恶势力,由他们通过"执法"直接从被执法者那里获得利益,将黑恶势力对民众的敲诈勒索等非法取财手段直接合法化。而黑恶势力则按照他们的最大利益与老百姓的最大承受力来"计算"他们的"执法力度"和"执法收益"。在这种执法环境和模式下,神仙皇帝也很难保护芸芸众生,黑恶势力滋生坐大实属自然。

第五,执法不公,更糟糕的情况就是,有的执法者从不依法办事,演变为玩弄法律,把自己变成了黑恶势力的成员,或者自己组织起黑恶势力。他们认为,与其通过不公正执法获得有限数量的"权力出让金",不如直接利用权力干起黑恶势力的勾当,把自己变成老大。人在红道,身心俱黑,把权力作为经营对象,再也不管什么"执法""公正",指挥一帮兄弟,把权力用足,把钱财捞够。

历朝历代,执法不公从来都是公权力自挖墙脚基石、自毁长城的路子。

(四) 司法不公和腐败也会促生黑恶势力

一些司法人员和某些执法人员一样,搞腐败,以案谋私、贪赃枉法,在办案

监督程序,对淇县公安局北阳派出所7月29日处置的一起盗窃西瓜警情进行调查。经查,宋某偷瓜已构成违反治安管理的盗窃行为,责令淇县公安局依法作出处理;庞某制止违法侵害的行为,不承担违反治安管理责任;淇县公安局北阳派出所处置本案过程中存在执法过错,责令淇县公安局依纪依规作出处理。媒体后续报道:8月4日,淇县公安局根据调查情况,对宋某作出行政拘留3日的处罚决定,对北阳派出所责任民警采取停止执行职务措施,并依纪依规作出处理。

过程中为黑恶势力充当"保护伞",违法违规办案。① 如,对作为经济、民事诉讼案件当事人的黑恶势力进行袒护;遇有黑恶势力作为嫌疑人、被告人的刑事案件,则有案不立、应捕不捕、应诉不诉、应当定罪而判决无罪,或者重罪轻判。一些司法人员不负责任、失职渎职,有案不查,压案不报,包庇袒护,纵容放任

---

① 2017年底以前,此类案例有公开报道,但不多;2018年1月开展扫黑除恶专项斗争之后,加大了深挖、打击"保护伞"力度,司法不公、腐败、"保护伞"案件频繁见诸媒体和官方通报中。在民事、经济案件审判中,主要是一些法官徇私枉法、保护套路贷、黑恶势力。在刑事案件中,一些法官、检察官和警察,以及一些政法委领导,成为包庇纵容黑恶势力的"保护伞"。2001年11月5日央视网报道,湖南郴州市政法委原副书记谢孔彬、资兴市政法委原书记郭标平、资兴市检察院原副检察长方祝跃、资兴市公安局原副局长黄生平等人执法犯法,包庇、纵容袁学明黑社会性质犯罪团伙,充当"保护伞"。新华社(合肥)2003年9月14日报道,安徽宿州市7名法官、检察官充当带有黑社会性质犯罪组织"保护伞"日前被撤职。宿州市埇桥区检察院副检察长和另外3名检察官在办理带有黑社会性质的梁化学犯罪团伙案件时,徇私枉法,包庇罪犯,致使犯罪分子逃避法律应有的制裁。埇桥区法院两名副院长和主办法官在审理梁化学案件期间,多次接受请托收受贿赂,为罪犯开脱罪责,重罪轻判。2018年6月,大同市城区法院召开"深挖'保护伞'、严惩黑恶势力"党组会扩大会,院长、副院长、部门负责人、办案干警分别签订《廉洁自律、不做黑恶势力保护伞承诺书》(《大同城区法院深挖"保护伞"严惩黑恶势力犯罪》,http://dtscqfy.chinacourt.org/article/detail/2018/06/id/3330727.shtml.)。2018年6月《中国纪检监察》杂志的《甘当"保护伞"的法院庭长》一文报道,2018年春节前夕,芜湖市中级人民法院对周帮海等人组织、领导、参加黑社会性质组织上诉案公开宣判。该黑社会组织的"保护伞"无为县法院刑事审判庭原副庭长吴业平落马(https://zgjjjc.ccdi.gov.cn/bqml/bqxx/201806/t20180629_174766.html)。央视网2019年8月16日报道,湖南文烈宏等人黑社会性质组织拉拢原省公安厅副厅长、市公安局副局长等多名公职人员充当"保护伞"。湖南省纪委监委、司法机关查出包括湖南省综治办原主任周符波、长沙市公安局原常务副局长单大勇在内的多名公职人员曾为文烈宏充当"保护伞"。广西纪检监察网2019年4月22日消息,4月4日至17日的13天内,广西有5名法官被查,包括充当黑恶势力"保护伞"的桂林市中院原副院长杨胜男(女)、来宾市中级人民法院审委会原委员、刑二庭原庭长夏全勇、审委会专职委员刘传国、法院党组副书记、副院长吕志雄(正处长级)和法院党组成员、副院长宋文新。浙江纪委监察委网2019年4月12日报道,2018年6月以来,台州市纪委监委依规依纪依法查处了椒江区法院原副院长王鹏翔利用职务便利,为以郑官顺为首的黑社会性质组织进行"保护"的案件(http://www.zjsjw.gov.cn/quanweifabu/baoguangtai/taizhou/201904/t20190412_2638218.shtml)。搜狐网2020年10月12日报道,2020年以来,江苏省纪检监察机关近期查处5起党员干部、公职人员充当黑恶势力"保护伞"典型案件,其中有连云港市中级人民法院原党组成员、副院长赵伦同(正处级)充当尚开军涉恶犯罪集团"保护伞"案(https://www.sohu.com/a/424150020_162758)。中纪委国家监察委网2022年5月17日报道,江苏省淮安市洪泽区人民法院员额法官陶春,"高利蒙眼",知法犯法,与黑恶势力犯罪案件当事人陶欣合伙放贷谋利,偏袒裁判,沦为黑恶势力的"保护伞"。为防范政法工作人员成为"保护伞",多地纪检监察、公安、检察院、法院、司法行政机关或者部门与本单位领导干部、工作人员签订《廉洁自律、不做黑恶势力保护伞承诺书》这类文件。访问日期:2023年3月25日。

黑恶势力,任其欺行霸市、寻衅滋事、作恶横行;对有黑恶势力参与经营的场所、公司或企业,或者黑恶势力的非法经营活动提供司法保护,或者与黑恶势力暗中合作经营,或者请黑道人物为自己进行经营活动;一些司法人员违法干预他人办理涉黑涉恶案件,通风报信,打招呼,帮助"捞人";等等。

从理论上看,司法腐败和司法不公为黑恶势力生成及发展提供了四个条件或机制:其一,司法途径解决不了的一些纠纷可能转给黑恶势力解决,为黑恶势力提供了"地下执法"市场,使其有了一种生成空间。其二,使纠纷司法解决机制黑道化,个别司法部门与一些黑恶势力结合,黑恶势力在一定程度上影响乃至操纵司法。其三,一些司法机关和司法人员无力应对黑恶势力,不能代表国家惩罚黑恶势力。其四,有的司法人员成为保护伞,直接帮黑恶势力办事、消灾和壮胆。简言之,司法不公和腐败(加上执法不公和腐败)成为黑恶势力生成发展的重要促进条件。

司法不公为黑恶势力生成提供的市场需求,主要是指在民商事案件中,司法不公,以及司法裁判无法执行,①造成纠纷解决私力化和黑道化。由于存在司法腐败及不公,裁判执行力弱或无法执行,或者司法成本过高,使得一些纠纷最终转回到私力救济,其中包括采取黑道手段,出现黑恶势力取代法院职能

---

① 曾有几年风行"拍卖判决书"。参见姜明、梁枫:《"拍卖判决书"诘问法律"白条"——呼和浩特一起"法院判决书拍卖"引发各方争议》,《工人日报》2002年4月13日,第5版;盛大林:《"拍卖判决书"违了什么法》,《江淮法治》2005年第2期;小章:《拍卖判决书:法律的苍白与无奈》,《法学天地》2002年第1期;陈柏安、沈怡众:《拍卖判决书的合理性与合法性》,《江苏法制报》2005年11月25日,第B05版;杨涛:《"拍卖判决书"让谁尴尬》,《人民公安》2004年第5期;《当街拍卖判决书叩问法律公信力》,《四川日报》2005年4月6日;傅达林:《规范"拍卖判决书"不如强化法院执行》,《中国经济导报》2005年12月10日,第B01版;门士杰、苗向阳:《苦苦追钱追不到竟然拍卖判决书》,《民主与法制》2004年第1期;曹晶晶、方丽敏:《六农民街头"拍卖"判决书》,《中国拍卖》2007年第8期;张配吉:《老翁为追薪"拍卖"判决书——律师称此举违法 他应通过债权转让判决书方式实现》,《信息时报》2003年12月21日,第A06版;曾光辉:《别再出现判决书被拍卖的现象》,《人民政坛》2006年第4期;晏耀斌:《判决书能否"拍卖"》,《法制日报》2002年1月7日,第8版;艾文波:《"判决书拍卖"缘何屡见不鲜》,《人民政协报》2005年12月12日,第B04版;郑良:《福州:债权人拍卖法院判决书引争议》,《新华每日电讯》2006年8月14日,第2版;张伟杰:《判决书能否拍卖?》,《工人日报》2002年4月13日,第5版;刘亚山:《判决书为何屡遭拍卖》,《中国人大》2004年第7期;熊秋红:《杜绝"拍卖判决书"须对症下药》,《法制日报》2005年10月17日,第5版;等等。

和功能的现象。这使得黑恶势力有机会主动向债权人(不论债务是否合法)介绍业务,招揽顾客,以持平或低于司法的成本,但高于司法的效率和"信誉度",为人要回钱财。随着这种效应向社会扩散,不少民众对法律和司法的信任降低,对私力救济,尤其对通过黑恶势力解决要债难等问题或纠纷,反而抱有期待,请黑道老大出面,请有黑恶背景的"咨询、调查、商务"公司出面,请混混、打手、恶头出面,成为不少人的选择。有黑恶背景的讨债、咨询等"公司"兴旺发达起来。总之,司法腐败现象和裁判执行难,对黑恶势力的生成和发展有很大助推作用。①

进而,在一些司法案件中,某些法官的司法行为非法律化,靠法外的、违法的直至黑恶的手段和方式,解决诉至法院的纠纷。特别是当案件某方当事人有黑恶背景时,司法人员采取黑道规则"摆平"案件的可能性增大。当然,这在表面上是看不出的。但只要是内行,细看案件的诉讼过程,细看案件的全部证据和法理情,细看深究案件各方当事人情况,再看离奇得匪夷所思的裁判说理和结果,不需要多想即可明白,裁判者使用了"高级修饰"手法。个别案件中,裁判者在审理过程和裁判文书中,徇私枉法、偏袒黑恶势力或者有其他特殊背景的当事人,到了毫无顾忌和掩饰的程度,完全不在乎自己的廉耻和他人的观感。

不消说,到如此地步,个别司法机关和人员②被黑恶势力买通,成为在司

---

① 长期以来,民事、经济案件裁判"执行难"为黑恶势力的生成和发展提供了绝好机会。现在,最高法院要求全国各级法院要打赢"执行难"这个"硬仗",方向是对的,效果须等待。

② 法院也有"塌方式腐败"和"腐败窝案",有法院竟然出现一时之间无人开展办案的情况。这方面的案例不少,略提几例:(1)2019 年 4 月 25 日,湖北省纪委监委通报,武汉市江汉区人民法院原党组书记、院长刘汉强有多项违纪违法行为,与司法职务相关的有:违反工作纪律,泄露审判秘密;违反国家法律,违法行使职权,为罪犯假释提供帮助,致使不符合假释条件的严重刑事犯罪人员得以假释,严重损害法律权威和司法机关的公信力,造成恶劣社会影响,涉嫌滥用职权罪;充当涉黑涉恶人员"保护伞";等等。同时,根据中纪委、国家监察委网站的报道(《湖北:深挖彻查一批"保护伞"案件》):2018 年以来,湖北省各级纪检监察机关聚焦扫黑除恶专项斗争第一线,着力查处政法领域腐败问题,立案审查调查涉及公检法司等部门案件 1025 件,其中司法部门 160 件,政法部门 36 件,检察部门 52 件,公安部门 646 件。省纪委监委直接查处了武汉市中级人民法院原院长王晨,武汉市人民检察院原检察长孙光骏,武汉市委政法委原常务副书记周滨,黄冈市公安局原局长汪治怀等一批有重大影响的案件。(2)2002 年,武汉中院 13 名法官和 44 名律师涉案,是司法系统典型的"腐败窝案"。涉案人员包括当时武汉中院常务副院长柯昌信和副院长胡昌尤,还有副庭长 3 名、审判员 7 名、书记员 1 名。而 2003 年年初临危受命

法机关的"内鬼",帮黑恶势力压案、销案和"搅和案件",或者帮助"走完审判程序"。这不仅助长了黑恶势力的气焰,更直接保护和鼓励了黑恶势力的壮大。

(五) 刑罚执行不公和腐败也会促生黑恶势力

监狱执行刑罚本不应该与黑恶势力生成等问题有任何关联。但是,在新闻媒体的报道中,在影视中,我们还是看到,许多监狱与黑社会或恶势力之间存在极为复杂的关系——这当然不包括黑恶势力罪犯在监狱正常服刑。我国的一些监狱在执法时,由于也存在腐败现象,使得监狱与黑恶势力存在多样化的非法关系。一是个别监狱的领导、狱警与进监服刑的涉黑涉恶罪犯形成了极不正常的关系。以至于,狱中的黑老大、小兄弟,总能与在外的黑帮恶势力遥相呼应,老大可以继续指挥狱外兄弟们的行动,兄弟总能够得到狱外老大、兄弟们和监狱方面给予的各种"关照"。二是监狱内的牢头狱霸问题始终存在。说到底,监狱里的牢头狱霸至少是一种恶势力,而且往往与监狱管理方和个别狱警、刑警有关。三是黑恶势力竟然能够在监狱内发展力量,把狱警拉下水,把其他服刑人员发展为黑恶势力成员,违反监规而秘密开展多种违法犯罪的"业务活动"。就世界范围而言,监狱与黑社会的关系更加复杂,有的监狱可谓黑社会集中地,监狱管理者、监狱警察与黑社会

的周文轩任武汉市中级人民法院院长,于 2006 年 9 月因涉嫌严重违纪被立案调查,2007 年 9 月因受贿罪被判处有期徒刑 10 年。(3)安徽阜阳中院 2005 年到 2006 年之间的"腐败窝案"和随之而来的"三任院长前腐后继"落马,影响很大。在"窝案"中倒下的法官有:该院原经济审判二庭副庭长薛懿、原副院长朱亚、副院长王建明、原执行庭庭长王春友、原经二庭庭长董炳旭、原经一庭庭长陈和平、原阜南县法院院长谢庆华、原经二庭助理审判员王俊平、原执行庭书记员卜琅、原太和县法院院长巩固华等。落马的三院长是张自民、刘家义、尚军(女)。(4)2011 年,广东恩平法院揭出腐败窝案,一个总共 30 余人的法院,有 10 多人涉案。广东湛江法院系统因一个叫黄升二的"讼托",与湛江中院执行一庭副庭长刘宽等法官结成利益链,将司法变为谋取私利的工具,攫取巨额灰色利益,9 名法官栽倒。(5)2018 年 9 月 28 日《中国纪检监察报》报道:8 月 22 日,山西省纪委监委通报了对该省监狱管理局原党委书记、局长王伟,省监狱管理局原副巡视员高奇,省人民检察院原副巡视员贾文声,省高级人民法院审判委员会原专职委员关中翔等 4 名省管干部的处分决定。这 4 人都触碰了"涉黑""高压线"。包括他们在内,在山西颇受关注的黑恶势力头目"小四毛(任爱军)"案,共有 90 余名公职人员牵涉其中。任爱军涉黑案牵出涉及监狱、法院、检察、公安系统人员和"黑"律师交织的司法腐败窝案。

几乎无法区分,或者说就是利用、指挥那些进了监狱的黑恶人员的另一种"老大"。他们允许黑恶人员的狱外同伙或家属,甚至亲自操办,向囚犯提供毒品、刀具、枪支等物品,监狱成为集贩毒、走私、盗抢、赌博和暴力犯罪等于一体的特殊场所。

在我国,媒体曾经曝光过一些监狱与黑恶势力勾结的触目惊心的案件。2003年大连监狱原监狱长谢红军等人牵涉进大连黑社会老大、监狱囚犯邹显卫一案,就极具典型性。

邹显卫的监狱生活,超乎常人对"监狱"和"囚犯"的一般想象。媒体这样描述邹显卫:

> 因犯故意杀人罪而被判处死刑后改死缓、绰号"虎豹"的大连黑社会老大邹显卫,在投监后买通监狱领导,将死缓改为有期徒刑,还在高墙内住高级套间,专人伺候,召妓,乘豪华轿车随意出入。最后竟在监狱领导的一手策划下,神奇地"保外就医",并再次酿成血案,致一人死亡一人重伤……
>
> 2003年4月14日至17日,辽宁省大连市中级人民法院公开开庭审理了这起大连市最大、辽宁省及全国都极少见的、情节极其恶劣的"虎豹"黑社会团伙案。2003年8月18日上午,沈阳市中级法院公开审理了被"虎豹"拖下水的辽宁省大连监狱原监狱长谢红军等三人。11月3日,正义的枪声结束了"虎豹"及其骨干成员陈德政的罪恶生命![1]

---

① 参见王辉:《大连黑老大的监狱生活:设套间召妓玩弄女狱警》,http://news.sohu.com/44/02/news215240244.shtml,访问日期:2021年8月20日。

邹显卫,绰号"虎豹",1963年生于大连市金州区。1979年9月,邹显卫因持刀伤人被劳教两年;1983年4月,又因流氓罪被当时的大连市金县法院判处有期徒刑两年。邹显卫出狱后,在刚刚兴建起的大连经济技术开发区开办"一步天"歌舞厅,后又投资开办其他娱乐餐饮项目,不到十年,拥有上千万元资产。在经营"一步天"歌舞厅之始,邹显卫就将一大批流氓地痞网罗到麾下,充当打手。后来"人马"越聚越多,形成一个以邹显卫为首,于政龙、王振毅、岑全玖为骨干,黄治峰等人为主要成员的将近30人的、较为固定的、带有黑社会性质的犯罪团伙,横行于大连,私藏枪支弹药、杀人越货、敲诈勒索,大肆贿赂监狱等司法官员,无恶不作、血债累累。

1992年10月19日,邹显卫纠集7个同伙,手持猎枪、藏刀、木棒与高福崇、常福胜团伙发生黑吃黑打斗火拼,邹显卫持猎枪朝高福崇连开两枪,致高福崇因左腿动脉静脉破裂、急性大出血不止死亡,常福胜在火拼中被打成重伤。邹显卫逃到国外躲避,后因语言不通、生活不适应,一年

2009 年 8 月间,媒体报道了另一起监狱腐败、"变黑"的事例,即"广东茂名监狱的惊人黑幕"。这个监狱发生了狱警纵容犯人吸毒、买卖刑期、买卖服刑岗位等 20 余起事件,其中花钱买减刑、手机泛滥、毒品横行、现金通行、殴打辱骂等恶劣性质的"虐囚"事件比比皆是,以致整个茂名监狱差不多成为"黑狱",监狱领导和一些狱警把监狱几乎搞成黑社会。2009 年 3 月出现网帖《广东茂名监狱惊天黑幕》,将黑幕撕开。该帖详细列举了狱警纵容犯人吸毒、买卖刑期、买卖服刑岗位等事件。

举报材料总结说,茂名监狱领导干部"群体职务犯罪"主要体现在以下几个环节:整理犯人减刑、假释材料和保外就医;犯人特殊工种安排;犯人违规违

后又偷偷潜回大连。1994 年 3 月,警方抓获邹显卫。1995 年 4 月,大连市中级人民法院以故意杀人罪、流氓罪、非法拘禁罪判处邹显卫死刑,剥夺政治权利终身。1995 年 11 月 6 日,辽宁省高院对邹的上诉案作出终审判决,改判邹显卫死刑缓期二年执行,剥夺政治权利终身。

本应在辽宁省瓦房店监狱服刑的邹显卫,通过关系买通监狱长谢红军,1996 年 4 月顺利转到大连监狱。从 1996 年到 2000 年年初,邹显卫不断向谢红军行贿或满足谢红军索贿,以及买通其他监狱干部、警察。他得到的回报是:当上监狱的公司主管,经常与谢红军在一起吃吃喝喝,称兄道弟,开着谢红军的奔驰车随意进出监狱;其家属可以随时到监狱来探望他;他还能够电话召来卖淫女,用谢红军的奔驰车接送,随便出入监狱,供其嫖宿;住进监狱管理方为其提供的远离普通牢房、独门独院、设施齐全的两室套房;两个犯人作为他的勤杂员,监狱干警也经常给他买粮买菜;邹显卫可以代其他囚犯办理减刑、假释、保外就医和异地关押等,条件是交钱即可;大连监狱内一位女狱警成为其铁杆情妇;监狱管理方为其伪造服刑表现考核、立功表现等材料,得到两次违规减刑。邹显卫可以自由进出监狱,并在监狱外结识了于政龙等人,由于政龙把那些两劳释解人员、地痞流氓、混混、立棍者招至麾下,在邹显卫的老"地盘"上为非作歹,敲诈勒索,逐渐演变成涉黑的暴力团伙,人员由几人、几十人发展至上百人之多。他们统一着装、集中居住,经常在娱乐、生产经营场所招摇出没,收取"保护费"。大连监狱帮助邹显卫办理了"保外就医"的全部虚假材料,帮助买通有关鉴定人员、检察机关领导,骗过有关监督部门和审批部门,邹显卫顺利得到"批准邹显卫保外就医"的批文,2000 年 3 月 21 日获准"保外就医"。

2000 年 4 月 7 日中午,邹显卫率几十位"小兄弟",与另一团伙遭遇交手时,他持猎枪向人连开两枪,致一人死亡、一人重伤。邹显卫见势不妙,更名改姓,便衣简从,躲藏起来,于政龙等团伙头目、骨干也逃匿。直到 2001 年年初,在全国"严打"中,公安机关才抓获了邹显卫、于政龙等人。2001 年 3 月,大连市中级人民法院判处邹显卫死刑立即执行。在最高人民检察院的督促下,邹显卫涉嫌组织黑社会案件审理过程一并揭露出大连监狱谢红军、汪永明、于景波等贪婪腐败的司法工作人员、官员。2003 年 8 月 18 日上午,原辽宁省大连监狱监狱长谢红军、副监狱长汪永明、四监区监区长于景波站在了被告人席上。检察机关指控谢红军犯徇私舞弊减刑、暂予监外执行罪,失职致使在押人员脱逃罪、受贿罪、行贿罪和挪用公款罪,指控汪永明犯徇私舞弊减刑、暂予监外执行罪,失职致使在押人员脱逃罪和受贿罪,指控于景波犯徇私舞弊罪、失职致使在押人员脱逃罪、受贿罪和贪污罪。

纪处理;犯人日常考核和评奖;犯人调配队别;等等。这份材料缜密地计算出,监狱在减刑、假释、贩卖工种 3 个方面,每年"集体索贿"金额高达 1000 多万元。此外,犯人用于摆平违法违纪违规的费用每年也以百万计。这些情况立即受到媒体和广东有关部门重视。2009 年 4 月,由广东省纪委、司法厅、监狱管理局等几个部门会同茂名市纪委组成的调查组来到监狱。监狱长成加增很快被免职。广东省监狱管理局办公室证实,除成加增外,监狱多名干部被免职。原狱政科长徐增勇,以及李、杨、黎等 3 个监区长则已被逮捕。2010 年 4 月,广东省茂名市茂南区人民法院一审以犯受贿罪、玩忽职守罪两罪并罚,判处原茂名监狱党委书记、监狱长成加增有期徒刑十一年,并处没收财产十万元。①

应当指出的是,立法或法律自身的缺陷,行政执法、司法以及监狱执法的腐败与不公,这些方面虽各有不同但又相互贯通,法律因素,立法、执法和司法各环节,都可能成为催生和助长黑恶势力的条件、机制。

---

① 参见《广东茂名监狱的惊人黑幕》,http://news.163.com/09/0831/14/5I27NL7L000120-GR.html;《广东茂名监狱多名高层落马,原监狱长政委被免职》,http://news.sohu.com/20090825/n266198885.shtml;《广东茂名监狱惊天黑幕的背后》,http://news.sina.com.cn/o/2009-08-25/104916181330s.shtml;《广东茂名监狱惊天黑幕》,http://bbs.tianya.cn/m/post-no20-217704-1.shtml,访问日期:2021 年 9 月 10 日。

有意思的是,成加增曾被媒体描绘成"爱岗敬业、积极进取的'好班长'——全国电大优秀毕业生"。报道说,监狱人民警察肩负着执行刑罚和教育改造罪犯的重任,他们被喻为"把守着火山口的警察";2006 年度全国电大优秀毕业生、广东茂名电大法学专业本科毕业生,茂名监狱党委书记、监狱长成加增就来自这个特殊警种。成加增自 2000 年 8 月到任以来,爱岗敬业、求真务实、锐意进取、廉洁自律,以当好一名称职的"班长"为己任,团结带领监狱党委和全监警察职工,克服经费缺口大、警力不足、物防技防手段落后等种种困难,努力开创了茂名监狱各项工作的新局面,使监狱改造秩序井然,企业生产稳步发展,连续多年实现了监管、生产两安全;教育转化罪犯质量不断提高,刑释人员重新犯罪率逐年下降;警察职工队伍思想稳定,工作热情高涨,整体战斗力不断增强。茂名监狱多次被上级评为先进单位、监管安全单位、生产安全单位。成加增本人也多次被授予先进个人、优秀党务工作者以及优秀转业复转军人等荣誉称号,2003 年抗击"非典"期间荣立个人一等功,2004 年荣立个人三等功。成加增为茂名监狱的发展倾注了满腔心血,他以高尚的人格魅力赢得了广大警察职工的信赖和拥护,他是一位勤政廉洁的好领导,是一位踏踏实实的实干家,还是一个情牵警察职工冷暖的好班长。报道称,成加增没有停下进取的脚步,他说:"我从电大毕业,并不是一个终点,而是一个新的起点"。在新起点上,成加增继续当好"班长"角色,为监狱事业奉献自己,茂名监狱必将以崭新面貌崛起于美丽的石滩河畔。但是,当虚华被时间磨去,成加增也从"先进""优秀"之列进入罪囚之伍。刘中元、林劲标、邹辉、李广高:《茂名监狱原监狱长成加增领刑 11 年》,http://www.citygf.com/news/News_001001/201004/t20100414_281303.html,访问日期:2021 年 9 月 10 日。

第六章 防治黑恶势力生成的理论努力

一、"黑恶势力"及其防治的研究与思想

（一）国内研究黑恶势力及其防治的文献状况

国内研究黑社会（性质组织）犯罪的学术文献极多，其中讨论黑恶势力（黑社会或犯罪组织）及其犯罪原因的文献丰富，这些文献包括两类。

一是一些研究有组织犯罪的著作对有组织犯罪的原因进行了分析。如：康树华、魏新文主编的《有组织犯罪透视》"成因篇"，即第十至十三主题：有组织犯罪的政治、经济、社会和个体成因（北京大学出版社 2000 年版，第 259—282 页）；何秉松主编的《黑社会犯罪解读》第七章"黑社会（性质）犯罪原因论"（中国检察出版社 2003 年版，第 289—341 页）；何秉松所著的《中国有组织犯罪研究（第一卷）·中国大陆黑社会（性质）犯罪研究》第十九至二十一章，包括"我国黑社会犯罪（有组织犯罪）的原因论简介"、"对美国有组织犯罪原因论的考察"和"黑社会犯罪的自组织原因论"（群众出版社 2009 年版，第445—513 页），《中国有组织犯罪研究（第二卷）·台港澳黑社会犯罪研究》第二十四章"香港黑社会犯罪的原因"（群众出版社 2009 年版，第 419—434页）；莫洪宪主编的《澳门有组织犯罪研究》第三章"澳门有组织犯罪的动因及转换"（武汉大学出版社 2005 年版，第 63—113 页）；重罡、璞玉编著的《当代中国"扫黑"纪实》第六章"'扫黑'启示与思考"（群众出版社 1997 年版，第

311—333页);叶高峰、刘德法主编的《集团犯罪对策研究》第二章"集团犯罪的主要原因"和第九章第三节"恐怖性组织犯罪的原因"(中国检察出版社2001年版,第53—94、396—409页);苏智良、陈丽菲所著的《近代上海黑社会研究》第一章"畸形社会的怪胎——上海黑社会成因"和第三章"亚文化群——黑社会内部透视"中的部分内容(浙江人民出版社1991年版,第1—58、117—182页);高秀清、张立鹏所著的《流氓的历史》第二章"流氓群体产生的社会原因"(中国文史出版社2005年版,第30—38页);西北政法学院课题组(负责人陈明华)编写的《有组织犯罪问题对策研究》第四章"有组织犯罪产生的原因"(中国政法大学出版社2004年版,第122—192页);谢勇、王燕飞主编的《有组织犯罪研究》之"Ⅳ有组织犯罪成因问题研究"(该部分由马姝撰稿,中国检察出版社2005年版,第154—206页);阮方民、王晓所著的《有组织犯罪新论:中国黑社会性质组织犯罪防治研究》第三章"有组织犯罪的成因"(浙江大学出版社2005年版,第33—64页);贾宏宇所著的《中国大陆黑社会组织犯罪及其对策》第三章"中国大陆黑社会犯罪的原因"(中共中央党校出版社2006年版,第110—170页)。

二是有不少论文分析了有组织犯罪(或黑恶势力)的成因。何秉松:《黑社会"性质"组织犯罪原因论》(《浙江师范大学学报》2003年第6期),《黑社会犯罪的自组织原因论(上)——一种崭新的黑社会犯罪原因理论》(《政法论坛》2002年第4期),《黑社会犯罪的自组织原因论(下)——一种崭新的黑社会犯罪原因理论》(《政法论坛》2002年第5期);邱格屏:《"弱者的工具":流动人口恶势力犯罪原因的另类解读》(《江苏警官学院学报》2009年第4期);王连惠、卢明旗、胡福来:《农村流氓恶势力的滋生演化过程、存在原因及治理对策》(《公安研究》1998年第4期);李伟强:《当前黑社会性质犯罪的原因、对策初探》(《公安大学学报》2000年第6期);贾治中:《当前铜仁地区农村恶势力的特点、存在的原因及治理对策》(《贵州警官职业学院学报》2002年第1期);罗利达:《当前流氓恶势力犯罪特点、原因及预防打击对策》(《公安研究》2004年第11期);梁家贵:《当代中国黑恶势力出现的原因及对策》(《社会》2001年第3期);李建平:《农村地方恶势力形成的原因、特点及其对策探讨》(《云南公安高等专科学校学报》2000 年第 4 期);王南玲:《天津市黑社会性质有组织犯罪的现状、原因及侦查对策思考》(《公安大学学报》1997 年第 6 期);吴健勇:《我国黑社会性质有组织犯罪的界定、原因及对策研究》(《社科纵横》2004 年第 1 期);刘礼琳:《我国黑社会组织犯罪形成的社会原因》(《贵州大学学报(社会科学版)》2003 年第 3 期);杜双燕:《西部地区黑社会性质组织犯罪形成的文化意识原因探析》(《贵州警官职业学院学报》2014 年第 6 期);刘军:《试析农村恶势力形成的原因及对策》(《湖南公安高等专科学校学报》2001 年第 1 期);王宏:《论黑社会性质组织犯罪的特点、原因及防控对策》(《华北电力大学学报(社会科学版)》2005 年第 1 期);詹妮弗·赛兹:《西班牙的有组织犯罪及其非法活动:原因和促成因素》(秦宗川译,《犯罪研究》2013 年第 3 期);徐苗:《现阶段农村黑恶势力滋生的结构性原因分析》(《河北公安警察职业学院学报》2012 年第 3 期);操宏均:《现阶段农村黑恶势力滋生的结构性原因解读》(《净月学刊》2014 年第 5 期);徐信贵、高长思:《论黑社会性质组织"保护伞"的形成原因及方式》(《福建警察学院学报》2012 年第 1 期);张旭:《"黑恶势力"坐大的原因何在》(《吉林人大》2001 年第 2 期);张旭、顾阳、罗高鹏:《东北地区有组织犯罪特点、成因及预防》(《山东警察学院学报》2011 年第 5 期);单民、胡铁君:《中国大陆黑社会性质犯罪的主要成因》(《国家检察官学院学报》2003 年第 6 期);文云波:《云南农村地区黑恶势力的经济文化成因探讨》(《云南警官学院学报》2010 年第 4 期);龙建明:《农村恶势力的成因及社会危害性》(《吉首大学学报(社会科学版)》2006 年第 2 期);熊辉、王孔容:《农村黑恶势力现象的成因及根除对策》(《中州学刊》2007 年第 6 期);张树森:《农村流氓恶势力的特点、成因及打防对策》(《吉林人大》2001 年第 2 期);邹富林、龙炳麟、张高桥:《农村恶势力的特征、成因及打击治理对策》(《湖南公安高等专科学校学报》2002 年第 3 期);王敏:《流浪未成年人越轨行为的成因分析》(《学理论》2009 年第 27 期);黄成荣、欧阳芷柔、高云娇:《香港青少年越轨行为特点、成因及对策》(《广西大学学报(哲学社会科学版)》2014 年第 3 期);李德:《青少年犯罪和越轨行为的成因与预防》(《山东警察学院学报》2012 年第 4 期);秦海丽、乔有力:《社会变迁中农村留守青少年越轨行为的成因及其对策研究》(《河北青年管理干部学院学报》2009 年第 6 期);梅传强、赵亮:《青少年黑社会性质组织犯罪的特点与成因分析——以重庆万州区张波、张涛黑社会性质组织犯罪为视角》(《西南政法大学学报》2010 年第 1 期);罗大华、王志华:《当前中国黑社会性质犯罪的社会心理成因及对策思考》(《犯罪学论丛》2004 年第 2 卷);杨来胜:《带有黑社会性质的犯罪团伙成因及抗制》(《江苏公安专科学校学报》1997 年第 2 期);丁大维、胡云才:《带黑社会性质的帮会组织成因调查》(《公安大学学报》1993 年第 3 期);邵鸣利、柴华:《我国黑社会性质组织犯罪成因分析》(《中国人民公安大学学报(社会科学版)》2007 年第 4 期);陈伯礼、杨道现、谭振国:《行政法学视角下黑社会性质组织"保护伞"的成因及其对策》(《公安学刊(浙江警察学院学报)》2013 年第 2 期);杨道现、谭振国:《黑社会性质组织"保护伞"成因及其防范机制研究》(《湖北警官学院学报》2013 年第 3 期);张连举:《未成年人模仿黑社会犯罪的特点及其成因探论》(《政法学刊》2001 年第 6 期);盛清才:《广东黑社会性质组织犯罪成因研究》(《广东海洋大学学报》2009 年第 5 期);游伟、肖晚祥:《我国黑社会性质组织犯罪成因初探》(《华东政法学院学报》2001 年第 4 期);杨莉:《我国黑社会性质犯罪的文化成因研究》(《中国人民公安大学学报》2003 年第 1 期);张磊、刘洋:《"网络黑社会"现象的危害、成因及控制研究》(《新闻知识》2010 年第 6 期);刘朝捷、李琪玮:《当前个别农村黑恶势力滋生蔓延成因探析——以吉林省农村为例》(《党政干部学刊》2010 年第 3 期);冯殿美、曲振涛:《有组织犯罪的成因及其对策分析》(《法学论坛》2003 年第 3 期);等等。

但是,我们也不难发现,专门集中系统分析黑恶势力生成机制的却不多(这一点,后文有讨论)。前述文献主要集中于分析恶势力、黑社会(或有组织)犯罪及其原因,以利于国家预防、打击黑恶势力犯罪。其他国家和地区研究有组织犯罪的学者大多走的也是这样的路径;不同点当然有,比如国外有关学者特别是美国等一些国家的学者,对如何通过控制酒类、刀具、枪支、毒品,控制色情(性)、(家庭、学校、街头、影视)暴力等对青少年等特定人群的危害,以及如何通过诸如家庭及社区、学校等机构、组织,以达到预防、干预、控制青少年等人群形成或参加犯罪组织、实施有组织犯罪等目的,研究得特别深入细致。①

(二) 黑恶势力产生、犯罪横行的原因研究

国内学者、实务人士指出的黑恶势力产生、成势或其违法犯罪的原因,黑恶势力"保护伞"产生的原因,结合笔者的观察分析,归纳起来主要有:②

1. 政治腐败现象是温床

黑恶势力产生、犯罪横行,"保护伞"滋生且不绝,主要原因是"政治腐败现象"。这被认为是黑恶势力"滋生和发展壮大的温床"③。恶势力、黑社会要出生得了,活得下来,养成气候,必须有从底层到某种上层的政治腐败,即有保护恶势力、黑社会的各种"伞";当恶势力特别是黑社会人物"长大"后,需要政治地位、头衔和权力时,有人能够把这些东西"卖"给他们。我们认为,除了

---

① 这方面的资料很多,例如:Lyndsay McLean Hilker, Erika Fraser, *Youth Exclusion*, *Violence*, *Conflict and Fragile States*, Report prepared for DFID's Equity and Rights Team, Final report: 30th April 2009; Linda L.Baker, Peter G.Jaffe, *Youth Exposed to Domestic Violence*, A handbook for the Juvenile Justice System to enhance assessment and intervention strategies for youth from violent homes; The National Crime Prevention Centre (NCPC) of Public Safety Canada, *Youth Gang Involvement: What are the Risk Factors?*; James C.Howell, *Youth Gang Programs and Strategies: Summary*, Washington, D.C.: U.S.Dept.of Justice, Office of Justice Programs, Office of Juvenile Justice and Delinquency Prevention, 2000; Robert J.Chaskin (edited by), *Youth Gangs and Community Intervention*, Columbia University Press 2010; Center for Mental Health in Schools at UCLA.(2007), *Youth Gangs and Schools*, Los Angeles, CA: Author; Teresa Cunningham, Bill Ivory, Richard Chenhall, Rachael McMahon and Kate Senior, *Youth Gangs in a Remote Indigenous Community*, Trends & issues in crime and criminal Justsice, No.457 July 2013; Professor J.J.Pearce, Professor J.M.Pitts, *Youth Gangs*, *Sexual Violence and Sexual Exploitation*, The University of Bedfordshire Institute for Applied Social Research, March 2011; Joseph Weber, Advisor-Gary Apperson, *Youth Gangs: Causation*, *Theory*, *and Strategies*, http://www.uwplatt.edu/files/urce/joesph%20weber.docx; *ST.Louis Regional Youth Violence Prevention Task Force*, June 2013, Prepared By Vector Communications Corporation; Kathryn Seifert, *Youth Violence*; *Theory*, *Prevention and Intervention*, 2012 Springer Publishing Company, LLC; *Youth Gangs*, *Violence and Anti-social Behaviour*, Prepared by Rob White, School of Sociology & Social Work, University of Tasmania, Australia, For the Australian Research Alliance for Children and Youth April 2007。

② 学者和实务人士对黑恶势力产生及其违法犯罪"原因"的剖析非常详细,涉及面很广,笔者只能最大限度地"公约化",对众多文献中的有关思想观点的归纳难免挂一漏万。

③ 参见何秉松:《中国有组织犯罪研究(第一卷)·中国大陆黑社会(性质)犯罪研究》第二十一章第五节,群众出版社 2009 年版,第494—510 页。

腐败,恶势力、黑社会产生和坐大,政治上的某些失误,特别是政治体制还未完全及时、有序、富有成效地与经济体制的变革匹配,造成一些政治空隙(权力不受约束、商品化、市场化等),加之有一些领导干部越来越"不守纪律,不讲法治,不讲规矩",或者只在公开场合、在表面上空洞地"讲政治",把"讲政治"作为面具,或者投机的资源、资本,背地里另搞一套,阳奉阴违,导致政治和权力在一定范围和程度上异化,给恶势力、黑社会生成提供了可乘之机。政治和权力上出现"真空",如果没有合法政治权力及时填补,以及其他情形和形式的"政治失控""政治勾结"①,都会给黑社会产生提供机会。

2.经济活动(市场行为)不规范是基础

主要是经济活动不规范,尤其是市场行为不规范,大量的权力运作、计划操控、垄断操纵及其他各种违法败德的经济行为,与市场行为"交融",一切以利益为驱使,极端化、无底线、无限度追求金钱、物质等财富。这为黑恶势力的产生和强大提供了令人惊骇的驱动力。不正常、非理性的经济发展方式、不可预测的经济震荡,在给国家、社会和普通公众造成损害的时候,也会给恶势力和黑社会提供额外的利益机会和空间,"浑水摸鱼,火中取栗"是黑恶势力获取经济利益的一种途径。最大化追逐经济利益,攫取巨额财富,"以黑取财,以黑护财;以财养黑,以财壮黑;财黑共生共存,共大共强"。这注定哪里有财可取,黑恶势力就往哪里钻;哪里有暴利,哪里就是他们争抢打杀、巧取强夺的地盘。黑恶势力财力增长的过程,就是他们壮大实力、地盘扩张的过程,他们的成员往往在这样的时期迅速增加,组织成型,势力坐大。

3.阶层分化加剧社会失序是关键

包括贫富差距长期、持续、加速拉大,社会财富以不可思议的方式和规模向少数特殊利益集团和人物集中,社会阶层分化加剧、固化,城乡之间、地区之间、阶层之间不平等越来越严重(多年来,政府克服这些不平等的努力始终跟不上差距不断拉大的速度),失业者、底层苦力人口剧增,不少曾经脱贫者因

---

① 康树华、魏新文主编:《有组织犯罪透视》("成因篇"第十主题　有组织犯罪的政治成因),北京大学出版社 2000 年版,第 259—262 页。

病、因教(巨大的子女教育负担)、因失业和因各种自然及社会灾害而返贫。这个过程中,一些人只顾追逐利益,无视起码的道德和法律,并且某些社会舆论、思想价值导向、权贵者的生活和行为方式,昭示人们"撑死胆大的,饿死胆小的",社会越来越陷入失范、失序和无序的状态。这种状况促使了一些人反叛社会,增加了社会中的违法犯罪因素,也增加了恶势力、黑社会产生的因素和动力。

4. 基层治理软弱涣散是契机

有些基层政府对基层社会的管理能力、力度和水平不尽如人意,原有的基层社会控制力降低,而新的基层社会治理能力不足。重要的是,很多时候,基层政府对基层社会无力控制和治理,根子还在上层政府,尤其是上层政府制定的一些政策,减弱、损害了基层政府特别是乡镇政府的社会管理能力、资源和手段,有意或无奈地放弃或弱化对恶势力和黑社会性质组织的打击,为恶势力和黑社会的形成提供了"大好时机"和广阔的"基础平台"。比较突出的,就是在20纪90年代初税制改革后的很长时期里,乡镇政府事权与财权严重不匹配,乡镇政府有权也有责任办事,但"吃饭财政"和"欠债财政"使得底层政权组织在举办公共事业,甚至在维护治安上,处处捉襟见肘。这种局面虽然因很多乡镇政府从"土地财政"中获益而改变,不过事实证明,到这个时候,一方面,"土地财政"本身副作用太明显、太大;另一方面,许多乡镇政府在财力上得到极大改善,却仍不愿意把更多精力和资源投入维护社会秩序方面,因为随着基层政府对基层社会管理、控制力度的长期减弱,恶势力、黑社会早已经产生、长成了,并成为一些乡镇政权的保护和依赖对象,甚至一些地方的村社、乡镇,已经为黑恶势力操纵或把持——除非公安机关部署打黑除恶专项斗争,一般行政执法根本不能也不会对这些恶势力、黑社会进行主动打击(即使可能疏远这些势力)。

5. 民众的错误认识和情感是掩护

普通民众(村民或居民)对恶势力、黑社会的意识、认识、态度和立场,是游移、摇摆的,为恶势力、黑社会的生成和壮大提供了社会基础。随着社会中不良观念的浸染,即使人们对恶势力、黑社会倍感厌恶、恐惧和畏而远之,但对那些"成功的"恶势力、黑社会人物,又夹杂着一些"羡慕""景仰",乃至"敬畏"。普通百姓一方面知道对那些人不敢惹、惹不起,要离得远些,躲开些;另一方面又可能不得不与他们交往,他们可能就生长、生活在本地,抹不开人情,放不下面子,没准不少事情还得请这些"道上"人物出面帮忙,至少不能够跟他们交恶,以求自保和平安。当恶势力、黑社会正好是某地的"大家族"时,这个问题就更复杂了。较弱的乡镇政权力量,加之底层政权存在腐败,更无力面对以宗族为基础的强大黑恶势力。有时候,有些地方基层政权干脆与地方宗族黑恶势力联成一体,底层民众特别是当地百姓,就更不可能抵挡、拒绝在某种程度上"与乡村、街道的恶势力、黑社会为伍"。倘若恶势力、黑社会人物"会做人,会处世",不仅对腐败官员"孝敬"到位,也对当地百姓施加"恩惠",给予"保护",让一些民众以至官员深以为这些"道上的人""疏财仗义""言而守信",那么,这样的恶势力、黑社会就更加在社会中"站稳了脚跟"。同时,正如许多学者指出的,普通民众法治观念淡薄,不仅自己常常发生违法行为,而且对恶势力、黑社会性质组织的违法犯罪活动不抵制,或者不敢抵制、不能抵制,使得黑恶势力的生成及活动具有一定"群众基础"和社会土壤。不过应当强调,伴随恶势力、黑社会产生和壮大全过程的暴力手段,才是他们最初以及"最终"赢得其生成、成型和成势的机会的关键,没有暴力违法犯罪这一手,恶势力、黑社会就不成其为恶势力、黑社会了。只有金钱并不能铺出黑恶之路。

6.犯罪亚文化和心理是内心动力

尤其是江湖文化、帮会文化(帮派思想)、暴力文化、色情文化、赌徒心理和"游民文化"等,被认为是恶势力、黑社会形成的重要思想观念基础,更是"黑社会组织的精神支柱"。①

7.境外黑社会势力渗透是助推力

随着我国对外开放政策的持久实施,国(境)外黑社会势力向国(境)内渗透,呈现出内外结合的特点,增加了防范、打击黑恶势力的难度,这当然意味着

---

① 参见何秉松:《中国有组织犯罪研究(第一卷)·中国大陆黑社会(性质)犯罪研究》第二十一章第四节,群众出版社 2009 年版,第487—494 页。

境内恶势力、黑社会有了更多的生成和成型、成势的机会和空间。

8.涉黑涉恶人员个体境况是直接动因

黑恶势力形成具有"个体原因",包括个体基础教育(含家庭教育、学校教育)的缺陷、个人的畸形思想观念、不良交往的习惯、方式和对象,以及恶势力和黑社会对不良青少年的吸引①,是恶势力和黑社会得以在"社会中"形成、壮大的直接动因。

9.其他导致黑恶势力产生并犯罪的原因

在不同地方,黑恶势力的产生原因各有不同。如香港的"三合会",澳门的"14K",台湾地区的"竹联帮"等,则各有具体的历史和社会成因。比如,香港、澳门的赌博业、色情业、回归前后香港、澳门与内地的政治、经济和文化差异,都对香港、澳门黑社会的形成、演变、组织形式及势力范围、活动方式(无论合法行为方式还是违法犯罪方式),有着重要影响。

(三) 关于黑恶势力生成及犯罪的研究的两点反思

当然,学界对黑恶势力产生和违法犯罪的原因,还有其他许多观点,不再逐一列举。对上述各项原因,我们需要进一步反思和讨论的是:

第一,准确探明黑恶势力产生和扩张的原因,科学认识黑恶势力违法犯罪的原因,是扫黑除恶在理论、政策和实践等多方面的需要。

到2017年底之前的十多年里,从中央到地方,党和政府确定打黑除恶的政治方向,制定刑事政策和刑事法律,到公安、司法机关执行刑事政策和刑事法律,打击黑恶势力及其犯罪,学界及实务人士关于黑恶势力滋生和犯罪的"原因"理论在其中起了重要作用,产生了较好的理论和实践效果。"原因"分析全面、正确,"对策"也就相对容易制定,能够管用。这方面的突出效果:一是国家决策层面。及时对全国各地黑恶势力出现、滋长情况及原因,作了客观、科学判断,及时根据不同发展阶段和不同条件,不断提出了应对黑恶势力

---

① 参见康树华、魏新文主编:《有组织犯罪透视》"成因篇"第十三主题 有组织犯罪的个体成因,北京大学出版社2000年版,第274—282页。

的新方针、新政策,多次部署全国性"打黑除恶"工作,完善刑事政策和刑事法制,包括"黑社会性质组织犯罪"进入刑法典,扫黑除恶与反对腐败、打击公权力"保护伞"并举、并重,等等。二是部门工作层面。由于公安部门、司法机关及相关工作人员对黑恶势力产生、滋长及其违法犯罪的原因有基本符合实际、深入客观的认识,所以,这些国家机关或部门在历次专项打击中,基本上能够把握正确方向,准确掌握和适用刑事政策与法律,总体上打击了黑恶势力的气焰,遏制了黑恶势力的滋长,控制了黑恶势力违法犯罪势头,打掉了众多恶势力团伙、黑社会性质组织,打击了众多的黑恶人员,某种程度上清理了"战场"。借用一些警察的话说,"有些地方在若干年内都不大容易再出现能够成气候的恶势力,更不要说黑社会了,这些年我们把黑恶势力的苗苗都打了,或者打跑了。那些在监狱里面的涉黑涉恶的罪犯,少则三五年以上,多则十年八年以上,才可能出来。他们出来了,也未必还能兴风作浪,未必重操旧业,未必还回原地。逃脱打击、暂时潜沉和新生的黑恶势力,应该会有,但要成势成气候,还要一些时日。只要一直加强防范,坚持露头就打,下真心狠狠地打,警察不腐败,当官的不腐败,不包庇纵容,哪有黑恶势力的天地?"

第二,如果扫黑除恶的实践进一步改革,如果把以"打黑除恶"为重心转为以"防治黑恶生成"为重心,在思想理论、政策策略和法律制度上,为防治黑恶势力生成提供基础,那么,毫无疑问,现在的"原因"理论虽然可以继续发挥作用,但须明确的是,它能够起到的作用很有限。

我们的理由在于,现在的"原因"理论长于对黑恶势力形成及其违法犯罪原因的宏观分析,短于对这些"原因"在微观上如何发生作用的分析;长于对这些"原因"进行高度抽象概括的归纳分析,短于对这些"原因"在微观层面发生作用的机制、机理的具体化、针对性的分析;长于高屋建瓴指导中上层的政治决策、大的方略制定,短于指导中高层制定出周详、严密的法律规范、实施策略,短于让政策、法律体现为精细的民生、社会政策,以从制度源头防范黑恶势力生成。例如,国家在制定强制征地、强制拆迁政策和法律时,考虑过它们在刑事司法方面的效果吗?考虑过它们在促成恶势力膨胀、黑社会性质组织扩张方面的效果吗?大抵是没有考虑的,也没有办法考虑——不仅因为各种利益驱动,决策者难以考虑这些问题,重要的是,我们也没有理论和思想支撑,帮助上层决策者从"技术和观念层面",设计出有利于防治黑恶势力在强制征地和拆迁中生成、壮大的政策和法律。

这样,现在有关黑恶势力产生、成长和违法犯罪的"原因"理论,呈现出三个优点或优势:有利于解决对黑恶势力及其犯罪的基本认识,这一套"原因"论容易被官方人士和社会大众接受、理解;有利于宣传部门和各种媒体以通俗化、大众化的方式,向普通百姓进行宣传,帮助其认识黑恶势力及其违法犯罪的原因和实质,能够认识、理解和支持政府对恶势力、黑社会采取的方针政策和法律措施;有助于党和政府制定相对宏观、短期的打黑除恶政策,以及相对具体的刑事政策、司法措施。

同时,这种"原因"论的不足则比较隐晦:为什么"扫黑除恶"老是没完没了?何时不再忙碌于"扫除",而是把"防治"黑恶势力化为寻常的政策和法律,化为寻常的执法和司法,化为人人都不想、不愿、不会涉恶涉黑?有没有可能,在中国特色社会主义新时代,在新的民主与法治、新的经济文化与社会诸条件下,也像新中国刚成立之后的二十多年那样,找到某种新的思想理论和制度安排,基本实现(或接近)"无恶无黑"社会?这些问题是否至少可以在理论上提出?此等问题显然不是既有的"原因"理论着意关注的,也不会提供答案——现有理论甚至认为,要在市场经济条件下实现"无恶无黑",在理论、制度、政策和实践上都不可能。既有的"原因论"始终以提出新的"扫除"理论和政策为中心。

因此,我们并不否定和放弃既有的关于黑恶势力产生、发展和他们违法犯罪的原因理论,这种"原因"理论还应当不断发展。但是,我们要寻求"原因"理论的突破,对一些重要"原因"的作用机理进行研究,对恶势力、黑社会生成的"土壤""温床"的作用机理进行研究,对那些可能在这些"土壤"和"温床"里育出恶势力、黑社会的"种子"进行研究,以及对促使这类"种子"在"土壤"或"温床"里抽芽、分蘖的个体和社会条件,以及这些条件发生作用的方式和效果,进行研究。能够除掉孕育黑恶势力的土壤、温床当然最好;不能除掉土壤、温床,没有那样的种子也很好;土壤、温床、种子都除不掉,那使这几个方面都不能发生作用,相互不发生接触,阻隔黑恶势力孕育的机会,那也非常好。黑恶势力孕育出了,赶紧趁早打掉,虽然也不错,但总比不上不让恶势力、黑社会出现得好。把成型、成势的恶势力、黑社会通过专政工具打掉,这是国家不得不做的事情。最差的,当然是对恶势力、黑社会不闻不问,不扫不除,或者打扫不彻底,"假打",养虎成患,为害一方,那是国家和地方政府的失职渎职。

二、防治黑恶势力生成的理论准备须加强

我们尽力收集梳理现行防范和阻遏黑恶势力生成的理论、策略,尽力观察和审视治理黑恶势力生成、抑制其生长的法律及政策实践,结果是不尽如人意。

(一) 防治黑恶势力生成与犯罪的理论准备总体不足

无论刑法学者、犯罪学者,还是刑事政策研究者,抑或是刑事诉讼法学者、社会学者,等等,很少有人专门研究如何防治黑恶势力生成及阻遏其发展。这方面的理论明显稀缺。表明这种情况的依据就是,我们虽然尽力搜索防治黑恶势力生成、发展的理论文献,却差不多一无所获。就此,我们先提出几点总体性看法。

第一,学者们对黑恶势力生成原因的讨论,不如对黑恶势力犯罪原因的讨论那么广泛深入,而对防治黑恶势力生成和发展的策略、实践的讨论则更加欠缺,更为薄弱。并且,已经提出的防范黑恶势力生成的理论和策略,大多比较笼统,有的不着边际,有的并不触及黑恶势力生成之根本。

第二,现有的关于防治黑恶势力生成的理论不仅缺乏系统性、全面性、深入性和针对性,而且基本上附属于打击恶势力、黑社会(性质组织)犯罪的相关理论。少量相对独立、系统论述黑恶势力生成原因的理论,则夹杂在阐释黑恶势力犯罪的原因和应对黑恶势力犯罪的策略之中,不易为人觉察,更难引起重视。

第三，迄今，一些研究者把黑恶势力犯罪的原因与黑恶势力生成和发展的原因混为一体，不加区分，因此，他们关注和重视黑恶势力为什么犯罪，如何有效打击黑恶势力犯罪，几乎完全以打击黑恶势力犯罪的理论和策略取代了防治黑恶势力生成的理论和策略，或者说，根本就没有把黑恶势力生成的原因和机制作为相对独立的问题进行研究。

第四，虽然黑恶势力犯罪的原因与黑恶势力生成的原因具有许多内在联系，甚至可以说导致黑恶势力生成的原因一般都是黑恶势力犯罪的原因（如权力腐败、民生困难），但是，黑恶势力犯罪的原因（如一些人利用黑恶势力铲除异己，为称霸一方而寻衅滋事、欺行霸市、横行乡里等）不都是黑恶势力生成的原因，可一旦把黑恶势力犯罪的原因混同于其生成的原因，或者只看到黑恶势力犯罪的原因而不能独立、深入研究其生成、发展的原因，理论视野就会局限于既成的黑恶势力，理论重心就在"断流（断黑恶势力犯罪之流）"，而不在"竭源（枯竭黑恶势力生成之源）"，并且延伸至政策和法律领域，使得相关政策和法律的重心也偏向于"打击"黑恶势力及其犯罪，而非重在防范黑恶势力生成，因此，应对黑恶势力的立法、执法和司法，基本停滞在打恶扫黑的技术、战术、策略层面，没有深入触及防范黑恶势力生成的根本性、根源性、基础性的战略层面——一整套相互联系、有机结合的防治黑恶势力生成的民生保障发展工程、国家及社会治理体系、文化与能力现代化工程，以及相应的社会公平正义再造工程，健全我国社会主义良法善政工程，扭转被"市场拜物教"扭曲的人性与观念的价值重建工程，即在共产党领导下的我国社会主义法律、政策和价值的"自我革命"工程（当然，本书也没有且不可能全面深入讨论所有这些"工程"）。所以，无论"运动式"打黑除恶还是"常态化"扫黑除恶，都不同程度地呈现着"治标"本色。这正是现在打黑除恶理论和实践的真实状况。

第五，有的学者即使比较注意黑恶势力生成的问题，讨论生成和发展的原因，指出应当重视"治本"，但又往往不自觉地把论述的重点放在黑恶势力犯罪的原因和打击黑恶势力犯罪的策略方面。

第六，这些理论和实践状况不只存在于我国，而且也存在于其他国家和地区。就我们看到的资料来说,无论刑法学、犯罪学,还是其他相关学科的资料,大多数学者都是立足于"打击有组织犯罪",揭示有组织犯罪的原因,从而提出有效打击有组织犯罪的对策。国际社会召开过多次讨论打击(跨国)有组织犯罪的会议,有很多相关文献,但没有专门针对黑社会(跨国犯罪组织)的生成的原因、机制召开过会议,共同商讨对策。

(二) 防治黑恶势力生成及犯罪的主要学术观点与意义

当然,我们非常明确地认为,学界的确提出过一些关于黑恶势力生成原因及防治措施的理论和策略,广义上包括中国秘密社会形成的原因、背景和条件的理论界说。这些理论观点大致可以总结为如下几个主要方面。

1. 秦宝琦、谭松林对秘密教门产生发展原因与条件的探讨

秦宝琦、谭松林探讨了关于中国秘密教门产生及发展的原因和条件,秘密会党产生的原因和背景,现代会道门兴起的背景,以及现代帮会兴起的原因和条件。[①] 不过,这些分析并不直接针对黑恶势力生成的原因、条件和机制,只是有助于我们认识当今中国黑恶势力产生的原因,研究防治黑恶势力生成的对策。

秦宝琦、谭松林认为,秘密教门的产生,既有政治宗教原因,也有经济与信仰原因。政治、宗教的原因在于,历代王朝(政府)对宗教宽容相待,民众对宗教兼容并包的态度,[②]被一些具有某种反叛思想和个人野心的人利用,钻了宗教政策的空子,打着宗教信仰的旗帜,拉拢宽容对待各种教派的民众,结成秘密团体或组织,进行反施政、反社会的活动。封建小农经济使占社会人口绝大

---

① 参见秦宝琦、谭松林:《中国秘密社会(第一卷):总论》,福建人民出版社 2002 年版,第27—32、37—48、86—98 页。

② 中国历史上的大多数时期,民众可以游离于各种宗教之间,不专信特定宗教或教派,对各种宗教一视同仁,善待一切神祇,见庙烧香,见神磕头,加上我国历史上儒释道三教合一的思潮流行,加重了民众对宗教的宽容意识与认识混乱。平民百姓并不追求对宗教教义的深切理解,更不在乎各种宗教在教义方面的分歧,甚至分不清政府允许的"正教"与政府禁止的"邪教",只要"有求必应",便加"信奉"。历史上,秘密教门便利用民众的这种意识,蒙蔽不明真相者,诱其加入教门。参见秦宝琦、谭松林:《中国秘密社会(第一卷):总论》,福建人民出版社 2002 年版,第 28 页。

多数的农民承受着自然和社会两方面压力,自然条件的好坏,社会是太平还是战乱,决定着他们的生活,小农经济的脆弱性,农民前途、命运的不确定性,使得他们一生渴求平安无事,"消灾避劫"是他们最大的心愿,一些秘密教门洞悉这之中的奥妙,立门建教,延揽民众。金钱、权力(权利)的诱惑,激发一些人建立教门,成为教首,其他人则纷纷仿效,并且大量招揽徒众,形成等级组织,从而靠教众或徒弟发财。有的教首在农村小土房"登基称帝",自行"封官",教徒摇身一变成为"宰相""军师"或"皇后""嫔妃",享有"权力"感觉,甚至借机捐官,进入社会上层,如若失败,则萌生造反夺权野心,诱使教徒为其效命。再者,秘密教门也适应了农民和其他底层民众反抗封建统治者的需要,成为反抗斗争或起义的组织者、领导者。封建统治者的文化及对待底层民众的文化策略,也给秘密教门的产生提供了基础。统治者的愚民政策,底层民众缺少文化,愚昧落后,加上统治者有意灌输的迷信思想、神权、君权、族权和夫权思想,既束缚、禁锢民众思想,又让广大民众对天命、鬼神等信奉不疑,因此,民众特别容易受到秘密教门欺骗,加入其中。一旦有人滋生夺权念头,就会组织秘密教门等民间团体,聚集力量,图谋造反;或者教首聚敛大量钱财,招收徒众极多的时候,也可能率众举事,打倒朝廷。

秦宝琦、谭松林认为,中国秘密会党(天地会)产生的基本原因,不应当仅从满汉民族斗争中寻找,而应当主要从社会经济发展和社会矛盾中寻找。小农经济变化,社会阶级基础的出现,是天地会产生的原因和背景。雍正、乾隆年间,作为农业与家庭手工业结合、自给性生产与商品性生产相结合的小农经济,随着生产发展,越来越多的剩余产品投入市场,商品性部分日益增多,自耕农和佃农逐步成为小商品生产者,小农经济的这种变化在经济发达地区变得明显,其基础是自耕农经济的巩固和佃农经济独立性的增强。佃农和自耕农一样,可以独立生产和经营,成为小商品生产者,他们中的一部分成为富裕佃农,一些则因经营不善等原因而破产,像破产的自耕农一样,成为雇农、小商贩或无业游民。在乾隆年间及以后,不仅小商品经济发展起来,而且农村的商品经济也发展起来,但受到了制约。一是商品生产的资金有限,难以进行大规模生产;二是整个社会以小商品生产为主,占据主要市场;三是生产者主要靠自己技艺的高超,而非技术进步和劳动分工来扩大生产,提高产品数量和质量;四是清王朝并不支持、鼓励商品经济,而是从各方面进行限制。由于商品经济的发展受到制约,资本主义工商业难以发展,无法吸收农村涌现出的剩余劳动力,日益增长的人口压力得不到缓解。大批农民找不到谋生之路,除少数成为小商小贩、雇佣劳动者,大多成为无业游民,造成了长期、巨大的移民潮。移民为了生存,内部强化了彼此互助互济,对外自卫抗暴,这样,移民社会成为秘密会党滋生发展的温床。嘉庆、道光年间,广西的天地会最初大多由福建、广东等省的移民组成。秘密会党的产生与雍正、乾隆年间宗族势力发展有密切关系。许多强大宗族集团欺压小族小姓,引起宗族械斗。小族小姓为与豪族大姓对抗,歃血结盟,化异姓为同姓,形成组织,成为秘密会党的雏形。同时,商品经济的一定发展,又造成阶级分化、贫富不均,促成了秘密会党的形成和发展。城乡破产者、无业游民,无以为生,铤而走险,从事偷盗、抢劫、绑架勒索、走私贩私等活动,往往非个人能为,需要成团结伙,促使他们结盟拜会,组织起来。而为免遭盗匪抢劫的行商坐贾、店铺老板、摆摊设点者,甚至地方乡绅,也纷纷加入会党,以求得到保护。清政府放松农民外出限制,外出谋生农民增加,互助互济的要求日烈,秘密会党应运而生。农民和其他下层群众是秘密会党的阶级基础。

秦宝琦、谭松林认为,现代中国的会道门,是在民国初年至 20 世纪 30 年代出现的复古尊孔逆流中产生、发展的,目的是复辟封建专制帝制,反对民主共和,鼓吹迷信、反对科学。会道门是反时政、反社会的民间秘密结社,是反动政治组织。现代帮会的兴起,则是军阀混战、反动当局庇护、近现代城市兴起和外国殖民者卵翼(租界的存在)的产物,①是危害人民的黑社会组织。

---

① 秦宝琦、谭松林认为,现代帮会的兴起和向黑社会转化,与上海城市兴起、移民社会和外国租界有紧密关系。20 世纪初的上海是移民社会。移民中,特别是来自苏北的移民(农民),由于苏北历史上就是青帮活动中心,不少是青帮成员,他们把青帮带入了上海。而当时的上海一分为三:中国控制区、公共租界和法租界。每个区域各自为政,各有一套行政和治安系统,这为有组织犯罪活动和帮会发展提供了便利。租界与帮会发展具有特殊关系。殖民者为维护租界秩序,专设"巡捕房"。早先,公共租界招募大批印度巡捕,法租界则从越南调来大批安南巡捕,但外籍巡捕与当地居民语言不通,难以有效执行警察任务。随着租界扩大,租界内人口增多,便需

2. 贾宏宇对当代中国黑恶势力生成原因的探讨

关于当代中国黑恶势力生成的原因及防治措施,有学者在着重讨论打黑除恶的时候顺带讨论过,或者对黑社会(性质组织)犯罪原因的分析,其实包含了对黑恶势力生成的原因分析。比如,贾宏宇所指出的黑社会犯罪原因,其实大多正是黑社会生成的原因,并且他恰是在分析黑社会组织产生原因的基础上讨论黑社会犯罪原因的。[①]

贾宏宇区别了历代农民起义与黑社会犯罪活动,农民起义不与统治者合作,不具有寄生性,不存在官黑勾结。贾宏宇认为,近代中国,经济不发达地区的秘密社会关注帝国主义的政治、经济、军事和文化侵略,以及清政府的腐败统治,如拜上帝会、天地会、义和拳等,经济发达或活跃地区的秘密社会开始介入经济活动,如苏南、上海及运河沿线的青红帮,各开放口岸的秘密社会。经济发达或活跃地区的秘密结社组织介入经济活动后,发生了显著变化,一改早期(对官府)的叛逆性和反抗性,开始与官方及外国侵略者勾结,以求维持和扩大利益空间,并为追求高额利润而形成垄断,从事刑法意义上的犯罪。

近代中国帮会是封建社会解体、半殖民地半封建社会形成的历史条件下产生、发展起来的游民组织,一些帮会或其成员在太平天国运动、辛亥革命、抗日战争和反对国民党统治的斗争中,起过革命或积极作用,功不可没;但是,在政治动乱、战争、经济衰落、剥削压迫加深的背景下,贫困、破产和失业的农民、小手工业者、艺人、水手、脚夫、船户等个体劳动者和乞丐、无业游民是帮会的社会基础,游民既可以参加革命,也可以走向反动,政治上具有盲目性和依附性,并蜕变为黑社会或恶势力。

贾宏宇认为,我国黑社会卷土重来,主要是产生了滋养黑社会的土壤。社

招募大批华人巡捕。为达到"以华制华""以黑吃黑"的目的,殖民者在招募华捕时,对熟悉社会下层内幕的帮会分子特别感兴趣。大批帮会分子和地痞流氓进入租界巡捕房,充当巡捕和"包打听"。这些帮会分子和地痞流氓又凭借自己的特殊身份和地位,和当地黑社会建立联系,控制鸦片、赌场和妓院,直至把势力渗透到武装抢劫、走私贩毒和贩运军火等领域,经营金融业、娱乐业和其他行业。

① 参见贾宏宇:《中国大陆黑社会组织犯罪及对策》,中央党校出版社 2006 年版,第二、三章。

会转型,新旧体制和观念剧烈冲突,整套行之有效的社会保障体系和防范机制没有建立,流动人口泛滥成灾,待业失业人口大增,社会控制失范,许多人迫于生计加入黑社会。某些官员腐败和警匪勾结的现象成为扫黑障碍。

贾宏宇引用公安部的资料,指出黑社会组织的成因有:腐朽意识的影响、社会管理失控、刑释解教人员没有改造好,更主要的是,对严重犯罪团伙认识不足,打击不力,失于职守,对团伙犯罪执法就事论事,看不到他的严重社会危害,把严重犯罪作为治安案件降格处理,甚至认为是"狗咬狗,黑吃黑"不予处理,一些公安、司法干警、地方党政干部与黑恶势力有联系,包庇纵容甚至扶持参与黑社会,对黑社会恶势力犯罪不打击不处理,或大事化小小事化了,不了了之,纵虎归山,或者滥用职权,干扰办案,为黑恶势力开脱罪责;有的官员还放纵子女、亲属参与黑恶势力(犯罪),暗中庇护;被黑恶势力拉拢腐蚀,收受贿赂,充当保护伞,或参与、领导黑社会(犯罪活动),助纣为虐;等等。贾宏宇认为,公安机关对黑社会犯罪原因的分析有局限,这些原因也是一般犯罪的原因。最重要的是应当分析促使黑社会组织形成的根本原因。

贾宏宇认为,黑社会(犯罪)最深刻的根源在社会之中。人口膨胀使黑社会犯罪主体资源充足;[1]人口流动是黑社会犯罪的动态温床;黑社会犯罪最深刻根源是社会不平等,包括长期、巨大的城乡差别,失业,阶级重新分层和分化,收入差距悬殊、贫富分化巨大等。首先是城乡差距、对立。城乡分割的户籍制度,牺牲农民、农村的教育、就业、公共服务和公共财政制度,不公平、不公正,这种体制不仅严重妨碍对农民的人力资本投资,阻碍农民劳动力流动转移,成为束缚中国社会生产力发展的最大体制性障碍,而且为黑社会产生提供了温床。其次是失业(下岗)。这是另一种不平等现象,它不仅导致许多人生活质量下降,而且给他们造成精神上的挫败感,以致一些人铤而走险,违法犯罪,失业成为黑社会形成的关键原因。再次是阶级、阶层重新分化。(除权贵阶层出现和壮大外)工人阶级出现明显内部阶层分化,白领阶层、蓝领阶层和农民工阶层(包括乡镇企业农民工和城市农民工)的社会地位各有不同,这加

---

[1] 人口膨胀使得黑恶势力犯罪主体资源充足的观点,是需要认真讨论的。

剧了社会不平等,加上一些企业做出各种有损员工利益的行为,最底层工人阶层地位更加恶化,这些都为黑社会组织及其犯罪提供了温床。最后是收入差距(贫富悬殊)巨大。这是社会不平等的突出表现。贫富两极分化已是社会现实,极少数人占有极大量的财富所形成的不公,引起了社会民众的极大不满,这种背景下的赤贫者成为黑恶势力的主力军,因为,客观事实是,黑恶势力团伙或组织的大多数成员,来自社会最底层,即无业失业者、失学青少年、未被社会接纳的刑释解教人员,以及其他游民,其中,未改造好的刑释人员、解教人员、劣迹较深受过政府处理的其他人员,很容易(重新)走上违法犯罪道路,成为黑恶势力组织者或骨干。

其他重要社会根源还有:市场经济条件下的金钱拜物教,以及由此引出的社会中其他形形色色的腐朽、丑恶等消极因素,是诱发黑恶势力及犯罪的主要因素,对金钱和财富的追求则是黑恶势力及其犯罪的内驱力;游民文化、色情暴力文化等犯罪亚文化是黑社会组织的精神支柱;权力腐败是黑社会组织(犯罪)的政治因素,权钱交易、权力寻租为黑社会组织提供了保护伞,为黑社会造就了人力资源,为其存在提供了政治基础,使法律的尊严和作用丧失,权力腐败,黑白合流,使黑社会犯罪风险与成本降低,助长其滋生蔓延,还为黑社会从事非法经济等活动提供极大便利,牟取暴利,促使黑社会继续坐大,并形成腐败权力与黑社会之间的恶性循环;因腐败官员玩忽职守,或者公共财力不济等因素,造成政府对社会的控制力减弱:一是乡镇基层政权的弱化,合法权力和权威的丧失,使黑社会"权威"增长,压过甚至替代政府权威;二是有大量流动人口进入城镇,流动人口暂住地的社会控制往往较弱,暂住地往往成为黑恶势力发源地;三是政府对黑恶势力打击不力,包括内鬼担心"拔出萝卜带出泥",有关部门或官员担心打黑危及执法人员及其亲属的安全,一些地方的领导担心打黑影响当地"形象"、投资环境和自己的"政绩",而思想有顾虑,行动上迟缓;四是对刑释解教人员的安置、帮教、控制和改造不力;五是对特殊场所、城乡结合部、重点人口、重点行业,对公路、铁路和航道控制不力,为黑恶势力成长和发展提供了有利条件。此外,外国和我国港澳台地区黑社会对内地的渗透,是内地产生黑社会的重要原因。

3.陈树钊、叶关生等人关于黑恶势力滋生原因的解说

也有一些学者相对集中和专门地讨论了黑恶势力(黑社会)滋生的原因，而且，他们的许多观点相近。

陈树钊、叶关生认为，我国带黑社会性质的组织滋生蔓延的主要原因是：畸形道德观念和趋利欲望催生以谋利为目的的带黑社会性质组织；社会转型期体制改革不完善，利益重新分配不合理，使某些个人或小团体为追逐利益，利用社会固有矛盾，有目的地纠集一些下岗、进城务工、劳改、劳教释放等生活无着落的人员，形成小团体，从事非法活动，产生带黑社会性质组织；封建宗族势力催生家族式管理，一些基层政权对之又软弱无力所形成的带黑社会性质组织，这类组织往往以乡镇为势力范围，独霸一方，从事非法的勾当；以获取利益、追求享受为目的而产生的腐败现象所滋生的带黑社会性质组织，这类组织主要利用某些特殊地位人群所形成的关系网从事非法活动；因执法不严、打击不力而在局部范围内出现带黑社会性质组织，这类组织主要以欺行霸市、聚众斗殴、寻衅滋事等犯罪活动垄断一方获利为目的。①

李力认为，黑社会性质组织滋生和发展由多种因素综合造成。随着改革的深入，涉的矛盾越来越多，问题越来越复杂，蓄积起来的消极因素不能通过正常渠道化解，就必然向恶性方面转化，成为威胁正常社会秩序的恶性"肿瘤"，这为黑社会性质组织滋生和蔓延提供了空间。李力认为，市场经济的负面效应，社会转型期经济管理活动滞后，是黑社会性质组织存在的深层次经济原因；人口流动加剧，大量失业人口和剩余劳动力出现，是黑社会性质组织形成的社会原因。大量农村剩余劳动力由内陆涌向沿海，由农村涌向城市，由落后地区涌向发达地区。他们到新的地方后，多是按乡土宗族聚集而居，逐渐形成外地人"村落"。当他们不能在新的住地获得基本生存条件时，便极可能以违法犯罪手段获取生活资源。他们群体性居住的生活方式，使违法犯罪活动很容易且自然地蔓延为群体行为，并形成以同乡、同宗族为背景的黑社会性质

---

① 参见陈树钊、叶关生:《带黑社会性质组织滋生的原因和对其打击对策》,《广州市公安管理干部学院学报》2007 年第 4 期。

组织。在城镇,随着企业转制、破产,大量失业、无业、待业人员出现。城市贫富悬殊特别突出,社会保障体系不完善,企业改制和征地拆迁过程中一些部门和单位忽视劳动者、所有者的合法权益,不给付相应的合理报酬和补偿,使这些同属贫穷或失业阶层的社会成员在心理上产生共鸣,以报复领导、雇主为契机,进而结成暴力同盟,发展成为黑社会性质组织。腐败助长了黑社会性质组织的滋生和发展。黑恶势力发展坐大必须与政治势力相勾结,依托政治靠山。因此,黑恶势力利用非法活动所获得的巨额资本,拉拢腐蚀党政官员、政法干部,尤其是手握重权的领导干部,在政权内部寻找代理人,撑起"保护伞",以扩大犯罪空间。一些立场不稳、信念不牢、心术不正的党政干部为一己之私,置国家法律、人民利益于不顾,与黑社会势力相互利用,狼狈为奸,对他们的违法犯罪活动网开一面,撑腰助阵,甚至直接参与。当黑社会分子面临打击、制裁时,则为其通风报信,包庇纵容,使其逃避打击、制裁,致使党和政府多次针对黑恶势力的"严打"等斗争,都不能彻底扭转黑社会性质组织滋生、蔓延之势;社会管理制度不健全,基层政权组织涣散,社会控制不力,是导致黑社会性质组织滋生的重要原因。社会管理的许多"黑洞"为黑社会性质组织发展提供了可乘之机。人口频繁流动,户籍制度逐渐丧失原有功能,有关流动人口就业、居住、计划生育和社会保障方面的制度欠缺,对流动人口,形成户籍所在地政府和人口流入地政府都管不着的失控局面。基层政权组织尤其是农村基层政权组织建设跟不上形势发展,机构涣散,思想落伍。很多乡镇政权和村社机构的功能局限于征收摊派提留、"催粮派款",加之在征缴粮税、村镇规划和计划生育工作中,因干部工作方式不当,使农民群众产生强烈抵触情绪,诱发干群对抗,造成政权组织工作无法开展,削弱了对黑恶势力的控制与防范作用。不良文化传播,对青少年教育滞后。开放搞活后,文化市场管理混乱,许多文化产品和媒体受到利益驱动,大肆宣扬色情暴力、帮会武侠、江湖恩怨等内容,实际是在肆无忌惮地教唆、示范、鼓动青少年进行违法犯罪,加上我国传统江湖义气、帮会意识等封建余毒,一些青少年模仿作品中的黑社会组织结帮成伙,聚众斗殴,寻衅滋事,最后走向违法犯罪。另外,只注重应试和学习成绩的教育,忽视青少年身心协调发展,忽视了青少年在课外、校外的社会活动,一些学生交友不慎,与有劣迹前科的社会青年来往,沾染上不良习气,被引诱或胁迫参加黑恶势力团伙或组织。①

张祖平把黑社会滋生的原因归纳为:腐败是催生黑社会组织形成的温床,少数唯利是图的私营企业主为黑社会组织的形成提供了各种掩护。对权力没有监督制约,政治体制改革相对滞后,民主法制建设没跟上社会发展,封建陈腐因素张扬地发挥着作用,法律被随意释读,一些执法机关和被收买的腐败分子助纣为虐,充当保护伞,使恶势力迅速演化为黑社会组织,长期为害一方。个别私营企业主为黑社会产生提供了合法经济掩护,使黑社会组织能够"洗钱"。相当部分个体和私营业者充分利用管理机制中的各种空隙,严重损害劳动者、消费者利益,破坏法制、损害国家利益,以此创造快速致富、暴富"奇迹"。私有经济往往充满有悖社会伦理的非法经营活动,他们牟取暴利不择手段的特点与黑社会犯罪不谋而合,一些唯利是图的私营企业主成为黑社会犯罪的掩护。②

4.李亚彪、于力等人关于特定人员易变黑恶的条件解说

李亚彪、于力和张洪河专门讨论了社会中由"弱(弱势群体)"变"黑(黑恶人员)"的问题。在黑恶势力中,无业、刑释解教人员等占较大比例。河北林润良黑恶团伙 20 余名涉案人员中,近一半为无业人员,其余包括下岗职工、农民等。吉林展文波涉黑案件 19 名被告人中,无业者、农民、单位司机等人员占 2/3。黑恶势力发展各阶段都存在弱势人群由"弱"转"黑"的现象。他们认为,经济发展非均衡化,财富分配非合理化,城乡差别、失业、收入分配差距等问题,使弱势人群增加,矛盾激化,而社会扶助与关爱缺失,客观上为黑恶势力产生与发展提供了社会基础。"两劳"释解人员重返社会,这些人员和社会闲散人员难以安置,缺乏管理,成为社会治安高危主体;一些没有生活来源的社会边缘人,心理失衡,人际关系紧张,长期游离于社会之外,失去组织约束,构成中国当代"游民"。社会底层人群远离财富及权力,贫困、收入低、社会地

---

① 参见李力:《当前我国黑社会性质组织滋生、发展的条件及防治对策》,《中共成都市委党校学报》2001 年第 2 期。

② 参见张祖平:《黑社会犯罪的特征及其滋生原因》,《内部文稿》2000 年第 1 期。

位低,缺乏谋生技能,往往悲观消沉、愤世嫉俗,对现实强烈不满,主流社会则排斥这类人员,他们容易抱团结伙,从相互维护利益走向以非法手段帮助他人"摆平"难题,有的形成固定黑恶势力。这些人是黑社会性质组织成员的主要来源,犯罪是这些人对社会不公的病态矫正方式。加之,新旧体制转轨,一些基层组织弱化,社会管理薄弱,一些人无法通过正当合法手段处理矛盾、维护权益,转而求助黑恶势力"摆平",黑恶势力趁机坐大。如警方治安管理松弛,一些业主就雇佣"黑道人物"提供保护;诉讼难,一些民事、刑事案件当事人就请"黑道人物"出面;"执行难",一些债权人雇佣"黑道大哥"为其讨债。就这样,一些"弱者"逐渐蜕变为"黑恶者"。

5. 社会治理不完善与黑恶势力生成的内在关联性

黑恶势力滋生"放大"了社会管理"暗疾":社会治理的结构缺陷为黑恶势力留下了生存空间;畸形或非法的社会需求导致了犯罪市场的产生;干部用人制度使得一些黑恶势力的"黑道老大"头戴"红顶光环",黑恶势力出钱寻找"代言人",一些黑社会性质犯罪组织头目成为"地下组织部长",保护伞使恶势力平步青云,有的黑恶势力头目当上了人大代表、政协委员、基层干部,给打黑平添压力;打击犯罪不力,有的政法机关甚至纵容犯罪,这主要体现在一些政法机关"打黑"决心不大,上演"捉鬼放鬼"把戏,伤害群众对警察和政府的信任,增加黑恶势力"心理自信",致使群众受到不法侵害时,认为报案无济于事,使黑恶势力在公开暴力犯罪时没有受到法律追究,削弱了打黑力度,助长了犯罪气焰。

黑恶势力有"官方市场"。腐败与黑恶势力勾结互动,在黑恶势力操纵、雇佣腐败官员,达到犯罪目的的同时,腐败官员也同时操纵、雇佣黑恶势力,以达到自己经济或政治上的目的。辽宁省辽阳等地曾揭开系列涉黑大案,64名党政机关人员涉案,其中有32名警察,包括市公安局局长、普通干警、刑警、巡警、派出所民警、看守所民警,以及工商局、税务局、财政局、审计局、国土资源局、银行、街道办事处等方面的公职人员,有的律师事务所也出现在其中。这些公职人员之所以找黑社会,一是个别政府官员或政法干部有意识地雇佣黑恶势力实施报复他人等恶性犯罪活动;二是有的黑恶势力不但为基层干部办

"黑道上的事",还为基层干部办"白道上的事","帮助"政府"摆事",实施"管理",代政府"执法",如到农户家"落实"退耕还林政策,收取卫生费、电费,"协助"工商执法,帮助城建部门搞拆迁,甚至身穿制服直接"上阵执法"。黑恶势力滋生的关键,在于一些地方政府管理职能缺位和效能低下,黑恶势力乘虚而入,找到了生存的空间。黑恶势力犯罪突出的地方,往往是基层政府组织软弱无力,在群众中失去威信,或对涉黑犯罪认识不清,打击不力。①

也有学者专门讨论农村黑恶势力滋生蔓延的原因。刘朝捷、李琪玮认为,有的农村党组织对农村社会的控制和动员能力下降,影响力不断减弱,甚至边缘化,导致党的路线、方针、政策不能贯彻,国家法律、政令无法实施,农村成了一些人为所欲为的"法外之地"。这给农村黑恶势力的滋生蔓延造成可乘之机。更严重的是,少数党员干部参与黑恶势力,成为骨干成员,甚至领导农村黑恶势力。如吉林省白城市洮北区林海镇交通村原党支部书记、黑恶分子郭云智的犯罪活动都以村党支部的名义进行,他组织班子成员和党员外出盗窃时,先开支部扩大会,然后公开行动,党员和村干部盗窃数额达 15 万多元,从玉米、花生、水稻到生猪,无所不偷。他们相互勾结、相互利用、利益均沾,形成群体犯罪,导致交通村党支部和村委会"全军覆没"。而交通村党支部在郭云智任党支部书记期间,却连年获得洮北区先进基层党组织、白城市先进基层党组织、吉林省先进基层党组织标兵、国家级精神文明创建活动先进村等一系列荣誉称号。

乡镇党组织的影响力萎缩,是农村黑恶势力滋长的关键。一是农村社会广泛存在消极"潜规则",影响到一些党员干部的公共行为。以人划线、好勇斗狠、纠集官场小圈子的庸俗作风,立山头、拜把子、结同党的帮会习气,在一些地方盛行,严重败坏党风政风;二是部分党员干部在贯彻落实党的事关群众切身利益的政策、与群众的联系和沟通、廉洁奉公等方面有差距,少数党员干部以权谋私,侵犯群众利益,使农村党群、干群关系紧张,甚至对立,直接破坏

---

① 参见李亚彪、于力、张洪河:《由弱转黑隐含哪些社会因素》,《瞭望新闻周刊》2006 年第 3 期。

了党在农村的影响力;三是个别地方的党员干部只看到农村黑恶势力首要分子对乡镇工作有利的一面,即使没有受到黑恶势力的拉拢腐蚀,也对他们极力维护,对农民群众的奔走呼号置若罔闻,否认他们是农村黑恶势力,或者担心承认本地有黑恶势力影响党政形象,怕年终考核时社会治安综合治理遭一票否决而存在顾虑,乐于报喜,不肯报忧,对当地黑恶势力采取回避的态度;四是"以黑治良",少数乡镇党政执政能力弱化,不能有效贯彻落实党和国家对新农村建设的各项方针、政策,无力控制所辖乡村,开展工作困难,于是在利益的驱动下,采取"恶人治村"策略,企图借助当地黑恶势力对农民群众施行"行政暴力"的管理方式,将那些素有劣迹的村匪屯霸扶持到村级基层组织中,与他们相互利用,纠缠不清,为黑恶势力的坐大成势起到了推波助澜的作用。有的乡镇在引进"人才"方面出问题,把黑恶人员作为能"压茬子"的"人才",培植为村领导,"以黑治良",使国家、集体、村民都蒙受了巨大损失。[①]

6.农村黑恶势力滋生的结构性原因阐释

操宏均认为,我国农村黑恶势力滋生有其结构性原因。农村黑恶势力是反农村社会秩序的力量,是以"流氓""地痞""二流子""乡村混混儿"等为代表的亚文化群体。随着农村社会发生巨大变化,一直遮掩的农村黑恶势力逐渐揭开面纱,并在乡村社会粉墨登场。农村黑恶势力从最初耍威风逞英雄向谋取经济利益转变,他们"投身市场经济",或垄断市场,或卖凶耍狠,或插手村民经济纠纷,或充当打手等。农村黑恶势力为攫取巨额经济利益,往往会不择手段,当前农村黑恶势力的本质较之以往已经发生根本性变化。操宏均认为,不良文化或社会风气诱导,农村社会控制不足,官员腐败诱导,社会心理原因,大量问题少年、高危人群生活在农村,农民政治素养不高、法律意识淡薄,对黑恶势力认识不到位,都只是农村黑恶势力生成的表面原因。"熟人社会"固有的纠纷解决模式在日益陌生化的农村式微,农村基层政治结构转变,突出私有的经济方式,"压力型体制"下的乡村关系,它们为农村黑恶势力滋生、成

---

① 参见刘朝捷、李琪玮:《当前个别农村黑恶势力滋生蔓延成因探析——以吉林省农村为例》,《党政干部学刊》2010年第3期。

长提供了沃土和空间。①

徐苗从结构性原因分析农村黑恶势力滋生原因,认为自改革开放以来,大村落家族衰微、整合功能弱化,村落共同体走向瓦解、经济情感基础流失,社会阶层分化并激发阶层功能和收入分配合法性矛盾,农村基层政权组织弱化、蜕变,社会公共产品供给严重不足,是农村黑恶势力产生和发展的社会结构原因。徐苗认为,农村激烈的社会变迁,比如村落家族衰微,农村共同体走向崩溃,社会阶层分化以及基层政权组织的弱化、蜕变等,极大改变了原有的社会结构,改变原有的社会联系纽带,打破原来的权威秩序体系,削弱了传统的社会控制制度,引起社会失范,农村社会各阶层成员行为方式各异,彼此对立矛盾,价值观、道德观偏离,人们不同程度地感到迷茫和困惑,社会呈现混乱无序状态。面对利益分配不公和利益冲突,人们的相对剥夺感与日俱增,愤怒和挫折感强烈。在社会失范的大背景下,农村传统社会的道德权威和行为规范失去作用,新的社会规范和调整机制尚未建立,人们不能指望从政府以及司法制度获得帮助,因此会采用暴力或者借助黑恶势力来保护自己,暴力等犯罪亚文化形成并发挥着某种规范作用。正是我国农村社会结构矛盾激化,社会解组、失范和社会纽带崩溃,给农村黑恶势力滋生和发展提供了可乘之机。并且,社会失范和低度社会整合,使农村黑恶势力在政治、经济以及社会关系资源的角逐中占有天然优势,他所依靠的暴力或暴力威胁是一种强大武器,疯狂的群体暴力压制着善良百姓的反抗欲望,作恶称霸,恃强凌弱,百姓敢怒不敢言。弱肉强食丛林法则的有效性进一步强化暴力亚文化,引发更多小混混效仿,为农村黑恶势力的滋生提供了源源不断的人员和组织文化。农村黑恶势力通过重金贿赂基层政府党政干部和司法人员,建立保护伞,不断向政治和经济领域渗透,以达到支配农村政治、经济以及社会资源的目的。农村黑恶势力能够凭借暴力以黑护商,以商养黑,黑商互促控制农村经济资源,甚至通过贿选等方式掌握农村基层政权,利用官方资源来谋求自身发展,这都是农村社会结构混乱

---

① 参见操宏均:《现阶段农村黑恶势力滋生的结构性原因解读》,《净月学刊》2014年第5期。

带来的多米诺骨牌效应。①

7. 以"打"为主较为抽象的防控黑恶总思路

与上述关于黑恶势力滋生原因的理论分析相比,如何阻遏黑恶势力生成的理论探讨和实践对策,就更显得抽象和薄弱,并且遵循的依然是以"打"为主的"防黑"思路。

例如,陈树钊、叶关生虽然有关于黑恶势力滋生原因的专门分析,可他们的对策中,只有加强打击和搞好社会治安综合治理两方面。他们把公安机关在打击带黑社会性质组织中发挥主力军作用作为首要策略,强调公安机关对带黑社会性质组织犯罪苗头应有充分认识,对带黑社会性质组织的危害性要高度重视;要在收集、排查涉黑线索上下功夫,要强化情报信息工作,努力搜集深层次涉黑犯罪线索,要大造打击声势,对涉黑分子产生威慑,要与政府相关职能部门协作配合,全面打击涉黑活动;要加大打击力度,落实打黑责任制,建立专职打黑队伍,使打黑工作制度化、日常化,坚持挂牌督办制度,落实领导包案责任制;要强化内线侦查,攻克重大涉黑犯罪组织,要抓住薄弱环节,选好突破口,及时破案;在使用证据上选好突破口,适时出示能打消其侥幸心理的证据材料,彻底摧毁其心理防线,促使其缴械投降;在案件取得一定进展后,在一定范围内向群众公布案情,发动广大人民群众特别是被害群众检举揭发,从中发现犯罪证据和新的犯罪事实;要适时开展区域性的打黑专项斗争。要加强社会治安综合治理,深入排查黑社会性质组织犯罪和流氓恶势力犯罪线索,充分发挥治安联防机制的作用,建立预警机制,及时发现和制止涉黑犯罪活动,要发挥社区管理优势,从源头上整治带黑社会性质组织滋生蔓延。要开展深入研究,掌握带黑社会性质组织的动向:认真总结打击带黑社会性质组织的经验,并结合世界各地在反黑除恶工作中的成功做法,加强对带黑社会性质组织的打击,确保社会安全和稳定;深入研究我国带黑社会性质组织的特点,科学地进行预测,有效地进行预防,及时消除社会隐患;制定切实可行法律法规,指

---

① 参见徐苗:《现阶段农村黑恶势力滋生的结构性原因分析》,《河北公安警察职业学院学报》2012年第3期。

导"反黑"工作;等等。这些理论或实践对策,没有触及如何在源头上防治黑恶势力生成、发展的问题。①

　　李力虽然对黑恶势力产生原因有较好的研究,可是,其防范对策也倾向于打击,或者说,是在"打击"的框架下讨论防治黑恶势力生成的。李力关于防治黑恶势力生成是在"采取多种措施防治与打击黑恶势力"这样的语境下展开的,其主要防治对策还是针对黑社会性质组织的违法犯罪,目标瞄准的还是"彻底摧毁黑社会性质组织",策略还是严打斗争,"露头一个,打掉一个",还要斩断其与外部生存环境的联系,既要坚持开展"扫黑"专项斗争,也要抓好社会治安综合治理,做到标本兼治。具体对策有:铲除腐败,打掉黑社会势力的保护伞;抓好各级政权组织建设,首先要加强公、检、法、司等政法机关的建设;加强流动人口管理,尽快完善有关管理制度和法规,把管理纳入法制化轨道;净化社会风气,加强青少年教育工作,杜绝不良文化对青少年的腐蚀作用;对黑社会性质组织的防治需要全社会积极参与,要抓好各级党政机关、权力机关建设,要加强公、检、法、司机关的建设及相互配合,还要加强乡镇、街道、村社、居委会等基层政权组织建设;要完善和补充有关惩治和防范黑社会性质组织的政策法律法规,加大对黑社会流氓恶势力的执法力度,及时、公正地进行刑罚制裁,要抓出黑恶势力后台,打掉靠山,做到"斩草除根";对黑社会成员适用刑罚,做到分清罪责,区别对待,对负责决策、指挥的首恶分子要从重从快予以严惩,对积极参与、实施犯罪的帮凶要明确责任,准确量刑,对于一些确属受蒙蔽、被诱骗上当且作恶不深的青少年,要积极进行教育挽救、劳动改造。总之,要严厉打击已生成的黑恶势力,还应强化社会管理,堵塞违法犯罪漏洞,消除隐患,加强防范,做到"打防并举,标本兼治"。这些对策,有些可以防治黑恶势力生成和发展,但大多数是关于打击黑恶势力的。②

　　刘朝捷、李琪玮就防治农村黑恶势力滋生蔓延提出的建议,倒是试图集中

---

　　①　参见陈树钊、叶关生:《带黑社会性质组织滋生的原因和对其打击对策》,《广州市公安管理干部学院学报》2007 年第 4 期。

　　②　参见李力:《当前我国黑社会性质组织滋生、发展的条件及防治对策》,《中共成都市委党校学报》2001 年第 2 期。

针对黑恶势力的生成问题,但可惜的是,仍然显得大而化之。比如,他们主张,遏制农村黑恶势力的滋生与发展,必须发挥基层党组织的领导核心作用,发展村民自治,加强乡镇党委、政府的领导;各地农村党委、政府对打击农村黑恶势力要有明确的决心和态度,要加强对政法工作的领导,杜绝地方保护主义,协调各有关部门,全力支持执法机关依法行使职权,为建设新农村、构建和谐社会保驾护航。具体策略包括:以发展农村经济为基础,提高党组织的经济影响力;①以合理配置权力资源为重点,巩固党组织的领导核心地位;以加强党支部建设为关键,提升村级党支部的组织影响力,发挥支部书记的领导带头作用,创新农村党的基层组织的设置模式,打破行政村区域的限制,支部随着党员走,减少空白点,克服薄弱环节;完善党支部的民主选举制度,改革党员干部监督管理机制,提升党员个体影响力;等等。② 这些策略其实广泛适用于基层党组织和政权遭到削弱的农村社会,而且广泛适用于防治农村社会的许多问题,不独针对黑恶势力的生成,即是说,这些策略欠缺具体、直接和专门的针对性。

薛宝森、文岩和文胜曾经撰文讨论预防黑恶势力滋生蔓延的措施,他们认为,黑恶势力善于保护自己,以逃避政府、人民的打击,针对黑恶势力犯罪,工作重点应落实在预防这个焦点上,而不应将工作重心落实在打击犯罪上。全社会应在反腐立法、机构改革、机制健全和相互配合上共同努力,齐抓共管,将黑恶势力扼制在犯罪的萌芽期,使其不至于滋生、蔓延。他们提出的主要措施:首先是加大反腐力度,从根本上消除黑恶势力的保护,铲除黑恶势力赖以滋生、蔓延的政治土壤。其次是充分发动群众,深挖犯罪线索,广泛开展预防黑恶势力滋生、蔓延的工作。群众基础工作深厚的地方,黑恶势力就不容易滋生,而黑恶势力猖獗的地方,往往是群众基础弱,群众工作没有很好地开展起来的结果。发动群众,充分发挥群众的作用,让黑恶势力分子无处藏身,并且

---

① "提高党组织的经济影响力",意味着党组织掌握经济,拥有经济实力,或者至少能够控制经济实力,这个问题兹事体大,涉及党组织与政府、民众自治组织,与经济组织和市场等的相互关系,需要讨论。

② 参见刘朝捷、李琪玮:《当前个别农村黑恶势力滋生蔓延成因探析——以吉林省农村为例》,《党政干部学刊》2010 年第 3 期。

做好社区防控系统工作,形成行之有效的社区防控体系。再次是拓宽敌情信息来源,建立特情档案,增强预防黑恶势力滋生蔓延的针对性。要广辟信息渠道,建立广泛、灵敏的情报信息网络,把信息点分布在社会各个角落,把情报信息网建立到社会的最基层。加强秘密力量建设,及时了解和掌握社会的活动情况,加快反馈速度。对黑恶势力要调查摸底,造册登记,建立档案,并制定相应的预防方案。在打击黑恶势力工作中,对那些依法不够处理的违法人员要建立档案,将他们列为重点控制对象。对刑满释放人员,要将他们的主要犯罪事实、犯罪手段、体态相貌特征记录备案,并逐个落实帮控措施,力争使他们从思想上弃恶从善,改过自新。基层派出所要根据辖区治安状况和地方黑恶势力活动的范围、场所等情况,选择责任心强、有正义感的公安干警,或已改邪归正的旧黑恶势力人员作为特情,给他们交任务、教方法,让特情提供重点对象的现实表现、社会交往情况和违法犯罪线索,及时调查取证,做到露头就打,以防止黑恶势力形成气候。最后是大力开展扫除黄赌毒和收缴黑枪的活动,捣毁其落脚点,铲除黑恶势力的温床。黄赌毒是黑恶势力滋生蔓延的温床,一些黄、赌、毒问题严重的旅馆和娱乐场所是黑恶势力经营和经常涉足的场所,这些场所的人员和吸毒人员很容易被黑恶势力所引诱、拉拢入伙,因此要加强堵截境内外毒品走私渠道,从源头上清除毒源。黑恶势力常常拥有枪支弹药,采用枪杀、恐吓、威胁等手段为所欲为,要大力开展收缴黑枪活动,削弱犯罪气焰,减弱黑恶势力与政府、警察的对抗能力,以达到预防黑恶势力滋生蔓延的最终目的。①

在我们看来,加大反腐力度,充分发动群众深挖黑恶势力(犯罪)线索,发展特情拓宽黑恶势力信息来源,扫除黄赌毒和收缴黑枪,显然不是防治黑恶势力生成的根本办法,这些措施可以抑制黑恶势力生成,更可能帮助警方"打早打小",遏制其生长、坐大,但还不是从根本上阻断黑恶势力生成的基础性策略。

---

① 参见薛宝森、文岩、文胜:《论黑恶势力滋生蔓延的社会基础及预防措施》,《新疆警官高等专科学校学报》2001 年成立专刊。

还有不少一般性讨论防控黑恶势力策略的文章,这些文章的总体特点是,从宏观上、大政方针层面,提出宏大的防范和打击黑恶势力的策略,虽然也可以细化出一些具体对策,但毕竟有待转化为具体治本策略。比如,徐世伟、竺剑虹和王继忠提出的"防控黑恶势力必须做到'五个坚持'",即:坚持严打、连打、露头就打,保持高压态势,决不让黑恶势力形成气候;坚持严防、联防、群防群治,落实综合治理措施,把黑恶势力犯罪活动处置在初发阶段;坚持严管、实管、管理到位,做到治安行政管理管而不死、活而不乱,使黑恶势力无插足之地;坚持严教、普教、重点帮教,因人施教,把大多数涉足恶势力的轻微违法青少年挽救过来,最大程度地减少"两劳"释解人员重新犯罪;坚持改革,强化刑侦、派出所协作配合,完善公安机关内部的打击和预防黑恶势力的工作机制。① 这些在理论上完全正确,如果能够全面落实到实践中,遏制黑恶势力的效果应该不错,但远不足以从根本上消除产生黑恶势力的相应政治、经济和社会基础。

也有人提出了更具体的防黑问题和策略。比如,李中武、李凤林指出,要防止劣迹青少年投向黑恶势力。他们认为,社会上一些无业劣迹青少年是不可小视和低估的不安定因素和隐患。这些人经常混迹在"三室一厅"②、网吧、集贸市场、商场等公共场所,寻衅滋事,扰乱社会治安,虽然多为小打小闹,小错不断,大错还没犯,但如果持续下去,极易走上违法犯罪道路,任其发展则势必会相互勾结,结成团伙,极有可能发展成为称霸一方的黑恶势力,因此必须堵住源头。黑恶势力的形成和发展都经历了从小到大、从分散到组成团伙、从无组织到有组织的过程,它的连续性和延续性同一些无业劣迹青少年有直接关系。这些人如果长期积成恶习,容易加入黑恶势力组织或自成团伙,形成扰乱一方的"黑恶势力"。因此,政府要加大法制宣传和公共场所管理力度,开展经常性扫黄打非工作,净化社会环境,清理无业劣迹青少年经常出没、藏匿、作案的公共场所,防止这些场所成为保护伞和传染源;对这些人的违法犯罪,

---

① 参见徐世伟、竺剑虹、王继忠:《防控黑恶势力必须做到"五个坚持"》,《公安学刊(浙江公安高等专科学校学报)》2002年第2期。

② "三室一厅""三室二厅"或"三厅一室",指的是禁止或限制特定青少年群体进入的场所,各地教育部门、中小学校规定的场所有差异,但意思相同,即禁止(中小学生)进入的(电子)游戏室、棋牌室、网吧、歌舞厅(卡拉OK室)、录像厅、台球室和酒吧等场所。

尽力做到发现一起处理一起,把问题解决在萌芽状态,不让他们发展成为独霸一方的黑恶势力团伙。家庭亲友也要十分重视和关注无业劣迹青少年,不能放任不管,要尽到家庭教育的义务,为整个社会安定负应有的责任。只有家庭和社会都重视和关注无业劣迹青少年,做好帮教转化工作,才能预防他们转化为黑恶势力,阻止其成为黑恶势力的"后备军",遏制黑恶势力发展和蔓延。①

应该说,李中武、李凤林从一个很具体、较微观的角度,直接讨论了防止黑恶势力生成的问题,即切断无业劣迹青少年与黑恶势力之间的关系,防范这些人成为黑恶势力"生生不息"的"后备军",是很有意义的。不过,进一步的问题是,如何使社会尽量不产生"无业劣迹青少年",这个问题,李中武和李凤林既没有清晰地提出,更没有完全地回答。

总而言之,一个突出现象是,防范和打击有组织犯罪,防范和打击黑恶势力及其犯罪,这样的文献可谓汗牛充栋。刑法学家、犯罪学家们,大多把注意力投入了这个领域。至于在深入剖析黑恶势力生成的原因、机制和机理基础上,专门性地讨论防范黑恶势力的生成,真正从源头和根子上解决黑恶势力生成的问题,则少有人予以系统、集中和深入的关注,因此也没有这方面的系统理论阐释和政策、策略意见。

---

① 参见李中武、李凤林:《防止劣迹青少年投向"黑恶势力"》,《吉林人大》2001 年第 6 期。

第七章　防治黑恶势力生成的
实践探索

一、以"打除"黑恶势力为重心的实践有所不足

（一）防治黑恶势力生成的意志和政策不鲜明突出

从各个国家或地区的情况看，"打黑除恶"的政治意志参差不齐，有的国家和地区在打黑除恶问题上雷厉风行，在有关协助或合作打击跨国有组织犯罪问题上也很积极，但有的国家和地区，对黑社会基本上采取最低控制政策，不让黑恶势力闹得太大。在防治黑恶势力生成这方面，外国和其他地区基本上无所作为，理论基本不关注，法律政策基本不涉及，政府和司法基本无行动。

我国近四十年来的情况是，从 2017 年以前的"打黑除恶"到 2018 年以后的三年集中"扫黑除恶"，声势很大，阶段性与持续性的专项行动交互进行，展示出明确、持久和坚定的打（扫）黑除恶国家意志。而在预防、治理黑恶势力生成方面，相对缺乏明确稳定有力的表述，缺乏协调、系统的法律政策，缺少具有针对性的政府行动和司法对策，因此尚待加强。

在法律上，我国刑法不仅规定了"组织、领导、参加黑社会性质组织罪""入境发展黑社会组织罪""包庇、纵容黑社会性质组织罪"，完善了认定黑社会性质组织的标准（特征），把黑社会性质组织犯罪的所得和收益纳入洗钱罪规制范围，而且规定，危害国家安全犯罪、恐怖活动犯罪、黑社会性质组织犯罪的犯罪分子，在刑罚执行完毕或者赦免以后，在任何时候再犯上述任一类罪

的,都以累犯论处,属于特别累犯制度规制的范围和对象。现行《娱乐场所管理条例》规定,有关人员不得开办娱乐场所或者在娱乐场所内从业,其中包括曾经犯有组织、领导、参加黑社会性质组织罪的人员。①《1990 年经济特区工作会议纪要》就鲜明指出:"对海外黑社会的渗入,必须密切注视,坚持打击,解决在萌芽状态"。2000 年 7 月,国家工商局、公安部和中国人民银行《关于严厉打击传销和变相传销等非法经营活动的意见》,就对传销和变相传销的问题有清醒认识,指出,传销和变相传销在全国各地蔓延,不法分子采用各种欺诈手段蒙骗群众、聚敛钱财,给人民群众的财产造成重大损失,有的甚至发展成为具有黑社会性质的帮会组织,给社会稳定造成极大危害,工商、公安机关要密切协作,加大执法力度,严厉打击传销和变相传销,直至依照《刑法》第二百二十五条的有关规定追究刑事责任(非法经营罪。现行刑法第二百二十四条之一已经专门规定"组织、领导传销活动罪")。2002 年《国务院办公厅关于开展集贸市场专项整治工作的通知》要求,对具有黑社会性质的"肉霸""菜霸""市霸"等违法分子,坚决依法惩处。② 涉及打击黑社会性质组织犯罪的中央文件同样清楚表明中央坚决打黑的态度,如 2014 年 1 月中共中央政法委《关于严格规范减刑、假释、暂予监外执行,切实防止司法腐败的意见》(中政委〔2014〕5 号)就对职务犯罪、破坏金融管理秩序和金融诈骗犯罪、组织(领导、参加、包庇、纵容)黑社会性质组织犯罪等罪犯的减刑、假释,要求必须从严把握法律规定的"确有悔改表现""立功表现""重大立功表现"的标准,以切实防止徇私舞弊、权钱交易等腐败行为,坚决杜绝社会反映强烈的"有权

---

① 《娱乐场所管理条例》第五条规定:"有下列情形之一的人员,不得开办娱乐场所或者在娱乐场所内从业:(一)曾犯有组织、强迫、引诱、容留、介绍卖淫罪,制作、贩卖、传播淫秽物品罪,走私、贩卖、运输、制造毒品罪,强奸罪,强制猥亵、侮辱妇女罪,赌博罪,洗钱罪,组织、领导、参加黑社会性质组织罪的;(二)因犯罪曾被剥夺政治权利的;(三)因吸食、注射毒品曾被强制戒毒的;(四)因卖淫、嫖娼曾被处以行政拘留的。"

② 该通知(国办发〔2002〕15 号,现已失效)的第五项内容是净化市场环境。严厉打击欺行霸市、强买强卖、缺斤少两、坑蒙拐骗、欺诈消费者等违法违规行为。对具有黑社会性质的"肉霸""菜霸""市霸"等违法分子,坚决依法惩处。同时加强对集贸市场内美容美发、书摊、电子游艺室、网吧等经营场所的管理,取缔各种非法摊点,收缴黄色淫秽等非法出版物品,清除"黄、赌、毒"等丑恶现象。

人""有钱人"被判刑后减刑快、假释及暂予监外执行比例高、实际服刑时间偏短等现象,确保司法公正,提高司法公信力;这三类罪犯中因重大立功而提请减刑、假释的案件,原县处级以上职务犯罪罪犯的减刑、假释案件,组织(领导、包庇、纵容)黑社会性质组织罪犯的减刑、假释案件,原判死刑缓期执行、无期徒刑的破坏金融管理秩序和金融诈骗犯罪罪犯的减刑、假释案件,一律开庭审理。最高法、最高检和公安部的有关司法解释和司法文件,对办理涉黑恶案件有诸多规定(如联合下发的《办理黑社会性质组织犯罪案件座谈会纪要》等),其中,坚决打击黑恶势力是不变的主旋律。

从2006年以来,中央政法委多次部署打黑除恶工作。多年来,中央政法委负责人要求深入推进打黑除恶专项斗争,对黑恶势力犯罪打早打小,露头就打,除恶务尽,不能让其坐大、形成气候;要切实增强政治意识、大局意识、忧患意识和责任意识,毫不动摇地坚持依法严打方针,深化平安中国建设,继续深入推进打黑除恶专项斗争;深入开展全国打黑除恶专项斗争是中央作出的一项重要决策,各地各有关部门要按照中央的统一部署,进一步加强组织领导,完善工作机制;要按照系统治理、依法治理、综合治理、源头治理的要求,改进社会治理方式,创新立体化社会治安防控体系,严密防范黑恶势力犯罪;要深挖黑恶势力背后的"保护伞",坚决清除害群之马。

中央政法委员会还专门出台《关于深入推进打黑除恶专项斗争的工作意见》,要求各地区各部门抓好专项斗争,始终保持对黑恶势力主动进攻的高压态势,确保专项斗争向纵深推进。根据新华社等媒体报道,该意见认为,我国黑恶势力犯罪仍然比较活跃,各种社会消极因素和矛盾明显增多,会助长黑恶势力的滋生和发展,继续深入打黑除恶,是积极应对黑恶势力犯罪新动向、新变化,全力维护社会稳定的现实需要,是坚决遏制黑恶势力向经济领域扩张,服务经济又好又快发展的客观要求,是坚决防止黑恶势力向政治领域渗透,巩固党的执政地位的战略决策。

该意见除了全面部署坚决、严厉打击黑恶势力外,也提到要摧毁黑恶势力的经济基础,坚决防止其死灰复燃,东山再起;要进一步加强源头预防、综合治理,各地党委和政府统一领导,始终坚持源头预防、多管齐下,在打击、防范、教育、管理、建设、改造等环节上狠下功夫,综合运用政治、经济、行政、法律、文化、教育等多种手段,对黑恶势力犯罪问题进行综合治理,最大限度地铲除黑恶势力犯罪滋生蔓延的土壤和条件;加强对建筑、运输、采矿、娱乐等易于滋生黑恶势力的高危行业的监管,及时完善行业准入、资格审查制度,加强执法检查、行业监管力度,坚决防止暴力拆迁、非法采矿、垄断经营、强迫交易等现象的出现;加强公安机关、司法行政机关、监狱和劳教部门与街道、社区的沟通联系,密切协作配合,加强对刑释解教人员衔接和管理;加强针对下岗、待业、外来务工人员等群体的就业帮扶和社会保障,积极做好流动人口服务管理、预防青少年违法犯罪等工作;要把打黑除恶与反腐倡廉建设有机结合起来,进一步加强对干部的教育、管理和监督,严防黑恶势力向党政机关渗透,严防黑恶势力寻找"保护伞";积极探索、建立政法机关之间,政法机关与工商、税务、建设、国土、金融、文化等部门之间协作配合的工作机制,形成预防和打击黑恶势力犯罪的合力;要注重打防结合、标本兼治,综合运用各种社会管理手段,及时堵塞社会管理漏洞,推动社会管理创新,从源头上铲除黑恶势力滋生、发展的土壤和条件。

我们细致分析总结相关法律和政策后发现:我国这几十年来,不仅对严重普通刑事犯罪严厉打击,而且一直注重对黑恶势力的打击;不仅注重打击犯罪,而且在理论上和政策上也重视"社会治安综合治理";不仅极其重视打击黑恶势力,也注意到对黑恶势力的滋生进行防范。这是防范黑恶势力生成的积极方面。

但是,我们也发现,在从根源上解决黑恶势力生成、发展的问题上,有明显不足。首要的是,从基层到地方和高层,还没有相应的报告、决定等政策文件系统阐述党和政府关于防治黑恶势力生成(发展)的思想理论、政策意图、行动方向、策略步骤,还没有专门、集中的政策文件、法律法规和政府行动计划,来启动、指导公权部门和全体民众具体防范黑恶势力滋生。加之,要从根源上去除黑恶势力生成和发展的条件与机制,就必须建立相应的政策和法律机制,并在政府管理服务、社会治理的各环节、各方面有效落实,这将远比"打扫黑恶"更加长久、更加复杂和更加艰难,这需要各级党委和政府有过人意志和极大耐心,坚持不懈,从点滴的社会治理和民生建设入手,而这些都有待未来作答。

第一,打黑除恶和打击其他严重刑事犯罪的坚定意志,是自 20 世纪 80 年代初以来通过一系列法律、政策及司法机制来体现和实现的,而防范黑恶势力生成的完整、系统的法律、政策规定目前还没有,能够防范黑恶势力生成的法律、政策显得分散、零碎、抽象,或者显得有些狭隘。① 相反,现在还有一些可能刺激、催化黑恶势力滋生的法律和政策规定,主要是一些不利于实现社会公平公正、不利于切实改善民生的法律和政策规定,包括已被列入全面深化改革清单的一些法律及政策,被中央和地方逐步废止的许多规定,例如,不少严重妨碍行政效率和公正、为权力寻租提供机会的审批事项及其规定,一些助长"执法经济"的规定。

第二,中央政法委在《关于深入推进打黑除恶专项斗争的工作意见》中提到的"摧毁黑恶势力的经济基础","综合运用政治、经济、行政、法律、文化、教育等多种手段,对黑恶势力犯罪问题进行综合治理,最大限度地铲除黑恶势力犯罪滋生蔓延的土壤和条件","加强对建筑、运输、采矿、娱乐等易于滋生黑恶势力的高危行业的监管","及时完善行业准入、资格审查制度,加强执法检查、行业监管力度,坚决防止暴力拆迁、非法采矿、垄断经营、强迫交易等现象的出现","加强对刑释解教人员衔接和管理","加强针对下岗、待业、外来务工人员等群体的就业帮扶和社会保障,积极做好流动人口服务管理、预防青少

---

① 比如,"社会治安综合治理"政策,本意很好,要求在党委、政府统一领导下,充分发挥政法部门特别是公安机关的骨干作用,组织和依靠各部门、各单位和人民群众的力量,综合运用政治、经济、行政、法律、文化和教育等多种手段,加强打击、防范、教育、管理、建设、改造等工作,实现从根本上预防和治理违法犯罪,化解不安定因素,维护社会治安持续稳定。该政策前后变化的方针(从"打防并举、标本兼治、重在治本"到"打防结合、预防为主"再到"打防结合、预防为主,专群结合、依靠群众")也是很好的,都坚持了"打""防"的统一,都明确了"预防(治本)"的主导地位。这个政策为打击和预防违法犯罪,维护社会秩序和保障人民群众安宁,起了很大作用。但这个政策的不足恰在于"预防为主""重在治本"的政策和法律没有跟上。"预防"和"治本"要求有系统的有力的保障全社会民生的政策、法律,而不只是帮扶少数困难人群、个别困难对象、解决其生活困难的政策、法律,不只是"低保""救济"政策措施,更不只是动用大量人力物力财力"盯死"个别人员或满足他们的要求。所以,这个政策运行的实际效果,还是重在打击违法犯罪,动员极大的社会资源和力量,控制违法犯罪,全社会民众的经济民生很少因这个政策而发展,这就在总体上限制了这个政策在预防犯罪方面的效果。

年违法犯罪等工作","加强对干部的教育、管理和监督,严防黑恶势力向党政机关渗透,严防黑恶势力寻找'保护伞'","探索、建立政法机关之间,政法机关与工商、税务、建设、国土、金融、文化等部门之间协作配合的工作机制,形成预防和打击黑恶势力犯罪的合力",这些都是防范黑恶势力生成的关键性因素,非常好,非常重要。但这需要党和国家逐步把这些理念性、宣示性、宏观性的政治要求,转变为具有政策和法律效力的国家意志,落实为具体有效的政治和法律行动,形成可持久操作的法律规定和政策方案,最终把黑恶势力土壤基本消除,让黑恶势力难以在国内产生,让打黑除恶不再是警务工作、社会治安工作的大事,而转变为全社会整体性基础性民生建设发展的大事,国家和社会全方位治理现代化的大事。当这样的政治、法律和社会效果呈现出来的时候,党和国家在防治黑恶势力生成方面的坚定政治意志才真正落到实处了。

第三,一切公权机关和部门,任何公职人物,必须要从"讲政治"和牢固树立"政治意识,大局意识,核心意识,看齐意识"的高度,对从源头和根子上防治黑恶势力生成这个涉及政治、经济、法律和文化等各方面的问题,形成和保持高度统一的政治共识,坚不可摧的政治意志,坚决避免和克服"上有政策,下有对策""各自为政"的情况。特别是,克服权力腐败、某些集团的特殊利益、黑恶"保护伞"对党和国家防治黑恶势力生成的政治意志的挑战、阻挠,把中央提出的从源头上防治黑恶势力的各项要求化为具体法律、政策,化为具体社会治理实践,化为各种细致的具体机制,使这个社会少有无业闲散人员,难有混混、恶少、江湖老大,难有重新违法犯罪的人,难有因贫穷、遭受不公而反社会的人,没有因贫困而打不起官司的人,没有无处申冤、无处讲理的人,社会及公权不再对黑恶势力有任何需求,从而基本消除黑恶势力的各种"后备人员",消除黑恶势力的生成土壤和业务市场,这些都有赖于党和国家的政治法律意志及行动。

第四,我们认为并且相信,在我国,从理论和战略上说,党中央"四个全面"战略布局和"五位一体"总体布局①完全得以实现,就能够从根子上和源

---

① "四个全面"战略布局指全面建成小康社会、全面深化改革、全面依法治国、全面从严治党。"五位一体"总体布局指全面推进经济建设、政治建设、文化建设、社会建设、生态文明建设。

头上防治黑恶势力生成、发展,因为,说到底,黑恶势力生成的土壤就在于许多人的民生不保,在于少数人贪得无厌。贪得无厌的人不惜以暴力血腥手段,不惜以高昂代价腐化公共权力,组织起那些生活无着、依靠黑恶势力的人员,去违法犯罪。一旦实现了生活无忧,实现了法治和清廉政治,民生根本不是问题,"保护伞"既无由产生亦难藏迹,黑恶势力的"种子"就稀少了,"苗子"就不容易生长了。所以,这个意义上,坚定不移地推进"四个全面"战略布局和"五位一体"总体布局,就是党和国家防治黑恶势力生成的坚强政治意志的表现。不过,"四个全面"和"五位一体"战略的推进,会面临不少的困难,它是一个正在进行并需要较长时间才能完成的伟大事业,其间不能出现重大失误、曲折,因此可以说,党和国家的政治意志尚在向现实转变的过程中,黑恶势力的土壤能否在这个过程中铲除干净,还要等未来的结果来回答。所以,我们认为,防治黑恶势力的政治意志属于"三待"状态:待进一步转变为政策法律制度,待党和国家深入付诸实际行动,待实践给出人民满意的答案。

第五,应该说,扫黑除恶的意志与防治黑恶生成的意志不完全等同,坚决、坚定的扫黑除恶政治意志容易贯彻落实,但防治黑恶势力生成的政治意志执行起来困难不小。防治黑恶势力意味着从根子和源头上防范黑恶势力,彻底阻止其形成,打击于萌生状态,更意味着国家对基本民生、清明政治和民主法治的大力建设。相对而言,"扫黑除恶"比较简单,只要持续扫黑除恶,连年都抓、判、关、杀一批黑恶人员,打击嚣张气焰,产生震慑作用,控制违法犯罪态势,就可以体现。而做到这点,只需要有强大的警察,有配合警察的司法机关,有足够的看守所和监狱。防治黑恶势力生成则不然,党和政府、国家和社会必须有很多方面的"合力"才行,需要十年或数十年的法律制度、政策机制和社会治理实践,需要普遍幸福的民生,才能成就此大业。

第六,在中国,为体现党和国家防治黑恶势力的意志,应当公开确立"对任何黑恶势力,不认同,不接受,不豢养,不支持,不利用,不包庇纵容姑息"的政治思想和政策,确立"防范胜于打击"理念,调整"打防并举"(实为"打胜于防")的法律和政策安排,确立"重全民民生幸福,重普惠而公平的教育,重全体国民的基本保障,重有效的经济、社会及法律救济,重立法执法和司法的公平正义"，改变过度"重维稳，重信访，重扩警强警、增加城管（和其他'×管'）、保安、增扩监狱及看守所"的思想和政策，及时、坚决和全面地废止或修改那些造成、延续和加深社会不公正、不平等的法律、政策，从根本上解决阻挠"四个全面"战略布局和"五位一体"总体布局的各种利益集团或群体，坚决切割、打击牵涉黑恶势力的腐败人员和集团，根本改革社会利益格局和利益分配制度，体现和保障政治经济和文化教育的公平正义。这些做到了，也应当、能够和必须做到，党和国家防治黑恶生成的意志就落地生根了。

（二）防治黑恶势力生成的法律政策供给不足

防治黑恶势力生成需要系统的法律和政策，以及对法律和政策的切实执行。为此，事关基本民生的法律、政策，全国不仅应当统一底线标准，而且要逐步提高底线标准（例如，贫困线标准及贫困认定），要以"治本优于治标""防范胜过打击"为指导思想，系统地调整和改革相关法律制度和政策，满足从根源上防治黑恶势力生成的要求。多年来，我国制定和实施过一些有利于防治黑恶势力生成的法律、政策，例如，农村社会保障政策，城市居民社会保障政策，刑释人员的安置帮教政策，有的政策已经变成法律，可是，全面、协调和有力防治黑恶势力生成的法律、政策体系还没有形成，相关法律和政策中的一些规定还存在不足。

第一，缺乏一些防治黑恶势力生成所需的重要法律、政策，或者缺乏配套的法律和政策，或者法律、政策的规定缺乏完整性、科学性和可操作性。比如，城乡平等、地区均衡的受教育权保障的法律或者政策，既能真正扶贫又不养懒汉、搞形式的法治化的扶贫制度，统一规范透明高效的公共基本医疗保障的法律与政策，能够切实保障农民权益的完善的土地权属、土地征收法律制度，能够充分保障被拆迁房屋人的权益的法律，要么缺少要么问题不少；"房屋是拿来住的，不是用来炒的"，这非常得人心，也是基本常识，要使之全面成为现实，使房屋成为质优价廉的生活品而非"资本"，必须有全国统一、力度到位的房地产基本法律制度；科学、系统、全面的公职人员财产公示法律制度，权威、明确、系统的新闻监督法律制度，仍然有待建设；规范、系统、适应新情况的流浪、乞讨人员管理法律和政策还不完善,黑恶势力长期利用了这方面的制度缺陷;①公开披露与黑恶势力有关联的公职人员的法律和政策依据缺乏;②等等。

　　第二,好的法律和政策规定没有落实,或者在执行中打折扣,或者包含误导性规定,等等。这方面的事例不可胜数。以扶贫政策为例,扶贫是全面实现小康社会的重大决策,中央下了大决心。从防范黑恶势力生成的角度说,扶贫是直接帮助一些人摆脱贫困、获得发展机会和能力、避免一些人因贫穷而违法犯罪、变为黑恶势力的良策。但是,正如媒体早就指出的,不少人打起扶贫款的坏主意,在贫困群众的"救命钱"上动手脚,一些地方把扶贫款当作"优质项目"资助款,不是扶贫,而是扶持最有希望、能够产生最好效益和最能显示"政绩"的农村"项目"(包括企业、特色农业等),一些地方的干部则把扶贫资金分配给并不贫穷的本家、亲友,一些地方的干部则大肆贪污,在司法机关查处的一些职务犯罪案件中,暴露出扶贫领域的腐败。2016年1月至4月,云南检察机关立案侦查的595件719人职务犯罪案件,其中涉及扶贫款的职务犯罪多达389人,这些案件大多发生在基层组织和乡镇机构,涉案资金大多为10

---

　　①　目前,与流浪、乞讨人员管理有关的法律主要是国务院2003年6月公布的《城市生活无着的流浪乞讨人员救助管理办法》,2014年2月公布的《社会救助暂行办法》,民政部2003年7月公布的《城市生活无着的流浪乞讨人员救助管理办法实施细则》,2014年6月印发的《生活无着的流浪乞讨人员救助管理机构工作规程》(民发〔2014〕132号),以及各地制定的相应"救助(实施)办法"。由于救助办法对救助对象、救助时间、救助次数、救助内容的规定仍然不够明确,甄别救助对象有一定难度,多次救助的情况客观存在,加上缺少监督,以及对被救助者后续帮扶的不足,导致循环救助等问题。

　　特别是,"乞丐的职业化、集团化、犯罪化、低龄化、扩大化",加大了救助的困难,甚至形成了对救助体制的破坏。乞丐团体化,结成丐帮,受"帮主"控制和操纵,有严密的帮规,有首领,有分支机构。各地丐帮成为民间秘密社会组织,"帮主"大部分是地痞流氓、黑帮头子。丐帮头子主要以暴力掌权,靠帮规约束帮众,同时负责给乞丐们分配活动地盘,调解乞丐间的纠纷,因此,丐帮具有准黑社会的特性,经常表现为团伙作案,聚众闹事。参见王保庆:《当前我国城区乞讨群体现状调查与对策研究》,民政部网站 http://shfl.mca.gov.cn/article/llyj/shhyj/200812/20081200024642.shtml,访问日期:2021年9月11日。

　　②　根据最高人民法院的要求,我国各级人民法院的裁判文书,除依法不予公开的外,都应当在"中国裁判文书网"公开,这在实际上部分公开了黑恶案件中"保护伞"与黑恶人员的关系;同时,执政党内部的"通报"制度(惯例),部分解决了与黑恶势力相互勾结的党政官员的"有限范围内公开"的问题。

万元以下,其中贪污、受贿、挪用公款的较多。① 甘肃杨改兰杀人和自杀事件,充分暴露了长期以来一直存在但不被关注和重视的扶贫中的不公正问题,扶贫好政策被地方"念歪了经",没有用好。② 扶贫资金是否被黑恶势力染指,我们尚未看到这方面的报道。最后,我们要特别强调,扶贫法律和政策中,也有一些需要重新检视的地方,扶贫实践甚至利用这些法律或政策,扭偏了法律和政策的本意。例如,从中央到地方,都规定了"财政扶贫资金产业项目"这一资金使用类型,用于扶持"优质、特色项目",重点投向国家和省级扶贫开发工作重点县的贫困乡、村,兼顾非重点县贫困区域的贫困乡、村,优先安排深度贫困群体聚集的区域,扶持乡镇政府、龙头企业、农民专业合作组织等在贫困地区与贫困农户建立精准到户的利益联结机制的农、林、牧、渔特色农业产业项目。本来,中央和地方做这些规定,意在通过扶植优质企业、项目而带动当地经济发展,增强地方造血功能,并使贫困人口脱贫致富,立意可嘉。但实际上,这成为一些地方党政领导搞"政绩工程"、造扶贫亮点的工具,至于资金是否真正用于了扶贫,并不关心,因此,一些贫困家庭依旧贫困,无人问津,一些人因贫而违法犯罪,或者转变为黑恶人员的情况,也没有因扶贫法律和政策而改变。③ 下一步,如何

---

① 参见吴学安:《对扶贫领域腐败必须零容忍》,《法制日报》2016 年 5 月 20 日,第 7 版。

② 2016 年 8 月 26 日 18 时许,康乐县景古镇阿姑山村老爷湾社发生一起 5 人死亡的刑事案件。该村村民杨改兰在其家房屋后一小路上,用斧子将自己的 4 个子女杨某帆、杨某利、杨某清、杨某福致伤后,服农药自杀,导致杨某利、杨某福当场死亡,杨某清在送往医院途中死亡,杨某帆、杨改兰被送往医院进行抢救无效先后死亡。事发后第八天即 9 月 4 日,杨改兰丈夫李某英在本村树林服毒身亡。这个事件的原因之一,便是当地"对扶贫政策的落实不完全到位。基层在贫困户识别和退出过程中有简单化操作的问题,仅用收入作为衡量标准、用村民投票方式决定是否享受低保,没有综合考虑杨家的实际情况,方法简单粗糙,缺少对杨家有针对性的帮扶措施"。参见 2016 年 9 月 16 日甘肃省政府新闻办官方微博贴出、康乐县政府新闻办公室发布的《康乐县"8·26"特大故意杀人案调查处置情况的续报》。

其实,在 2013 年 12 月,审计署公布 19 个县 2010 年至 2012 年财政扶贫资金分配管理和使用的审计结果,其中指出,19 个县普遍存在着虚报冒领、挤占挪用扶贫资金等问题,甚至将扶贫资金用于请客送礼、大搞形象工程等。参见张晓松:《审计揭示扶贫资金管理使用存在四大共性问题》,http://www.gov.cn/jrzg/2013-12/28/content_2556327.htm,访问日期:2018 年 11 月 11 日。

③ 有审计部门人员指出,扶贫资金管理使用和监管存在多方面问题,包括:(一)资金拨付不及时,影响扶贫资金效益。扶贫项目不及时启动,资金长期滞留,其主要原因,一是部分项目前期申报论证不充分、方案不科学,项目难以实施;二是项目立项存在"撒胡椒面"现象,扶贫资金难以发挥应有的效益;三是部分项目实施进度缓慢造成资金暂时闲置;四是极少数项目实施完

ビ

长期维护、巩固脱贫攻坚成果,坚定防范脱贫者因各种生活、生产困难包括疾病、教育等负担而"返贫",任重道远,相应的比较系统、协调的政策、法律还有待进一步完善。

第三,有些法律、政策的规定相互抵触,防治黑恶势力生成的效果降低或被抵消。有个明显例子,就是"义务教育"法律和政策在不少地方落实得不好,受到地方"升学"等政策冲击。"义务教育"制度要求各地教育主管部门和学校采取措施,防止青少年辍学,这极有利于全面防范青少年因失学、无业、闲荡而与不法之徒接触,染上恶习,违法犯罪,甚至成为黑恶势力的"后备军"。

毕后的结余资金未作安排。(二)政策执行不到位,随意扩大使用范围。一是擅自调整扶贫开发计划范围和任务,改变项目资金用途,资金用于其他非扶贫项目建设。二是扩大扶贫贴息贷款投放范围,将扶贫贷款贴息资金安排给非贫困农户和非国家规定投向范围企事业单位,违反扶贫贷款贴息政策分配"关系资金"。三是将扶贫贷款到户贴息资金安排给非贫困户和非国家规定投向范围的非农企业、农业企业以及事业单位。四是将扶贫项目贷款贴息资金安排给与促进和带动贫困村、贫困户增加收入无任何相关联的项目及项目实施单位。扶贫贷款贴息资金没有用于国家和省扶贫开发工作重点县市中的贫困农户、扶贫龙头企业、农村中小型基础设施建设和社会事业项目。(三)资金管理不严格,存在挪用套取现象。截留、挪用、骗取、套取扶贫资金的主要形式有:一是降低发放标准、截留扶贫资金,用于其他非扶贫项目建设;二是挪用扶贫资金用于项目培训学习、旅游考察和弥补单位接待费、业务费、公务费等行政经费不足;三是挪用扶贫资金用于发放职工补助或补贴;四是虚报、虚列扶贫项目,骗取、套取扶贫资金。项目管理单位和项目申报实施单位虚列事项和支出套取扶贫资金。部分扶贫项目申报实施单位利用虚报或重复申报项目,套取扶贫资金;有些项目管理单位通过虚列事项和支出套取项目管理费和劳务培训费,套取的资金用于公用经费和接待开支,有的甚至私分扶贫资金。(四)项目实施不规范,工程监管存在漏洞。少数项目在申报规划上存在瑕疵,编制项目规划缺乏科学论证和规范性,加之扶贫资金项目与交通、水利、林业、农业综合开发等专项资金项目在实施范围、建设内容、项目安排等方面有一定的重复和交叉,同一项目重复申报,同一项目分解成多个项目申报,造成项目无法实施;有的项目在实施阶段由于人为因素监管不到位,隐蔽工程量难以准确计量,存在虚假工程量的现象;同时,由于扶贫项目多且单个项目资金量小的特点,实施项目单位"三重一大"决策不规范,人为决策因素较多,工程项目"四制"监管难度大。(五)报账制度有缺陷,财务管理存在瑕疵。由于扶贫报账是扶贫项目实施单位根据批准的年度财政扶贫项目计划、项目实施计划和项目工程建设进度表以及合同等,提出用款计划并附有效报账凭据,按规定程序报请县级财政部门核准作为报账提款的依据。在项目实施和报账过程中,由于项目实施多在乡镇和村组,由乡镇监管,又由乡镇财政报账,县级财政部门对工程项目难以做到时时监管、过程监管,工程质量、工程总量等工程事项难以把关确认,原始单据难以审核,所以,就很难体现项目资金使用的真实性、合理性、合法性。参见湖北巴东县审计局涂红:《当前扶贫资金管理使用和监管方面存在的问题及对策建议》,http://www.hbaudit.gov.cn/html/2015/1013/41228.shtml,访问日期:2021 年 11 月 11 日。

可是,一些地方的"升学"等政策则"鼓励"或"引导"部分青少年"主动"辍学,及早"就业"、打工,甚至在"升学"导向下,教育管理部门对学校、学校对教师,采取了一些错误的考核标准和方式,迫使学校、教师明里暗里想方设法逼使"差等生"辍学,一些学习情况不佳的学生更是"主动"辍学。过去还有因贫困而辍学的学生,有些辍学青少年并没有按照家长或他们自己的设想,去打工挣钱,而是由于各种复杂情况成为无业者、流浪者,成为混混,有的成了黑恶人员。①

第四,一些法律、政策的力度不够,新法新规克服不了旧法旧章的根本缺

---

① 胡月军、刘跃挺曾经提到:在贵州一些地方,由辍学学生及部分在校单亲家庭学生纠合而成的帮派活动频繁。在贵阳市云岩、南明两城区,出现了"叛逆帮""亡命帮""风云帮""情义帮""鬼五帮"等少年帮派,已造成多起死伤案件。这些少年帮派刻意模仿香港电影《古惑仔》的装扮和作派,长期泡网吧、录像厅、游戏室等场所,崇尚砍杀等暴力犯罪,下手凶狠,并希望以此扬名。失学、无业闲散青少年纠集成伙,形成恶势力,且有女性。2007年,黔西南州兴义市某女性组织的恶势力,参与者10人全是未成年人,其中3名辍学人员,4个农民,3个在校学生,男性7名,女性3名。此案件中,该女性组织者辍学后,纠集社会上的朋友以及在校的3名学生,骚扰街头,惹事生非,作案次数多,除治安案件外,当其被公安机关破获时,所涉罪名包括抢劫罪、强制猥亵妇女罪、强迫妇女卖淫罪、强奸罪,社会影响极其恶劣。参见胡月军、刘跃挺:《贵州省青少年参与黑恶势力犯罪研究》,载《第二届当代刑事司法论坛论文集》,万方数据库。此外,被湖北天门警方打除的马敬仁涉恶团伙,其头目马敬仁、骨干肖某都是留守少年、早早辍学的人。马敬仁的"第一战"就是勒索母校,勒索未成,就回到学校打闹一番。马敬仁成立非法讨债公司"友乐专业收账有限公司",替人讨债,还控制智障残疾人乞讨。参见吴昌华、万涛:《天门打掉一"90后"为主力的恶势力团伙》,http://news.cnhubei.com/ctdsb/ctdsbsgk/ctdsb03/201108/t1812082.shtml,访问日期:2021年11月11日。
早就有人指出:"学业失败是未成年人走上犯罪道路的起点,防止学生辍学,是预防未成年人犯罪的重要措施。"一项全国未成年犯调查显示,在2000余名在押的未成年犯中,有74.2%的孩子在犯罪前是闲散于社会上的少年,他们中的许多人是在初中毕业前,甚至在小学时离开学校的。旷课逃学—离开学校—闲散于社会,父母管不了,学校怕影响正常教学秩序就设法让他们中止学业,这是许多未成年人走上犯罪道路的基本路径。参见周润健:《学业失败是未成年人走上犯罪道路的起点》,http://www.china.com.cn/chinese/law/569121.htm,访问日期:2018年11月11日。
另据调查,2012年,沈阳市沈河区法院审理的未成年人案件中,有65%的人长时间逗留网吧,有13%的人有吃住在网吧的经历,有38%的人为筹集上网费用而抢劫、盗窃,有63%的人作案前聚众结伙在网吧完成。沈河区未成年人犯罪呈上升趋势,辍学学生占六成。2010—2012年,该院共判处未成年案件426件713人,其中辍学学生占59.6%,农村户籍占55.8%,总体呈上升趋势。其中,辍学未成年人犯罪案件中,有35%的人未完成初中教育。参见王立军、孙继盟:《调查:未成年犯罪六成为辍学生》,http://edu.sina.com.cn/zxx/2013-12-10/1348403624.shtml,访问日期:2021年9月20日。

陷,起不到防范黑恶势力生成的作用,与制定法律、政策的初衷有差距。这方面的例证也很多,最适当的事例恐怕要数"城市房屋拆迁"法规了。国家认识到 1991 年《城市房屋拆迁条例》的巨大问题,在 2001 年以相同名称的新法规取而代之,但这个新规仍然问题突出,对被拆迁房屋人的权益保护极不到位。2011 年,国务院以《国有土地上房屋征收与补偿条例》废止 2001 年的《城市房屋拆迁条例》,城市房屋征收拆迁制度的确得到很大完善,被征房人权益保护大为加强。可是实践很快证明,《国有土地上房屋征收与补偿条例》仍然无力应对三个问题:黑恶势力介入城市房屋拆迁;在城市房屋拆迁过程中,一些黑恶势力应势而生;有的拆迁机构(政府部门)和工作人员与黑恶势力勾结。简言之,《国有土地上房屋征收与补偿条例》的确在一定程度上改变了城市房屋拆迁中黑恶势力的行为方式,曾经无所顾忌的拆迁行为受到了一定约束,但是没有触及房屋征收、拆迁中最根本的问题,即背后的"土地财政"问题,政府的超级强势地位,以及"条例"中"公共利益"很模糊,征收补偿机制不健全,作为决策主体的政府并没有必须依循的法定决策程序,征收听证等程序不明确,禁止性行为在实践中仍然畅行,①该条例实施的效果并不理想,尤其在防治黑恶势力滋生、发展方面,实质性作用不大。

第五,一些法律或政策(规定)不合时宜,但有关公权部门无意改变,特别是对一些带有恶性的法律和政策规定不及时废除或修改,对制定新的法律或

① 《国有土地上房屋征收与补偿条例》规定,不得采取暴力、威胁或者违反规定中断供水、供热、供气、供电和道路通行等非法方式迫使被征收人搬迁,禁止建设单位参与搬迁活动,对采用暴力威胁手段与停水、停电手段构成犯罪的,要追究刑事责任,违反治安管理条例的,应给予治安处罚。实际拆迁过程中,依旧暴力不断,有的是政府部门主导,建设单位是台前幕后的推手,对被征收、拆迁人断路、停水电气,非法拘禁或变相拘禁被征收人,这些违法甚至犯罪的行为不时发生。这方面的文献很多,如张素华的《房屋强制拆迁制度存在的问题及对策——兼评〈国有土地上房屋征收与补偿条例〉》(《法学评论》2012 年第 3 期);张学政的《房屋征收与补偿机制存在的问题及措施分析》(《住宅与房地产》2016 年第 21 期);王达的《房屋征收及拆迁中的土地补偿问题研究》(《中国房地产估价与经纪》2007 年第 5 期);"吴律师 123"的《浅析国有土地上房屋征收与补偿存在的问题》(http://bbs1.people.com.cn/post/9/1/2/154063943.html);李少锋、吴彩凤的《〈国有土地上房屋征收与补偿条例〉的问题与完善》(《中国商界》2013 年第 8 期);王克稳的《〈国有土地上房屋征收与补偿条例〉实施中的若干问题》(《东吴法学》2012 年第 1 期);"赵健律师"的《〈国有土地上房屋与征收补偿条例〉问题与对策简析》(http://www.jinglawyer.com/zhuanjiadianping/921.html);等等。

政策缺乏积极性和主动性,其至对社会中长期呼吁、已经有充分共识的重大社会事项,延宕制定或实施新法律、新政策。不尽合理的法律和政策不少,有些实际上违反我国《宪法》规定或精神,比如,户籍法律制度及政策(这些年一直在改革中,但远未完成),它造成了许多社会问题,实际上不少黑恶势力的产生与我国户籍制度有某些联系。再如,促生不少黑恶势力的土地征收及补偿的法律和政策,总体上看,迄今不见有重大改革的迹象。中央在"十三五"规划纲要中已经提出,"健全集体土地征收制度,缩小征地范围,规范征收程序,完善被征地农民权益保障机制",国家国土资源部负责农村土地制度改革的一位领导也曾经强调,在始终坚守"土地公有制度不改变、耕地红线不突破、农民利益不受损"三条底线的前提下,土地征收制度改革试点要围绕缩小土地征收范围、规范土地征收程序、合理分配土地增值收益等,探索普适性政策,逐步建立起程序规范、补偿合理、保障多元的农村土地征收制度,形成可复制、能推广、利修法的改革成果,为改革完善农村土地制度,推进中国特色农业现代化和新型城镇化提供实践经验。① 但是,建立新的土地法律制度,通盘考虑土地征收补偿制度的改革,尚需不少时日。只要对农村土地实行"征收"的制度和政策不变,对农民"补偿"的话语权始终掌握在政府和开发商手里,"程序规范、补偿合理"和"农民利益是否受损"的决定权和解释权也都不在农民手里,农民和政府"平等协商"在程序和实质上都不可能存在。那么,新的土地征收与补偿法律和政策制定实施之前,强制征地拆迁就无法完全避免黑恶势力的介入,就不能根本改变征地拆迁中黑恶势力滋生、发展的局面。

第六,一些公权部门超越法律和政策授权,违背法律和政策的宗旨,对法律和政策搞无底线"变通",出台"土政策",削减民众权益,增加民众义务和负担,妨害改善民生、预防犯罪、防治和打击黑恶势力的法律和政策的实施,其至助长黑恶势力。这方面的实例也不少,尽管这种情况在大力改观,比如"以恶治恶""以黑治黑"的政策就是不少乡镇的"土政策",有的地方对国家层面的

---

① 参见乔思伟:《王世元:确保农村土地征收制度改革取得实效》,http://www.mlr.gov.cn/xwdt/jrxw/201512/t20151222_1392361.htm,访问日期:2021年9月20日。

房地产、金融政策不"敏感",反应"迟钝",或者反向操作、变相抵制。这些地方性政策或对策,会对相关领域防范和打击黑恶势力产生消极作用。

总体上,对我国来说,缓减或消除城乡差别、农民与城市居民身份差别等社会歧视的法律和政策,推进教育、就业、财富分配、医疗等领域的实质公平、健全社会保障的法律和政策,这些年在不断出台。但客观而论,造成城乡不平等、农民与市民不平等、社会阶层剧烈分化、不同阶层身份代际传递且固化,以及贫富悬殊越来越大的某些基础性、影响大的法律、政策,有效改观。变革旧法律、旧政策的速度、程度,与广大民众对深入变革社会的期待,对全面实现深化改革的目标的期盼,还有很大距离。更充分、更广泛体现和保障社会公平正义的新法律、新政策,还须加大力度、加快速度推出来。如若不然,就会像一些学者所言,黑恶势力的生成和发展大约每十年左右就发生一次"质的飞跃",而扫黑除恶仍跳不出"割韭菜"运动模型。

其实,从根本上解决防治黑恶势力生成的"中国总体方案"已经存在,这就是党中央确定的宏伟蓝图:建立更加公平公正、充满正义的社会,决胜全面建成小康社会、开启全面建设社会主义现代化国家新征程,以中国式现代化全面推进中华民族伟大复兴。不忘初心,牢记使命,立党建国执政和建设社会主义,都要依靠人民,都是为了人民,"为人民服务"是矢志不渝的宗旨,辩证唯物主义和历史唯物主义是共产党人的世界观、方法论和价值论,坚持马克思列宁主义、毛泽东思想、邓小平理论、"三个代表"重要思想、科学发展观,全面贯彻习近平新时代中国特色社会主义思想,坚持和加强党的全面领导,坚持党要管党、全面从严治党,加强党的长期执政能力建设、先进性和纯洁性建设,以党的政治建设为统领,以坚定理想信念宗旨为根基,全面推进党的政治建设、思想建设、组织建设、作风建设、纪律建设,把制度建设贯穿其中,深入推进反腐败斗争,不断提高党的建设质量,成功解决大党独有难题,把党建设成为始终走在时代前列、人民衷心拥护、勇于并始终推进自我革命、经得起各种风浪考验、朝气蓬勃的马克思主义执政党;深刻把握"宪法的生命在于实施,宪法的权威也在于实施",遵守宪法,维护宪法权威;深入推进科学立法、严格执法、公正司法、全民守法,坚持有法可依、有法必依、执法必严、违法必究,把依法治国、依宪治国提高到新水平,推进法治国家、法治政府和法治社会建设;深化党和国家机构改革;全力打好防范化解重大风险、精准脱贫、污染防治攻坚战;全面推进和保证实现"四个全面"战略布局和"五位一体"总体布局战略,这些共同构成防治黑恶势力生成的根本战略,构成总体性政策和法律宗旨及目标。

(三) 防治黑恶势力生成的实践效果不佳

几十年来,我们反黑恶,但还没有把防治黑恶势力生成作为反黑恶的基础与中心。党和国家要求"打防并举",但实践中"打胜于防",防治黑恶势力生成的制度和工作很大程度上没有到位,防黑治恶效果不显著。

1.生成黑恶势力的"后备军"长期存在甚至扩充

这有两个依据。一是打黑"捷报频传"背后,恶势力和黑社会性质组织仍在不断产生和增长,这直接说明形成黑恶势力的"后备军"充足。二是无业、失业、下岗人数居高不下,混混、闲散人员没有大量、迅速减少的迹象。刑释人员帮教安置政策的宣示和形式意义大于实质作用;青少年辍学现象依旧存在,不断有文化低、难以通过正当方式谋生的人涌进社会中,沉积于底层,游离于社会边缘,他们中的一些人被恶势力团伙或黑社会性质组织招募接纳,或者自立门户成为恶势力、黑社会性质组织。

2.防治黑恶势力生成的体制机制不明确不完善

防治黑恶势力生成的组织体系不明确或缺乏,不能取得设想的预防黑恶势力生成的结果。我国打黑有公安和司法机关,防治黑恶由谁负责谁协助,并不明确。

目前,防治黑恶的机制仍然零乱分散,很多宏观政策或要求没有实施机制。比如,中央政法委要求采取"综合运用政治、经济、行政、法律、文化、教育等多种手段,对黑恶势力犯罪问题进行综合治理,最大限度地铲除黑恶势力犯罪滋生蔓延的土壤和条件",这完全正确。可是,究竟谁来综合运用这些手段,来承担综合运用这些手段的职责? 综合治理黑恶势力的政治、经济、行政、法律、文化、教育等各种手段的具体内容究竟是什么? 谁来逐项拟定、协调和落实这些手段? 中央政法委要求"加强对建筑、运输、采矿、娱乐等易于滋生黑恶势力的高危行业的监管",由谁来负责落实这项要求?由各自的行业主管部门落实?可某些主管部门本就可能与黑恶势力紧密联系,能靠他们来负责吗?中央政法委要求"及时完善行业准入、资格审查制度,加强执法检查、行业监管力度,坚决防止暴力拆迁、非法采矿、垄断经营、强迫交易等现象的出现",这些又该谁来执行?中央政法委要求"加强对刑释解教人员衔接和管理",要求"加强针对下岗、待业、外来务工人员等群体的就业帮扶和社会保障,积极做好流动人口服务管理、预防青少年违法犯罪等工作",这些大约应该由公安机关、司法行政部门和民政部门、人力资源和社会保障部门来负责落实,由工商、税务等部门配合,可是,究竟由谁来统领各方、负责落实?中央政法委要求"加强对干部的教育、管理和监督,严防黑恶势力向党政机关渗透,严防黑恶势力寻找'保护伞'",这些应当由组织人事部门、纪检监察部门和检察机关来负责,但谁来主导、协调和落实呢?中央政法委提出"探索、建立政法机关之间,政法机关与工商、税务、建设、国土、金融、文化等部门之间协作配合的工作机制,形成预防和打击黑恶势力犯罪的合力",可是,谁来探索、建立这个综合协调配合的工作机制?全国是否应当建立统一的具体负责防治黑恶工作的专责部门?党和国家要求"对群众反映强烈、问题比较突出的地区、行业和领域,应采取强有力的措施,依法重点整治",明确指出"加强基层组织建设,是铲除黑恶势力滋生土壤的治本之策、关键之举,务必把这个基础夯实筑牢",这些根本性要求还等待着化为具体治理事项并完整落实。研究、草拟和发布政策文件相对容易,要把党和国家许多重大要求变为具体法律、实施政策,具体社会治理事务,在社会管理和服务中逐项落实,并匹配出相应的组织人员体系,难度确实不小。

3.防治黑恶势力生成的思想观念更新不及时且困难

全社会都要具备或者提高防治黑恶产生的思想意识,要有从根本上消除或极大减少黑恶势力的主导观念。这才能实质性减轻打黑除恶负担,消除黑恶很难打除的困境。"打早打小,除恶务尽"的政策和提法有其不足。"打早打小"确有必要,不可否定和废弛,但一则容易打错,二则既然还是"早而小的黑恶",对他们主要是要"教好""养好",使他们"化育成人",而不是让他们充分领教"打"的滋味。这两种意义下,"打早打小"的提法好比为了不让"胎中坏人"出世、长大,就让他"胎死腹中"或者"露头就掐灭",这可以不让"坏人"问世或使其"早死",可是许多好人也不能降生或者早亡,终究不是好办法。三则会把有些"恶人"进一步推向仇视、反叛社会之列,走向违法犯罪深渊,以致成为更坚定的黑恶势力。因此,"打早打小"难以达到"除恶务尽"的效果和目标。除恶务尽的最好办法是"黑恶不生","黑恶不生"的前提是没有黑恶的"种苗",没有成群结队的混混、恶棍、流氓、游手好闲的人,没有纠集这些人的恶头、"能人",是富足太平、文明有礼、敦厚淳朴的民众和社会,显然重心不是对所谓刚露头、刚成型的恶势力、黑社会"打早打小"。社会中,人人有康乐生活,有自由体面和尊严,没有教育、医疗、住房和就业"四大忧虑",无腐败、无不公、无无道,"除恶务尽"就不难了。

二、防治黑恶势力生成是世界性难题

防范、治理黑恶势力,打击有组织犯罪,是个历史性、世界级的难题。

(一) 黑恶势力生成的根源很难根除

索斯韦尔引用过两句话:一句是圣·奥古斯丁说的,"虽是政府实为大匪帮,虽为匪帮实为小政府";另一句话是意大利的民间传言,"在意大利,黑手党统治一切"。索斯韦尔大致说清了防治和打击黑社会的难处:

> 据保守估计,有组织犯罪在世界各地的资产总额已逾万亿。[①] 21 世纪的关键词是全球化。最能诠释这一关键词的是现代犯罪活动。如今,各国都已出现了黑社会。与全球经济同步发展的是,全球黑社会。在全球黑社会中,有许多跨国犯罪组织,这些组织所拥有的经济实力甚至比一些国家政府还强。

---

① 没有指明货币种类。索斯韦尔是英国人,住在伦敦,币种可能是英镑或者美元。——笔者注

像合法的跨国企业一样,跨国犯罪组织也可以利用国际贸易体系,也可以运用通信技术和交通运输技术,促进自身的发展。通过这些技术,他们发展起了复杂的联盟、渠道和各种安排,这些也就意味了如下的事情可能发生:一个哥伦比亚可卡因卡特尔的活动可能会关联到一个巴西街头匪帮的行为和一个受三合会影响的腐败政客的行为。如今,跨国犯罪组织已遍布全球,世界各地都有他们的踪迹和非法行动。

如果你知道21世纪执法部门和相关的机构仍未能就什么是有组织犯罪做一统一的定义,那么你就不会对政府觉得跨国犯罪组织很难对付感到惊奇了……

虽然他们不断变化与不断调整的特性可能会给有组织犯罪的法律定义带来困难,不过犯罪团伙从古至今共有的特征却也使得他们很容易辨认。纵观历史,海盗团伙、土匪团伙、贩卖奴隶团伙以及毒品走私团伙大都一直享受着政府的直接保护。一旦失去了这些保护,他们就会开始行贿,以重新换回保护。这种政治势力和犯罪相结合的模式,是历史上辨认犯罪组织的一个重要标志。

过去四千年中出现的有组织犯罪集团的其他重要特征还包括:他们挑战了政府垄断暴力的权力;运用恐吓手段管理成员和控制受害者;有自己的等级制度和内部暗号。另一个普遍特征是他们往往都是从反抗运动或者移民社区以及因贫困和种族歧视而身陷贫民窟的人群中发展壮大起来的。虽然有组织犯罪的伎俩有成千上万种,不过万变不离其宗,他们大多数犯罪活动不外乎盗窃,销售违禁品,或乘人之危利用恐吓手段勒索钱财,或以贿赂手段达到目的。

芝加哥黑社会老大艾勒·凯波尼经常声称自己跟其他商人没什么两样。他说:"我所做的不过是满足需求。"他还指出:"资本主义是统治阶级的合法欺诈。"他隐含的意思很清楚:他跟其他许多有组织犯罪的老大们一样,希望他的一切行动都会被看作纯粹的商业活动。然而,任何涉及威吓、暴力以及增加人类悲剧的公司都是要被取缔的——也许除了军火生产商之外。然而,如今许多有组织犯罪集团把他们所获得的利润投资于合法的商业活动,这样他们一半以上的利润都来源于合法经营。因此有关机构越来越难区分什么是非法商业什么是合法商业了。

也许这项调查研究所带来的最大收获就是:简单地依靠更多的警力、更强硬的法律手段或者更紧密地监视和控制人口等方法是不能打败有组织犯罪的。如果有组织犯罪能够在史上警察政权最强盛的苏联存在的话,那么很显然,引进新的法律,加强打击犯罪力度就能彻底根除这类问题的想法是空洞无效的。

有组织犯罪的历史也向我们表明犯罪行为有三个基本的重复出现的根源:贫穷、禁酒运动①以及纯粹的人类贪婪的本性。在这种情况下,那些想按照托尼·布莱尔所说的那样,做到"不仅对犯罪行为决不手软,也要对犯罪的根源决不手软"的政府该如何行动呢? 当然,深深植根于这么多人内心深处的贪婪本性应该是不可能通过立法来消除的吧? 唯一行得通的途径似乎在于着手解决其他两个犯罪根源——贫穷和禁酒令。

……

一无所有,饥肠辘辘以及生活艰辛一直是犯罪活动层出不穷的最主要原因。从狄更斯伦敦东区②被称为"乌鸦窝"的贫民窟,到现代孟买的马屯嘎窝棚镇,下层阶级与黑社会千丝万缕的联系是显而易见的。由于犯罪分子的联络网在现实中已成为一种跨国联系,符合逻辑的与之对抗的办法之一就只有在全球范围内解决贫困问题。只有真正改变这个引起犯罪活动的根源现状,我们才有希望解除规模日益壮大危害日益加深的有组织犯罪对我们这个世界的控制。③

---

① 依据 1919 年 1 月 16 日批准的美国宪法第十八修正案和 1919 年 10 月 28 日通过的沃尔斯泰德法案(Volstead Act),全美国禁酒。1920 年 1 月 17 日零时宪法第十八修正案生效,由联邦禁酒探员(警察)开始执法。在此之前,美国许多州已经进行了长期的禁酒。20 世纪 20 年代美国的社会许多问题被认为是禁酒令造成的,包括贩卖私酒的黑社会大量出现。1933 年 12 月 5 日第 21 宪法修正案通过,废止了第 18 宪法修正案,解除禁酒。

② 中译文如此。译文不准确,文句不通顺。应译为"伦敦东区",或者"狄更斯笔下的伦敦东区"。狄更斯的名著《雾都孤儿》描写了伦敦东区贫民区(儿童)的情况。

③ [英]大卫·索斯韦尔:《有组织犯罪的历史:黑帮的真实故事》,邱颖萍译,文汇出版社2012 年版,"简介",第 1—4 页。

索斯韦尔告诉我们,在现代社会,防治和打除黑社会的难处有五点:一是有组织犯罪的规模、全球化和复杂化程度、超强实力;二是有组织犯罪与合法商业的共生或伴生关系;三是政府的腐败或者政府的保护,并且即使旧的保护消失,黑社会始终有手段找到来自政府的新的保护;四是包括暴力和贿赂等在内的犯罪手段;五是导致犯罪的根源——贫穷和人类的贪婪本性,以及政府的许多政策,如美国的"禁酒令",加拿大的"烟税政策",都曾是造成或加剧黑社会违法犯罪的重要因素。

消除贫困等防治黑恶势力的"治本"方法,虽然可以"根治"黑恶势力的生成,但与打黑除恶相比,其难度之大,几乎无法想象。发达国家有相对贫困人口,发展中国家更有数量巨大的相对贫困和绝对贫困人口,要在可预见的未来消除贫困,解决黑恶势力产生的根源,在源头上阻止黑恶势力的出现,而不止是"扫除"黑恶势力(有组织犯罪),不知还得多少年。中国宣布自己的全部贫困人口脱贫时间截止点为 2020 年,全部贫困者脱贫已经实现,中国向国际社会提供了解决贫困问题的示范。联合国提出的消除全球绝对贫困的时间是2030 年,每年需要资金 6000 亿美元,总共需要大约 10 万亿美元。① 这是笔不小的数目,即使筹集起来了,能否达到目标也值得观察。况且,无论对于哪个国家来说,免除绝对贫困并不等于消灭导致犯罪的"贫困"。

也就是说,即使按照联合国和有关国家的标准消除了贫困,仍然有两个基本问题没有解决:一是作为黑恶势力生成或有组织犯罪的根源的贫困,不是一个纯经济概念,更不是一个简单的钱财数量概念,而是包括经济上的绝对贫困、相对贫困和心理上"公平感"匮乏的"贫困",是感觉到自己在社会中受到不公平对待而产生的"贫困感"。二是不仅贫困的标准会随着时代变化,贫困人口的概念和数量也会变化。比如,联合国可能会改变(提高)计算绝对贫困的标准,发达国家和发展中国家也可能因经济发展等情况而改变(提高)贫困线,使得原来"脱贫"的人口再次成为贫困人口。而且,统计、计算贫困及贫困

---

① 参见《全球贫困问题依旧严峻,发达国家贫困人口逆势增加》,http://finance.sina.com.cn/world/gjcj/2016-05-19/doc-ifxsktvr0947733.shtml,访问日期:2021 年 7 月 31 日。

人口的科学性和准确性,始终都有需要改进的地方。而一个国家通过降低联合国设定的贫困线,或者设定自己国家的低水准贫困线,从而"消除(消灭)"贫困现象和贫困人口,这些不能算是消除贫困。在中国,执行独生子女政策的三十多年里出现了大量"黑户口",①贫困人口计算和统计更为复杂;脱贫方式和效果都要由时间去检验;由于改革尚在深化阶段,社会分配不公问题仍然没有从体制上根本性突破,普通民众的"贫困感"和"被剥夺感"持久、强烈。从犯罪预防的角度说,"贫困感"意义下的贫困始终无法完全消除,总有一些人基于自己"感到贫困"或者说"缺钱花"而犯罪,包括参加黑恶组织、团伙。贪欲总是不能完全消除的。只要社会存在不公正,存在不平衡的心理,相对的、不公平感之下的"贫困"总会产生。这是"治本(治贫困除黑恶)"遇到的根本困境。

当然,一些人加入黑恶团伙或组织的主要原因也不只是贫困,或者根本不是贫困。甚至,贫困究竟是不是黑恶势力形成和犯罪的"根源",都是可以再思考的。犯罪是社会的产物,社会是罪犯的制造厂,贫困只是社会问题的一方

① 我国 1978 年《宪法》第五十三条规定"国家提倡和推行计划生育";1980 年 9 月 10 日通过的新《婚姻法》规定"实行计划生育","夫妻双方都有实行计划生育的义务";同年 9 月 25 日,中共中央发布《关于控制我国人口增长问题致全体共产党员、共青团员的公开信》,"提倡一对夫妇只生育一个孩子";1982 年《宪法》第二十五条规定"国家推行计划生育,使人口的增长同经济和社会发展计划相适应",第四十九条规定"夫妻双方有实行计划生育的义务";2001 年《中华人民共和国人口与计划生育法》规定,"实行计划生育是国家的基本国策","(公民)有依法实行计划生育的义务,夫妻双方在实行计划生育中负有共同的责任","(国家)鼓励公民晚婚晚育,提倡一对夫妻生育一个子女;符合法律、法规规定条件的,可以要求安排生育第二个子女"。2015 年12 月,全国人大常委会关于修改人口与计划生育法,规定"国家提倡一对夫妻生育两个子女","符合法律、法规规定条件的,可以要求安排再生育子女"。至此,"独生子女"政策终结,计划生育政策发生巨大改变。"黑户口"就是在全国人口普查中没有户籍资料、没有户口卡(常住人口登记卡)且没有身份证的人。黑户口影响人口统计的准确性,不利于国家掌握人口经济等信息,不利于制定社会发展规划。20 世纪 80 年代至 2015 年间,我国黑户口形成的主因:一是一些夫妇违反计划生育法规,不缴纳社会抚养费,也就无法办理户口;二是在历次人口普查中没有查到其人口信息资料;三是在办理户口迁移过程中,遗失掉户口迁移证,没有到迁出地开具遗失声明,或者户口迁出地不予开具遗失声明,也没有重新开具户口迁移证到迁入地办理入户登记。2015年 12 月 31 日,国务院办公厅印发《关于解决无户口人员登记户口问题的意见》,提出全面解决无户口人员登记户口问题,切实保障每个公民依法登记一个常住户口,禁止设立不符合户口登记规定的任何前置条件。"黑户口"问题可望消除。

面,从导致犯罪的社会问题来说,可能有与贫困相当或比之更严重的问题。比如,社会不公,缺乏正义,让不少人感到无所适从和无望,这与"食不果腹,衣不蔽体,上无片瓦下无立锥之地"的效果没有多少差别。

(二) 黑恶势力为腐败权力所庇护滋养

不同于其他犯罪,黑恶势力(有组织)犯罪和权力腐败有天然联系。有腐败不一定有黑社会,但有黑社会一定有腐败。腐败能够导致防治黑恶势力生成和打黑除恶机制部分或全部失效,它还会养殖黑恶势力,黑恶势力也会倒过来养殖腐败。

"以商养黑,以黑护商"这八个字不够,全面表述应该是,"以商养黑,以腐养黑;以黑养腐,以黑护商;以腐护黑,以腐护商"。我们权且把腐败公职人员统称为"官",上面那句话就可以改为:"商养黑,官养黑;黑养官,黑护商;官护黑,官护商"。其中的奥妙在于,腐败官员输送给黑商的利益,从来都远大于黑商输送给腐败官员的利益。黑商输送给贪官和有些部门的那点利益,只是那些贪官或腐败部门以贱卖国有或集体资产、压低被征地拆迁农民、居民的补偿等方法"流失"给黑商的利益的(极)少部分——实质是,黑商和贪官的利益都是由国家、集体和人民大众埋单,"空手套白狼"的把戏就是这样玩出来的。贪官通过出卖国家、集体和人民的大利,让黑商获得大部分,自己得到小头,还乖乖地把自己也搭售给黑商,这也解释了一个问题:为什么黑商总愿意并且有本钱在旧靠山倒下后一定要找到新靠山,因为成本不高利润太大。

"保护伞"直接表明了腐败与黑社会、恶势力的关系。在黑恶势力生成发展过程中,最简单、最典型、作用最大的权力腐败,就是"保护伞"(这里的"保护伞"包括"未必腐败"的"隐性保护伞")。黑恶势力"保护伞"危害大,查处"保护伞"困难大。[①] 腐败权力对黑恶势力的保护,无一不是通过"保护伞"进

[①] 2001 年 6 月 17 日,《最高人民检察院关于在"严打"整治斗争中依法查办涉嫌职务犯罪案件的通知》指出:从"打黑除恶"的实际情况看,黑恶势力之所以能在一些地方长期存在,坐大成势,往往是因为有大大小小的后台和"保护伞"庇护。"保护伞"纵容袒护,徇私舞弊,贪赃枉法,内外勾结,为害一方。打击黑恶势力要深挖其后台和"保护伞",坚决依法查办涉嫌职务犯罪

行和实现的。不过,政府坚决铲除腐败,打掉所有"保护伞",却并不足以完全解决黑社会、恶势力问题。因为,公职人员腐败(包括"保护伞")只是权力腐败中的一部分,而法律、政策、体制的漏洞或腐败,不仅使一些公职人员腐败,使他们养黑护黑,而且会直接促使黑恶势力生成与养大。在那些漏洞百出、陈旧不堪的政策、法律、体制之下,即使清正廉洁的公职人员也很可能拿黑恶势力没有多少办法,尽力打击可能是他们能够做到的事情,除此之外难有作为。这方面的典型例证不少,就像过去美国的禁酒令,加拿大的烟税,都刺激了黑社会的产生和壮大。

我国的强制拆迁法律和政策,也给黑恶势力的产生和扩张造成了罕有、广泛而持久的机会。①法律、政策的漏洞和陈旧比个别腐败公职人员造成的问题和损失要严重得多:理论上,它为相关公职人员提供了普遍腐败的机会和根据,这就不只是公职人员个人而是公权力与黑恶势力相关。比如,在征地拆迁领域"养黑用黑"屡屡出现,防黑治黑、打除黑恶几乎落空。这样,即

的案件,做到除恶务尽。但打击"保护伞"不平衡,有的地方深挖"保护伞"的敏感性、自觉性不够强。有个数据很有意思,能说明查处"保护伞"有多难:2018年6月28日中国法学会发布《中国法治建设年度报告(2017年)》,其中提到,2017年全国检察机关"起诉黑社会性质组织犯罪1389人,立案侦查充当黑恶势力'保护伞'的国家工作人员40人"。自"扫黑除恶"以来,"打伞破网"力度加大,成效逐步显现。2018年1月到10月,全国共撤换涉黑涉恶干部1141名;截至2018年12月底,各地纪检监察机关共立案查处涉黑涉恶腐败和"保护伞"问题1.4万起,给予党纪政务处分1万余人,移送司法机关1899人。2018年,陕西省共立案查处涉黑涉恶腐败及"保护伞"问题1300起,处理1649人。2019年年初,中央把"扫黑除恶"和坚决查处各类"保护伞"作为一体进行布置;2019年7月13日,中央纪委国家监委在京召开座谈会,专门研究推进深挖彻查涉黑涉恶腐败和"保护伞"工作,要求各级纪委监委持续加大力度惩治涉黑涉恶腐败和"保护伞",在"打伞破网"上再发力再突破,力求把黑恶势力"保护伞""关系网"连根拔起,对黑恶势力"打伞破网"以断根,"打财断血"以绝后;着力突破"打伞破网"的"六大问题":地域行业"打伞"不平衡问题,扫黑战果与"打伞"成果不匹配问题,"打伞破网"工作不深入问题,涉"伞"线索移送查办不协同问题,履职执纪问责不严格问题,以及"保护伞"线索核查不扎实问题。2019年4月12日,天津市纪委监委网站通报称,截至目前,全市纪检监察机关共立案调查涉黑涉恶腐败和"保护伞"97件229人,其中充当黑恶势力的"官伞""警伞"48件84人,履职不力、失职渎职的"庸伞"22件107人。湖南省纪委通报,2019年上半年,全省纪检监察机关查处涉黑涉恶腐败和"保护伞"问题4530起,立案审查调查780人,给予党纪政务处分472人,组织处理470人,移送司法机关73人。

①　参见张红霞:《征地拆迁领域黑恶势力的生长逻辑及社会危害研究》,华中科技大学出版社2015年版。

使在拆迁征地领域展开防黑治黑,也多是表面文章;"打早打小,除恶务尽"的政策走样为"打小避大,边打边放(养),打放(养)结合,待时再打"的潜规则。

防治黑恶、扫黑除恶,既有法律、政策等基础问题,也有上层要求打击与底层打击不力的矛盾,政府强令打而执法走样放水,于是真打伴假打,实打伴虚打,明打暗不打。这些现象,不止存在于中国,是许多国家、地区及其政府在打黑中的通病。

防黑治黑,扫黑除黑,真的很难,关键难在公权机关没有把黑恶势力生成的机制、机理搞透彻,找不到合适的系统性对策。

(三)黑恶势力防治中存在多重矛盾

现实中,扫黑除恶,尤其是防治黑恶的生成,会遇到很多尴尬和矛盾。

第一,正因为黑恶势力的色彩既有稳定性和独特性,又有变动性和多样性,准确识别和判断黑恶势力就是生活中、事实(证据上)和法律适用上的难题。特别是(高级)黑社会,他们的组织、成员、活动多与正常社会交融,违法犯罪隐蔽且不易暴露,罪证难以查取,加上"保护伞"的作用,发现和破获黑恶势力难度大。有时候,某些共同犯罪的犯罪分子是不是黑恶势力,该不该打,如何打,就拿不准,"打过头"和"鱼漏网"都可能发生。社会大众更可能稀里糊涂,不认识黑恶势力,甚至对官方打击的黑恶人员也感到"似乎不像",有些民众对身边熟人涉黑涉恶很难理解,不相信,给办案造成困惑。

第二,扫黑防黑,尤其从根源上防治黑恶势力生成,与有些存在错误思想观念的人试图"养黑用黑"之间存在矛盾。扫黑防黑往往难以彻底,因为有人投鼠忌器,有人思想错误、观念糊涂,以为"黑恶势力"也有"好的一面",有其"可以利用的价值"。正如本书后文将讨论的,一些公权部门会择机打黑防黑,有时还可能扶植、纵容、包庇黑恶势力,某些时候还有意利用黑恶势力,有的公职人物或公权部门与当地黑恶势力的关系盘根错节,所谓黑恶势力在"发展地方经济"、帮助"出面摆平事情(如强制拆迁中拿下钉子户)"方面,成为某些部门和人物的"帮手",在为腐败官员、"保护伞"提供财力、物力和人力方面"舍得投入",使得个别部门和领导干部对黑恶势力欲罢不能,下不了手,也不能自揭老底自断财路,何况还担心黑恶成员在受审时"扛不住"供出自己。况且历史上,打黑除恶最终把一些官员尤其是"保护伞"自己给打进去,也确实有的。这表明,扫黑除恶与生黑养恶存在某种同体共生性质。这样就有了"下网捕鱼"与"放水养鱼"的问题,就有了对黑恶势力真打假打、实打虚打和明打暗不打的矛盾,其外在表现就是"不真打、不愿打、不敢打"。①

　　第三,防范、治理和打击黑恶势力的上层要求与底层力量不足的矛盾一直都存在。在我国,基层地方,无论农村或是城市,都有黑恶势力生成和发展的特定基础,稍有松懈,黑恶势力就滋生出来。可是,一些地方的基层政权、基层自治组织软弱无力,散懒庸腐,以致出现所谓派出所警察被黑恶势力"欺负"而不得不忍气吞声或者沆瀣一气的怪现象。底层老百姓也不再像改革以前或改革之初,对警察信任,愿意帮助警察,警民关系松动甚而对立,一些群体性围观、哄闹或者"维权"就是针对警察的。在基层,确实存在老百姓对黑恶势力既恨又怕却不(愿意)帮助派出所、基层政府扫黑除恶的

---

　　① 2018年8月16日,中央政法委、全国扫黑办召开全国扫黑办第二次主任会议。会上提出,当前扫黑除恶要着力破解"十个问题",第一个问题就是"有的认为专项斗争只是政法部门的事,与己无关",尤其是"不真打、不愿打、不敢打"不同程度地存在。其他问题包括:有些地方专项斗争"雷声大、雨点小",一般性部署多、具体推动举措少,重点不聚焦、实效不明显;有些地方群众对专项斗争知晓率不高,不敢举报黑恶势力;有些地方黑恶势力违法犯罪线索来源单一,线索核查不深、不透、不实,核查进度迟缓,特别是有价值的线索不多已成为专项斗争持续深入发展的瓶颈问题;有些地方办案人员办理涉黑涉恶案件水平不高,有的涉黑涉恶案件案情复杂导致推进缓慢,特别是处置涉黑涉恶财产难度较大,一些黑恶势力虽被打掉了,但其经济基础没有被彻底铲除;有些地方基层政法机关对黑恶势力犯罪案件定性、法律适用、证据标准存在分歧,影响办案质效;有些地方涉黑涉恶案件查不深、打不透,触及不到"保护伞",难以连根拔起,以及个别地方担心"灯下黑"问题被查处以后影响形象和政绩,存在对"保护伞"不愿查、不敢查等问题;有些地方扫黑除恶专项斗争开展不平衡问题突出,有的市县至今未办理一起涉黑涉恶案件;有的行业领域存在监管漏洞,涉黑涉恶违法犯罪问题没有得到查处;有的农村地区村霸和宗族恶势力欺压群众的问题依然存在;当前有些地方扫黑办力量不足、权威不够、工作机制不健全等问题比较突出;扫黑除恶督导工作还存在督导规格不高、进驻时间短、过程不规范、实效不明显等问题。参见《全国扫黑办再开主任会议研究新举措　陈一新:扫黑除恶当前要着力破解"十个问题"》,http://www.wmtv.cn/article/201808/20180817093319892.html,访问日期:2021年8月17日。

情况,甚至还包庇、资助、窝藏黑恶人员。这与国家扫黑除恶的政策行动相距甚远。

第四,黑恶势力在价值、行为和文化上具有一定迷惑性,使得一些普通群众和公职人员在心理、精神和文化层面趋近、认同甚至接受黑恶势力的某些行为方式和价值观念。在民间社会,几乎有一种普遍的、心照不宣的认识:一些黑恶人物比有些公职人员"还讲信用",比一些警察更可靠,黑道也有规矩,黑恶人物很讲规矩守规矩。一些黑恶势力"保护伞"也染上和相信"江湖规矩",在意"江湖义气","讲信用,有豪气",即使是钱权交易,都很"爽快",跟黑道人物一拍即合。而一些不良政治生态和"官场"文化,恰好为某些公职人员认同、接受江湖文化提供了环境,也为这些人成为保护伞准备了心理和精神文化基础,为防治打击黑恶制造了社会心理和文化障碍。

防黑,治黑,打黑,处处都难,与其如此,不如在坚持扫黑除恶的同时,注重治本,认真研究黑恶势力生成发展机制,把好第一关,把黑恶势力消除在未萌芽之前。

第八章　防治黑恶势力生成的
　　　　中国思想与实践

一、2018—2020 年三年"扫黑除恶"政策与实践

　　"犯罪的祸患与现代文明的繁荣形成了一个阴暗而惨痛的对比。"①黑恶势力作为社会毒瘤是一种负面存在,相对于这种负面存在,必然存在着现代文明发展所要求的防治黑恶势力生成的努力。这种努力也必然不是一种简单的、单色调的、无意义的、无关理性的政策、行为选择。这种与现代文明发展要求相对应的政策、行为选择,必定是宏观与微观、历史与现实、具体与抽象、已然与应然的对峙与争论的过程。这种对峙与争论的动态过程,可以祛除我们对过往防治黑恶势力生成努力的片面且线性的认知,进而获得关于未来进一步发展的理性知识。回顾过往,为期三年的扫黑除恶专项运动已经结束;展望未来,站在新的起点,常态化扫黑除恶机制正在探索。执着于反思与诘问总是一种人类特有的思想偏好。正因如此,"每当历史的车轮进步到一个新的时代节点的时候,反思与展望总能成为一种自觉的思想关照,并由各自独立的涓涓细流汇聚成一股奔腾不息的学术潮流"②。学界有责任梳理过往四十年来毁誉参半的"严打"及"打黑除恶"历史与近三年来广受好评的"扫黑除恶"实践,借助话语分析的方法,在具体历史情境中对比二者的差异,在对比参照中

---

① ［英］恩里科·菲利:《实证派犯罪学》,郭建安译,商务印书馆 2016 年版,第 2 页。
② 李怀胜:《刑事立法的国家立场》,中国政法大学出版社 2015 年版,第 1 页。

提炼防治黑恶势力生成的"中国经验",在法治的基本立场上思考防治黑恶势力生成的常态化机制。

(一) 从"打黑除恶"转向"扫黑除恶"

"一个时代的迫切问题,有着和任何在内容上有根据的因而也是合理的问题共同的命运:主要的困难不是答案,而是问题。因此,真正的批判要分析的不是答案,而是问题。"[①]"打黑除恶"与"扫黑除恶",一字之差,却有着截然不同的评价,前者伴随着我国历史上三次"严打"而毁誉参半,甚至造就特定年代诸多的悲剧与冤案,后者历经三年的实践,成果颇丰,广受好评。当然,从学术的角度来看,好与坏的评价离不开特定的时代背景与人类因为社会文明发展进步而构建的形而上学的信念,也取决于评价主体选取的社会参照谱系,如同狄更斯的《双城记》那句传诵的经典名言叙述的那样:"那是最美好的时代,那是最糟糕的时代;那是智慧的年头,那是愚昧的年头;那是信仰的时期,那是怀疑的时期;那是光明的季节,那是黑暗的季节。"[②]

1."打黑除恶"转向"扫黑除恶"之思:发生与目的

大多数学者研究"打黑除恶"和"扫黑除恶",都仅聚焦于二者本身的对象、过程、成果、后续,并未就二者的发生机制(也就是正当性问题)进行深入剖析,因而,无论是"打黑除恶",还是"扫黑除恶",就其发生的原因、发生的时间、预期的目标、整体的安排都显得很突兀。这对于"打黑除恶"和"扫黑除恶"的学术研究谱系而言,是不完整的。正当性作为一个道德哲学和政治哲学的概念,在学术上使用较为频繁,用意丰富,例如事物的特性、制度存在的根据。笔者主要从二者的源流起因角度来探讨正当性问题,以期回答"打黑除恶"与"扫黑除恶"关于"从哪里来?"的哲学三大终极问题之一,进而揭开"打黑除恶"迷蒙面纱,勾勒"扫黑除恶"清晰基础与目的。

规范论与经验论是正当性研究的两种经典范式。规范论角度的正当性研

---

① 《马克思恩格斯全集》第 1 卷,人民出版社 1995 年版,第 203 页。
② [英]狄更斯:《双城记》,孙法理译,译林出版社 1996 年版,第 3 页。

究主要延续了古代自然法学家对于终极价值的探索路径,而经验论角度的正当性研究坚持价值中立,止于工具与技术层面的探索。① 当然,在规范主义的正当性研究中,又可以区分出"发生的道路"和"目的的道路"两种研究取向。前者是一种回溯型研究思路,关注研究对象的来源与谱系;②后者是一种前瞻型研究思路,注重在诸如"自由""平等""安全"等价值评判下,研究对象是否实现了应有的目的。③

从发生路径的角度来看,"打黑除恶"与"扫黑除恶"都带有明显的政策导向痕迹,这种政策导向是基于执政党高层对于社会形势的研判,或者出于犯罪控制的需要而发动的周期性专项运动。这种周期性专项运动得益于中国特色社会主义制度的最大优势——集中力量办大事,能够在短时间内整合惩治犯罪所需的政治、经济、文化资源。当然,这种政策导向更多地依赖于社会制度理性(政治理性),而非法律理性。也就说,无论是"打黑除恶",还是"扫黑除恶"都是出于社会制度既有的惯性,其原点不在于法律授权与法律制度的产物,而随后的法律授权与司法运行乃是贯彻落实政治理性的法律与司法方案。例如,我国历史上的三次"严打"与2018年开展的"扫黑除恶",都处于关键的社会转型期。第一次"严打"发生于改革开放的初期,经济与思想的活跃也带来了犯罪率的高攀,当时很自然地延续新中国成立之后的前三十年的做法,把犯罪视为政治领域的敌我斗争,把接连频发的全国性恶性事件视为敌我矛盾尖锐的信号。第二次"严打"发生于中国宣告要建立市场经济的初期,经济体制转轨,农村地区因税费问题造成的干群冲突,加之大刀阔斧的国企改革造成的城市下岗潮,社会治安形势急转直下。第三次"严打"发生在我国进入21世纪的初期,入世在即,境外黑恶势力伺机入境发展,黄赌毒并发,恶性拐卖妇女儿童事件频出。2018年开展的"扫黑除恶"则是发生于中国特色社会主义

① 参见王海洲:《合法性的争夺——政治记忆的多重刻写》,江苏人民出版社2008年版,第6页。
② 参见朱志昊:《实践商谈与理性参与——立法科学化问题研究的新视角》,厦门大学法学院2011年博士学位论文。
③ 参见周濂:《现代政治的正当性基础》,生活·读书·新知三联书店2008年版,第29—33页。

进入新时代的初期,社会主要矛盾的转变,全面建成小康社会肇始,行业性与区域性的黑恶问题严重。正因如此,这种关键的社会转型期节点,一方面推动了采取对既有犯罪态势的遏制行动,另一方面也坚定了对未来社会发展的塑造决心。

为何这种"遏制"与"塑造"不是通过日常的执法、司法活动进行呢?因为制度化的日常执法、司法活动更加契合自治型社会的要求,即强调社会生活价值的延续性和秩序的一致性,以保守和稳定为其活动的主要特征。这种主要特征符合法的安定性,法的安定性意味着"可持续","可持续意味着'在制度构建和结构转型已经趋于稳定、成熟的条件下,倚靠法律发展自身所蕴蓄的民主性与协衡性的充分释放来促进民间自发力量的积累和表达,使社会在非变革性微调中不断进行良性制度因素的积累,实现持续发展'"①。换而言之,日常性执法、司法活动的社会适应性比较弱,不具有回应型法(社会)更能在社会急剧变革时代快速应对社会形势与社会需求的优势。从这个角度来说,"严打"与"扫黑除恶"更符合诺内特和塞尔兹尼克提出的回应型法的要求,即更加注重权能、合法形式与实体正义,规范更多从属于原则和政策,法律意愿与政治愿望呈现一体化,权力混同。② 当然,这种自治性与回应性区分差异在"扫黑除恶"常态化机制构建中应当被认真对待,避免措施的结构混乱与功能不适。

政策性与回应性是"打黑除恶"与"扫黑除恶"的共同发生谱系。那么,在目的路径角度,二者是否存在差异呢?当然,单一的价值评判标准难免厚此薄彼,有失学术的中立性立场。黑恶势力的生成原因也如一般犯罪学研究那样,个体、自然、社会是实证犯罪原因观的三个要素,因而价值评判也应在"社会秩序维护"与"自由人权保障"达成一体性评价。既有对"严打"的研究与评价聚焦于"治—乱—治—乱"的循环怪圈,以及法制不健全时代违反人权保障的

① 秦前红:《宪政视野下的中国立法模式变迁——从"变革性立法"走向"自治性立法"》,《中国法学》2005年第3期。引文中的"协衡性"原文如此,罕见词语,意涵不明,疑为"协商性"之笔误,或者别具深意而我们未解——引者注。

② 参见[美]诺内特、塞尔兹尼克:《转变中的法律与社会:迈向回应型法》,张志铭译,中国政法大学出版社1994年版,第18页。

现象来对比评价"打黑除恶"与"扫黑除恶"。例如,"一字之变,彰显了理念的变化。从'打'到'扫',更强调依法处置,扫除黑恶势力存在的土壤"①。"'扫'字体现了党中央、国务院整治黑恶势力的决心——决心要扫除黑恶势力产生的土壤以实现国家公平正义的价值追求。"②"一字之差,凸显国家对黑恶势力违法犯罪行为进行系统、彻底清除的决心和信心。"③

"社会秩序维护"与"自由人权保障"是评判"打黑除恶"与"扫黑除恶"的价值标准。在前述已经提及我国前三次"严打"与2018年开展的"扫黑除恶"运动更多地出于社会转型期秩序维护的要求而进行,也就是说"社会秩序维护"价值评判更多的是基于发生目的与最终效果,而"自由人权保障"价值评判更多的是基于运动过程与个体救济。从已有的史料来看,前三次"严打"的社会秩序维护价值传导的通常路径为:恶性案件—高层会议—运动部署—"严打"开始—表彰总结,总体呈现回应社会、高压强效、运动性特征。这种路径与黑恶势力生成的特性有关,"合法社会控制的弱化是黑社会组织产生的重要条件"。现代性意味着稳定,而现代化过程中却无处不滋生着动乱。

正因如此,处于社会转型的关键期,任何影响重大的恶性案件都在暗示着合法性社会秩序的式微,这足以引起执政者的警惕,进而脱离日常叙事的逻辑,采取与"秩序恢复"目的相称的非常规(战时)手段。以前两次"严打"为例,1983年8月开展第一次"严打"之前,从1979年到1983年,相继发生轰动全国的上海控江路事件④、北京火车站自杀式爆炸

① 徐隽:《依法严惩 构建长效机制——法学专家热议全国开展扫黑除恶专项斗争》,《人民日报》2018年1月28日,第4版。
② 李晓东、董少平:《黑恶势力犯罪亚文化再审视》,《湖北警官学院学报》2019年第4期。
③ 曾亚:《黑恶势力犯罪的治理模式构建》,《中州学刊》2018年第5期。
④ 1979年9月9日下午,上海市控江路江浦路口,值勤交警制止一青年抢夺农民出售的螃蟹,因方法不当("暴力执法"),引起群众围观聚集,一些人趁机违法犯罪。在五个半小时内,不法之徒攻击民警,阻拦小汽车,砸自行车,向公共汽车内投掷石块,阻拦、推翻农民的菜车,乱抛蔬菜,趁机抢夺过路群众的手表、皮包、皮夹,侮辱妇女,等等。当晚八点三十分左右,杨浦公安分局先后调集80余名治安联防人员和30名交通干警到现场维持秩序;市公安局调遣200名消防民警赶赴现场,经过宣传教育和劝导,围观群众疏散,流氓分子纷纷溜走,至午夜恢复秩序。上海市公安局杨浦分局抽调警力成立"九九专案组",经过调查取证,抓捕31人,7名主犯被判处三至十年不等的有期徒刑。这起恶性治安与刑事案件后来被称为"控江路事件"。这起事件震动中央。

事件①、北海公园事件②、卓长仁等劫持飞机事件③、"二王"事件④;同样,1996
年4月开展第二次"严打"之前,也接连发生原全国人大常委会副委员长李沛
瑶遇害案件⑤、鹿宪洲案件⑥、白宝山案件⑦,这些案件的发生直接导致1996

---

① 北京青年王志刚,1950年生,1968年在北京109中初中毕业,下乡插队到山西万荣县,1973年
入伍,当铁道工程兵,1975年复员到山西运城拖拉机厂做维修工,当过"基干民兵",接受过爆破训练,
掌握爆破知识。因返回北京的愿望多次落空、恋爱受挫等原因,于1980年10月29日下午6点15分,
在北京火车站引爆自制土炸弹。自杀式爆炸致1名旅客当场被炸身亡,另有8名伤员在送往医院途中
不治身亡,81人受伤。该事件后,国家改变下乡知青安置政策,允许知青根据自愿返回原籍(城镇)。

② 1981年4月2日下午,北京市立新中学三名女学生在北海公园划船,清河农场三名外逃
劳教人员马某等在女生上岸后尾随,调戏、猥亵女生,随后当众劫持女生,带到不同地点强奸、非
法拘禁,影响恶劣。

③ 卓长仁(1948—2001年),沈阳市人。在大陆犯案后,试图逃避法律制裁,于1983年5月5日,
卓长仁、姜洪军等六人登上并劫持沈阳飞往上海的中国民航296号客机,296号航班飞往韩国。在我国
努力下,机组人员和乘客顺利回国。韩国判处卓长仁等人有期徒刑。后来,台湾当局向韩国施压提前
释放卓长仁等人,并将卓长仁等到台湾。1991年8月16日,卓长仁、姜洪军和施小宁等人因投资期
货买卖,负债累累,铤而走险,绑架经营土地中介的台北市国泰医院副院长王欲明之子王俊杰,并且将
其撕票杀害。案发后,多行不义的卓长仁等人在台湾被判处死刑,直至2001年8月被执行枪决。

④ "二王"即"东北二王",指王宗玢、王宗玮兄弟二人。1983年,他们制造了当时震惊全国
的大案"东北二王特大杀人案",是新中国第一起全国性质的大案,是公安部在全国通缉追捕的
持枪杀人犯。王宗玢时年30岁,1979年因扒窃被判刑3年,1982年3月刑满释放。王宗玮时年
26岁。1983年2月12日"二王"在沈阳犯下第一起命案,至9月18日被警方在江西击毙,七个
月里,他们先后流窜北京、湖南、湖北、河南、江苏、江西等省市,五次逃脱公安机关追捕。其间,
"二王"利用枪支和手榴弹打死打伤公安执法人员和无辜百姓18人(打死9人伤9人)。"二王"
逃到江西广昌后被人发现,在广昌盱江林场的一座山上,公安、武警、军队、民兵组成了近三万人
的围剿队伍(包括武汉空军部队的一架直升机),形成了四个包围圈,将"二王"击毙。

⑤ 1996年2月2日,北京市西城区新街口外大街4号院发生震惊全国的大案。时任全国
人大常委会副委员长、中国国民党革命委员会主席的李沛瑶,在家中被警卫张金龙杀害。"这是
一起没有政治目的和其他背景的案件,罪犯的作案动机是谋财害命。"1996年5月2日,经北京
市中院和高院审理,判处案犯张金龙死刑。

⑥ 鹿宪洲,1963年生,1981—1984年在云南某部服役,当过汽车兵、军械验枪员,1984年复
员后在首汽开出租车,1991年2月鹿宪洲伙同他人在天津、北京盗窃高级轿车3辆,同年6月被
捕,1992年被北京市人民法院判处死刑缓期两年执行,1994年2月18日越狱潜逃。越狱后,在
弟弟鹿宪勤、女友张颖、同伙黄民平、赵建国的庇护资助下,鹿宪疯狂实施盗窃、抢劫,到边境地
区购买枪支弹药伺机抢劫银行运钞车。之后在北京实施了"1996.2.8""1996.6.3"银行运钞车抢
劫案。后来,鹿宪洲深感个人作案力不从心,物色作案同伙,后与郭松(因强奸妇女被判刑3年,
后出狱)在1996年8月27日实施抢劫运钞车案。1996年9月8日12时许,警方将在反抗过程
中头部和腿部中弹、自称叫李建生的中年男子抓获,送往医院治疗,并连夜查证核实李建生就是
越狱潜逃的鹿宪州。9月10日晚,鹿宪洲的同伙郭松被抓获。1996年11月,鹿宪洲伤重不治,
其犯罪同伙郭松因犯抢劫罪、盗窃罪,两罪并罚决定执行死刑,剥夺政治权利终身。

⑦ 白宝山(1958—1998年),北京人。1983年,白宝山在偷衣服时被捕并判处四年。因狱友

年的全国两会召开期间,全国人大代表、政协委员们在会议上对全国治安问题表达强烈不满。在恶性案件发生带来的广泛社会压力推动下,中央持续施压,例如第一次"严打"之前,在 1979 年 11 月召开的全国城市治安会议上,负责中央政法工作的彭真同志就提出,"对杀人、抢劫、强奸、放火、爆炸和其他严重破坏社会秩序的犯罪要严厉打击,实现社会治安综合治理"。后续又分别在 1980 年听取上海市公检法负责同志的汇报上表示要对现行犯罪分子"从重从快"、在 1981 年 5 月召开的京、津、沪、穗、汉五大城市治安座谈会正式表示"中央决定以三年为期,组织一次、两次、三次战役,按照依法'从重从快,一网打尽'的精神,对刑事犯罪分子予以坚决打击"。同样地,第二次"严打"之前,江泽民同志分别在 1995 年 3 月、1995 年 6 月的中央政治局常委会议上表示要开展"严打"斗争,扭转不好的社会治安形势。并且在时隔 3 个月之后党的十四届五中全会通过的《关于制定国民经济和社会发展"九五"计划和 2010 年远景目标的建议》中把"积极防范和依法严厉打击各类严重刑事犯罪与经济犯罪活动,坚决扫除各种社会丑恶现象"作为全党的奋斗目标之一。同样在这个会议上通过的《正确处理社会主义现代化建设中的若干重大关系》重申要采取切实有力措施解决社会治安情况不好、丑恶现象重新滋生的问题。

那么这种与"秩序恢复"目的相称的非常规(战时)手段是否达到了预期效果呢? 当然,这种预期效果又可以分为短期预期和长远预期。我们可以根据前三次"严打"和 2018 年开展的"扫黑除恶"运动中提取一些关键性话语,

---

举报白宝山另有盗窃案件,白宝山的刑期又加了十年。狱友的出卖使白宝山的内心变得扭曲,萌生报复社会的想法,在监狱中他便开始了自己的谋划。1991 年,白宝山被送往新疆石河子的监狱。在监狱中,白宝山恶补文化知识,并且通过一些渠道够买子弹,他将子弹埋藏好,为出狱后做大事情做准备。1993 年初,法院因"表现良好"为白宝山减刑一年。1996 年 3 月 7 日,白宝山带着一百多发子弹正式出狱。在 1996 年 3 月至 1997 年 8 月,刚因盗窃、抢劫罪出狱不久的白宝山,在北京、河北、新疆等地袭击军警,先后作案 15 起,先后抢劫枪支 3 支,包括当时解放军最先进的制式武器八一式自动步枪,杀害包括狱友、军人、警察、作案同伙和无辜群众在内的 17 人,抢劫现金 140 余万元人民币。白宝山案被公安部列为 1996 年 1 号案件,1997 年中国十大案件之首,被国际刑警组织列为 1997 年世界第三要案。在缉捕白宝山的一年半时间里,北京市公安局、河北省公安厅、新疆维吾尔自治区公安厅协同作战,出动警力数万人,方将其抓捕归案。1997 年 9 月,白宝山在北京家中落网。1998 年 4 月底,白宝山在新疆被执行枪决。

通过这些话语来分析预期效果的趋向。第一次"严打"的关键性话语为"从快从重""明显好转(成效)""敌我斗争";第二次"严打"的关键性话语为"尽快扭转""切实有力""综合治理";第三次"严打"的关键性话语为"严厉打击""尽快改变""整治斗争";2018年开展的"扫黑除恶"运动的关键性话语为"依法严惩""标本兼治""社会治理"。可以看出,前三次"严打"更多地趋向于通过又快又严的手段达到短期"社会治安形势好转"的"秩序恢复"目的,而"扫黑除恶"运动更多地趋向于在法治轨道上推进良性"秩序恢复"的目的。结合三次"严打"的案件数据来看,确实也达到了运动开展的预期目的,例如第一次"严打",四个月内全国共收容审查、劳教、拘留、逮捕108.29万人,执行死刑的罪犯达数万人,"严打"的立竿见影效果还体现在1984年的全国案件立案量上,全年仅为51万件。由此可见,前三次"严打"追求的是短期效益,尽管前三次"严打"都有提及"综合治理"的理念,但局限于当时的社会治理水平、法制健全程度、公众法治观念,很难在防治生成、长期有效、系统治理等方面展开布局。那么,在社会治理较为完备、法制健全、公众法治观念大幅提升的新时代,"扫黑除恶"运动在短期效益和长期效益方面与前三次"严打"有何不同呢? 在短期效益方面,更注重协同性,虽然三年时间只依法审判涉黑涉恶案件3.29万件共22.55万人,但同时立案查处涉黑涉恶涉腐败和"保护伞"的党政人员共计115913人,"村霸"3727名;在长期效益方面,将"扫黑除恶"与社会治理紧密结合,注重社会秩序的良性发展。由此可见,"严打"更注重"秩序恢复"的短期效益,"扫黑除恶"更注重短期与长期效益并举。

那么,在"自由人权保障"价值评判之下,前三次"严打"与2018年开展的"扫黑除恶"是否存在差异呢? 首先,需要说明的是,不能依照现在的社会发展程度和公民自由人权保障水平去评价过去的行为,必须依据具体历史情景所构建的自由人权保障制度与社会一般发展水平去评价。因为,现在对于过去而言,更多的是一种理想类型。"逻辑的发展完全不必限于纯抽象的领域。相反,逻辑的发展需要历史的例证,需要不断接触现实。"①基于前三次"严

---

① 《马克思恩格斯选集》第2卷,人民出版社2012年版,第16页。

打"与 2018 年开展的"扫黑除恶"运动针对的都是违法犯罪行为,那么,蕴含权利主张和权利救济的正当程序就理应成为一个"自由人权保障"价值评判的具体标准。以第一次"严打"为例,在"严打"开始之前,我国在刑事领域已经初步实现了"有法可依",即 1979 年 7 月正式颁布了我国第一部《中华人民共和国刑法》和《中华人民共和国刑事诉讼法》。但在"严打"开始之前的京、津、沪、穗、汉五大城市治安座谈会上,彭真同志针对基层干警不适应刑事诉讼法规定的工作程序要求的情形,提出"我们可以这样规定:找到基本证据,认定基本事实,就可以起诉、定罪"。这种法因事而变的理念也很快体现在第一次"严打"开始时第六届全国人民代表大会常务委员会第二次会议通过《全国人民代表大会常务委员会关于严惩严重危害社会治安的犯罪分子的决定》、《全国人民代表大会常务委员会关于迅速审判严重危害社会治安的犯罪分子的程序的决定》与《全国人民代表大会常务委员会关于修改〈中华人民共和国人民法院组织法〉的决定》,第一个《决定》规定了大多数严重危害社会治安案件可以在刑法规定的最高刑以上处刑,直至判处死刑,并且在溯及力方面实行从新原则。第二个《决定》规定对杀人、强奸、抢劫、爆炸和其他严重危害公共安全应当判处死刑的犯罪分子,主要犯罪事实清楚,证据确凿,民愤极大的,可以不受刑事诉讼法第一百一十条规定的关于起诉书副本送达被告人期限以及各项传票、通知书送达期限的限制,并且上诉期限由原先的十日缩短为三日。第三个《决定》则规定杀人、强奸、抢劫、爆炸以及其他严重危害公共安全和社会治安判处死刑的案件的核准权,最高人民法院在必要的时候,得授权省、自治区、直辖市的高级人民法院行使。由此可见,上述三个《决定》都旨在突破原有的法律限制,造就了"合法"的违法风险,违背了正当程序限制公权力、保障公民自由的精神内涵。相对而言,2018 年开展的"扫黑除恶"运动基本上是在现行法治框架下进行的,依法严惩方针与宽严相济刑事政策相结合也极大消解了政治行为的刚性对公民权利的损害。

2. 从"打黑除恶"转向"扫黑除恶"之话语分析

我们的社会生活被一系列话语体系所操控,权力就是经由这些话语体系来运作的。① 在这个意义上,话语如同一种生活范式,限定了允许与不被允许的界限。例如,以犯罪为例,我们通常以法律规定与社会秩序的标准来讨论,遵纪守法成为理所当然和生活基本范式。因而,话语可以认为是"基于某些共享假设的特定言说和思考方式,(可以)影响和形塑人们对某个话题的理解和行动"②。反言之,借助当时的社会话语体系,可以在某种程度上具体分析当时的社会大众意识和社会行为,同时也能揭示隐藏在话语体系背后的真实社会关系。"打黑除恶"转向"扫黑除恶"历经改革开放初期的"斗争"话语体系、21 世纪初的"维稳"话语体系、新时代的"法治"话语体系。体系意味着一种稳定而持续的秩序,秩序背后则潜藏着宏观层面的正当性问题、主体立场、价值理念,中观层面的权力主导、共识寻求,微观层面的控制和操作模式。

"斗争"话语体系具有明显的社会秩序从属于政治秩序的特征。"斗争"话语体系作为新中国成立之后的前三十年社会管理理念的承接,延续着浓厚的革命色彩。恶性案件高发、社会管理混乱在革命的视角下象征着政治秩序的局部失控与秩序的破坏,秩序的破坏意味着政权正当性和安全的动摇,维护者与破坏者之间不自觉地确立敌我对立立场,进而寻求以社会秩序维护为主的价值理念。在事关政权正当性和安全问题的前提下,类似于"严打"的行为必然寻求绝对的政治权力主导,相对忽略作为破坏者的具体犯罪人的认同与感受,转而寻求作为秩序基础的"人民群众"的绝对共识。在社会控制模式的选择方面,疾风骤雨式斗争运动也必然成为一种最优选。这种"斗争"话语体系,社会秩序被视作为政治秩序的一部分,"严打"也就顺理成章地成为一种维护政权的有效手段。维护政权的目的带有政治与生俱来的刚性,这种刚性天然地将对带有"人权保障""自由平等"的内容视为妥协、软弱。

---

① 参见[英]安东尼·吉登斯、菲利普·萨顿:《社会学基本概念》,王修晓译,北京大学出版社 2019 年版,第 6 页。

② [英]安东尼·吉登斯、菲利普·萨顿:《社会学基本概念》,王修晓译,北京大学出版社 2019 年版,第 5 页。

"维稳"话语体系较为明显地表现出社会秩序与政治秩序混同。"维稳"话语体系与"斗争"话语体系相比较而言,更加注重对社会利益冲突的调控,对社会群众不满情绪的安抚。但是这种话语体系仍然具有高压、刚性的特点,利益诉求易被视作不稳定因素,破坏社会稳定局面。因而,在维稳绩效考核导向的放大作用下,表达利益诉求的上访、诉讼行为等于不稳定,明显倾向于通过暴力对其压制。这种压制性话语体系也易滋生双向的暴力秩序空间,一方面,作为社会主体一部分的利益诉求者渐趋非理性化,易寻求暴力方式解决,或者滋生暴力需求;另一方面,作为社会秩序的维护者,在政治秩序的纪律、伦理束缚下,易寻求政治秩序之外的暴力途径压制不稳定因素。这种双向暴力的需求,本身就体现为合法秩序的削弱,并且"双向"地为非法社会秩序的建立提供了生成空间。因而,在这种"维稳"话语体系下,社会秩序与政治秩序的混同,造就秩序的混乱,为黑恶势力的生成提供了空间。

社会秩序与政治秩序分野最为明显的是"法治"话语体系。我国《宪法》第五条第一款规定"中华人民共和国实行依法治国,建设社会主义法治国家"。这从根本大法上规定了我国政治国家的基本样态——法治国家,也附带地确立了政治秩序的常态化模式——法治,即政治的法治化。政治法治化的优势在于将国家治理效能问题置于政权正当性问题之上,重置了社会敌我对立的前提,进而在社会共同主体身份立场上解决社会秩序维护的问题。因而,在社会秩序维护方面,不再单纯寻求绝对的政治权力主导,而是寻求多元主体的多样化解决,例如"多层次多领域依法治理""共建共治共享"。这种政权正当性与国家治理效能的相对分离,为政治秩序与社会秩序提供了缓冲的柔性空间,同时,这种缓冲空间的存在也为"扫黑除恶"具体主体的人权保障提供了制度合理性依据。①

总而言之,"扫黑除恶"常态化与防治黑恶势力生成的努力需要在社会秩

---

① 《反有组织犯罪法》第五条规定:"反有组织犯罪工作应当依法进行,尊重和保障人权,维护公民和组织的合法权益。"

序层面展开具体的叙事逻辑——政治话语的法治表达及展开,注重国家层面的政治秩序与社会层面的社会秩序的分野,在法治社会的视野下开展常态化"扫黑除恶"活动。

(二)"扫黑除恶"的中国特色与经验

"我们往往被迫行驶于变幻莫测与纹丝不动之间的一条左右摇摆的航道上,支持着我们的信念并不是'我们所选择的是唯一正确的航线',而是'无论如何,我们必须尽量避开在两边的险滩'。"①防治黑恶势力生成的历史叙事逻辑足够丰富,丰富到足够容纳过往的成就与不足。与过往的历次"严打"一样,2018年开始的"扫黑除恶"专项整治运动已经圆满结束。这种"圆满"意味着为期三年的"扫黑除恶"专项整治运动已经完成了其"遏制犯罪态势"和"塑造社会发展"的短期预期目的。

那么,从较长时间尺度看,过往历次"严打"总结而来的"打不胜打,防不胜防"的经验表明,这种"圆满"未必就能保证避免将来在黑恶势力生成防治方面的"遗憾"。黑恶势力生成有其必然规律,社会秩序的合法控制减弱是其生成的重要条件。一方面,如果不能在打击黑恶势力的同时,恢复、加强原已弱化的合法控制的社会秩序,那么一轮的"扫黑除恶"运动结束之时,就是新一轮黑恶势力萌发之始,出现事实上的"惩治不能"困境。另一方面,运动性社会治理在活动期限结束后,其后续发展必然会陷入日常叙事的逻辑困境中,与一般违法犯罪的查处活动难以有效区分对待,造就体系上的"不能惩治"困境。针对这两方面的问题,2018年开展的"扫黑除恶"活动就格外注重社会治理,即在源头上消除黑恶势力滋生的不良土壤,祛除非法社会控制的生成要素;在活动结束时,提出从2021年起,扫黑除恶进入常态化模式,同时制定《反有组织犯罪法》,细化预防与治理各方主体的责任。并且在机制探索方面,提出建立健全"六个常态化机制":智能公开的举报机制、打早打小的惩处机制、源头治理的防范机制、精准有效的督办机制、持续推进的

---

① [美]富勒:《法律的道德性》,郑戈译,商务印书馆2005年版,第53—54页。

领导机制、激励约束的考评机制。正因如此,在一定程度上,世界上只有中国明确提出,对黑恶势力进行源头治理、常态化扫除,这也是这次"扫黑除恶"的创新之所在。

二、"扫黑除恶"中的坚持与转折

防治黑恶势力的生成与一般犯罪预防截然不同。黑恶势力及其违法犯罪的复杂性、综合性,是其他犯罪主体及犯罪行为所完全无法比拟的。同时,黑恶势力生成对社会的危害也是一般犯罪无法比拟的。黑恶势力生成、壮大的过程就是一个当地区域(行业)合法社会控制衰弱甚至被完全替代的过程。就犯罪行为而言,这个过程伴随着与一般犯罪无差别的暴力、敛财、控制、收买、腐蚀特征,但就整体而言,黑恶势力生成、壮大过程中带来的具有严密组织性的组织,诸如黑恶势力、黑社会性质组织、黑社会,已经象征着支撑法律权威的政权正当性在动摇、弱化或者消失,原有的合法社会秩序已经在这些组织的冲击之下失去了效用,因而,原有信服合法秩序的群众就不得不基于暴力、效率、恐惧等各种原因慑服于新的非法秩序。在新的非法秩序之下,维系非法秩序的组织的权威可以比拟国家,他们可以在自己控制的区域(行业)制定自己所谓的"法律",建立并维持自己的税务机关、政务机关、暴力机关、涉外机关、福利机关。正因如此,单独的个人、团伙犯罪,一旦面临国家的打击,便陷入孤立无援的状态,非法的社会关系会被合法的社会秩序排斥,实质地陷入孤立的个体反对完全组织化的国家的斗争当中。然而,伴随着特定区域(行业)非法控制的确立,黑恶势力建立的稳固社会关系并不会仅仅因为号称"人间行走的上帝"的国家的关注、打击而"不攻自破""溃不成军""一溃千里",而是进行有组织的防御性对抗,甚至主动出击,以图有效瓦解国家打击其犯罪行为的攻势。所以,打击有组织犯罪,无疑是两种秩序之间的正面对抗,非法组织与国家之间的激烈交锋。

（一）既坚持打击黑恶势力又注重防治其生成

"打防并重"是 2018 年扫黑除恶运动最为有益的探索,既坚持打击黑恶势力又注重防治其生成。值得注意的是,综合治理与打防结合的理念在历次"严打"中都有提及,但综合治理的内涵不一样,基本上打击重于预防。1979年 11 月 22 日至 26 日,全国城市治安会议上,提出对杀人、抢劫、强奸、放火、爆炸和其他严重破坏社会秩序的犯罪要严厉打击,实现社会治安综合治理。此处的"综合治理"意在强调打击严重犯罪对经济、社会发展建设的配合作用。这种配合注重刑罚的严厉性,因而,在 1981 年 5 月的京、津、沪、穗、汉五大城市治安座谈会上,提出"运用专政手段,依法严惩犯罪分子,是综合治理的首要一条"。在第二次"严打"开展之前,1995 年 6 月召开的中央政治局常委会和政治局会议上,江泽民同志强调,在抓"严打"的同时,要认真落实社会治安综合治理的各项措施,最终解决治安问题还要靠综合治理。随后党的十四届五中全会审议通过的《关于制定国民经济和社会发展"九五"计划和 2010年远景目标的建议》也提出"把社会治安综合治理的各项措施落实到城乡基层单位"作为全党的奋斗目标之一,同时在这次会议上发表的《正确处理社会主义现代化建设中的若干重大关系》也同样提出要正确处理好改革、发展与稳定三者的关系。此处的"综合治理"则是更加注重治理主体的多样化和协同性,但注意到了打不如防的重要性,防是治本之策。

2018 年的"扫黑除恶"运动重视打击,并同时突出防治生成。在黑恶势力打击方面,截至 2021 年 1 月,全国共打掉涉黑组织 3644 个,涉恶犯罪集团11675 个,抓获犯罪嫌疑人 23.7 万人,缉拿目标逃犯 5768 人,境内目标逃犯全部缉拿归案,境外目标逃犯到案率达 88.7%,43144 名涉黑涉恶违法犯罪人员投案自首;共打掉欺行霸市等涉黑组织 1128 个,打掉资产亿元以上的涉黑组织 653 个,依法处置生效涉黑涉恶案件资产 1462 亿元;共打掉农村涉黑组织 1289 个,农村涉恶犯罪集团 4095 个,依法严惩"村霸"3727 名。通过专项斗争,彻底打击了黑恶势力的嚣张气焰,黑恶犯罪得到了根本遏制。在防治黑恶势力生成方面,全国组织系统会同有关部门排查清理受过刑事处罚,存在

"村霸"、涉黑涉恶等问题的村干部4.27万名,补齐配强了一批村干部,加强基层组织建设的环境明显变化,基层治理能力明显提升,党的执政根基更加巩固。①

(二) 既坚持专项斗争又注重常态机制建设

如前所述,黑恶势力及其违法犯罪是其他犯罪主体及犯罪行为无法比拟的,黑恶势力的生成对社会的危害是一般犯罪无法比拟的,显然,防治黑恶势力生成与一般犯罪预防截然不同。当国家以对待一般犯罪的态度和方法打击黑恶势力型犯罪时,通常会因为力量的不对等而陷入困境,最后的结果要么惨淡收场,要么因黑恶势力的欺骗性"断尾"而获得表面的大获全胜。当然,单纯就打击犯罪而言,中国式运动型犯罪治理不时受到些批评,个中缘由多是缺乏必要的约束,尤其是法律规范及法治思维缺乏应有约束力,造就事实与预期的不可控性,这种不可控难免会出现打击过度、打击错误的情况,侵蚀作为社会主体的公民的自由与人权。相比而言,日常司法活动具有稳定性和可持续性,这种特性决定了在没有过多外力介入前提下的日常司法活动具有更强的可接受性与均衡性。反而言之,日常司法活动的主观特征决定了其配置的资源难以突破基于犯罪治理主体的主观预期认知,例如刑法基本原则之一的罪刑相适应原则,限定了刑罚的资源配置,这种成比例的资源配置会延伸至整个犯罪治理与预防的全过程。当犯罪治理主体将黑恶势力型犯罪作为一般犯罪对待,配置的资源会出现失衡、不对等,造就客观犯罪治理需要的资源需求高于犯罪治理主体的主观预期认知,进而无法形成有效打击。所以,从有效打击的角度来看,在法治轨道上推进的扫黑除恶专项整治运动是有必要的。苛求于日常的司法活动发挥超常的打击黑恶势力及其犯罪,本身就是一种不合理的期待。

问题在于,专项整治运动是否具有可持续性呢? 答案是否定的,扫黑除恶

---

① 中央政法委长安剑:《全国扫黑除恶专项斗争总结表彰大会在京召开,部署常态化开展扫黑除恶斗争》,http://www.chinapeace.gov.cn/chinapeace/c100007/2021 - 03/30/content_12468913.shtml,访问日期:2021 年 9 月 30 日。

专项整治运动作为一项针对黑恶势力及其犯罪活动的社会动员,具有高压强效、高度紧张的特点,这是日常司法活动无法比拟的,但也是不可持续的,因为这是人为地将国家发展、社会发展的任务重心聚焦于扫黑除恶,从而聚集大量的治理资源以供运动开展。任何资源在一定条件下都是有限的,若将资源持续不间断供给扫黑除恶专项整治运动,不符合以经济建设为中心的基本路线,也违背社会发展的一般规律。其实,前文已经论及,历次"严打"与"扫黑除恶"具有政策性与回应性的共同谱系,二者的发动内容并非制度化存在,更多地基于执政党高层的形势预判与政策决断。但作为扫黑除恶专项整治运动的前端——黑恶势力生成的防治,更多的是需要一种日常性、可持续性的制度保障。专项整治运动是针对社会已然之患的一剂猛药,而黑恶势力生成的防治如同疾病预防,类似于勤洗手、常漱口、不喝生水、不吃不干净食品的日常卫生习惯,需要制定严密的卫生健康行为守则,并严格遵守,防患于未然。

推进法治轨道上的防治黑恶势力生成常态机制建设是国家治理体系和治理能力现代化的要求。体系与能力相辅相成,防治黑恶势力生成依赖于机制体系建设,机制体系的持续健康运行则依赖于预防与治理能力的提升。对于黑恶势力生成的防治,我国从来不缺乏相应的治理能力,这得益于社会主义制度集中力量办大事的制度优越性,但缺乏保证防治能力平稳持续运行的体制机制。现代化国家治理体系具有系统性、规范性、协调性、稳定性的特点,防治黑恶势力生成的努力依托于现代化国家治理体系,更能由"外防"的监督式防范生成走向"内控"的社会制度体系优化。

防治黑恶势力生成的常态化机制建设需要在实践中总结提炼。建章立制不是创制者凭空想象,也不是天才的发明创造,而是实践经验的总结。在过去的"扫黑除恶"专项整治运动中也提炼出六项较为突出的常态化机制。一是源头治理的防范整治机制。较为明显的"行业+基层"重点防范,即加强对易滋生黑恶势力的重点行业进行专项整治,对基层群众自治性组织则是侧重日常管理监督,同时打通重点行业专项行政执法与刑事司法衔接渠道。例如,在黑恶势力生成较为明显的房屋建设与市政工程建设领域,有地方住建部门提出要以严厉打击恶意竞标、强揽工程(含渣土运输)、违章违建、强迫交易、恶意拖欠工程款等违法行为为重点,统筹推进整治围标串标、违法分包、转包、"挂证"等行业乱象。① 从这个方面来看,源头治理其实就是要求治理主体主动化解风险,解决利益纠纷,积极有为履行职责。二是智能公开的举报奖励机制。畅通线索举报渠道,通过宣传发动、给予举报奖励等办法,充分发挥公众参与作用;严格线索核查责任,对线索统一分流转办,实行分级核查和上级复核办结制,核查结论落实终身负责制;加强总体形势研判,建立省市县三级举报线索核查联动机制,定期分类分析和跟踪监测,为精准打击、源头治理提供指引。② 三是打早打小的依法惩处机制。通过大数据、云计算等深入分析研究涉黑涉恶犯罪新动向,从重点人员、重点场所、重点领域等排查研判涉黑涉恶线索,坚持露头就打、消除后患,加强日常监督,强化纪法协同,严格执行法律法规及相关司法解释、规范性文件等,依法保护民营企业合法权益,确保扫黑除恶斗争始终在法治轨道上运行。③ 四是精准有效的督导督办机制。中央定期开展扫黑除恶督导督查,省市县三级联动开展督导督查,全国扫黑办每年挂牌督办一批涉黑涉恶大案要案,保留全国扫黑办特派督导专员队伍并持续优化结构,省市县三级结合实际组建特派督导专员队伍,机动式开展特派督导,及时发现问题、解决问题,持续改进督导督办方式方法,让广大基层干部把更多精力投入一线工作中。五是激励约束的考核评价机制。将扫黑除恶斗争纳入平安中国建设考评体系,作为平安中国建设评选表彰的重要依据,对成绩突出的地区、单位和个人进行通报表扬,对不敢打、不真打、不深打的后进地方重点通报督办,倾听群众评价,致力问效于民,推动建立健全黑恶势力违法犯罪问责倒查机制。六是持续推进的组织领导机制。健全领导机构,推动保留各级各部门扫黑除恶领导小组及其办公室,实现常态化运行。建强专业队伍,

---

① 《铜陵市深化工程建设领域整治工作实施方案》,http://zfcxjsj. tl. gov. cn/ztzl/shce/202109/t20210927_1561582.html,访问日期:2021 年 9 月 30 日。

② 《江西省人民代表大会常务委员会关于常态化开展扫黑除恶斗争巩固专项斗争成果的决定》,http://www.jiangxi.gov.cn/art/2021/6/8/art_396_3390390.html,访问日期:2021 年 9 月 30 日。

③ 中共中央办公厅、国务院办公厅印发《关于常态化开展扫黑除恶斗争巩固专项斗争成果的意见》,http://www.xinhuanet.com/politics/zywj/2021-05/20/c_1127470982.htm,访问日期:2021 年 9 月 30 日。

保留各级扫黑除恶工作专班,持续加强培训指导,确保工作队伍专业化,加强对工作队伍的保护。常态研究部署,推动把扫黑除恶纳入经济社会发展全局谋划推进,作为平安建设重点工作部署,经费纳入同级财政预算。

明确不同治理主体的防治黑恶势力生成职责也是常态化机制建设的重要内容。到目前为止,较为明确地规定不同治理主体的防治责任的规范文件有《广西壮族自治区人民代表大会常务委员会关于推动常态化开展扫黑除恶的决定》《崇左市人民代表大会常务委员会关于推动常态化开展扫黑除恶的决定》《江西省人民代表大会常务委员会关于常态化开展扫黑除恶斗争巩固专项斗争成果的决定》,都较为明确地规定了地方人大及其常委会、人民政府、监察委员会、人民检察院、人民法院的防治主体职责。包括地方人大及其常委会通过定期听取和审议专项工作报告、开展执法检查、作出决议决定、进行视察调研等形式加强对"一府一委两院"开展扫黑除恶活动的监督与支持。地方人民政府要将常态化开展扫黑除恶斗争作为平安建设的重点任务进行部署,定期听取工作汇报,妥善研究解决经费保障、技术保障、队伍建设、基层基础建设等重要问题。公安机关应当强化线索摸排、依法打击、深挖彻查、源头治理等工作。司法行政机关应当加强对涉黑涉恶罪犯监管、改造和社区矫正等工作。其他各有关部门应当结合各自职能,依法履职,强化日常监管。地方监察委员会要强化监督、调查、处置,严肃查处公职人员涉黑涉恶违法犯罪问题,对开展扫黑除恶斗争中玩忽职守、徇私舞弊、滥用职权的公职人员,依法予以查处。地方人民检察院与人民法院要按照国家有关法律规定,贯彻宽严相济刑事政策和认罪认罚从宽制度,坚持以事实为根据,以法律为准绳,立足审判、检察职能,严把案件事实关、证据关、程序关和法律适用关,依法惩处黑恶势力违法犯罪行为。

防治黑恶势力生成常态机制建设需要实体与程序并重。上述六项常态化机制较为全面地总结了为期三年的扫黑除恶专项整治运动的实践经验,但仍然处于经验总结阶段,流程化内容较多,实体性内容不足,防治程序细化不够。这些问题其实也出现在作为扫黑除恶专项运动重要成果的《反有组织犯罪法》当中。经验性、政策性的内容居多则会有违常态化建设规范化、制度化的要求。因而,防治黑恶势力生成需要整合现有的政策文件、法律法规、实践经验。在实体层面,搭建起"专门政策+特别法律+党内法规+基层(行业)自治规范"的基础制度框架。在程序层面,构建"纠纷化解机制+治理参与规章+防范生成查处程序+犯罪惩治程序+事后追踪报告程序"的全流程操作规范。

(三) 既坚持针对黑恶势力更注重深层社会治理

黑社会是"我们社会"中的"社会",是国家、政府所建立、维护的社会中存在的一种特殊"社会"。倘若黑恶势力演变趋向的黑社会是相对于"我们社会"的另一个社会,那么两个社会之间必然面临命运前途的对决,即谁为新事物、谁为旧事物之争。再者,若是两个社会之间必然存在相对独立的社会结构,这种结构的差异性造就社会功能的不一致,进而区分"我们社会"和"他们社会"。很遗憾的是,黑社会与"我们社会"之间的差异并没有像工业社会之于农业社会、奴隶社会之于封建社会、资本主义社会之于社会主义社会那样泾渭分明。既然黑恶势力演变的终极形态——黑社会,与我们认知的社会基本结构相一致,并不是什么新事物脱胎于旧事物"母体"且具有旧事物不能容纳的新内容,更多的是对"我们社会"自觉或者不自觉地模仿,很难有超越之处,黑恶势力终究不能造就一个新的"社会",黑恶势力的生成只是一种社会不正常的状态,问题的根源还是在于社会本身。①

针对黑恶势力的惩治与深层社会治理是防治黑恶势力生成的两个重点内容。就社会问题的"医疗化治理"而言,药石之效无非是延缓、减轻患者之痛,激活、增强患者身体之机能,倘若要追求药到病除之果,只能祈求患者平日里多强身健体、固基培本。黑恶势力的惩治与预防之理也是如此。"打得一拳开,免得百拳来。"纵容黑恶势力生成、坐大和恣意妄为的后果就是主动放弃公共安全产品的供给、社会秩序的维护,到头来失去的就是关乎政权正当性的民心。所以,惩治黑恶势力就要针锋相对,纵容黑恶势力的做法只会满足部分

---

① 任何消除现存社会结构,而不能提供适当的替换结构来实现由所废除的组织原来实现的功能的尝试注定是要失败的。参见[美]罗伯特·K.默顿:《社会理论和社会结构》,唐少杰、齐心译,译林出版社 2008 年版,第 165 页。

地方主政者的功绩之欲,却损害人民群众的切身利益,违背了全心全意为人民服务的执政宗旨。"问渠那得清如许,为有源头活水来。"黑恶势力及其犯罪的惩治不同于一般的犯罪,一般的犯罪只要将犯罪行为实行者判处刑罚,就大体上能预防犯罪行为实行者再次犯罪。① 而黑恶势力及其犯罪,只要这个区域或者行业的合法社会秩序控制处于衰弱(包括极度不合理的变相压迫情形),抓了张三黑恶势力,等形势变了,就会有李四黑恶势力快速生成。所以,黑恶势力的深层次惩治措施,无非是针对黑恶势力生成的必要社会因素进行对症下药,以期修复、强化合法社会秩序的控制,这才是治本之策。② 当然,外

---

① 当然,从一定程度上而言,单纯从刑法角度惩治犯罪,只能惩治犯罪行为人,而不能对犯罪本身施以对策,例如张三抢劫,抓了张三,只要社会还存在抢劫的可能性(因素),还会有李四、王五继续实施抢劫行为。

② 参见《中共中央关于全面推进依法治国若干重大问题的决定》:

"五、增强全民法治观念,推进法治社会建设

法律的权威源自人民的内心拥护和真诚信仰。人民权益要靠法律保障,法律权威要靠人民维护。必须弘扬社会主义法治精神,建设社会主义法治文化,增强全社会厉行法治的积极性和主动性,形成守法光荣、违法可耻的社会氛围,使全体人民都成为社会主义法治的忠实崇尚者、自觉遵守者、坚定捍卫者。

......

(二)推进多层次多领域依法治理。坚持系统治理、依法治理、综合治理、源头治理,提高社会治理法治化水平。深入开展多层次多形式法治创建活动,深化基层组织和部门、行业依法治理,支持各类社会主体自我约束、自我管理。发挥市民公约、乡规民约、行业规章、团体章程等社会规范在社会治理中的积极作用。

发挥人民团体和社会组织在法治社会建设中的积极作用。建立健全社会组织参与社会事务、维护公共利益、救助困难群众、帮教特殊人群、预防违法犯罪的机制和制度化渠道。支持行业协会商会类社会组织发挥行业自律和专业服务功能。发挥社会组织对其成员的行为导引、规则约束、权益维护作用。加强在华境外非政府组织管理,引导和监督其依法开展活动。

深入推进社会治安综合治理,健全落实领导责任制。完善立体化社会治安防控体系,有效防范化解管控影响社会安定的问题,保障人民生命财产安全。依法严厉打击暴力恐怖、涉黑犯罪、邪教和黄赌毒等违法犯罪活动,绝不允许其形成气候。依法强化危害食品药品安全、影响安全生产、损害生态环境、破坏网络安全等重点问题治理。

......

七、加强和改进党对全面推进依法治国的领导

......

(四)推进基层治理法治化。全面推进依法治国,基础在基层,工作重点在基层。发挥基层党组织在全面推进依法治国中的战斗堡垒作用,增强基层干部法治观念、法治为民的意识,提高依法办事能力。加强基层法治机构建设,强化基层法治队伍,建立重心下移、力量下沉的法治工作机制,改善基层基础设施和装备条件,推进法治干部下基层活动。"

科手术式的惩治结合黑恶势力生成的必要社会因素治理,是防治黑恶势力生成最为有效的组合拳,但认为这样就能彻底根除黑恶势力的想法难免有些盲目乐观。"历史,往往需要经过岁月的风雨才能看得更清楚。"①相比于中国历史上的历次"严打",2018 年开展的"扫黑除恶"专项整治运动是最为成功的一次犯罪社会治理行动,但如同现在之于未来的系列行动而言,我们的行为局限于时代所能提供的物质生活条件基础,"扫黑除恶"专项整治运动局限于当前的社会治理体系与国家治理体系。换言之,防治黑恶势力生成的根本之策有两个方面,一是促进社会物质和精神等文明建设的持续健康发展,二是深化社会治理与国家治理实践。二者的关系也是相辅相成的,以发展促治理,以治理保发展,二者统一于人民利益的最高福祉。

基层治理现代化与市域治理现代化是深层社会治理的两个主要方向。2018 年开展的"扫黑除恶"专项整治运动过程中明显体现出两个问题:黑恶势力对基层组织的腐蚀与市场行业领域的非法控制。根据"扫黑除恶"专项整治运动的数据汇总显示,②三年内全国共打掉涉黑组织 3644 个。其中,农村涉黑组织 1289 个,占比 35.4%;市场行业领域涉黑组织 1128 个,占比 30.1%。三年内全国共打掉涉恶犯罪集团 11675 个,其中农村涉恶犯罪集团 4095 个,占比 35.1%。正因如此,"扫黑除恶"专项整治运动得以纵深推进的最为有益的做法就是把专项斗争与基层治理、行业整顿相结合。

基层治理现代化的重点在于基层治理体系的建设。③ 乡村社会不同于城市社会及其代表的现代文明。乡村社会现代性与传统性交织,情理关系与法理关系并存。这种社会复杂性特点正是黑恶势力容易滋生成长的土壤。当然,我们并不奢求消除乡村社会的复杂特性,进而铲除滋生黑恶势力的适宜土

---

① 《为全面建成社会主义现代化强国而不懈奋斗(社论)——热烈庆祝中华人民共和国成立七十二周年》,《人民日报》2021 年 10 月 1 日,第 3 版。

② 数据参见中央政法委长安剑:《全国扫黑除恶专项斗争总结表彰大会在京召开,部署常态化开展扫黑除恶斗争》,http://www.chinapeace.gov.cn/chinapeace/c100007/2021-03/30/content_12468913.shtml,访问日期:2021 年 10 月 1 日。

③ 《中共中央、国务院关于加强基层治理体系和治理能力现代化建设的意见》,https://www.chinacourt.org/article/detail/2021/07/id/6144114.shtml,访问日期:2021 年 10 月 1 日。

壤,因为缺乏事理依据的人为社会改造只会造成人为的悲剧。同时,这种人为社会改造最终只能造成一个失去田园牧歌人文气息(灵魂)的空壳社会。反而言之,防治黑恶势力生成的基层治理只能在遵循乡村社会体系的基础上展开。基层治理现代化重在体系性治理。① 在治理方式上,应当充分挖掘基层民主治理的内生机制,从根源上扭转黑恶势力生成凭借的农村公共权力行使的异化现象;在乡村法治建设的体系方面,应构建"法律法规—村规民约"规则群。② 这样才能充分地解决诸如以"村霸""宗族势力"为代表的黑恶势力问题,健全防治黑恶势力生成的基层治理长效机制。

市域社会治理现代化的重心在于重大矛盾风险防范。"市域是重大矛盾风险的产生地、集聚地。"③相对于基层治理现代化的重点在于治理体系建设,旨在防治黑恶势力的渗透、腐蚀,市域社会治理有着较为完备的治理体系,不易被黑恶势力渗透、腐蚀。但市域地区集聚性强、规模大、矛盾多,容易发生群体性事件、系统性风险。④ 市域黑恶势力多利用垄断市政工程的便利条件,变

---

① 推进基层社会治理体系建设,努力把矛盾纠纷化解在基层。具体举措包括:
——要坚持和发展新时代"枫桥经验",树立大抓基层、大抓基础的导向,让优势资源倾斜传导至基层,推动更多力量向引导和疏导端用力。
——要健全乡镇(街道)政法委员统筹协调工作机制,完善"综治中心+网格化+信息化"的基层社会治理体系。
——要推行省市县领导干部接访约访下访制度,认真解决信访积案和群众合理合法诉求。
——要深入排查化解易引发治安问题的婚恋家庭、邻里、债务等矛盾纠纷,防止发生"民转刑"和个人极端暴力案事件。
参见中国长安网:《如何推进扫黑除恶长效机制建设? 这个会议给出答案》,http://www.chinapeace.gov.cn/chinapeace/c100007/2021-01/10/content_12436552.shtml,访问日期:2021年10月1日。
② 农村的制度性规则主要有三种:第一种是农村民众关系互动而自发产生的自发性规则;第二种是在自发性规则的基础上加以人为改进的修改性规则;第三种是完全由人为意愿创设而强制适用的设计性规则。前两种规则多以习惯法的形式存在,且与生活息息相关,适用历史较为悠久,有较强的公信力,但不同的地域存在较大的差异。鼓励制定并完善乡规民约,发挥"软法"(soft law)防治黑恶势力生成的作用,形成农村自治系统"乡规民约—法律"规则群,软法与硬法兼施,多举措完善制度建设。农村地区存在众多"本土治理"的乡村自治智慧经验,将这些智慧结合社会主义核心价值观与现代立法技术,将有助于农村治理体系的民主化和现代化。
③ 陈一新:《加强和创新社会治理》,《人民日报》2021年1月22日,第9版。
④ 市域的范围也包括黑恶势力较为集中的县域。参见吕德文:《沉默的真相:县城黑恶势力生存之道》,《南风窗》2015年第2期。

相诱导、煽动不明群众对抗政府管理,或者趁机混入、混淆群体性事件的目的、性质。因此,市域的重大矛盾风险防范变得尤为重要,这种重大矛盾风险防范需要建立完善的多元纠纷解决机制与市域社会治理公众参与机制建设。①

三、中国从源头上防治黑恶势力生成的行动

以新的思想理论、新的法律政策、新的组织体系,专门应对黑恶势力的生成,让防治黑恶成为国家新战略,从而建立健全防黑治恶新体系。从根本上改善民生,深刻改革社会政治经济结构,改革完善立法、执法和司法,最大限度消除黑恶势力生成土壤和机制,极大减少或消除黑恶势力"后备军",有效阻遏黑恶势力萌生,及时打掉初露头角的黑恶势力,使中国在防黑治恶和扫黑除恶方面呈现出全新景象。

(一) 党中央鲜明亮出防治黑恶的思想理论

中国共产党要主动更新打黑除恶观念,确立防治黑恶的主导思想,切实使党、政府和全社会在思想上实现转变。

第一,中国共产党和人民政权在防黑治恶、扫黑除恶方面不背历史账,也没有历史账。

当今中国的黑恶势力与中国历史上的帮会等黑社会没有递延关系,没有人物、组织和思想意识等方面的历史联系。应当把我国历史上一些秘密社会组织(黑社会)在特定历史条件下起过的积极作用,与当今中国黑恶势力违法犯罪等反社会作用,完全明确区别开;把历史上的秘密社会组织、帮会等黑社会组织,与当今中国的黑恶势力团伙或组织完全区别开;把曾经代表被压迫者的秘密社会组织,与后来蜕化变质为反社会的黑恶势力秘密组织完全区别开。

---

① 中央政法委秘书长陈一新强调,要实行"地区分类、项目分解、任务分领、经验分创、责任分担",加强对市域社会治理现代化试点分类指导,全面提升试点工作水平,创造更多可推广可复制的亮点经验,加快推进社会治理现代化,努力建设更高水平的平安中国。参见《科学实施"五分法",加强市域社会治理现代化试点分类指导》,https://www.spp.gov.cn/spp/zdgz/202108/t20210821_527266.shtml,访问日期:2021 年 10 月 1 日。

客观公正评价历史上一些秘密社会的积极历史作用,完全不意味着当今中国黑恶势力具有积极社会作用;不因为当今中国某些黑恶势力声称与历史上某秘密社会、帮会有渊源关系,而承认、肯定今日中国某些黑恶势力的所谓"历史功绩",新中国彻底打垮了所有旧式黑恶势力,他们没有一个是延续到了今天的;不因为今日的黑恶势力能够"帮助"许多人、"办成"或"摆平"许多事,被少数受蒙蔽的群众"看成好人",被某些公权人物"看好"或"赞许",而在社会层面,在党和政府层面,在社会意识和政治、法律等层面,直白或暗中为当今黑恶势力辩护、表功和保护。也就是说,当今中国全社会,在思想、政治、法律、政策和立法、执法及司法各层面,"不认同,不接受"任何黑恶势力,必须坚决纠正一些公权部门、公职人员和普通群众对黑恶势力的默认、赞赏、接受,乃至"信赖""依靠"的思想意识、举止态度和工作方式,改变糊涂认识和思想,提高政治思想觉悟,提高政治站位和立场,面对防治黑恶势力和扫黑除恶,做清醒人、明白人。应当清楚,斩断与黑恶势力的一切联系,彻底扫除黑恶,是共产党和人民政权的本质与本色。

第二,中国共产党和人民政权鲜明反对和消除一切黑金政治和政治黑金,通过政治、纪律和法律等方式防范和清除权力腐败,为防黑治恶和扫黑除恶奠定坚实政治、纪律和法律基础。

对黑恶势力绝不认同接受,绝不支持利用,绝不豢养、包庇、纵容、姑息,共产党和人民政权严格划清与黑恶势力界线,这个基本思想理论和政治立场绝不含糊。这里,严格把握"三对"问题的界限:不能把依照法律和政策教育、改造、挽救黑恶人员,帮助黑恶人员解决生活困难和其他合法合理诉求,尽力感化、争取他们弃恶从善、改过自新、回归正常社会,与坚定不移、彻底干净扫除黑恶势力,与从源头上防范黑恶势力,完全对立起来,或者完全混同起来;严格区分黑恶势力成员与一般的有恶性恶习恶行而非黑恶成员的个人,不能把对待黑恶势力的政策法律简单地用以对待有恶习恶行的人;不能把欢迎、鼓励、肯定黑恶人员多做善事好事合法合理的事,依照法律政策予以宽大处理,与依法给予黑恶势力严肃、严厉打击、惩罚机械地对立起来。总之,在处理黑恶势力案件时,始终坚持依法办事,始终坚持宽严相济,始终坚持区别对待,始终坚持教育、改造、感化、挽救与严厉防范、打击、惩罚相结合,确保党和国家应对黑恶势力的思想、政策和法律具有科学性、合理性、公正性。

腐败权力对黑恶势力的或明或暗的利用、支持和豢养,是过去和现在各种反动、腐朽统治者的常用伎俩,也是黑恶势力形成、发展的政治基础。黑金政治是黑社会与公权者瓜葛最深的方式。作为执政者的中国共产党以及国家,任何国家机关、武装力量,在思想理论、制度体制以及各种工作等方面,都不得以任何理由、任何形式,像其他国家或我国历史上的一些政党、政权那样,或多或少地利用、支持和豢养黑恶势力。"不利用,不支持,不豢养"黑恶势力,坚决防治和打击黑恶势力,是执政党和人民政府鲜明的政治特征,是党和国家的各级各类公职人员的基本思想观念和行动。虽然都知道"政治是复杂的艺术",因重大政治需要,在特殊情况下要借个别黑恶人物的帮助以实现重大而正义的目标,也要严格依照政策和法律,从法定"立功"从宽的角度对其进行处理,并只能是极个别和偶然的例外,丝毫不能动摇党和国家关于认识、对待黑恶势力的基本思想理论、法律政策。

"不认同,不接受"黑恶势力是所有群众及党政公职人员都应当具有的思想意识。"不利用,不支持,不豢养"黑恶势力,是一切党政机关、部门和所有公权人物应当具备的思想、政治和法律意识,并体现在各种决策和执行活动中。"不包庇,不纵容,不姑息"黑恶势力,是所有公民、政党、机关、团体的共同底线。

第三,黑恶势力生成的经济和社会基础在于贫困和不公。唯有富裕(消灭贫穷)、文明(消灭愚昧)和公正(消灭歧视和非正义)能够铲除黑恶势力滋生土壤,是黑恶势力的克星。

贫困和不公这两个最大的民生憾事最能影响国家长治久安,在防治黑恶上具有基础意义。贫困总是伴随着愚昧和迷信,容易使人走上歧途;不公必定基于压迫、剥削、歧视和腐败,容易使人报复他人、反叛社会。"重民生",即重视城乡一体的公平、普惠和优良的基础教育,重视对社会大众尤其是弱势群体的疾病、失业和养老等基本社会保障,重视对农民、居民的土地或房屋等基本财产权益的充分、及时和过硬的保护,重视从立法到执法、司法的公平正义、及时高效,民生幸福了,黑恶势力自然难以生成和发展,所谓黑恶违法犯罪就无从说起,黑恶犯罪多发高发、长期难以抑制的被动局面自然扭转。这才是防治黑恶、维护国家长治久安的法宝。因此,再也不宜简单强调"社会治安"或"社会稳定",不宜再简单强硬地"维护稳定",轻易动用民警、武警或特警,不宜直接把检察官尤其是法官派往现场去维稳。

进而,抓好民生,做好防黑治恶的工作,黑恶势力减少或消除,对"保护伞"的需求和做"保护伞"的机会就会双双萎缩,这非常有利于根治腐败、建设清廉政治,并反过来促进防治黑恶,这是良性循环。就是说,"注重基础民生,关照社会底层,实现立法、执法和司法公正,提升社会公平正义,消除产生违法犯罪和黑恶势力的社会基础",这是环环相扣的良性互动,应当成为牢不可破的思想观念,成为具体丰富的法律和政策,成为党和政府的自觉行动。

第四,加强政权基础工程建设,即把中国特色的民主和法治建设好,把政治生态建设好,把各级政权特别是基层政权建设好,使全国的政治光明正大、生机勃勃,铲除黑恶势力产生的政治气候和土壤。

加强政权建设,包括加强执政党自身建设,加强立法机关、行政机关和司法机关建设,加强军队、警察、法庭和监狱建设,加强政治、经济和法律体制建设,这些都很重要。民主法治建设,政治生态建设,基层政权建设,执政党的自我革命与建设,实现党领导下的社会主义宪法和法律之治,使社会主义核心价值观的每一个词(富强、民主、文明、和谐,自由、平等、公正、法治,爱国、敬业、诚信、友善)都真正成为公职人物和社会大众的内心法则和行为准则,则是政权建设基础工程的重点。抓好这些基本面,就在政治上找准了固本之基,走上了强国之道。在这样的政治制度和政治生态中,黑恶势力将难以滋生、成长,更无所藏身与遁形,社会中即便有少量黑恶势力,终究形不成气候,掀不起风浪,平时"打扫打扫"即可收立竿见影之效。因此,专就应对黑恶势力而言,须要改变有些舍本逐末、扬汤止沸的"打击"政策和策略,还是要始终以党建、民生、民主、法治和反腐为主轴和抓手,不能继续以过去那种刚性维稳为重心,不能让国家安全、社会安宁长期立足于维稳体制机制。过去的刚性维稳与维权之间不易协调,信访妨碍正常行政和司法,长期"扩警强警,增加城管、保安",依赖"治安志愿者""社会安全信息员",都是我们政权建设需要思考和处理的深层问题。重视尽早、全面收集违法犯罪和黑恶势力的"情报"是需要的,维护社会稳定、和谐肯定是需要的、应当的,但要真正对违法犯罪、黑恶势力釜底抽薪,重心必定在建设好我国的政治制度、政治生态和经济民生。根本上降低维稳压力,转变维稳体制机制和方式,把庞大的维稳成本转变为助民富民的资本,转变为加强教育公平、均衡发展的资本,转变为乡村自治体系建设、基层政权建设的投入,转变为加强依法行政、维护司法权威的投入,转变为加强重点行业、重点地域管理的资金,转变为提高社会保障水平的资金,转变为精准扶贫和开发的资金,必是一箭多雕的良策善政。简言之,富民强民,民主法治,公平正义,文明和谐,是防止黑恶、扫除黑恶的最优策略。

作为社会治理重要方面的黑恶势力治理,需要"新方案",即需要新思想、新理论、新政策、新法律和新体制机制。在研究、形成和提出"新方案"过程中,要全力避免"书斋论政,精英理政,抽象问政,粗放执政"。"书斋论政"的典型表现,就是"食洋不化",照搬照套有关黑社会的"洋概念""洋理论",对中国黑恶势力的情况缺少深入调查研究,并不真正懂得民生、基层与黑恶势力的相互联系,即便好心,也可能提出不管用还坏事的主意。"精英理政"指一些理政者只注重和听取"精英"学者、名流的意见建议,只关注所谓"智库"咨询建议,对(底层)社会中的黑恶势力产生、发展情势,对各地黑恶势力违法犯罪的实际情况,对人民群众与黑恶人员的关系,对黑恶势力的生活与活动,对涉黑企业、公司与合法企业、公司的关系,对"保护伞"在公权力体系中的真实情况,掌握有限,政策的随意性大,针对性弱。"抽象问政,粗放执政",通俗而言就是,政策宏大不中用,文字美好少实货,空话一通不落实,问题依旧无下文,这是典型的官僚主义、形式主义。当然,出现与黑恶势力有各种牵涉时,一些问政者和"精英"趁机根据利益需要,为某些公权部门、公职人物、特殊集团及一些黑恶势力"以法谋私""以政谋私",使特权、腐败和黑恶得到某些制度化、法律化的保障,使社会底层的正当权益受到限制乃至剥夺,缺少关照底层的观念和思想,迫使一些底层人员进入边缘人群,滋生匪类思想,效仿匪类行为,是糟糕的"精英理政,抽象问政,粗放执政"。所以,在思想上政治上,怀有天下苍生,"亲民""为民""恤民",阻止和除掉"苍蝇、老虎",建立公正的体制机制,对防治黑恶势力具有基础价值和意义。

（二）中国式防治黑恶势力生成的法律行动

从法律上防治黑恶势力生成,第一步就是从起草法律、草拟政策的初始阶段和源头上,重视法律和政策的实践效果,重视它们在消除、抑制或者促发黑恶势力(违法犯罪)方面的效果。最低限度的要求是,新的政策、法律的颁布、实施不能成为刺激黑恶势力滋生的因子和契机。

这几乎是很少有人提起的话题。加上客观上存在的利益集团、利害相关的部门等因素对科学、民主立法的负面影响,很少有人重视在立法、制定政策的源头上,专门研究、评估法律、政策对社会治安的影响,对各阶层群众利益(分配)的影响,对防治黑恶势力的影响,甚至有的政策、法律就含有不利于防范黑恶势力的规定,含有刺激黑恶势力形成和生长的因素。高度关注法律和政策在将来社会实践中的逻辑,关注政策和法律在犯罪和刑事政策方面的效果,进行预防犯罪或激发犯罪的评估,应当走在立法和政策制定的前头,至少应当同步,不应当作"马后炮"式评估,不能作"只说好只说行"不讲"缺陷和风险"的评估,甚至根本不作评估,掩饰新的政策或法律的风险、问题。即是说,公权部门必须充分评估新的政策、法律在诱使违法犯罪、刺激黑恶势力生成方面的影响和后果,遵循"事预则立,不预则废"的道理,避免使法律和政策产生太大的副作用,尤其不能刺激违法犯罪,助长黑恶势力。

在我国,许多政策、法律的起草和修改,参与人员多,讨论细密,逻辑体系严谨,但缺少对社会效果尤其负面效果的审慎评估,像"分税制"、土地征收、房屋拆迁等政策和法律的制定和实施,显然影响了社会治安,促生了黑恶势力,可我们没有看到关于这方面的任何法律、政策风险评估报告。应该说,这不大可能是我国缺少相关专家和智慧造成的。这方面的教训应当充分吸取。

除了加强对拟出台的政策、法律的效果和风险评估,还要解决不少"文件"和法律缺乏权威性的问题,解决政策、立法中的"四多三少"问题。"四多三少"指:从中央到地方"政策和(规范性)文件多,细节性民生政策调整多,单主题突进多,民生问题倒逼修改法律和政策的多","把多头、分散的政策和(规范性)文件集中、协调、系统地升格为成熟的法律制度的较少,及时、整体推进重大基础民生政策、法律的调整和改革较少,主动发现和预防民生问题并前瞻性制定、完善政策、法律较少"。有些涉及重大民生问题的政策、法规,拖了很多年才解决(如废除劳动教养制度),或者仍然没有很好解决(如征地、房屋拆迁补偿政策、法律中的许多不合理规定)。我们认为,消除民生不平等,就要建立健全平等保障民生的法律和政策新体系。

第一,修改我国《宪法》中的部分规定,完善、强化有利于民生平等、提升社会公正的宪法规定。

例如,我国《宪法》"序言"中提出,"社会主义的建设事业必须依靠工人、农民和知识分子,团结一切可以团结的力量",此处的"农民"是"依靠力量",是与"工人""知识分子"并列、平等的群体。但是,《宪法》第十九条的规定,即"国家发展各种教育设施,扫除文盲,对工人、农民、国家工作人员和其他劳动者进行政治、文化、科学、技术、业务方面的教育,鼓励自学成才",则有完善的空间。"扫除文盲"主要是扫除农民中的文盲,工人、国家工作人员中不大可能有文盲,知识分子不可能是文盲;"对农民的教育"也不宜与"对工人、国家工作人员的教育"相提并论,工人、国家工作人员一般都受到过政治、文化、科学、技术、业务方面的教育,但农民却很少受到这些教育;国家在城市和农村发展教育设施,应当有很大差别,不加区别地提出"国家发展各种教育设施",实际上加剧了城乡教育设施的不均衡、不平等。即使说,《宪法》的规定具有原则性,但也不能忽视宪法规定的指引性、导向性。所以,《宪法》第十九条的规定看起来对农民、农村与工人、国家工作人员和城市完全"一视同仁",实则并不平等。而这并非逻辑推理,就是几十年来的客观社会事实。一些地方,农村师资力量弱,教育设施设备差,"义务教育"落实不到位,农村教师待遇偏低,这些现象无须讳言。

我国《宪法》第十条有关"土地征用"的规定,更是被长期充分关注和讨论。"土地"制度关涉所有国人的民生。土地绝不只是农民的命根子,还是农业的命根子,是国民经济的命根子,"靠土地吃饭"恐怕是未来很长时期人类都"不能摆脱"的"自然约束",像中国这样的人口大国,土地制度可谓第一位的经济社会制度,土地制度如果欠科学欠合理,会造成巨大社会震荡。现在回头看去,中国这几十年黑恶势力不断生成,其最重要的"土壤"就是强制征地拆迁,就是直接基于"土地"的相关政策和法律,不尽合理的"征地补偿"和"拆迁补偿"政策、法律某种意义上成为黑恶势力生成的部分"土壤"。因此,防治黑恶要从完善宪法规定层面开始设计,至少《宪法》第十条第三款关于"国家为了公共利益的需要,可以依照法律规定对土地实行征收或者征用并给予补偿"的规定,应当考虑予以修改。"公共利益"的内涵和范围最好在《宪法》中明确;被"征收"的土地只能是农村土地,农村土地属于"集体所有",农民通过农村集体对土地享有所有权,农村土地集体所有权不能抽象化、弱化和"抽空",不能只说"只属于集体",还必须说"集体是农民的集合体,不是空架子、空壳子,不能虚化,土地集体所有,就是农民集合体所有。通过集体,农民必须得到'集体土地'的实在权益,且不可任意剥夺"。国家应不应该、能不能够没有时间限制(百年? 数百年?)地,长期以极低的"补偿"价去"征收"农民集体的土地,这种宪法规定的正当性、合理性基础是什么,城乡平等、工农平等怎么具体体现;"惠农"是限于土地"征地"制度框架下"给农民更多好处、优惠",给他们办理社会保险,还是充分尊重《宪法》对农民集体土地所有权的规定,对土地征收补偿制度作重大修改,使农民在国家取得其集体土地所有权的过程中"平等地"参与和讨论"价格",使农民的房屋等财产受到宪法保护而不受侵犯,这是须深察的民生大政。

总之,《宪法》不应当为"强制征收""强制拆迁""低值补偿"留下根据。

第二,修改或制定众多涉及重大民生问题的基本法律或政策。

涉及民生且与防治黑恶密切相关的土地、房产、户籍、就业、收入、教育、社保和医疗等旧法律、旧政策,需要全面清理。在此基础上,按照相互协调、加大力度、保障公平公正、缓解民生困难、遏制不平等状态继续恶化、缩小贫富差距、保障底线的要求和原则,进行系统性整合,把分散、零碎的法律和政策规定作统一规划,有计划、有步骤地统筹协调修改相应法律和政策,或者制定有关新法律、新政策,让新法律和新政策形成集群效应,以这种政治和法律形式,压缩黑恶势力生存空间,清除黑恶势力生成的条件和机制。

以户籍制度改革为例。至今,户口可谓中国人的"命运符",曾经,"农村户口""城镇户口"及介于二者之间的"暂住户口""寄住户口",成为其持有者一生各具不同身份、地位及命运的标识。从 20 世纪 50 年代初户籍制度初建,到 2014 年 6 月,中央全面深化改革领导小组审议通过、7 月国务院印发《关于进一步推进户籍制度改革的意见》,以及 2015 年 12 月,中央全面深化改革领导小组审议通过、国务院办公厅印发《关于解决无户口人员登记户口问题的意见》,我国人口管理制度的全面改革和攻坚阶段到来。六十多年来,户口问题不知道演绎出多少人间悲喜剧,户籍制度改革依然面临很多法律困境,主要是相关法律、法规存在大量冲突,户籍制度改革最终必须通过整体性、系统性修改完善法律来实现。① 应当全面梳理有关户口或户籍的法律、法规、规章和规范性文件(政策),重新制定"中华人民共和国人口(或户籍)法",废除 1958

---

① 我国户口制度的重要法律及规范性(政策)文件有:1950 年 8 月,公安系统内部颁发的《特种人口管理暂行办法(草案)》;1951 年 7 月,公安部门发布的《城市户口管理暂行条例》;1954 年《中华人民共和国宪法》(公民有"居住和迁徙的自由",该内容在 1975 年《中华人民共和国宪法》中取消,至今没有在宪法或法律中恢复);1953 年 4 月,政务院发布《关于劝止农民盲目流入城市的指示》;1955 年 6 月,国务院发布的《关于建立经常户口登记制度的指示》;1958 年 1 月,全国人大常委会通过《中华人民共和国户口登记条例》(从此,国家对人口流动实行严格限制和政府管制,城乡居民被分为"农业户口"和"非农业户口");1962 年 12 月,公安部发布《关于加强户口管理工作的意见》;1964 年 8 月,公安部发布《关于处理户口迁移的规定(草案)》;1977 年 11 月,国务院批转《公安部关于处理户口迁移的规定》;1984 年 10 月,国务院颁布《关于农民进入集镇落户问题的通知》;1985 年 7 月,公安部发布《关于城镇暂住人口管理的暂行规定》;1992 年 5 月,公安部发布《关于坚决制止公开出卖非农业户口错误做法的紧急通知》;1997 年 6 月,国务院批转《公安部小城镇户籍管理制度改革试点方案和关于完善农村户籍管理制度的意见》;1998 年 7 月,国务院批转《公安部关于解决当前户口管理工作中几个突出问题的意见》;2001 年 3 月,国务院批转《公安部关于推进小城镇户籍管理制度改革的意见》;2008 年 10 月,中共中央颁布《关于推进农村改革发展若干重大问题的决定》(放宽中小城市落户条件,鼓励各类人才落户);2011 年 2 月,国务院办公厅《关于积极稳妥推进户籍管理制度改革的通知》;2013 年 11 月,中共中央《关于全面深化改革若干重大问题的决定》(提出"创新人口管理,加快户籍制度改革,全面放开建制镇和小城市落户限制,有序放开中等城市落户限制,合理确定大城市落户条件,严格控制特大城市人口规模");2013 年,公安部等 13 部门《关于加快推进户籍制度改革的意见》;2014 年 7 月,国务院《关于进一步推进户籍制度改革的意见》正式发布;2015 年 12 月,中央深化改革领导小组审议通过、国务院办公厅印发《关于解决无户口人员登记户口问题的意见》。

年颁行的《中华人民共和国户口登记条例》。将来的"户口簿"应当与居民身份证制度、个人基本信息和个人信用制度等衔接、协调和统一（当然，信息安全要确保），以载明亲属关系、家庭成员、住所（居住地）、人员出生、死亡、迁入、迁出和其他事项及变更的登记注册等基本信息为内容，并且电子化、网络化，从而建立起统一规范，流动（迁徙）自由，权利义务平等和对等，城乡一体，不分出身、民族、性别、年龄、宗教信仰、地域、财产状况等无差别无歧视的人口登记管理制度，实现全国及各地的户籍信息互联互通、有序和高效管理。这样的户口制度，能够帮助公安机关和其他政府机构、经授权的社会组织和个人，及时精准掌握人口信息，便于政府和有关社会组织有针对性地帮助无业、失业、闲散人员，尽可能避免他们被黑恶势力利用，有效防范以虚假身份掩饰涉黑涉恶行动，因此，更加有利于打击违法犯罪，打击黑恶势力。

再如，如果修改（废除）我国《宪法》第十条有关土地"征收征用"的规定，那当然就需要修改一系列重要法律和政策。我国的《土地管理法》第二条第四款（国家为了公共利益的需要，可以依法对土地实行征收或者征用并给予补偿）、第四十三条第二款（国有土地包括国家所有的土地和国家征收的原属于农民集体所有的土地）和第四十五条至第五十一条，第七十八条和第七十九条，等等，都得相应修改。此外，还有大量的法律、法规、规章、司法解释和其他规范性和政策性文件牵涉"征地"问题，需要清理或修改。① 征地和补偿中的法律、法规、规章和各种规范性、政策性文件，从中央到各地的相关规定实在太多、太不一致，因此，各地群众与土地相关的民生状况大相径庭，当地征地拆迁是否顺利，是否有黑恶势力介入征地拆迁，完全是因地（当地经济发展水平）而异。但总体上，除了少数经济发达地方，全国大多数地方的征地拆迁对当地百姓的民生有一定损害，并且黑恶势力趁机滋生。

第三，修改或制定关于预防和治理黑恶势力犯罪的法律规范体系。

---

① 按照"北大法宝"的检索提示（2018年8月23日14时），仅标题含"征地"字样的行政法规、司法解释等49篇，其中行政法规7篇，部门规章41篇，司法解释1篇，地方法规规章3173篇。全文含"征地"的法律和政策文件有近4万篇。

　　鉴于黑恶势力生成的过程性①、成长性②,因此,黑恶势力生成的防治不可能一蹴而就,更非单一法律规范体系就能够建立起全部防范体系。基于此,黑恶势力生成的打、防、治法律规范体系需要统筹谋划,需要体系建构,形成严密防范的前端规范体系、严厉打击的后端规范体系。而未来针对黑恶势力的长效治理的规范体系,既包含了作为后端的常态化、规范化的"打扫除"的法律规范体系,更包含了作为前端的常态化、规范化的预防、阻断黑恶势力生成的法律规范体系。

　　说到底,防治黑恶势力生成,根本措施还是在于"前端",即对黑恶势力生成端头的行政管理、行业治理、区域治理的法律规范体系应该合理、健全建构并发挥实效。前端防范法律规范体系包括治安管理、行业管理特别是特种行业管理、区域管理包括村(居)民自治等法律规范。同时,常态化扫黑除恶必须科学、紧凑、有力。因此,完善的"前端"法律体系,还要求构筑起以反有组织犯罪法为核心,以未成年人保护法、治安处罚法、预防犯罪法、国家救助法、基本生活保障法、法律援助法、刑释解教人员社会帮助法等为骨架的预防、治理黑恶势力生成的法律体系,以及相应的法律及社会行动。经济民生保障法体系,社会治理法体系,预防犯罪法律体系,一并构成黑恶势力生成防治的前

---

　　① 2009年《最高人民法院、最高人民检察院、公安部办理黑社会性质组织犯罪案件座谈会纪要》指出:黑社会性质组织一般在短时间内难以形成,而且成员人数较多,但鉴于普通犯罪集团、"恶势力"团伙向黑社会性质组织发展是一个渐进的过程,没有明显的性质转变的节点,故对黑社会性质组织存在时间、成员人数问题不宜作出"一刀切"的规定。此一观点在2018年最高人民法院、最高人民检察院、公安部、司法部《关于办理黑恶势力犯罪案件若干问题的指导意见》中再次得到确认,黑恶势力生成的过程性决定着黑恶势力生成的防治不可能毕其功于一役。

　　② 2019年,最高人民法院、最高人民检察院、公安部、司法部联合制定印发的《关于办理恶势力刑事案件若干问题的意见》指出:恶势力,是指经常纠集在一起,以暴力、威胁或者其他手段,在一定区域或者行业内多次实施违法犯罪活动,为非作恶,欺压百姓,扰乱经济、社会生活秩序,造成较为恶劣的社会影响,但尚未形成黑社会性质组织的违法犯罪组织。何谓尚未形成? 就是指为谋取不法利益或形成非法影响有组织地违法犯罪,已具有黑社会性质组织雏形的特征,或者具有演化、渐变为黑社会性质组织的极大可能性。2019年的《意见》对恶势力的界定实际上是持续了2015年《全国部分法院审理黑社会性质组织犯罪案件工作座谈会纪要》对黑恶势力生成中的成长性的强调。2015年《会议纪要》用"具有动态特性的违法犯罪组织"进行指陈,"动态特征"以及"尚未形成"一方面强调了恶与黑的发展关系,另一方面强调了恶与黑的成长性。黑恶势力的成长(生长)性意味着对黑恶势力生成的防治应持续防打治,要坚持常态化的治理策略而非有黑恶才打的"打除中心"策略。

端。这样,前端防治力度强大,后端打击力度强大,并且常态化,规范化;前端的防范法律规范体系有建构、有执行、有实效,黑恶势力生成土壤基本被干净地铲除,黑恶势力生成自然就是无本之木,难以成势。我国的黑恶势力防治和"打扫除"就会气象一新。

当然,百密难免一疏,如果前端防范体系出现了漏洞,黑恶势力已然形成,则后端的严厉打击必须及时跟上,以形成强有力的法律制裁。后端打击的规范体系主要由刑事法律来承担,包括专门的反有组织犯罪法在内的刑事实体法、程序法以及执行法。从现有的刑事法律规范供给情况来看,实体法与程序法的规范供给较为重视,也较为全面,基本能满足制裁需要;但是,遗憾的是,对于黑恶势力犯罪者的刑事执行,从立法到司法、从理论到实务,显然重视不够。①

对黑恶势力进行前端防治和后端打击的法律体系,还要面对与适应犯罪全球化、网络化趋势和日益猖獗的跨国有组织犯罪,要与国际社会反有组织犯罪紧密结合、衔接。联合国从 20 世纪 90 年代以来,先后通过了《有组织犯罪问题》《预防和控制有组织犯罪》等文件,并于 2000 年通过了《联合国打击跨国有组织犯罪公约》(简称《巴勒莫公约》)。2000 年 12 月,中国与全球约 120 个国家共同签署了《巴勒莫公约》。作为公约签约方,遏制有组织犯罪滋生蔓延,既是我国承担的国际义务,也是确保人民群众安全和社会稳定的现实需要。2018 年以来全国开展为期三年的扫黑除恶专项斗争,2019 年最高法、最

---

① 黑恶势力犯罪人的首要分子和骨干分子受犯罪亚文化影响较深,善于利用人际关系,能言善辩,适应性强,隐蔽性强,影响力大,接受个别教育时效果不佳,有些在监狱服刑的首要分子和骨干分子有经济基础,经济来源多、日常消费高,通过小恩小惠短时间与其他服刑犯人"打成一片";有些涉黑犯罪的首要分子和骨干分子在刑满释放后,由于其所具有的社会影响力,很容易在其身边汇聚起一些违法者追随其重操旧业,影响社会稳定和威胁公众安全。如何能使涉黑涉恶罪犯通过有效的监管改造而去除其对曾经的熟人社会的影响,断绝涉黑涉恶犯罪亚文化的滋生土壤,完善对罪犯的科学化监管矫正机制就显得尤为必要:(1)涉黑涉恶犯罪的形成有其基本土壤,对罪犯的改造核心是对其形成的犯罪亚文化矫正;(2)对涉黑涉恶骨干罪犯的监狱矫正要做好科学分押,完善分押分管制度及监管条件;(3)不同类型的黑恶势力犯罪具有不同的生成机理与演化路径,应对罪犯有针对性地进行分类教育矫正,消除黑恶势力犯罪的成员存量和死灰复燃的土壤;(4)完善监狱监管与社会帮教、社区矫正等相关机制的衔接,实现在市域社会治理范围内对涉黑涉恶罪犯监管矫正的科学化、现代化。

高检、公安部、司法部先后发布了《关于办理恶势力刑事案件若干问题的意见》《关于办理"套路贷"刑事案件若干问题的意见》《关于办理黑恶势力刑事案件中财产处置若干问题的意见》《关于办理实施"软暴力"的刑事案件若干问题的意见》《关于办理非法放贷刑事案件若干问题的意见》《关于办理利用信息网络实施黑恶势力犯罪刑事案件若干问题的意见》《关于跨省异地执行刑罚的黑恶势力罪犯坦白检举构成自首立功若干问题的意见》《关于在扫黑除恶专项斗争中分工负责、互相配合、互相制约　严惩公职人员涉黑涉恶违法犯罪问题的通知》等文件,对黑恶势力相关犯罪行为的认定标准作了进一步明确和细化,同时对公职人员涉黑涉恶案件的协同办理作了具体的规定。反对有组织犯罪的法律制度虽具备一定规模,但仍未成体系,部分文件效力位阶低,且更多偏重于后端打击而难以承接前端的防治,无法满足预防与打击有组织犯罪有机衔接的需要,亟须建立制度化、法治化和常态化的长效机制。

基于此,2020 年 9 月 17 日,中央政法委、全国扫黑办一位负责人主持召开全国扫黑办第 10 次主任会议明确指出:《反有组织犯罪法》立法,是专项斗争成果的标志性体现,是常态化开展扫黑除恶斗争的重要法制基础。要从巩固党的执政根基、实现国家长治久安、保障人民安居乐业的高度,将被实践证明成熟科学、具有中国特色优势的扫黑除恶制度机制,以法律形式确立下来,确保扫黑除恶有法可依、常态开展。2021 年《反有组织犯罪法》旨在固定过去三年扫黑除恶成果与经验,在履行国际义务和国内惩治黑恶犯罪需要的双重背景下,吸收了前述的相关规定,系统总结扫黑除恶专项斗争实践经验,旨在推动扫黑除恶工作机制化、常态化,提升扫黑除恶工作法治化、规范化、专业化水平,为推进国家治理体系和治理能力现代化提供法治保障。采取了单行立法的模式,以单行法对有组织犯罪的实体和程序问题进行系统的规定,这种立法模式与大多数国家的反有组织犯罪立法模式保持一致,契合刑事一体化思想,优势是可以消除体系化不足的缺陷,同时兼顾实体问题和程序问题。本次立法基于先前的专项行动,累积经验,且由于多地的差异化问题,积极向多地征求不同意见,寻求更为科学和系统的立法方式,非常适用于该领域当前的法制环境。同时我们也必须清晰认识到,在其他国家或地区,黑恶势力可能长期存在,虽然不同阶段的犯罪方式、组织形式有所不同,但在社会发展的动态平衡中,可能成为渗入我国的境外势力,黑恶势力犯罪行为难以彻底根除。这也意味着,在立法时不可过度细化,反黑恶立法要抓住破除黑恶势力生成及犯罪的基础这个根本点,同时兼顾精准打击与灵活适用。《反有组织犯罪法》于2021年12月24日第十三届全国人民代表大会常务委员会第三十二次会议通过。它未必如我们所期望的解决所有黑恶势力生成的防治问题,但至少,我们可以期待并期望,该法已奠定防治黑恶势力生产、惩罚其犯罪的法律基础。

(三)构筑防治黑恶势力生成的中国式常态化体制机制

新的防治黑恶体系和机制,并不需要设立多少新机构,增加多少新编制,关键是政府及有关部门转变部分职能,强化部分职能,使之常态化、规范化、法律化。

防治黑恶由政府总负责,即国务院负总责,地方各级政府各自负责,实行地方政府一把手责任制,厘清和强化防治黑恶的意识和职能。防治黑恶不是政府的新职能职责,而是应有之职、应尽之责,不能简单"甩给公安"一家,综合性防治黑恶生成,必然需要政府负责,统一指挥公安、财政、民政、国安、司法行政、交通、商务、住房与城建、农业农村、信访等部门,统筹政治、经济、文化、社会等资源和力量,协调法院、检察院,从理顺利益分配体制到建设好社会保障体系和专门的治安体系入手,合力解决群众的教育难、看病难、上学难、就业难和生活难等,解决政策和法律中的一些规定不合理、不公正问题,解决执法、司法、分配、教育、就业中的不公问题,消除严重贫富分化,解决阶层分化和底层固化问题,解决行业管理、特定区域和场所管理等不到位、不科学的问题,解决对特殊人员的帮助、教育和管理不到位的问题,这些方面结合起来,形成防范黑恶势力生成的釜底抽薪之策,形成防治黑恶新体制。

防治黑恶新体制与"扫黑除恶"体制有所区分,也有联系。前者是基于基础性民生建设、经济文化社会体制建设、整体性社会公平公正机制建设,防范因贫困、没有文化、没有基本生活保障、执法不力不公,而产生无业游民、混混、恶少,建立良好的刑释人员回归社会并正常生活的机制,全力阻断社会底层或边缘人群铤而走险充当黑道老大或马仔,或者与黑恶势力合流的机制。这是真正的治本。后者主要是从预防打击犯罪的角度,由中央到地方各级政法委牵头,由各级政法机关分级、分地区但又统一协调配合的治安综合体系,主体责任部门是政法委、公安、国安、法院、检察院、司法行政部门、监狱、社区矫正机构和看守所。通俗讲,前者是以经济民生文化社会法治建设防治黑恶人员产生、成长的体系,后者是治安和刑事司法手段为主的"扫黑除恶"斗争体系。这两个体系的关联性在于:前者强,效果好,后者就不忙,没有压力,而且结果好;前者弱,效果差,后者就很累,压力巨大,结果不会太好。

因此,要特别强调各级政府自觉履行防治黑恶生成职责的极端重要性,在政治建设、经济建设、文化建设、法治建设各方面、全过程中,都要统筹考虑防治黑恶的政策和法律需求。在向各级人大提出法律、法规等草案的时候,在制定规范性文件的时候,充分考虑和体现预防黑恶势力生成的需要,强化法律、法规、规章和规范性文件的科学性、合理性、公正性、正当性。政府及各部门行政决策、行政执法过程中,充分考虑民生、公平正义和预防违法犯罪,避免因决策不当、执法不公不严、怠于执法和胡乱执法而伤害民生,损害正义,激发违法犯罪或催生黑恶势力。

乡镇和县区市级政府是防治黑恶势力产生的第一线,要特别重视和强化防治黑恶势力产生。大多数情况下,(黑)恶势力是从乡村、镇街滋生和成长起来的,乡镇和县区市政府在预防(黑)恶势力生成方面,有最直接和最靠前的信息、手段和责任,能够对可能形成的黑恶势力作出尽早、尽快的反应。并且,反面经验一再证明,乡镇、县区市这两级(党委)政府在防范黑恶势力生成方面至关重要,一旦乡镇和县区市党委政府及主要负责人防治黑恶不力、打黑除恶不力,甚至"染黑""变黑",那么,县区市级公安机关、派出所在防治黑恶、打黑除恶方面必定无能为力,黑恶势力一定猖獗。

所以,具体来说,充分强化县区市级和乡镇党委和政府防黑恶意识和职能,从主要领导、警察到相关工作人员,都重视并切实做好防范工作,防治黑恶就有底层根基。地市州级党委和政府(包括较大的市和省会城市)在防治黑恶方面具有重要的承接作用,并且多数黑恶势力能够寻求到的"保护伞"级别不高于地市州级党委和政府或其部门的领导,能够在省级以上党委和政府中找到代理人或保护伞的是少数,因此,在设有地市州的地方,这一级党委和政府的防治黑恶职能发挥也很关键。用流行语来说,"唤醒"或"激活"地市州、县区市和乡镇这三级党委和政府的防治黑恶职能,他们在主动积极地谋发展强民生过程中,充分考虑预防和减少违法犯罪的各种要求,充分注意采取防范混混、恶少等人员的产生和成势,充分防范无业、失业和闲散人员拉帮结伙,全力挤压黑恶势力的政治和社会空间,那么,我国高效防治黑恶势力生成、有力扫黑除恶的基础工程就坚实、宽厚和牢固了。

与此相应的是,防止在地市州、县区市和乡镇这三级党委和政府及部门中的领导、工作人员涉黑涉恶、成为黑恶势力保护伞,就极其重要。几十年来的经验表明,虽然省级以上的领导、工作人员也有成为黑社会性质组织的保护伞的,但相对较少,保护伞中地厅级以下党政官员和工作人员占的比例很大。所以,强化这三级党委和政府防治黑恶的职能、职责,包括防范这些党委和政府及其部门的领导、工作人员成为保护伞,甚至成为黑恶势力人员。

总之,政府不能认为防治黑恶跟打黑除恶一样,都是公安机关或"政法口"的事情,应当认识到,防治黑恶主要是由政府担纲的民生和社会工程。

当然要明确,各级公安部门,特别是县区市公安机关及派出所,既是扫黑除恶的基本力量,也是防治黑恶势力生成的基本力量。公安机关不同于其他党政部门,在预防违法犯罪和打击违法犯罪两方面,都有重要职责和使命。公安机关在扫黑除恶期间,要根据部署全力扫除黑恶势力,在平时,要自觉把重心转移到防治黑恶方面。不能简单地认为,有了良好的民生法律和政策,就自然会有违法犯罪减少、黑恶势力不生的社会效果,就可以放松或放弃打黑除恶,忽视或忘却防黑治恶。我们认为,公安机关,尤其是县区市公安机关及其派出所,要在好的民生法律和政策下,充分发挥一线防治黑恶的职能,履行直接防治黑恶的职责,这是常态化扫黑除恶机制的应有之义。公安部门在任何时候都负有"防黑治恶"和"扫黑除恶"双重职能,尤其在非专项斗争时期,要全面承担防治黑恶职能,履行防治黑恶职责。公安机关与其他政府部门在防治黑恶方面的职能分工,形象地说,就是,其他政府部门合力铲除滋生黑恶势力的土壤,防止黑恶势力落地、生根、发芽和出苗,阻断因社会不公和民生问题而产生黑恶势力的"后备军"或"预备队"。公安机关则对残留土壤以及里面生长出黑恶势力的种子及时破掉,对刚刚生出的黑恶势力根芽和苗子尽早铲除。当然,公安机关与其他政府部门、有关组织、单位和个人(包括家长、学校、社区等)要互相配合、合作,互通信息,共同积极作为,杜绝纵恶养黑。

由此,公安部应当考虑在防治黑恶方面办好三件大事:一是在公安部及地方各级公安机关设置专门的反黑恶机构,调整公安机关内部机构设置和职能职责划分,明确并强化防治黑恶的新职能新职责;二是明确反黑恶机构的防治黑恶与打黑除恶"双职能",将专项斗争期间的"打黑除恶"与平常时期的"防打黑恶"紧密结合,无缝对接;三是加强防治黑恶的理论、法律和政策的研究与学习,突出和强化基层派出所和县市区公安(分)局的防治黑恶功能,领导、支持、保障和监督他们切实履行在基层一线防治黑恶的职责,注意理顺公安机关内专门的反黑恶机构与刑事侦查、治安、禁毒、反恐等机构之间的关系,提高防黑治恶效能。

四、防治黑恶势力生成的五项主要策略

防范黑恶势力生成,不仅要有新观念、新法律政策和新体制,有宏观的制度、机制,还要针对黑恶势力生成特定的机制、机理。针对黑恶势力生成中的特殊现象,考虑制定相应的具体策略,并且这些策略须与黑恶势力的生成机制大致相应。

(一)防治黑恶势力生成的警政警务策略

我们在调研中,得到一个很深刻的印象,即许多参与打黑的警察都认为,如果没有腐败,就不会有黑社会;如果没有社会管理漏洞和真空,也不会有黑社会;如果警察真的严格执法,对黑恶势力"打早打小",黑恶势力"连毛毛儿都长不出来"。

警界打黑在法律、政策和证据方面遇到三个难题:

第一，"打早打小"不一定能够对黑社会或恶势力予以认定。因为，既然黑恶势力处在"既早且小"的阶段，有些特征就不十分鲜明和突出，社会影响似乎也有限，很多情况下检察机关或法院会降格认定案件性质，这导致一些公安机关干脆"坐待"黑恶势力"长成"之后再动手，人为延迟了打黑除恶行动，眼看着黑恶势力在一定时期为害一方，甚至让一些恶势力或黑社会坐大成势，扭曲了"打早打小"方针，损害了党和政府及警察的形象。

第二，有的检察机关和法院机械办案，僵化理解和适用法律，对黑恶势力犯下的一系列罪行，不注意其中的连贯性、多发性和主体一致性、行为相同或相似性，活生生把恶势力或黑社会犯罪掰开成为一个个相对独立的普通刑事案件，有的甚至被认为是系列治安案件而要求公安机关自行处理，这也是对黑恶势力的"降格处理"，是一种"依法放任和纵容黑恶势力"的司法行为（不考虑法官、检察官是黑恶势力保护伞的情况），极大减弱了打黑除恶的力度和效果，让一些恶势力团伙、黑社会组织及其头目、成员更加有恃无恐。

第三，对黑恶势力案件（主要是黑社会性质组织犯罪案件）犯罪事实的证据要求和证明程度，公安机关和检察机关、法院的理解与实际操作有差异，检察机关和法院一般坚持按照审查普通刑事案件的证据标准来审查黑社会案子，公安机关觉得，那样的话，很多案子都办不下来。公安机关希望检察机关、法院对黑社会类型案件证据认定标准跟普通的刑事案件作些区别，考虑黑恶势力案件（黑社会案件、团伙犯罪）证据的特殊性，包括涉黑案件证据都是言辞证据，没有太多实物证据支撑等情况。尤其是，2012年刑事诉讼法修订并实施后，全国打黑数量下降了很多，并且连年持续下降，因为刑诉法规定不得强迫嫌疑人自证其罪，还有一点"亲亲相隐"，以前通过口供来破案，现在取证就更困难。

警界扫黑除恶过程中的这些难题，司法机关其实有所回应。2015年10月，《全国部分法院审理黑社会性质组织犯罪案件工作座谈会纪要》（法〔2015〕291号）提出，黑社会性质组织一般会经历从小到大、由"恶"到"黑"的渐进过程，"打早打小"是政法机关惩治黑恶势力犯罪的一贯方针，也是将黑社会性质组织消灭于萌芽阶段或雏形的有效手段；提出法院对于"打早打小"

和"打准打实"的理解不能简单化、片面化,要准确认定黑社会性质组织,既不能"降格",也不能"拔高"。不过,这个"纪要"更强调"打准打实",强调不应对低级形态犯罪组织不加区分地一律按照黑社会性质组织处理,强调"打准打实"在维护司法公正和正义、保障实现打黑除恶预期目标方面的意义,强调切实防止以"打早打小"替代"打准打实"。到 2018 年 1 月初,最高法、最高检、公安部、司法部联合发布《关于办理黑恶势力犯罪案件若干问题的指导意见》(法发〔2018〕1 号),对警方提出的问题有进一步回应,指出"由于实践中许多黑社会性质组织并非这'四个特征'都很明显,在具体认定时,应根据立法本意,认真审查、分析黑社会性质组织'四个特征'相互间的内在联系,准确评价涉案犯罪组织所造成的社会危害,做到不枉不纵"。尽管如此,现行刑事诉讼体制对侦查取证的约束肯定更大,"以审判为中心"的司法改革更加大了司法机关对警察打黑除恶的制约,警方"扫黑除恶"所受限制是明显的。

警方扫黑除恶遇到的更大难题来自警界和政界,即部分警官和普通警察的腐败,某些政府官员的腐败,他们涉黑涉恶,是保护伞,有的还是黑恶势力的成员,甚至老大,这当然会使扫黑除恶功亏一篑,会使黑恶势力更加猖獗。

为有效防治黑恶和扫黑除恶,警察部门必须整肃警政,搞好自身建设与管理,包括:招录新警察时必须严格进行身份、履历和思想品德审查,进行严格的专业或职业心理测验,进行严格的入警培训;对在职在岗警察和警官,要定期进行职业培训,包括政治思想教育,法律政策和警务技能培训,以及防范违纪违法、腐败渎职和涉黑涉恶等方面的警示教育;防范黑恶势力对警察内部的各种渗透,严防警察人员被腐蚀拉拢,严防黑社会"无间道",及时发现和清除警中败类,打击与黑恶势力勾结或黑恶化的警察,防范这类警察对防治黑恶和打黑除恶的破坏。

为有效防治黑恶和扫黑除恶,警察部门还须改革警务。

一是公安机关把防治黑恶与扫黑除恶应适当分别对待。扫黑除恶必须按照刑事法律的有关规定进行,其中包括证据和事实认定、罪名确定和刑罚裁量,公安机关必须要服从检察机关、法院的认识和判断,其优点是促使公安机关在尊重和保障人权的条件下,侦查、追究黑恶势力犯罪,其不足是可能导致公安机关对黑恶势力犯罪的侦查归于无效,因而存在放纵一些黑恶势力的风险。但是,对防治黑恶,公安机关基本可以自主掌握;加之,防治黑恶主要是通过警察部门与民政、商务、教育、信访、交通等部门一起,实施惠民、救急、解困的政策而实现,帮扶特定困难人群而起作用,所以,基本上没有侵犯人权的风险,也不会受到司法制约。

二是公安机关要在准确、全面理解和执行"打早打小"与"打准打实"两个要求方面下功夫,要通过严格依法侦查、合法取证和提供确实、充分的证据,尽全力保证"打准打实"的前提下,切实做到"打早打小",不让黑恶势力犯罪案件被降格为普通刑事案件来处理,不让已经被发现的黑恶势力有继续逍遥法外、坐大成势的机会。

三是即使一些公安机关认定为黑恶势力犯罪的案件,不被检察机关、法院认可,也不必有"失败感",更不要灰心丧气,不能对扫黑除恶意志消沉,并放松防治黑恶。相反,司法机关对涉黑恶案件把关越严,公安机关越要做好有关黑恶势力犯罪案件的侦查工作,越要加强对"既早且小"的黑恶势力案件的证据收集和审查,确保检察机关和法院能够依法认定相应证据和事实,实现扫黑除恶目标。简言之,司法机关严格把握黑恶势力案件证据和事实认定,是符合司法为民和司法文明发展要求的,这不是公安机关放松、放弃扫黑除恶职责和改变"打早打小"方针的理由,这尤其不应当影响公安机关积极、细致和有力地防治黑恶。

(二) 防治黑恶势力生成的行业治理策略

许多黑恶势力是通过非法和合法行业而生成、长大的,行业治理好坏,特别是重点行业治理得如何,成为能否防范黑恶势力生成的重要方面。黑恶势力生成主要出于社会管理漏洞和真空,其中,行业治理漏洞和真空对黑恶势力生成的"贡献率"尤为明显。

行业管理出现漏洞和真空,市场竞争法治化程度不高,就有人钻空子、搞垄断,独霸市场或行业,自然就有黑恶势力的生成,无论是黄赌毒等非法行业,车站、码头及客运、货运线路,还是与日常生活、生产相关的各种市场、场所,都常常是形成或聚集黑恶势力的地方。黑恶势力的头目,特别是他们雇佣的人员,多是刑释人员和混混、闲散人员。通过改善和加强行业治理来防范黑恶势力生成,应当做好五项工作。

第一,行业管理法制必须健全,法治化程度要提高。过去,对有些行业主要是通过政策安排和红头文件进行行业管理,造成了大量、严重的后遗症,需要改变。

"政策型行业管理"表现出五个弊端。一是各地、各行业政策很不一致,不仅没有统一、规范、透明、公开、公平、开放的全国性市场及市场规则和秩序,而且造成市场分割、封闭、混乱,造成货源、销售渠道(排斥或争抢客户)及价格垄断。二是政府管理随意,管理权力不清,权限不明,有权无责,权力行使无程序,"出租权力"和"租赁权力"相互映衬。市场经营者不仅"购买"政府的市场管理权力,而且"购买"与市场管理相关的各种权力,比如防疫管理权、质量与技术监督权、价格监督权、争议解决权(自己给自己当法官)等。没有市场的竞争力量,想怎么做就怎么做。三是政府相关部门或工作人员寻租,把行业管理权力委托给社会上的单位或个人,并由管理者自己通过管理行为而牟利,作为管理报酬,造成一些人或单位倚仗政府权力独霸市场、扩张市场,有关单位和个人成为市场的控制者,市场规则的制定和执行者,打击不遵守其规则的经营者,逐步形成黑恶势力。四是为牟取暴利,一切法律要求和道德标准都不顾,市场充斥赤裸裸的强买强卖、欺行霸市、坑蒙拐骗等行为,各种事关基本民生的行业安全完全无法保障,从食品、药品到种子、化肥等,都可能假冒,可能有毒有害,这种环境正好适于黑恶势力混迹其中。五是非法行业更是无法无天,没有底线,没有门槛,没有管理,黑恶势力几乎可以随意、随时进出这些行业,也可能随时从这样的行业中生成。

第二,政府的行业治理职能、职权和职责都应当由政府或其有关部门自己依法行使,除非法律授权可以委托其他部门、单位或组织行使。

经济领域中的行业管理尤其不能搞委托行政,由行业中的经营单位、企业来行使行政管理权力,对行业内的其他经济组织、经营主体进行管理,因为,这不仅直接破坏了经营者平等经营、公平竞争,而且具有管理权的企业或单位还可能直接夺取其他经营者的利益,形成畸形"政—商"和"商—商"关系,那些政商一体的企业或单位就会利用强势地位破坏通常的市场规则和秩序,造成市场混乱,给黑恶势力可乘之机,以致形成官方、有行政权力的商人和其他经营者都纷纷与黑恶势力勾结的局面,黑恶势力成为通吃市场各方主体的大赢家。

毕竟,行业本身就意味着利益,行业经营意味着利润,而行业管理的本质在于服务,不在于管理者从行业牟利,是保障和促使业界经营者依法获取利益。政府行业管理是政府公共服务的一部分,民间行业管理是业者集体自律和自我服务的一种形式。一旦经营者中有企业、单位取得管理和支配同行业内其他经营者的权力,特别是得到了政府特别授权或委托而管理行业,那么,"公共服务"和业内自律、自我服务就会崩溃,行业内基于公共权力、实力和暴力的强制性秩序就会兴起,仗势争夺利益就会成为那些身兼管理者的企业、单位的通常手段,不服管理的经营者也会自想办法、自谋出路,黑恶势力会较快、较多地出现于这些行业内。这就是一批企业、单位在代政府进行"行业管理"和开展经营的过程中成为黑社会性质组织的基本原因。有涉黑企业老板在法庭上就说:"你们说我是黑社会,那也是这个政策让我成了黑社会。"

第三,政府不应当在公开、开放或具有极大竞争性的行业,设置"定点经营"单位。设置"定点经营"单位,有历史原因,政府的出发点也是好的,比如,为了保障食品、药品质量,让群众吃上"放心肉""放心菜""放心米(面油酱醋)"等,设置"定点屠宰"场,"放心肉店""放心粮店"等。但是,政府这种行业和市场管理方式、手段是不适宜的,因为,"定点"单位、场点会变质,逐步失去信誉,丧失政府最初设立"定点"单位、场点的初衷,并且演变成官员寻租的渠道,而黑恶势力也会染指有关行业。政府相关职能部门应当加强监管,以保障和监督所有市场经营主体都严格依法经营,从而让老百姓买得到放心食品、药品、生活日用品和生产资料,这才是常道。当然,随着市场经济的发展,这种政府"定点经营"正在消失。

第四,对于没有市场准入门槛的行业,或者市场准入门槛很低的行业,政府的行业管理部门要和其他部门充分协作,业内一旦出现有人员、团伙等依靠暴力等手段搞垄断,搞欺行霸市,对一定地域范围内的同业者搞恐吓滋事、非法排斥、打击驱赶,收取"保护费",在同业者中强制推行价格同盟,坑害消费者或其他经营者,或者危害其他行业,那就应当及时会同工商、公安、卫生、环保等部门,对运输、建筑(包括河沙、水泥、石子、钢材、砖瓦等)、娱乐、影视、游戏、餐饮、宾馆旅店、集贸等行业和相关场所,及早进行整治,打击混迹于这些行业的混混、恶势力团伙,认真处理看似平常的治安案件,阻止那些团伙坐大,对那些在一定地域和行业内形成"名片",靠这个"名片"任意压迫业内经营者,拉起"某帮"的名号(如"猪肉帮""白菜帮""兔子帮"等)的势力,对那些在行业内扩地盘、结队伍的势力,予以坚决打击,不能让团伙、帮派形成,不能让不同团伙、帮派之间打杀争夺,阻止团伙、帮派在"斗争中"长大,形成黑恶势力。

低门槛行业治理,以及在低门槛行业中防治黑恶和扫黑除恶,有一些特殊性。一是行业具有普遍的社会开放性,没有"入门"关口,无法把好"入门关"。因此,只能对入门之人及其活动进行关注,即注意边缘人群,有劣迹前科的人员,有明显违法犯罪倾向的人员,有过黑恶经历的人员。二是制定和执行更为严格的从业禁止制度,甚至应当建立某些行业的终身禁入制度,建立全国互联互通的禁业信息平台和共享机制。比如,细化黑恶势力通常会涉及的罪名,对涉寻衅滋事、聚众斗殴、强迫交易、欺行霸市、故意伤害、敲诈勒索、非法拘禁、抢劫、抢夺或黄、赌、毒等行为的人员,对在相关行业内曾经涉黑涉恶的人员,应终身禁止其再从事那个行业。①

任何行业,只要有利可图,有管理真空或薄弱环节,就常有黑恶势力涉足。从行业治理来看,防治黑恶和打黑除恶,既需要公安这样的专门打击力量,也需要政府行业主管部门以其职权防范和打击黑恶势力。在政府的多个部门当中,除了公安局(分局)、派出所,在黑恶势力形成这个阶段,为避免养虎为患,把小虎崽养成大老虎,在行业、企业或单位管理上承担更多、更明确的责任的

---

①　例如,现行《娱乐场所管理条例》第五条规定:"有下列情形之一的人员,不得开办娱乐场所或者在娱乐场所内从业:(一)曾犯有组织、强迫、引诱、容留、介绍卖淫罪,制作、贩卖、传播淫秽物品罪,走私、贩卖、运输、制造毒品罪,强奸罪,强制猥亵、侮辱妇女罪,赌博罪,洗钱罪,组织、领导、参加黑社会性质组织罪的;(二)因犯罪曾被剥夺政治权利的;(三)因吸食、注射毒品曾被强制戒毒的;(四)因卖淫、嫖娼曾被处以行政拘留的。"

部门,如工商、食品药品管理部门、税务部门、交通部门等,不能给黑恶势力留下执法和管理的真空或薄弱地带,这些部门不能搞选择性执法、不执法和胡乱执法。

第五,对黄、赌、毒等非法行业的治理,包括对以合法行业、合法场所及合法经营为掩护的非法行业活动的治理,首要策略就是严格、坚决取缔,这需要各地党委和政府动真格;其次的策略是,各级各地党委和政府要树立全面发展、科学发展和绿色发展理念,摒弃唯GDP主义及扭曲的政绩观念,不因黄赌毒等非法行业能够产生大量GDP而装聋作哑,听之任之,或者暗中支持保护,要一开始就对非法行业严查严禁,挖暗藏,晒死角;再次要对负有查禁职责的主管部门的领导、工作人员的不作为、乱作为真正问责,不能不痛不痒,不能移个地方换个位子,更不能不降反升;最后,对非法行业经营者、从业人员要切实依法查处、打击,特别是对其中属于黑恶势力的人员,不能包庇纵容,不能轻罚假罚或不罚,要真罚,依法从重处罚,对包庇纵容非法行业经营者或行业中的黑恶势力、参与非法行业经营或成为黑恶人员的国家工作人员,更要从重从严惩罚。

非法行业经营者一般不怕罚款,就怕这些:让他们长期坐牢,捣毁他们的窝点、场所,驱散他们的跟班儿、马仔,摧毁他们的经营链条和渠道,打垮他们建立起的市场,阻断他们的上下游客户,通过彻底罚没让他们的血本无归无法经营,很难或者几乎不可能东山再起,并且完全打掉其保护伞等政治靠山,等等。所以,非法行业治理,就得要抓住行业经营者、从业者的这些软肋,痛下决心,把非法行业连根拔起。

(三) 防治黑恶势力生成的民生保障策略

打黑除恶是治安问题。打黑除恶主要依靠"政法系统",依靠国家暴力机器,依靠警棍、盾牌、枪杆子和刀把子,依靠"掌握情报"和"违法犯罪信息",传统的"专政思维""维稳思维"和相应的刑事法律、政策居主导地位,政法委领导、公安机关为主,检察院和法院都是"配合者"。

而防治黑恶则主要是民生问题。防治黑恶主要依靠财政经济民生系统,依靠房子(安居)、票子(乐业)、米袋子菜篮子(衣食)和学校(教育)、医院(医疗),靠"老有所终,壮有所用,幼有所长,矜、寡、孤、独、废疾者,皆有所养",依靠良好社会治理,包括行业治理、区域治理和社会结构调整等,依靠人民群众在社会中的获得感、成就感、幸福感及公平、自由和尊严感。因此,发改委、人力资源和社会保障、生态环境、交通运输、农业农村、文化和旅游、教育、民政、财政税务、住房和城乡建设、卫健医保和应急管理等各政府部门就要担大任,公安、司法等"政法系统"只是作保障。

国家的整体部署,既要让政法委、公检法部门继续打击有组织犯罪、扫黑除恶,更要通过政府及相关部门极大改善社会民生,特别是改善底层民众的基本民生,提升和保障社会基本正义与公正,尤其是财富分配正义,实现"学有所教、劳有所得、住有所居、病有所医、老有所养",让社会尽量不产生边缘人群,让边缘人群尽回归社会主流,实现社会边缘人群减少或消除,达到从根子上防治黑恶生成的目的,而这些都要靠多方面的新法律、新政策来逐一落实。

当今中国,与黑恶势力生成相关,需要通过党和国家全力解决的民生和社会不公问题,主要是:

第一,腐败慵懒的公职人员危害民生和公正。腐败政府和腐败人员不会关心民生,不全力解决百姓的基本生计问题,在民生悠关的事情上不作为、乱作为,庸政、懒政、怠政、荒政突出,弊政丛生,损害公正、正义。有理无处说,有苦无处诉,有冤无处申的情况并非个别;被侵权容易,要维权则难,民生多艰、民怨沸腾的情况确实存在。为什么千百年历史反复表明,长期权力腐败会导致政权垮台,就因为归根到底,腐败伤害民生,摧毁政权的群众基础。

邓小平南方谈话指出:"中国要出问题,还是出在共产党内部。"①时隔22年后,习近平总书记警示党员和干部时指出:"我们国家要出问题主要出在共产党内,我们党要出问题主要出在干部身上。"②几十年来的社会现实表明,哪里的党组织和党的领导出问题,哪里的社会发展出乱子,那里的百姓就会怨声

---

① 《邓小平文选》第三卷,人民出版社1993年版,第380页。

② 习近平:《在党的群众路线教育实践活动总结大会上的讲话》,人民出版社2014年版,第21页。

载道,治安就会混乱、恶化,群体事件就会多发,那里就是黑恶势力滋生迅速、保护伞成群的地方,是官匪勾结、官匪一家、沆瀣一气的地方,是老百姓难有出头之日的地方。所以,黑恶势力的生成也是党内出问题的一种反映。各级党的组织和党的干部不出问题,不腐败,对党和人民群众真的负责,黑恶势力其实是难以生成和发展的。解决黑恶势力生成问题,与把权力关进笼子、加强廉政建设和反腐败斗争、搞好民生,是一体贯通的。

第二,住无所居,或虽有所居但沦为"房奴"。征地失地、拆迁房屋、畸高房价,这三者通常联系在一起,成为主要民生问题。对很多人来说,"安居乐业"因住房、房价问题而先毁了一半。在中国人的传统观念中,住无居所、住无定所,或者住的不是自己的房子,历来被视为一个人"事业无成"的标志,这样的人被视为"不安身""难安分"的人。即使今天人们的观念变化很大,但"住房"对个人的特殊意义,仍然没有太大改变。所以才有当今许多父母拿出一生积蓄也要给后人买房子或交首付。坚决把"房子拿来住的不是拿来炒的"的思想贯彻到房地产政策和法律中,既是打击炒房黑恶势力的策略,又是防治众多人因高房价而沦落为黑恶势力的方略。

第三,对有些普通百姓来说,安居有困难,乐业殊不易,二者恶性循环,摆脱困境不容易。国企"改制"、倒闭或分流裁员,企业破产、兼并,私人老板"跑路",民营经济艰难,大量工作岗位流失,失业(下岗)、无业、低质量低水平低工资低保障不稳定的就业,"安居乐业"差不多折了一半。防治黑恶,一定要让绝大多数正常的人有工作,能够"乐业",失业、无业只能是极少部分。而且,光有工作没有起码的劳动保障,没有起码的待遇,遭侵权后没有起码的救济,也不行,也不能让百姓乐业。所以,公权部门不能长期偏向"资本方",替"资本"辩护"维权",认为"劳动法""劳动合同法"是有害地方经济、不利于企业发展的法律,对劳动者维权冷漠以对,甚至打压。这是极短视的观念和行为。至少,依法平等保护劳资两方,让劳资和谐共存,才是良策。公权部门和公职人员须得明白,百姓有业而生活太苦,跟无业没有差异,甚至不如无业,那迟早会出大事,会反抗资本方,反抗公权人物和公权部门,会去犯罪,去参加黑社会。所以,公权部门和人员必须秉持"劳资两利"原则,让资本有利润,让劳动者有合理的、富于尊严的收入,一碗水端平,这是发展经济和保一方平安的好政策。

第四,"不能生病,不敢生病。小病过拖,大病等死",依然是民生之痛。百姓看病难、治病贵问题仍然存在,看不起病,因贫致病,因病返贫或积贫,因贫无钱治病而等死,这种现象并没有完全消除。曾经有人甚至被迫通过盗窃、抢劫等犯罪行为为亲人找钱看病。近年来,随着农村医疗保障制度逐步建立和城市医疗保险的完善,农民治病难问题在减少,但农村医疗保障水平较低和医疗费用高、药价高、报销麻烦的问题,还是存在,大病医不起、小病不敢医的现象也还有。当然,在医疗领域,还有另一种极其广泛的民生之痛,就是假药、劣药、高价药、滥用药,治病防病药变成"致病要命"药,可谓沉疴难治。像伪劣药品横流、药价畸高等情况,就存在几十年了,国家药监部门的贪官倒下了几茬,2007年7月原国家食品药品监督管理局局长郑筱萸被处极刑,可政府仍未采取根治之策。药品(食品)不安全,危害民生深重。2018年8月16日,长春长生问题疫苗事件直接上了政治局常委会,可见问题之严重。① 而假劣药品、食品等与黑恶势力有很深的联系,早已是社会常识。②

---

① 根据新华网等媒体报道:2017年11月,长生生物公司被发现百白破疫苗效价指标不符合规定。2018年7月15日,国家药品监督管理局发布通告指出,长春长生生物科技有限公司冻干人用狂犬病疫苗生产存在记录造假等行为,再曝疫苗质量问题。8月16日,国务院总理李克强主持召开国务院常务会议,听取吉林长春长生公司问题疫苗案件调查情况汇报并作出相关处置决定;同日,中共中央政治局常务委员会召开会议,听取关于吉林长春长生公司问题疫苗案件调查及有关问责情况的汇报。中共中央总书记习近平主持会议并发表重要讲话。会议指出,这起问题疫苗案件发生以来,习近平总书记高度重视,多次作出重要指示,要求立即查清事实真相,严肃问责,依法从严处理,坚决守住安全底线,全力保障群众切身利益和社会稳定大局。会议同意,对金育辉(吉林省副省长,2017年4月起分管吉林省食品药品监管工作)予以免职,对李晋修(吉林省政协副主席,2015年12月至2017年4月任分管吉林省食品药品监管工作的副省长)责令辞职,要求刘长龙(长春市市长,2016年9月任长春市代市长,2016年10月至2018年8月任长春市市长)、毕井泉(市场监管总局党组书记、副局长,2015年2月至2018年3月任食品药品监管总局局长)引咎辞职,要求姜治莹(吉林省委常委、延边朝鲜族自治州委书记,2012年3月—2016年5月任长春市委副书记、市长)、焦红(国家药监局局长)作出深刻检查;对35名非中管干部进行问责;决定中央纪委国家监委对吴浈(食品药品监管总局副局长、卫生计生委副主任,分管药化注册管理、药化监管和审核检验等工作)进行立案审查调查。会议责成吉林省委和省政府、国家药监局向中共中央、国务院作出深刻检查。

② 2011年8月22日,公安部部署全国公安机关集中专项严打整治"四黑四害"行动,即制售假冒伪劣食品药品的"黑作坊"、制售假劣生产生活资料的"黑工厂"、收赃销赃的"黑市场"和

第五,教育领域的民生问题严重,这促生了部分社会边缘人群,加重了未成年人违法犯罪,甚至成为黑恶人员。我国的教育问题,重点是教育机会不平等、教育资源分配不平等、不均衡的问题,教育(培训)机构和市场极不规范的问题,教育中的公平正义不足,教育理念、内容、目标和方式不利于人的化育、培养、成长、成才。义务教育有些地方还没完全落实到位,①应试教育造成"公民素质""文化素养""法治素养"严重短缺,有些青少年学生缺乏自尊自重、尊重他人、遵守法纪和道德的意识和素养,教育主要成为应试知识的传播机器。

涉黄涉赌涉毒的"黑窝点"。公安部要求,要把非法经营的组织者、经营者、获利者挖出来,斩断"四黑四害"利益链条;同深化打黑除恶斗争结合起来,集中侦破一批"四黑四害"大要案件,严厉惩处一批坑害群众、作恶多端的违法犯罪分子,坚决铲除长期盘踞一方的黑恶势力和"四黑四害"的"保护伞"。

"黑作坊"生产的"毒食品"、伪劣药品有:地沟油加工,使用劣质原材料,非法使用非食用物质,如违禁添加剂或食品添加剂超标,使用工业用盐、瘦肉精、苏丹红、三聚氰胺、病死禽畜等,生产假冒伪劣鲜乳及乳制品、鲜肉及肉制品、食用油、调味品、保健品、酒类产品等有毒有害食品;制售假冒伪劣药品或国家明令禁止或限制经营的药品;利用互联网等媒体发布虚假广告、通过邮寄等渠道销售假药、非法收购药品重新包装销售的违法犯罪团伙和网络。

"黑工厂"生成的产品范围极其广泛,包括:非法制售假酒、假烟、假币、假饮料、假日用品、不合格汽油、柴油,特种设备非法改装、爆炸物品、枪支弹药、仿真枪、管制刀具、烟花爆竹等危险物品,假冒伪劣种子、化肥、农药农资产品和钢材、水泥、人造板、电线电缆等建材产品,假印章、假文凭、假文书、假身份证等虚假证件、印章,劣质民生计量监测器件,利用废旧物品、垃圾、劣质物品制造"黑心棉"等民用生活物品,等等。

"黑市场"主要是收赃销赃,常见的有:非法收购和贩卖被盗自行车、电瓶车、轻便摩托车、手机等日常用品,非法收购和贩卖电线、电缆、路面井盖、钢材构件等电力、电信、广播电视和铁路、市政等基础公共设施器材设备,在交通运输、废品收购、河沙开采及采矿、商品批发、工程建设、拍卖等行业中欺行霸市、强买强卖的市霸、行霸等非法交易行为。

"黑窝点"主要涉及黄赌毒等,包括卖淫嫖娼、淫秽表演、吸贩毒品、聚众赌博、私彩赌博、网络赌博、利用互联网和手机传播淫秽色情信息、电信诈骗、网络诈骗、非法传销,以及歌舞娱乐、桑拿按摩、电子游戏、"黑网吧"、网站等违法犯罪场所和窝点。

打"四黑"必须打"保护伞"。"四黑"的根子在于腐败官员充当黑恶势力保护伞。在城市、农村和城乡结合部,黑恶势力渗透到各个角落。(非法)农贸市场、黑出租、路边停车场(位)、(非法)娱乐场所、网吧、制毒贩毒吸毒窝点等,都有黑恶势力收取"保护费",也有城管、派出所等机构保护。"四黑"有黑恶势力保护,黑恶势力有政府执法部门和保护伞保护,这就是"四黑"泛滥猖獗的总根子。

① 虽然义务教育阶段上学难、上学贵的问题基本缓解,但包括幼儿园在内的许多学校或其他教育(培训)机构,教育收费高和乱收费的问题仍然存在,教育资源分配不均还很严重,教育质量参差不齐,子女教育问题仍然是不少家庭的一个重大负担。中职教育虽然对农村学生和涉农专业学生免学费,但收费项目和实际交费还是不少,而且,学生的实际开销会更大。

这样的教育不能培养学生的正确权利义务观念,不能帮助学生树立正确的法纪和道德意识,不能让学生养成健全人格,缺少礼貌礼仪等人文教养,心性磨炼、意志品格训练短缺,不能养成正确的生命观、价值观,也没有健康的自然观、社会观,很难正确分辨各种社会现象和行为,因此,现在我们看到几个很严重的"坏"现象:从小到大的乖孩子、"好"学生,甚至优等生,突然之间完全"变坏"了(无论在中学期间还是进了大学),出现严重身心健康问题,伤人杀人、自残自杀、离家出走等,一下子成为父母、老师都不相信、不敢相信的"坏"孩子"坏"学生,好端端的突然就"坏了";许多"正常"的学生,不管中学生、大学生还是研究生,存在"有知识,少文化,缺教养,低素质",在学校、社会中"学好"不容易,而"学坏"则不难,虽然总有不少例外的学生;许多差等生几乎就是"坏人"坏子,他们难有向"好"的机会、条件和途径,应试教育直接歧视、鄙视和排斥他们,父母亲友也往往"不重视"或"瞧不起"他们,他们大多自从成为"差等生"开始,几乎注定是未来社会的底层,在"常识"中,只要存在某些条件,他们很容易"学坏",是混混、恶棍的"天然后备军",是恶势力、黑社会的"当然种子成员",其中一些人在校期间就成为混混、恶少,涉恶染黑。

第六,分配不公,贫富悬殊,是当今最大也最难解决的民生问题,它直接使一些人被边缘化,成为黑恶势力的预备队或成员。资源和财富分配严重不公,早已从个别分配问题变成了分配体制和制度问题。贫富分化不断加剧、加重,阶层分化严重,社会底层被体制固化,有些富人奢靡无度、为富不仁,穷人生存困难,仇视不公;"效率优先,兼顾公平"在实践中被大范围地扭曲为"权力和资本优先,突破基本的社会公平公正","一些人先富或暴富起来",普通群众陷入"富裕无望"的境地,"共同富裕"目标似乎遥不可期。国家现行的一些税费(如个人所得税,各种收费)制度或政策加大了社会分配不公,没有起到调整分配制度、改善分配不公、促进公正分配的作用。常有这样的误会:现在的穷人比过去的穷人好过得多,甚至比过去的一些"富人"还好,何况,现在的人再穷也穷不到哪里,毕竟还有社保、低保、医保、失业等保障,贫穷问题不是什么真正的问题。这样看问题实在很危险。贫穷既有"绝对"的情况(一贫如洗),更有相对的情况,即比起别人穷太多,而且,当有的人富裕主要不是"合法勤劳"的结果,自己的"贫穷"也不是自己好吃懒做的结果,贫困者"被剥夺、受压迫"等社会不公的感觉必然出现,就会感到"贫穷"得不合理,难以接受。当这种意识成为广泛的社会意识后,许多"穷人"会努力改变贫穷状况,这不排除有人选择非法手段致富,包括采用黑恶方式。

第七,社会保障体系仍然不完善,不健全,这促使一部分人边缘化,走向黑恶。社会保障体制还不完善、不健全,养老、医疗、工伤、失业保险需要进一步科学化,保障范围不全,保障水平不高,一些贫困人员、家庭还没有从扶贫救助政策中得到实惠,资金扶持、智力扶持和帮助发展生产的利好政策还没有对贫困者全覆盖;对无业、失业者和工作生活无着的刑释人员的就业帮助、扶持,力度和效果都有限。新增劳动力(特别是每年毕业的大学生群体)的就业问题,一些低端行业劳动者工作环境恶劣、待遇低和劳动保障不到位的问题(最突出的是工人,尤其民工,遭遇拖欠工资、职业病不医治、工伤不认定不治疗不赔偿),仍然突出。

综合来看,在黑恶势力"人力资源"中,许多人是因为我国在民生建设方面欠账过多过久,无奈落入边缘群体,进而成为违法犯罪或黑恶势力人员。教育、住房和疾病成为城乡百姓的"重压"。"三农"问题还是问题。征地拆迁及补偿中的不合理、不公正还在延续,强制甚至血色征地和拆迁还远没有结束的迹象。社会保障体系还远非完善。腐败对民生有一定的危害,一些"官员"根本不在乎民生困苦。民众对腐败和不公的厌恶、痛恨,演变为"仇富仇官"现象,有些黑恶势力竟然在现实社会获得某种"正当性"和"民意"基础,更获得相当的经济和政治活动空间,甚至动摇基层政权。这种状况不能长此延续了。总之,各级政府"保基本、兜底线、促公平"的任务还十分艰巨。

(四) 防治黑恶势力生成的区域治理策略

对易于滋生黑恶势力的问题村落、问题街区和特定问题场所,治理策略既有相同之点,也有不同之处。

治理问题村落,首要的是整治乡镇党委政府,而不是只简单拿"后进村"开刀。问题村落的出现,虽然与村子内出问题有关,但村内问题往往不是最重要的,乡镇党委和政府软弱,领导的思想观念、领导方式、治村策略出问题,常常是核心所在。从县级政治角度看,如果某个乡镇问题村不少,村霸乡霸多,横行时间久,根源往往不在最底层的村庄,而在乡镇对村子的领导、管理和整治不力,乡镇领导使用的村干部有问题,所以,治村先要治乡治镇,配好乡镇主要领导,或者督促在任领导改变思想观念和领导方式,加大领导力度,严厉整顿乡村黑恶势力等乱象。

其次,以良好的乡镇领导班子治理问题村落,整治"后进村",并且重点治理村内"恶人",对村内宗族势力领头人物、恶霸或黑道人物,必须依法处理、打击,对混混、无赖要警示、教育、约束,对违法犯罪人员应当绳之以法,打掉治村恶人,彻底改变恶人当道、良民受欺的村落格局。这方面,乡镇和派出所自然有不少法律手段。

再次,打垮恶人经济,铲除黑恶势力经济力量和经济基础,发展村集体经济和各家各户的正当生产经营,壮大合法经济力量,形成集体凝聚力,让村子恢复合法政治秩序、道德风俗,改变村民畏惧黑恶的观念和态度,对困难户按照国家和地方的法律、政策进行帮扶,以现代新农村标准建设新村落。特别是,对于那些以"拐卖村""传销村""诈骗村(骗子村)"(电信、网络等),①以及"卖血村""吸毒贩毒村""制假售假村(食品、药品、日用品、假币等)"等而出名的问题村落,国家或相关省市党委和政府还要采取特殊措施,坚决使用执法手段,彻底打垮其经济,摧毁犯罪团伙或黑恶势力,要拔掉那些严重危害全国各地的犯罪村落,从重从快严厉打击那些村落里的诈骗犯、涉嫌传销等各种犯罪的人员,"重建"那些村落,根绝其后患,消除其死灰复燃的可能性。

最后,根本保障在于,建设好村党支部和村委会,按照科学、民主的标准,

---

① 在全国有名的骗子村("专业化诈骗"村),有江西余干"重金求子"诈骗村,湖南娄底双峰县"假艳照敲诈勒索"村,广西宾阳"盗用QQ冒充亲友"诈骗村,广东茂名电白区"电话冒充熟人"诈骗村,海南儋州"机票改签、虚假中奖"诈骗村,河北丰宁县"冒充黑社会"诈骗村,福建龙岩新罗区"淘宝"诈骗村,等等。某地的"诈骗村"往往不是一两个村子的人以诈骗为业,而是多个村子的人、有多个窝点(多的达数百个)实施诈骗,形成产业链、产业群。在"诈骗村",人们以骗不到钱为耻辱。江西余干"重金求子"诈骗村成为央视2016年4月14日的《今日说法》的报道对象。

选好支部和村委会班子,让德才兼备者管理村务,发挥出村民参与村务、发展村集体事业的积极性,政通人和,民富村安,敦风化俗,村社祥和。所以,我们认为,整治问题村落,如果乡镇党委和政府明显不得力时,县级党委政府就应当及时把它纳入"县治"范围,不能坐视久等乡镇干部在那里无效工作,首先要更换乡镇领导,然后通过新的乡镇领导,或者由县里及有关部门直接领导、组织,整治问题村落。

问题街区的整治,情况更复杂。有的可以通过重新规划、建设街区来实现,比如对那些破落不堪、问题严重的老街区(包括城中村、贫民窟、棚户区等),就按照城市建设规划或者依法重新规划,改造旧街区,让问题街区从物理空间到社会空间整体消失(这也适用于某些问题村落的改造、整治)。对从问题街区转移出去的问题人员,有意识地进行空间疏散,并且尽力阻断他们之间的相互联系(这一点在现代社会变得很困难,但仍然能够做一些事情,取得一定效果);对回迁进入新街区的问题人员,一开始就按照新的治安防范技术要求进行操作,依法掌控他们的活动和行踪,防止其重新纠结,从事违法犯罪活动。有的问题街区,则要通过加强治安管理,加强对可疑场所、人员的监督检查,加强物防技防,加强对特种行业的监督管理,进行整治。问题街区整治,要根据"破窗效应"、心理传染、行为仿效、犯罪心理及被害人理论等,按照城市犯罪地理等理论和技术,考虑重新布局街道、路面、夜间照明、绿化,改进临街房屋的防范措施,消除容易藏污纳垢的街角或其他隐蔽场所,加强街区的保安措施,等等。

问题场所的整治,理论上最为简单,即清除这些场所的不法经营活动,禁止不法人员进入这些场所,实行"清场整顿",或者关闭、拆除这些场所,等等。不过,真正的难题是,关闭、拆除不法场所,禁止场所里面的不法经营或其他不法活动,如果不对不法人员进行有效处理和安排,他们必然要寻找新的场所,去非法聚集、非法经营或者进行其他非法活动。所以,问题场所的整治,根本不在于治标性的"场所整治",而在于对常常聚集于这些场所的人员进行惩罚、处理、教育和帮助。这又回到了民生政策和法律问题。

（五）防治黑恶势力生成的特殊人群应对策略

这里不再讨论防范混混、恶头、闲散人员、劣迹前科人员成为黑恶势力的问题,而是讨论一个很普遍又独特、虽有人注意但没人专门讨论的问题,即"农民""初中以下文化人群"等特定人群在违法犯罪(和涉群体性事件、涉黑涉恶)中的突出地位问题。

这些年,我们一直研究黑恶势力防治,研究群体性事件中的罪与罚,发现了一个集中、普遍的现象:在一般违法犯罪人群中,在涉黑恶犯罪案件中(保护伞案件除外),在参与群体事件的人群中,"农民"和"初中及以下文化程度人群"占绝大多数,而"农民"及"初中文化程度"者始终占大多数。这是一个需要引起党和政府高度重视的现象和问题。

我们通过对"中国裁判文书网"中涉"群体性事件"的86个刑事案件、301名被告人信息(截至2016年7月30日)进行统计分析,发现301名被告人中,裁判文书未载明文化程度的149名,另152名被告人的文化结构是:初中以下文化程度的罪犯约占81%,高中以上文化程度的罪犯只占约19%;裁判文书未载明职业的64名,另237名被告人的职业结构是:农民、无业人员和打工者(他们其实也是"农民")占86%,仅农民单独就占64.1%。初中及以下文化的农民、无业人员和打工者,是群体事件的主要参与者。换言之,高中以上文化者,在参与群体事件的人数中的比例明显偏低。

陈世伟为我们提供了以下数据:

四川省21个黑社会性质组织犯罪样本中,自然人犯罪主体237人,农民83人(35.0%),仅次于无业人员107人(45.2%),初中文化119人(50.2%),初中及以下文化共200人(84.4%);云南省6个黑社会性质组织犯罪样本中,自然人犯罪主体101人,农民74人(73.2%),高于居第二位的无业人员23人(22.8%),初中文化46人(45.5%),初中及以下文化共80人(79.2%);贵州省20个样本,自然人犯罪主体376人,农民148人(39.4%),低于无业人员163人(43.4%),初中文化244人(64.9%),初中及以下文化323人(85.9%)。云贵川三省:自然人犯罪主体1480人,农民566人(38.2%),无业人员632

（42.7%），初中文化 837 人（56.5%），初中及以下文化 1197 人（80.8%）。①

结论是：初中及以下文化的农民、无业人员是涉黑恶犯罪的主要参加者；高中以上文化及有职业者，参加黑恶势力团伙或组织的人数明显偏少。

王牧等人提供了全国七个地区、3877 名被调查的有组织犯罪人员的情况，其中：城市无业人员（本地）1195 人（30.8%），农民 1114 人（28.7%），农民工（外来务工人员）23 人（0.6%），农村无业人员（本地）34 人（0.9%），外来无业人员 224 人（5.8%），共计 2590 人（66.8%）。初中文化 2329 人（60.1%），初中及以下文化 3142 人（81.0%）。②

结论仍然是：初中及以下文化的农民、无业人员是有组织犯罪的主要参加者；高中以上文化及有职业者，参加黑恶势力团伙或组织的人数明显偏少。

我们把"初中及以下文化"者作为低文化群体。我们认为，党和政府对"低文化"的农民和无业者在各种重大负面社会现象中都占据（绝）大多数的情况，应当高度重视，制定出相应对策。考虑到"无业者"中许多也有"农民"背景，所以，如何解决文化程度低的大量农民参与群体事件、违法犯罪和成为黑恶人员的问题，可谓中国农民问题的一个重要方面，"三农"问题中的一个重大问题。

我们认为，产生这种现象的主要原因是，初中刚毕业或者连初中都没有毕业的青少年，一下子进入社会，其身体和心理成熟度严重不足，就业、谋生的基本知识、技能缺乏，应对社会复杂情况的知识和经验缺乏，他们中不少人并不能真正稳定就业谋生，更不可能找到较好的工作，而是到低端劳动市场或地下劳动市场就业，到社会底层人群或边缘人群集中的地方和行业就业或短期谋生，甚至进入无业游荡的青少年群体，很容易学坏，也很容易被成年混混、恶头和黑恶人员相中，成为违法犯罪人员的"后备军"，成为黑恶势力的人力资源库。我们知道，很多初高中毕业生或失学、辍学的初高中生、小学生，他们大多

---

① 参见陈世伟：《黑社会性质组织犯罪的新型生成及法律对策研究》，法律出版社 2016 年版，第 46—47、93—94、139—140、249—251 页。

② 参见王牧、张凌、赵国玲主编：《中国有组织犯罪实证研究》，中国检察出版社 2011 年版，第 8—12 页。

是在大人(包括家长、其他亲属、乡邻熟人等)的带领下,在本地干活或外出打工,这些人多少会得到大人们照顾,生活稳定性好些,与"坏人"接触的机会少些,因生活无着而变成流浪者、无业者或混混、流氓、违法犯罪者、黑恶势力成员的可能性小很多。可是,对许多年龄小(十五六岁以下)、文化低的农家子弟来说,社会是充满陷阱和险恶的,而"独闯社会"更使他们容易遭遇各种困难和白眼,难以得到可靠帮助,相反,随时会有罪恶之手伸向他们,他们可能在看到和感受到社会之恶的时候,容易参与到负面活动中(也不排除夹杂在维权事件中)。

针对"低文化"、无业及农民群体在社会中的这些情况,提出法律和政策建议如下:

第一,党中央在"十三五"规划中提出,"提高教育质量","普及高中阶段教育","逐步分类推进中等职业教育免除学杂费","率先从建档立卡的家庭经济困难学生实施普通高中免除学杂费","实现家庭经济困难学生资助全覆盖",这是非常正确、准确和适时的,应当在"十三五"期间切实抓好。我们认为,高中阶段教育不仅要普及,而且要与"分类推进中等职业教育免除学杂费"政策配套,分类推进高中教育免除学杂费,还可以在有条件地区试验高中教育义务化。我们认为,尽量让青少年在学校生活学习,直到度过十八岁,达到"成年"状态,他们的身心更健全,知识和技能更多些,走上社会、适应社会、应对社会复杂情况的能力更强些,这是对社会负责、对青少年负责和对民族负责的大决策。

第二,继续大力发展中高等职业教育、稳定高等教育,尽量使更多人接受更多的在校教育,这不仅是适当推迟和延缓青少年人群整体就业压力的举措,更是提高民族整体文化素质和技能水平的举措,也是有效避免低龄青少年过早接触社会(不良方面)的积极保护措施,是青少年正常发展、成为国家和社会有用之才的战略。我们充分注意到,在群体事件中,在违法犯罪者中,黑恶势力成员中,高中以上文化程度的人员数量突然急剧降低,大专以上文化程度的人员参与群体事件、违法犯罪和参与黑恶势力的是极少数,而且,即使成了黑恶人员,那也往往是"老大",不是小混混、马仔。如果国家通过大幅度改革教育法律和政策,尽力消除混混队伍和马仔阶层,恶势力和黑社会的"老大"存在的基础也就削弱或消失了。一般来说,接受过国家高等教育的人,成为黑恶人员的可能性是很小的,当然,成为"保护伞"的情况除外。

第三,解决"三农"问题不只事关农村发展和稳定,而且事关城市发展和稳定,自然涉及全社会的发展和稳定。解决低文化、无业及"农民"问题,逐步使这些人远离群体事件,不再成为群体事件的主要参与者,退出违法犯罪的"江湖",不再成为违法犯罪的主要群体,不接触、不参加黑恶势力,不再成为黑恶势力的预备队,不再成为黑恶势力的主要力量,这会极大促进社会稳定和发展,不过,这在很大程度上还要靠国家真正解决好"三农"问题。宏观上说,把农村建设、发展好,把农民帮助、教育好,把"三农"问题解决好了,防治黑恶工作就做好了一大半。

第四,在法律和政策上,建立起教育公平的机制,使城乡教育均衡,使农民和城市居民受教育的机会平等,使农村孩子与城市孩子接受教育的质量和水平基本一致,在一定时期优先保障农村教育发展,逐步达到与城市教育的动态平衡。因此,其一,入城的农民子女要接受和城市居民子女同样的教育,不能再有入学难、学校差和水平低的问题;其二,要投入大量资源到农村学校,包括资金、设备设施和师资,硬件和软件,让农村学校脱胎换骨,保障留守农村的青少年享有公平的受教育机会和平等的教育条件;其三,确实应当真正取消"重点中学""重点小学""实验班""帽子班""生源掐尖"之类制造或加大教育不公平、不平等的政策和行动;其四,各地政府和教育主管部门及领导应言行一致,不能表面上、台面上高喊教育公平和平等,暗地里还是舍不得"名校""名班",鼓励、支持、纵容"重点学校""重点班",并且对"重点学校"在招生、收费各方面都"网开一面";不能对"差校""差班"和"差生"不屑一顾,不闻不问,对各类学校为了排名竞争而纵容学生辍学,或者劝逼差生退学,对贫困生失学,睁只眼闭只眼,不履行所担负的保证教育公平公正的基本公共职能。

第五,为了避免未来一代又一代低文化、无业的农民不断产生,除了在尊重科学、尊重城市化规律前提下加快城镇化建设进程,加快农民市民化进程外,最主要的是建立全国无差别基础教育法律和政策,实施无差别基础教育,因此,在学校布局、学校建设规格、教育设施设备配置、教育资源投入、交通和安全保障、师资配备与调动、交流和交换、教师待遇诸方面,保证均衡和公平,保证各级政府举办的承担基础教育的公办学校,得到均衡的资源投入、发展条件及机会。承担基础教育的民办学校的条件和教育质量,不得低于公办学校。允许不同地区之间的公办学校在办学条件和质量上,因自然、经济和历史原因而在一定时期和程度上,存在差别,国家和省级政府要尽量通过转移支付等手段,逐步消除地区间过大差别,不能允许同一地区的公办学校在办学条件和教学质量上存在明显差别,特别是在教师待遇方面,基础教育教师的基本待遇要尽可能均衡,且有充分保障。极低的工资,甚至拖欠教师工资,必须全力消除。

没有失学、辍学的儿童和青少年,没有在小小年纪就要去闯社会的青少年,没有歧视、放弃和逐出"小混混"的学校,不谙世事的青少年没有接触大混混、恶头和恶势力、黑社会的机会,主要靠我们办好教育。把青少年的教育尽量延长到他们成年、成人,让他们身心都趋于成熟,让他们都有基本知识和技能,都有适应社会的一技之长,走社会正道,过正常人生,让黑恶势力的"代际传递"逐步中断;让缺少文化、无业之"农民"和"市民"难以形成,加上社会其他方面的协调发展,使"我们社会"不再有黑恶势力的生成土壤和发展条件,防治黑恶就能成功,扫黑除恶将不再像近几十年这样,显得"劳顿而功微"。因为,扫黑除恶的真正功劳不应当是连年增长的扫黑除恶案件数量和被打击的黑恶势力人员数量,而应当是黑恶势力逐步从社会消失,社会不再需要专门扫黑除恶。

最后,我们祈祷:盼望天下无黑恶,不劳世间打黑人。

主要参考文献

一、中文著作

[1]陈世伟:《黑社会性质组织犯罪的新型生成及法律对策研究》,法律出版社 2016 年;

[2]池宗宪:《夜壶:台湾黑社会真相》,华艺出版社 1987 年;

[3]何秉松:《中国有组织犯罪研究》(第一、二卷),群众出版社 2009 年;

[4]何秉松主编:《全球化时代有组织犯罪与对策》,中国民主法制出版社 2010 年;

[5]黄海:《灰地:红镇"混混"研究(1981—2007)》,生活·读书·新知三联书店 2010 年;

[6]贾宇:《中国大陆黑社会组织犯罪及其对策》,中共中央党校出版社 2006 年;

[7]靳高风:《扫黑除恶刑事政策与法律法规适用指南》,法律出版社 2019 年;

[8]李传思:《当代帮会兴亡录》,春风文艺出版社 1993 年;

[9]李敬崇:《扫黑除恶与反腐败相结合策略研究》,山东大学出版社 2019 年;

[10]李树喜主编:《江湖:中国近代帮会》,中央编译出版社 2007 年;

[11]里一、徐敬善:《中国黑社会》,时代文艺出版社 1998 年;

[12]凌夫:《中外黑社会揭秘》(上、中、下),金城出版社 1998 年;

[13]刘忱:《黑白有界》,辽宁人民出版社 2019 年;

[14]刘德光:《权柄:腐败黑恶势力的毁灭举报》,新疆人民出版社 2004 年;

[15]刘联珂:《中国帮会三百年革命史》,岳麓书社 2011 年;

[16]卢建平主编:《有组织犯罪比较研究》,法律出版社 2004 年;

[17]莫洪宪主编:《澳门有组织犯罪研究》,武汉大学出版社 2005 年;

[18]庞海、高明主编:《中外黑社会大观》(上、下),中州古籍 1994 年;

[19]秦宝琦:《江湖三百年:从帮会到黑社会》,中国社会科学出版社 2011 年;

[20]秦宝琦、谭松林等:《中国秘密社会》(第一至七卷),福建人民出版社

2002 年;

[21]邵雍:《秘密社会与中国革命》,商务印书馆 2010 年;

[22]邵雍:《中国近代秘密社会研究》,上海书店出版社 2016 年;

[23]司陡甘龙:《西方黑手党黑社会纪实》,广西民族出版社 1993 年;

[24]苏智良、陈丽菲:《近代上海黑社会》,商务印书馆 2004 年;

[25]王海洲:《合法性的争夺:政治记忆的多重刻写》,江苏人民出版社 2008 年;

[26]王俊:《杜月笙野史》,团结出版社 2008 年;

[27]王俊平:《刑法视野下的犯罪集团研究》,中国人民公安大学出版社 2009 年;

[28]王牧、张凌、赵国玲主编:《中国有组织犯罪实证研究》,中国检察出版社 2011 年;

[29]汪明亮:《"严打"的理性评价》,北京大学出版社 2004 年;

[30]王政:《美国亚裔有组织犯罪与帮派团伙研究》,中国人民公安大学出版社 2006 年;

[31]萧亮:《日本黑手党山口组家族传》,北方文艺出版社 1999 年;

[32]谢勇、王燕飞主编:《有组织犯罪研究》,中国检察出版社 2005 年;

[33]许皆清:《台湾地区有组织犯罪与对策研究》,中国检察出版社 2006 年;

[34]徐跃飞:《黑社会性质组织犯罪研究》,中国人民公安大学出版社 2007 年;

[35]叶高峰、刘德法:《集团犯罪对策研究》,中国检察出版社 2001 年;

[36]余飞:《人民的正义》,东方出版社 2020 年;

[37]于天敏:《黑社会性质组织犯罪理论与实务问题研究》,中国检察出版社 2010 年;

[38]赵秉志、杨诚主编:《〈联合国打击跨国有组织犯罪公约〉与中国的贯彻研究》,北京师范大学出版社 2009 年;

[39]赵文林主编:《旧中国的黑社会》,华夏出版社 1987 年;

[40]张红霞:《征地拆迁领域黑恶势力的生长逻辑及社会危害研究》,华中科技大学出版社 2015 年;

[41]张子豪:《扫黑除恶的理论与实践》,法律出版社 2019 年;

[42]周建超:《秘密社会与中国民主革命》,福建人民出版社 2002 年;

[43]周濂:《现代政治的正当性基础》,生活·读书·新知三联书店 2008 年;

[44]周伟:《黑社会调查:当代中国黑恶势力揭秘》,光明日报出版社 2001 年;

[45]周育民编:《中国秘密社会史论》,商务印书馆 2013 年;

[46]朱琳编:《洪门志》,中华书局 1948 年;

[47]訾志远:《剿灭黑恶势力馆藏档案研究》,华夏出版社 2019 年;

[48][美]保罗·兰德:《有组织犯罪大揭秘》,欧阳柏青译,中国旅游出版社 2005 年;

[49][澳]布赖恩·马丁:《上海青帮》,周育民等译,上海三联书店 2002 年;

[50][英]大卫·索斯韦尔:《有组织犯罪的历史:黑帮的真实故事》,邱颖萍译,文汇出版社 2012 年;

[51][意]狄亚哥·甘贝塔:《解码黑社会》,任羽中、匡国鑫译,华夏出版社 2011 年;

[52][英]弗兰克·G.马德森:《跨国有组织犯罪》,王谦译,中国人民公安大学出版社 2020 年;

[53][美]卡尔·西法基斯:《黑手党百科全书》,韩英鑫、沈俊译,文汇出版社 2006 年;

[54][德]马克斯·韦伯:《经济行动与社会团体》,康乐、简惠美译,广西师范大学出版社 2004 年;

[55][美]穆黛安:《华南海盗(1790—1810)》(增订本),刘平译,商务印书馆 2019 年;

[56][美]裴宜理:《华北的叛乱者与革命者:1845—1945》(增订本),池子华、刘平译,商务印书馆 2017 年;

[57][日]平山周:《中国秘密社会史》(修订本),商务印书馆 2017 年;

[58][美]乔·史塔威尔:《亚洲教父:香港、东南亚的金钱和权力》,史钰军译,复旦大学出版社 2011 年;

[59][美]塞尔温·赖布:《五大家族:黑手党帝国的兴衰史》,程涛、钱坤译,江苏人民出版社 2013 年;

[60][美]威廉·富特·怀特:《街角社会:一个意大利人贫民区的社会结构》,黄育馥译,商务印书馆 1994 年;

[61][美]约翰·道格拉斯、马克·奥尔沙:《闯入黑社会》,李龙泉等译,昆仑出版社 1998 年;

[62][英]约翰·迪基:《意大利黑手党的历史》,王莉娜、杨晨、魏贝贝译,华东师范大学出版社 2012 年。

二、中文论文

[1]阿拉坦宝力格、贾爽:《论"边缘人群"》,《财经理论研究》2015 年第 6 期;

［2］蔡军:《我国有组织犯罪刑事规制体系的检视与重构:基于有组织犯罪集团向企业化发展趋势的思考》,《法商研究》2021 年第 3 期;

［3］陈兴良:《论黑社会性质组织的经济特征》,《法学评论》2020 年第 4 期;

［4］陈兴良:《论黑社会性质组织的非法控制(危害性)特征》,《当代法学》2020 年第 5 期;

［5］丁智良:《黑社会性质犯罪与腐败的"联姻"》,《党政干部文摘》2002 年第 8 期;

［6］东方剑:《"黑色经济"粉墨登场》,《价格与市场》2002 年第 1 期;

［7］杜顺安(口述)、王丰(整理):《是门生? 是夜壶? ——祖父杜月笙与蒋介石的恩恩怨怨》,《文史博览》2009 年第 11 期;

［8］冯殿美、曲振涛:《有组织犯罪的成因及其对策分析》,《法学论坛》2003 年第 3 期;

［9］高铭暄:《扫黑除恶常态化的法律指南:评〈反有组织犯罪法重点解读与适用要点〉》,《人民检察》2023 年第 1 期;

［10］耿羽:《征地拆迁中的混混暴力市场化》,《中国青年研究》2016 年第 7 期;

［11］郭云超:《灰色青年社会关系网络建构问题探析:以河南 T 县为考察对象》,《北京社会科学》2015 年第 9 期;

［12］郭自力:《有组织犯罪之比较研究》,《政法论坛》1998 年第 4 期;

［13］何秉松:《黑社会"性质"组织犯罪原因论》,《浙江师范大学学报》2003 年第 6 期;

［14］黄成荣等:《香港青少年越轨行为特点、成因及对策》,《广西大学学报(哲学社会科学版)》2014 年第 3 期;

［15］黄海:《解密"街角青年":一种越轨社会学和亚文化理论的研究》,《青年研究》2005 年第 2 期;

［16］黄京平:《扫黑除恶历史转型的实体法标志:〈反有组织犯罪法〉中刑法规范的定位》,《江西社会科学》2022 年第 2 期;

［17］简小鹰、谢小芹:《"去政治化"与基层治理——基于我国西部农村"混混治村"的地方性表达》,《甘肃社会科学》2013 年第 6 期;

［18］江雪莲:《关于我国的权力寻租与黑色经济腐败现象的思考》,《河北师范大学学报(哲学社会科学版)》2002 年第 5 期;

［19］靳高风:《当前中国有组织犯罪的现状、特点、类型和发展趋势》,《中国人民公安大学学报(社会科学版)》2011 年第 5 期;

[20]康树华、张忠华:《中国大陆黑社会性质组织与国外黑社会比较研究》,《法学杂志》2004年第5期;

[21]李金亚、管雷:《街角青年群体形成阶段、类型及其特点探析》,《青年探索》2007年第1期;

[22]李伟强:《当前黑社会性质犯罪的原因、对策初探》,《公安大学学报》2000年第6期;

[23]李亚彪:《打击黑恶势力是一场"政治仗"》,《瞭望新闻周刊》2006年第3期;

[24]刘宝山、罗军凯:《腐败与黑社会》,《中国刑事警察》2004年第1期;

[25]刘朝捷、李琪玮:《当前个别农村黑恶势力滋生蔓延成因探析:以吉林省农村为例》,《党政干部学刊》2010年第3期;

[26]刘天森、李昊、梁夏:《黑社会组织形成及其社会控制方式:基于成本、效益的"袍哥文化"分析》,《科技信息》2012年第7期;

[27]刘翔、周嘉琦:《后扫黑除恶时代黑恶势力犯罪的打击对策——以山东省东营市为例》,《中国刑事警察》2022年第5期;

[28]龙建明:《农村恶势力的成因及社会危害性》,《吉首大学学报(社会科学版)》2006年第2期;

[29]吕德文:《县域黑社会的"生存之道"》,《南风窗》2015年第2期;

[30]莫洪宪:《网络有组织犯罪结构的嬗变与刑法转向:基于网络黑恶势力犯罪的视角》,《中国刑事法杂志》2020年第4期;

[31]莫洪宪:《中国犯罪参与理论的本土构建与刑事实践:以有组织犯罪为视角》,《政法论丛》2023年第2期;

[32]邱格屏:《"弱者的工具":流动人口恶势力犯罪原因的另类解读》,《江苏警官学院学报》2009年第4期;

[33]邱格屏:《经济状况对港澳台黑社会流动的影响》,《社会科学家》2014年第10期;

[34]单民、胡铁君:《中国大陆黑社会性质犯罪的主要成因》,《国家检察官学院学报》2003年第6期;

[35]单勇:《犯罪地图的公开》,《国家检察官学院学报》2016年第3期;

[36]邵鸣利、柴华:《我国黑社会性质组织犯罪成因分析》,《中国人民公安大学学报(社会科学版)》2007年第4期;

[37]邵雍:《1946年至1951年国民党利用帮会反共述略》,《江苏社会科学》1993年第5期;

[38]石经海:《黑社会性质组织犯罪的重复评价问题研究》,《现代法学》2014年第6期;

[39]王爱鲜、蔡军:《网络黑恶势力犯罪的生成及其认定》,《中州学刊》2023年第3期;

[40]王大中:《权力腐败是黑社会生成的社会结构性土壤》,《政法学刊》2002年第6期;

[41]王连惠、卢明旗、胡福来:《农村流氓恶势力的滋生演化过程、存在原因及治理对策》,《公安研究》1998年第4期;

[42]王润生:《我国黑社会性质犯罪背后的政治因素》,《公安大学学报》2000年第4期;

[43]王燕飞:《美国有组织犯罪惩治策略及其启示》,《公安学刊(浙江警察学院学报)》2021年第5期;

[44]魏东:《黑社会性质组织"组织特征"解释论》,《当代法学》2020年第5期;

[45]熊辉、王孔容:《农村黑恶势力现象的成因及根除对策》,《中州学刊》2007年第6期;

[46]杨莉:《我国黑社会性质犯罪的文化成因研究》,《中国人民公安大学学报》2003年第1期;

[47]曾亚:《黑恶势力犯罪的治理模式构建》,《中州学刊》2018年第5期;

[48]曾赟:《农村社会结构变迁与有组织犯罪生成》,《中国刑事法杂志》2003年第5期;

[49]张红霞、周霞:《基于社会网络分析的湖北省G市征地拆迁领域黑恶势力生长实证研究》,《中国土地科学》2014年第4期;

[50]张莉:《论帮会产生的社会条件》,《历史档案》1999年第4期;

[51]张仁善:《论当代中国黑社会性质组织生成的社会机制》,《南京大学学报(哲学·人文科学·社会科学)》2001年第4期;

[52]张向东:《黑社会性质组织犯罪涉案财物的处置困境及应对》,《中国刑事法杂志》2019年第1期;

[53]赵蠹、李亮:《黑恶势力向政治渗透的路线图》,《廉政瞭望》2006年第4期;

[54]钟国兴:《打击黑社会势力必须坚决地反腐败》,《学习时报》2000年8月7日,第1版;

[55]周光权:《黑社会性质组织非法控制特征的认定:兼及黑社会性质组织与恶势力团伙的区分》,《中国刑事法杂志》2018年第3期;

［56］［美］施洛塞:《美国的色情业(上)》,力文译,《现代外国哲学社会科学文摘》1997 年第 7 期;

［57］［英］詹妮弗·赛兹:《西班牙的有组织犯罪及其非法活动:原因和促成因素》,秦宗川译,《犯罪研究》2013 年第 3 期。

三、英文著作

［1］Andy Petepiece, *The Gambino Family: A History of New York's Gambino Mafia Family*, Emond Valin (Contributor), Tellwell Talent,2022.

［2］Douglas Thompson,Mike Rothmiller,Frank Sinatra and the Mafia Murders,Ad Lib Publishers,2023.

［3］Frank Dimatteo, Michael Benson,*The Cigar: Carmine Galante, Mafia Terror*,Citadel,2023.

［4］Henry Hill,*Gangsters and Goodfellas*,Lyons Press,2023.

［5］Howard Abadinsky,*Organized Crime*,Cengage Learning;11th,2016.

［6］James Buccellato,*Early Organized Crime in Detroit: Vice, Corruption and the Rise of the Mafia (True Crime)*,The History Press,2015.

［7］Jay Albanese,*Organized Crime: From the Mob to Transnational Organized Crime*,Routledge,2014.

［8］Jill Ramsower, *Corrupted Union: A Forced Marriage Mafia Romance* (The Byrne Brothers),2023.

［9］Klaus von Lampe, *Organized Crime: Analyzing Illegal Activities, Criminal Structures, and Extra-legal Governance* 1,SAGE Publications, Inc;1st,2015.

［10］Letizia Paoli(Editor), *The Oxford Handbook of Organized Crime (Oxford Handbooks)*,Oxford University Press;Illustrated,2019.

［11］Michael Franzese,*Mafia Democracy: How Our Republic Became a Mob Racket Audible Logo*, Lioncrest Publishing,2022.

［12］Michael F. Rizzo,*Gangsters and Organized Crime in Buffalo: History, Hits and Headquarters (True Crime)*,The History Press,2012.

［13］Michael Lyman, Gary Potter,*Organized Crime (What's New in Criminal Justice)*, Pearson,7th,2018.

［14］Selwyn Raab,*Five Families: The Rise, Decline, and Resurgence of America's Most Powerful Mafia Empires*,A Thomas Dunne Book for St. Martin's Griffin,Reprin,2016.

[15] Tony Napoli, Charles Messina, *My Father, My Don: A Son's Journey from Organized Crime to Sobriety*, Beckham Publications Group, 2008.

[16] United States Treasury Department Bureau of Narcotics, *MAFIA, The Government's Secret File on Organized Crime*, Foreword by Sam Giancana, Harper Collins Publishers, 2007.

[17] William Griffith, *American Mafia: Chicago: True Stories Of Families Who Made Windy City History*, Globe Pequot, 2013.

责任编辑:张　立
封面设计:周方亚
责任校对:秦　婵

图书在版编目(CIP)数据

黑恶势力生成与防治机制研究/张步文,陈小彪 著. —北京:人民出版
社,2023.6(2024.2 重印)
ISBN 978－7－01－025538－5

Ⅰ.①黑…　Ⅱ.①张…②陈…　Ⅲ.①犯罪集团-研究　Ⅳ.①C913.8

中国国家版本馆 CIP 数据核字(2023)第 068510 号

黑恶势力生成与防治机制研究

HEI’E SHILI SHENGCHENG YU FANGZHI JIZHI YANJIU

张步文　陈小彪　著

人民出版社 出版发行
(100706　北京市东城区隆福寺街 99 号)

北京中科印刷有限公司印刷　新华书店经销

2023 年 6 月第 1 版　2024 年 2 月北京第 2 次印刷
开本:710 毫米×1000 毫米 1/16　印张:26.5
字数:405 千字

ISBN 978－7－01－025538－5　定价:128.00 元

邮购地址 100706　北京市东城区隆福寺街 99 号
人民东方图书销售中心　电话 (010)65250042　65289539